Springer-Lehrbuch

Springer

Berlin
Heidelberg
New York
Barcelona
Hongkong
London
Mailand
Paris
Singapur
Tokio

Werner Güth

Spieltheorie und ökonomische (Bei)Spiele

Zweite, völlig neubearbeitete Auflage

Mit 84 Abbildungen

 Springer

Prof. Dr. Werner Güth
Humboldt-Universität zu Berlin
Wirtschaftswissenschaftliche Fakultät
Institut für Wirtschaftstheorie III
Spandauer Str. 1
D-10178 Berlin

ISBN 3-540-65211-6 Springer-Verlag Berlin Heidelberg New York
ISBN 3-540-54921-8 2. Aufl. Springer-Verlag Berlin Heidelberg New York

Die Deutsche Bibliothek – CIP-Einheitsaufnahme
Güth, Werner: Spieltheorie und ökonomische (Bei)Spiele / Werner Güth. – 2.,
völlig neubearb. Aufl. – Berlin; Heidelberg; New York; Barcelona; Hongkong;
London; Mailand; Paris; Singapur; Tokio: Springer, 1999
 ISBN 3-540-65211-6

SPIN 10698821   42/2202-5 4 3 2 1 0 – Gedruckt auf säurefreiem Papier

Vorwort zur zweiten Auflage

Verglichen zur ersten Auflage wurde die Einführung in die Spieltheorie grundlegend überarbeitet und hoffentlich leichter lesbar. Beibehalten wurde die grundsätzliche Ausrichtung, nämlich

- das systematische Vorgehen bei der Darstellung von strategischen Konflikten, ausgehend von sehr detaillierten (hier wurde die Stufenspielform neu aufgenommen) zu sehr abstrahierenden Spielformen,

- das Bestreben, die spieltheoretische Methodik als Instrumentarium zur eigenständigen Analyse zu vermitteln, teils durch (Bei)Spiele, die zu eigenen Modellierungen anregen, teils indem das explizite Lösen anhand dieser (Bei)Spiele exemplarisch illustriert wird (verglichen zur ersten Auflage wurden einige komplexe (Bei)Spiele durch eine Vielfalt neuer, aber einfach strukturierter (Bei)Spiele ersetzt), und

- die Konzentration auf die spieltheoretische Methodik, d.h. der Verzicht auf eigenständige Kapitel über Verhandlungstheorie usw., die Anwendungsgebiete dieser Methodik sind.

Natürlich haben wir versucht, wesentliche neue Entwicklungen der Spieltheorie aufzugreifen, ohne allerdings jeder Mode zu folgen. Dies und das Bestreben, die Konzepte besser zu erklären sowie die (Bei)Spiele detaillierter und leichter nachvollziehbar zu lösen, haben dazu geführt, daß die zweite Auflage weitgehend vollkommen neu konzipiert wurde.

Für wichtige Anregungen und Verweise auf Mängel der ersten Auflage sowie für die souveräne Überwachung der Überarbeitung (mittels eines neuen Textsystems) danke ich sehr herzlich Herrn Diplom-Mathematiker Wieland Müller. Stilistische Verbesserungen wurden ferner von Herrn Georg von Weizsäcker angeregt; technische Hilfe verdanke ich Frau Jeanette Bönisch und

Frau Christiane von Trotha. Ganz herzlich danke ich Frau Sabine Kröger, die Änderungen im Manuskript immer wieder mit viel Engagement eingearbeitet und außerdem sämtliche Grafiken neu programmiert hat.

Berlin, im August 1998

Werner Güth

Vorwort zur ersten Auflage

Diese Einführung in die Spieltheorie ist entstanden aus den Unterlagen meiner Spieltheorievorlesungen, deren Inhalt sich im Zeitablauf stark geändert hat. Außer den Darstellungsformen von strategischen Spielen und den wichtigsten Lösungskonzepten enthält das Manuskript eine Fülle von ökonomischen (Bei)Spielen, die die spieltheoretischen Konzepte verdeutlichen und das konstruktive Lösungsvorgehen vermitteln sollen. Die (Bei)Spiele sind teilweise sehr speziell. Sollte dies den Leser dazu bewegen, die Beispielsituation zu verallgemeinern bzw. sogar durch andere Spielmodelle zu ersetzen, so würde ich dies als einen großen Erfolg ansehen, da der Leser lernen sollte, das spieltheoretische Instrumentarium eigenständig zu verwenden. Aus diesem Grund habe ich bewußt darauf verzichtet, die spieltheoretischen Ideen sowie ihre ökonomischen Anwendungen möglichst vollständig zu erfassen.

Die Betonung der verschiedenen Konzepte, zum Beispiel die starke Gewichtung der nichtkooperativen Theorie, der Spiele mit unvollständiger Information und der Theorie zur Auswahl von Gleichgewichten, entspricht den Anwendungsmöglichkeiten dieser Konzepte in der ökonomischen Theorie. Die Darstellung ist weitgehend formal, erfordert aber keine besonderen mathematischen Vorkenntnisse. Die formale Darstellungsweise erlaubt es, ökonomische Institutionen exakt abzubilden, erschwert aber auch den intuitiven Zugang. Wir hoffen, daß der Kompromiß zwischen formaler Darstellung und verbaler Interpretation den aktiven Einstieg in die Spieltheorie erleichtert.

Für die technische Erstellung des reproduktionsfähigen Manuskripts habe ich Frau Waltraud Kraft und Herrn Diplom-Kaufmann Christian Rieck zu danken. Herr Rieck hat mir darüber hinaus vielfältige stilistische Verbesserungen vorgeschlagen, die ich teilweise gern übernommen habe. Fehler

VIII

früherer Manuskripte wurden auch von studentischen Seminarteilnehmern entdeckt, bei denen ich mich hier ebenfalls bedanke.

Frankfurt/Main, im August 1991

Werner Güth

Inhaltsverzeichnis

Kapitel 1

Einführung

Hauptziel dieser Einführung ist es, die wichtigsten Instrumente der Spieltheorie vorzustellen und anhand von (Bei)Spielen zu verdeutlichen. Die spieltheoretischen Instrumente lassen sich unterteilen in Darstellungsformen strategischer Konflikte und Lösungskonzepte, mit denen man das individuell rationale Verhalten bestimmt. Unsere (Bei)Spiele sind weitgehend mikroökonomische Anwendungen der Spieltheorie (zu nicht speziell mikroökonomischen Anwendungen der Spieltheorie vgl. zum Beispiel SELTEN (1991), sowie die dort angegebene Literatur).

1.1 Spieltheorie ist Sozialwissenschaft

Die - leider etwas irreführende - Bezeichnung 'Spieltheorie' erklärt sich historisch aus der wissenschaftlichen Analyse der Gesellschaftsspiele, aus der sich das heute in seinem Facettenreichtum kaum noch überschaubare Gebiet der Spieltheorie entwickelt hat. Allgemeine Aufgabe der Spieltheorie ist es, für alle sozialen Konfliktsituationen mehr oder minder eindeutig das individuell rationale Entscheidungsverhalten zu definieren. In einer sozialen Konfliktsituation, die wir im folgenden einfach Spiel oder strategisches Spiel nennen wollen, gibt es mindestens zwei Agenten (die sogenannten Spieler) mit zumindest teilweise divergierenden Interessen, die überdies autonom über ihr Verhalten befinden können. Diese Definition verdeutlicht, daß die Spieltheorie sich als die normative Teildisziplin aller Sozialwissenschaften erweist. Obwohl wesentliche Konzepte der Spieltheorie durch wirtschaftswissenschaftliche Fragestellungen inspiriert und von Ökonomen entwickelt wurden, ist die Spieltheorie daher keine ausschließlich ökonomische Disziplin.

Wir haben uns auf mikroökonomische (Bei)Spiele konzentriert, da hier die Anwendung der Spieltheorie am weitesten verbreitet ist (vgl. zum Beispiel für die Industrieökonomik TIROLE, 1988). Gemäß der normativen Ausrichtung der traditionellen Mikroökonomie setzt jede zeitgemäße Einführung in die Mikroökonomie spieltheoretische Grundkenntnisse voraus, sofern sie sich nicht von vornherein auf spezielle Fragen beschränkt und dem zentralen Problem der strategischen Interaktion auf Märkten ausweicht. Unseres Erachtens ist es nur zu begrüßen, wenn damit gleichzeitig ein Instrumentarium erlernt wird, das auch in den benachbarten Sozialwissenschaften anwendbar ist, was für die normative Ökonomik schlechthin gilt (vgl. hierzu auch FREY, 1990). Insbesondere erscheint damit im Bereich der normativen Theorie die methodische Konsistenz aller Sozialwissenschaften greifbar nahe.

Häufig wird Spieltheorie auch als angewandte Mathematik verstanden und gelehrt (vgl. zum Beispiel die deutschsprachigen Einführungen von BURGER, 1959, und RAUHUT, SCHMITZ und ZACHOW, 1979). Dies deutet darauf hin, daß von Beginn an strategische Spiele streng formal beschrieben und die Konzepte individuell rationalen Entscheidungsverhaltens mathematisch genau definiert worden sind. Trotz dieser mathematischen Tradition der Spieltheorie ist das Grundproblem der Spieltheorie, nämlich die Frage, welches Verhalten in strategischen Spielen individuell rational ist, eigentlich philosophischer Natur. Es kann daher nicht überraschen, daß die Spieltheorie auch in der Philosophie Fuß gefaßt hat (vgl. zum Beispiel KLIEMT, 1986), insbesondere natürlich in dem Bereich der Philosophie, der sich mit dem Rationalitätsbegriff befaßt.

Von unserer Einführung in die Spieltheorie könnte man daher verlangen, daß wir die grundlegenden konzeptionellen Entscheidungen philosophisch begründen, die theoretischen Konzepte mathematisch genau definieren und charakterisieren sowie alle (Bei)Spiele exakt beschreiben und analysieren. Diesen Ansprüchen können wir nicht immer voll genügen. Dies ist eine vor allem für Studenten der Ökonomie gedachte Einführung in die Spieltheorie, was hoffentlich nicht ausschließt, daß sie auch für andere Leser Anregungen enthält. Die wesentlichen Konzepte der Spieltheorie werden formal dargestellt und inhaltlich diskutiert. Nur gelegentlich werden wir spieltheoretische Aussagen mathematisch streng beweisen. Die Vielfalt der mikroökonomischen (Bei)Spiele sollte darüberhinaus die enorme Anwendungsbreite des spieltheoretischen Instrumentariums vermitteln.

1.2 Überblick über die weiteren Kapitel

In einem Spiel hängt die Erfüllung der Ziele typischerweise nicht nur vom eigenen Verhalten, sondern auch von den Entscheidungen der Mitspieler ab. Ferner kann das Ergebnis aufgrund stochastischer Einflußgrößen auch zufallsbestimmt sein. Dies macht es notwendig, Spielergebnisse zu bewerten, die nicht mit Gewißheit bestimmte Konsequenzen beinhalten. Ergebnisse mit Konsequenzen, für die man allenfalls (subjektive) Wahrscheinlichkeiten angeben kann, werden häufig Lotterien genannt. Im nutzentheoretischen Abschnitt 1.3 wird das Konzept der Präferenzrelationen nicht nur für sichere Ergebnisse, sondern auch für Lotterien definiert. Die derartige Präferenzrelationen repräsentierenden Nutzenfunktionen werden kardinale Nutzenfunktionen genannt, da sie nicht bis auf beliebige positiv monotone Transformationen (wie die Nutzenfunktionen, wie sie z. B. in GÜTH, 1992, verwendet werden), sondern bis auf beliebige positiv affine Transformationen eindeutig festgelegt sind. In den weiteren Kapiteln werden wir davon ausgehen, daß die Nutzen-/Auszahlungs-/Gewinnfunktionen aller Spieler kardinaler Natur sind.

Im 2. und 3. Kapitel wird zunächst die sequentielle (Darstellungs)Form von Spielen vorgestellt, die entweder auf suksessiven Entscheidungsstufen oder auf der üblichen Baumdarstellung basiert, die auch aus der Entscheidungstheorie — Entscheidungstheorie im engen Sinne betrachtet lediglich Situationen mit nur einem Spieler — bekannt ist. Als Lösungskonzepte für sequentielle Spiele führen wir im 4. Kapitel die wiederholte Elimination dominierter bzw. inferiorer Strategien, (teilspielperfekte) Gleichgewichtspunkte sowie weitere Verschärfungen des Gleichgewichtsbegriffs wie sequentielles, perfektes und uniform perfektes Gleichgewicht ein.

Eine statische, aber aufgrund des dezentralen Spielerbegriffs strategisch oft adäquate Darstellung auch sequentieller Entscheidungsprozesse liefert die im 5. Kapitel behandelte Agentennormalform, gemäß der über jeden Zug durch einen eigenständigen Agenten entschieden wird. Die Lösungskonzepte für Spiele in Agentennormalform sind im wesentlichen Adaptionen derjenigen für Spiele in extensiver Form.

Als eine ebenfalls statische, aber die Dynamik der Entscheidungsprozesse vernachlässigende Darstellungsform wird dann im 6. Kapitel die Normalform betrachtet, gemäß der ein Spieler zu Beginn des Spiels alle seine künftigen Entscheidungen festlegt. Als Lösungskonzepte betrachten wir wiederum die möglichen Adaptionen der vorher diskutierten Konzepte sowie das Stabilitätskonzept für Normalformspiele.

Das 7. Kapitel widmet sich der Gleichgewichtsauswahltheorie, die für jedes Spiel eindeutig einen Gleichgewichtspunkt als Lösung determiniert und damit dem Anspruch an die Spieltheorie, strategische Ungewißheit aufzulösen, vollständig zu entsprechen versucht.

Das abschließende 8. Kapitel über die Theorie kooperativer Spiele beginnt mit der Definition der charakteristischen Funktion, die von den individuellen Handlungsmöglichkeiten abstrahiert und nur noch die erreichbaren Auszahlungen der möglichen Spielerkoalitionen erfaßt. Danach werden die bekanntesten Lösungskonzepte für kooperative bzw. charakteristische Funktionsspiele vorgestellt und auf (Bei)Spiele wie Tauschökonomien, homogene

Oligopolmärkte, demokratische Mehrheitsentscheidungen, den Monopolkapitalismus und das Apex-Spiel angewandt.

Es sei schon hier angemerkt, daß das Problem der Kooperation nicht nur in der kooperativen Spieltheorie behandelt wird. Während die kooperativen Spiele Koalitionsbildung voraussetzen, muß in der sogenannten nichtkooperativen Spieltheorie die Kooperation auf individuelle strategische Entscheidungen zurückgeführt werden. Die traditionelle Unterscheidung in nichtkooperative und kooperative Spiele ist daher irreführend.

Wesentliche (Bei)Spiele zur nichtkooperativen Theorie sind wiederholte Spiele (Superspiele), Spiele mit unvollständiger Information, insbesondere solche, die signalisieren, d.h. das Verraten privater Information ermöglichen, und ökonomische (Bei)Spiele mit multiplen Gleichgewichtspunkten. Die (Bei)Spiele sollten dazu anregen, selbständig soziale Konflikte als strategische Spiele zu modellieren und durch Anwendung spieltheoretischer Lösungskonzepte auch zu lösen. Wir wollen zur eigenständigen kreativen Anwendung des mikroökonomischen Instrumentariums anregen und haben daher versucht, institutionelle Aspekte realer Märkte möglichst einfach zu erfassen. Je nach fachlichem Interesse kann man einzelne (Bei)Spiele überspringen, ohne den Überblick zu verlieren oder bestimmte Methoden zu vernachlässigen.

1.3 Präferenzrelationen und Nutzenfunktionen bei unsicheren Ergebnissen

Wir müssen zunächst individuelle Bewertungen von Ergebnissen beschreiben, da ohne solche Bewertungen das individuell rationale Verhalten weder in isolierten, noch in sozialen Entscheidungssituationen definiert werden kann.

Die üblicherweise im Rahmen der Haushaltstheorie definierten Präferenzrelationen und Nutzenfunktionen reichen nicht aus, strategische Spiele zu analysieren, da in einem strategischen Spiel die Konsequenzen bestimmter Wahlhandlungen nicht notwendig eindeutig vorhersehbar sind. So kann das Ergebnis von Zufallszügen abhängen oder aber die Spieler selbst können ihr Verhalten randomisieren. Von großer Bedeutung ist in der neueren Literatur auch die Ungewißheitsproblematik, die aus der unvollständigen Kenntnis der Spielregeln resultiert. Es ist daher unabdingbar, Präferenzrelationen und Nutzenfunktionen zu definieren, die es ermöglichen, Wahlhandlungen mit unsicheren Ergebnissen zu bewerten. Eine solche Wahlhandlung kann anschaulich als Lotterie beschrieben werden, da sie — wie eine Lotterie — nicht ein Ergebnis mit Wahrscheinlichkeit 1, sondern mehrere Ergebnisse mit positiver Wahrscheinlichkeit auswählt. Wir werden daher von Präferenzrelationen über Lotteriemengen ausgehen, die unter bestimmten plausiblen Voraussetzungen durch Nutzenfunktionen repräsentierbar sind, die wir kardinale Nutzenfunktionen nennen werden.

Im folgenden werden wir zunächst die kardinale Nutzenkonzeption kurz vorstellen und sie mit der ordinalen Nutzenkonzeption vergleichen. Der Abschnitt 1.5 orientiert sich stark an Teilen des ersten Kapitels von FISHBURN (1982), dessen Buch wir als zusätzliche und vertiefende Lektüre empfehlen. Das Buch von FISHBURN ist im mathematischen Stil verfaßt. Wir haben uns bemüht, die einzelnen Argumentationsschritte detailliert nachzuvollziehen, was sicherlich der Eleganz der Argumente abträglich ist, aber dem ungeübten Leser vielleicht den Einstieg erleichtert. Die Grundidee vermittelt auch SINN (1980, Abschnitt C) und WEBER (1989).

Der Rest dieser Arbeit setzt nicht das Verständnis dieses Kapitels voraus. Man kann daher dieses Kapitel einfach überspringen, was wir allerdings nicht empfehlen; sich nur den Abschnitt 1.4 ansehen, der die Unterschiede von kardinaler und ordinaler Nutzenkonzeption vermittelt; oder nur den Appendix A vernachlässigen, in denen das Repräsentationstheorem bewiesen wird.

Da wir uns mit Wahlhandlungen bei ungewissen Ergebnissen befassen, sollen hier kurz noch die verschiedenen Formen von Ungewißheit vorgestellt werden. Wir sprechen von **stochastischer Ungewißheit**, wenn die Ergebnisse einer bestimmten Wahlhandlung von Zufallszügen mit vorgegebenen (objektiven oder subjektiven) Wahrscheinlichkeiten abhängen. Beispiele sind die Klimaeinflüsse auf die landwirtschaftliche Produktion, Lottoziehungen, Würfeln, das zufällige Verteilen von Karten und dergleichen. Wir werden die stochastische Ungewißheit dadurch berücksichtigen, daß wir Präferenzrelationen und Nutzenfunktionen über Lotteriemengen postulieren. Mit der kardinalen Nutzenkonzeption wird die stochastische Ungewißheitsproblematik aufgelöst.

Eine andere Art der Unsicherheit von Ergebnissen ist die **strategische Ungewißheit**, die entsteht, wenn die Ergebnisse bestimmter Wahlhandlungen von Aktionen anderer abhängen und wenn das Verhalten der anderen nicht sicher vorhersehbar ist. Genau diese Art der Ungewißheit versucht man durch die Entwicklung spieltheoretischer Hypothesen aufzuheben. Eine spieltheoretische Lösungskonzeption sagt das Verhalten aller beteiligten Parteien voraus und kann daher die strategische Ungewißheit mindern oder sogar ganz beseitigen.

Eine dritte Form der Unsicherheit ist die **unvollständige Information** der Beteiligten über die Regeln, die zum Beispiel festlegen, wer, wann und worüber entscheidet, welche Informationen zum Zeitpunkt der Entscheidung verfügbar sind und wie die Beteiligten die möglichen Ergebnisse bewerten. In der Spieltheorie bezeichnet man diese Unsicherheit als unvollständige Information und trägt ihr dadurch Rechnung, daß man sie auf fiktive Zufallszüge zurückführt, über deren Ergebnisse die Beteiligten mehr oder minder aufgeklärt werden, d.h. unvollständige Information im Sinne von Unsicherheit über die Regeln wird in stochastische Ungewißheit transformiert und damit der üblichen spieltheoretischen Analyse zugänglich gemacht.

In diesem Kapitel befassen wir uns ausschließlich mit stochastischer Ungewißheit, d.h. mit Entscheidungen, deren Konsequenzen ausschließlich durch Zufallsereignisse beeinflußt werden. Strategische Ungewißheit zu beseitigen ist das Hauptanliegen der spieltheoretischen Lösungskonzeptionen, die in den späteren Kapiteln vorgestellt werden. Ungewißheit über die Regeln ist das Definitionsmerkmal von Spielen mit unvollständiger Information, die in den späteren Kapiteln noch mehrfach diskutiert und durch ökonomische Beispiele verdeutlicht werden. Dies zeigt, daß die Spieltheorie alle drei Formen der Ungewißheitsproblematik aufgreift und aufzulösen versucht. Anders als in der traditionellen Mikroökonomie, in der Ungewißheitsprobleme nur am Rande behandelt werden, ist hier die Ungewißheitsproblematik das zentrale Thema.

1.4 Kardinale Nutzenfunktionen

In der Haushaltstheorie wird das Bewertungsverhalten der Haushalte durch Präferenzrelationen beschrieben, die den Axiomen der Vollständigkeit, Transitivität, Stetigkeit sowie — für den Fall der Bewertung von Konsumvektoren — der Monotonie und Konvexität genügen. Man kann derartige Präferenzrelationen durch reellwertige Nutzenfunktionen repräsentieren. Ist Ω die Menge der Wahlmöglichkeiten, so ist $u(\cdot)$ eine die Präferenzrelation $\succ$ repräsentierende Nutzenfunktion, falls für alle $\omega, \omega' \in \Omega$ gilt:

$$u(\omega) > u(\omega') \text{ genau dann, wenn } \omega \succ \omega'.$$

Hierbei bedeutet $\omega \succ \omega'$, daß ω gegenüber ω' bevorzugt wird. Mit jeder streng monoton steigenden Funktion

$$\begin{aligned} f & : & \mathbb{R} \to \mathbb{R} \\ r & \to & f(r) \end{aligned}$$

ist durch

$$v(\omega) = f(u(\omega))$$

eine Nutzenfunktion definiert, die wegen

$$v(\omega) > v(\omega') \text{ stets dann, wenn } u(\omega) > u(\omega'),$$

ebenfalls die Präferenzrelation $\succ$ repräsentiert. Da die Nutzenfunktion damit nur die Rangordnung der Wahlmöglichkeiten eindeutig festlegt, spricht man von der **ordinalen Nutzenkonzeption**.

Im folgenden soll eine restriktivere Nutzentheorie — das Konzept kardinaler Nutzen — vorgestellt werden, für die die Klasse der eine Präferenzrelation

$\succ$ repräsentierenden Nutzenfunktionen sehr viel kleiner ist. Ist zum Beispiel $u(\cdot)$ eine die Präferenzrelation $\succ$ über Ω repräsentierende Nutzenfunktion, so besteht gemäß der **kardinalen Nutzenkonzeption** die Menge der $\succ$ repräsentierenden Nutzenfunktionen nur aus Funktionen des Typs

$$v(\omega) = a + b\, u(\omega) \text{ mit } a, b \in \mathbb{R} \text{ und } b > 0.$$

Oft wird dies dadurch beschrieben, daß gemäß der ordinalen bzw. kardinalen Nutzenkonzeption die repräsentierende Nutzenfunktion nur bis auf beliebige positiv monotone bzw. positiv affine Transformationen eindeutig bestimmt ist. Um die Implikationen der beiden Nutzenkonzeptionen aufzudecken, betrachten wir beliebige Wahlmöglichkeiten

$$\omega, \widetilde{\omega}, \widehat{\omega}, \omega' \in \Omega \text{ mit } \widehat{\omega} \succ \omega'.$$

Die Annahme $\widehat{\omega} \succ \omega'$ garantiert $v(\widehat{\omega}) \neq v(\omega')$ bzw. $u(\widehat{\omega}) \neq u(\omega')$. Wegen

$$\frac{v(\omega) - v(\widetilde{\omega})}{v(\widehat{\omega}) - v(\omega')} = \frac{a + bu(\omega) - (a + bu(\widetilde{\omega}))}{a + bu(\widehat{\omega}) - (a + bu(\omega'))} = \frac{u(\omega) - u(\widetilde{\omega})}{u(\widehat{\omega}) - u(\omega')}$$

ist gemäß der kardinalen Nutzenkonzeption das Verhältnis von Nutzendifferenzen eindeutig bestimmt, während gemäß der ordinalen Nutzenkonzeption lediglich das Vorzeichen derartiger Relationen eindeutig fixiert ist. Letzteres kann man sich anhand einfacher Beispiele verdeutlichen. Durch $k \in \mathbb{N}$, k ungerade, ist zum Beispiel durch

$$v(\omega) = u(\omega)^k$$

eine positiv monotone Transformation $v(\cdot)$ von $u(\cdot)$ definiert. Für $u(\widetilde{\omega}) = 0 = u(\omega')$ und $u(\omega) \neq u(\widehat{\omega})$ ergeben sich wegen

$$\frac{v(\omega) - v(\widetilde{\omega})}{v(\widehat{\omega}) - v(\omega')} = \frac{u(\omega)^k - u(\widetilde{\omega})^k}{u(\widehat{\omega})^k - u(\omega')^k} = \left(\frac{u(\omega)}{u(\widehat{\omega})}\right)^k$$

für verschiedene Parameter $k \in \mathbb{N}$, k ungerade, unterschiedliche Relationen von Nutzendifferenzen. Damit ist illustriert, daß gemäß der kardinalen Nutzenkonzeption Verhältnisse von Nutzendifferenzen eindeutig bestimmt sind, während die ordinale Nutzenkonzeption nur das Vorzeichen solcher Verhältnisse eindeutig determiniert.

Die kardinale Nutzenkonzeption ist notwendig, da wir allgemeinere Präferenzrelationen $\succ$ als in der traditionellen Mikroökonomie benötigen. Während dort die Präferenzrelation $\succ$ nur für Alternativenpaare ω, $\omega' \in \Omega$ definiert ist, gehen wir jetzt davon aus, daß $\succ$ auch für beliebige Paare von Wahrscheinlichkeitsverteilungen über Ω definiert ist. Um maßtheoretische Begriffe zu vermeiden, werden wir dabei von einer endlichen Menge Ω an Wahlmöglichkeiten ausgehen. Eine Wahrscheinlichkeitsverteilung w über Ω ist dann ein Vektor

$$w = (w(\omega)_{\omega \in \Omega}),$$

der die Bedingungen

$$0 \leq w(\omega) \leq 1 \ \text{ für alle } \omega \in \Omega \text{ und } \sum_{\omega \in \Omega} w(\omega) = 1$$

erfüllt. Mit W bezeichnen wir die Menge aller Wahrscheinlichkeitsverteilungen w über Ω. Häufig werden die Ergebnisse $\omega \in \Omega$ als Preise oder Gewinne und entsprechend die Wahrscheinlichkeitsverteilungen $w \in W$ als Lotterien bezeichnet. Indem man die Wahlmöglichkeit ω mit der Wahrscheinlichkeitsverteilung w mit $w(\omega) = 1$ identifiziert, kann Ω in natürlicher Weise als Teilmenge von W betrachtet werden. Während die ordinale Nutzenkonzeption nur Präferenzrelationen über Ω betrachtet, geht die kardinale Nutzenkonzeption von Präferenzrelationen über W aus, d.h. die kardinale Nutzenkonzeption verlangt auch wohldefiniertes Wahlverhalten zwischen Alternativen mit stochastisch bestimmten Konsequenzen.

Bevor wir — analog zur axiomatischen Rechtfertigung ordinaler Nutzen in der traditionellen Mikroökonomie — die kardinale Nutzenfunktion aus grundlegenden Axiomen über die Präferenzrelation $\succ$ über W herleiten, wollen wir noch kurz begründen, warum man auch in der Mikroökonomie Präferenzen über Wahrscheinlichkeitsverteilungen w über Ω benötigt. Gemäß der Definition von W beschreibt die Menge Ω alle letztlich resultierenden Ergebnisse. Während man bei der Interpretation von Ω als Menge der Wahlmöglichkeiten davon ausgeht, daß man zwischen den letztlich resultierenden Ergebnissen $\omega \in \Omega$ entscheiden kann, läßt es die Wahlhandlungsmenge W zu, daß zum Zeitpunkt der Entscheidung diese Ergebnisse nicht vollständig determiniert sind. Da dies beinahe für alle Lebensbereiche typisch ist, gibt es hierfür beliebig viele Beispiele: Das Ergebnis der Produktion ist fast immer stochastisch bestimmt; über die Eigenschaften von Konsumgütern hat man nur mehr oder minder vage Vermutungen; mit wem man auf Märkten interagiert, ist oft nicht eindeutig vorherzusehen; bestimmte Konsumgüter wie Lotterielose, Versicherungen und dergleichen werden gerade wegen ihrer stochastisch bestimmten Konsequenzen nachgefragt.

Dies zeigt, daß die Mikroökonomie die wichtigsten Aspekte realer Märkte vernachlässigt, wenn sie sich auf Wahlmöglichkeiten mit deterministischer Zielerfüllung beschränkt. Die Ungewißheit darüber, was eine bestimmte Wahlhandlung impliziert, ist das wohl größte Problem wirtschaftlichen Handelns und muß darum im Zentrum der mikroökonomischen Wahlhandlungstheorie stehen. Es ist daher dringend geboten, von allgemeiner definierten Präferenzrelationen als bisher auszugehen. Letztlich verdeutlicht dies, wie sehr die Theorie der Marktwirtschaft (vgl. GÜTH, 1996) — in ihrer traditionellen Ausrichtung — von den wesentlichen institutionellen Aspekten tatsächlicher Märkte abstrahiert und dringend einer Erneuerung bedarf, die die wesentlichen Institutionen und Aspekte realer Märkte nicht so sträflich vernachlässigt.

1.5 Anforderungen für die Wahl zwischen Lotterien und ein Repräsentationstheorem

Um Wahrscheinlichkeitsverteilungen $w \in W$ einfacher darstellen zu können, bedienen wir uns der folgenden Notation: Für ω, $\omega' \in \Omega$ und $0 \leq \lambda \leq 1$ ist

$$\lambda\omega + (1 - \lambda)\omega' \in W$$

diejenige Wahrscheinlichkeitsverteilung w mit

$$w(\omega) = \lambda, w(\omega') = 1 - \lambda, w(\widehat{\omega}) = 0 \text{ für alle } \widehat{\omega} \in \Omega \text{ mit } \widehat{\omega} \neq \omega, \widehat{\omega} \neq \omega'.$$

Man beachte, daß in dieser Schreibweise das Zeichen "$+$" nur die Auflistung von sicheren Ergebnissen und ihren Wahrscheinlichkeiten bedeutet und daher nicht mit der üblichen Addition verwechselt werden darf.

Wir fordern für alle ω, $\omega' \in \Omega$:

(A.1) $1\omega + 0 \, \omega' = \omega \in W$

(A.2) $\lambda\omega + (1 - \lambda)\omega' = (1 - \lambda)\omega' + \lambda\omega$

(A.3) $\mu(\lambda\omega + (1 - \lambda)\omega') + (1 - \mu)\omega' = \mu\lambda\omega + (1 - \mu\lambda)\omega'.$

Die Anforderung (A.1) ist die Einbettung von Ω in W, gemäß der $\omega \in \Omega$ mit der Wahrscheinlichkeitsverteilung w mit $w(\omega) = 1$ identifiziert wird. Die Vertauschbarkeitsforderung (A.2) impliziert, daß die Anordnung der Komponenten in der "additiven" Schreibweise unerheblich ist, d.h. es zählen nur die Wahrscheinlichkeiten der Ereignisse $\omega \in \Omega$. (A.3) verlangt die Anwendung der Wahrscheinlichkeitsrechnung bei mehrstufigen Zufallsprozessen, den sogenannten zusammengesetzten Lotterien. Die Wahrscheinlichkeit für das Ergebnis $\omega \in \Omega$ ist durch das Produkt der Eintrittswahrscheinlichkeit μ für $\lambda\omega + (1 - \lambda)\omega'$ und der bedingten Wahrscheinlichkeit λ für ω bestimmt. Aus den Anforderungen (A.1), (A.2) und (A.3) kann man

(F.1) $\lambda\omega + (1 - \lambda)\omega = \omega$

und

(F.2) $\alpha(\beta\omega + (1 - \beta)\omega') + (1 - \alpha)(\gamma\omega + (1 - \gamma)\omega') = (\alpha\beta + (1 - \alpha)\gamma)\omega + (1 - \alpha\beta - (1 - \alpha)\gamma)\omega'$

ableiten. Da

$$
\begin{aligned}
\lambda\omega + (1-\lambda)\,\omega &= \lambda\,(1\omega + 0\omega) + (1-\lambda)\,\omega && \text{wegen (A.1)}\\
&= \lambda\,(0\omega + 1\omega) + (1-\lambda)\,\omega && \text{wegen (A.2)}\\
&= 0\omega + 1\omega && \text{wegen (A.3)}\\
&= 1\omega + 0\omega && \text{wegen (A.2)}\\
&= \omega && \text{wegen (A.1),}
\end{aligned}
$$

folgt die Implikation (F.1). Für den Fall $\beta = 1$ können wir (F.2) wie folgt beweisen:

$$
\begin{aligned}
\alpha\,(1\omega + &0\omega') + (1-\alpha)\,(\gamma\omega + (1-\gamma)\,\omega')\\
&= \alpha\omega + (1-\alpha)\,(\gamma\omega + (1-\gamma)\,\omega') && \text{wegen (A.1)}\\
&= (1-\alpha)\,(\gamma\omega + (1-\gamma)\,\omega') + \alpha\omega && \text{wegen (A.2)}\\
&= (1-\alpha)\,((1-\gamma)\,\omega' + \gamma\omega) + \alpha\omega && \text{wegen (A.2)}\\
&= (1-\alpha)\,(1-\gamma)\,\omega' + (1 - (1-\alpha)\,(1-\gamma))\,\omega && \text{wegen (A.3)}\\
&= (\alpha + (1-\alpha)\,\gamma)\,\omega + (1 - \alpha - (1-\alpha)\,\gamma)\,\omega' && \text{wegen (A.2).}
\end{aligned}
$$

In ähnlicher Weise beweist man (F.2) für $\gamma = 1$. Für $0 < \beta \leq \gamma < 1$ zeigt man (F.2) wie folgt:

$$
\begin{aligned}
\alpha\,(\beta\omega + &(1-\beta)\,\omega') + (1-\alpha)\,(\gamma\omega + (1-\gamma)\,\omega')\\
&= \alpha\left(\tfrac{\beta}{\gamma}\,(\gamma\omega + (1-\gamma)\,\omega') + \left(1 - \tfrac{\beta}{\gamma}\right)\omega'\right) + (1-\alpha)\,(\gamma\omega + (1-\gamma)\,\omega')\\
&\hspace{8cm} \text{wegen } (A.3)\\
&= \alpha\left(\left(1 - \tfrac{\beta}{\gamma}\right)\omega' + \tfrac{\beta}{\gamma}\,(\gamma\omega + (1-\gamma)\,\omega')\right) + (1-\alpha)\,(\gamma\omega + (1-\gamma)\,\omega')\\
&\hspace{8cm} \text{wegen } (A.2)\\
&= \left(\alpha - \tfrac{\alpha\beta}{\gamma}\right)\omega' + \left(1 - \alpha + \tfrac{\alpha\beta}{\gamma}\right)(\gamma\omega + (1-\gamma)\,\omega')\\
&\hspace{8cm} \text{wegen } (A.3)\\
&= \left(1 - \alpha + \tfrac{\alpha\beta}{\gamma}\right)(\gamma\omega + (1-\gamma)\,\omega') + \left(\alpha - \tfrac{\alpha\beta}{\gamma}\right)\omega'\\
&\hspace{8cm} \text{wegen } (A.2)\\
&= (\alpha\beta + (1-\alpha)\,\gamma)\,\omega + (1 - \alpha\beta - (1-\alpha)\,\gamma)\,\omega'\\
&\hspace{8cm} \text{wegen } (A.3).
\end{aligned}
$$

Den verbleibenden Fall $0 < \gamma \leq \beta < 1$ beweist man analog. Mit den Anforderungen (A.1), (A.2) und (A.3) sind damit auch die Eigenschaften (F.1) und (F.2) gewährleistet.

Neben den unmittelbar einleuchtenden technischen Anforderungen (A.1) bis (A.3) benötigen wir essentielle Rationalitätspostulate, die die Präferenzrelation $\succ$ über W erfüllen sollte. Die strikte Präferenzrelation $\succ$ definiert die Indifferenzrelation $\sim$ als:

$$
w \sim w' \text{ genau dann, wenn weder } w \succ w' \text{ noch } w' \succ w.
$$

Während die Indifferenzrelation reflexiv ist, d.h. $w \sim w$ für alle $w \in W$, ist die strikte Präferenz $\succ$ antisymmetrisch, d.h. $w \succ w'$ impliziert, daß $w' \succ w$ nicht gilt.

(A.4) $\succ$ ist eine vollständige Präferenzrelation über W, die, wie die durch $\succ$ implizierte Indifferenzrelation $\sim$ über W, transitiv ist.

Vollständigkeit von $\succ$ besagt, daß der Entscheider für alle Paare $w, w' \in W$ angeben kann, ob $w \succ w'$, $w' \succ w$ oder keines von beiden, d.h. $w \sim w'$ vorliegt. Man muß also angeben können, ob man eine der beiden Handlungsmöglichkeiten der anderen vorzieht oder ob man zwischen beiden indifferent ist. Die Relation $\succ$ ist **transitiv**, falls für alle $w, \widehat{w}, \widetilde{w} \in W$ mit $w \succ \widehat{w}$ und $\widehat{w} \succ \widetilde{w}$ auch $w \succ \widetilde{w}$ gilt, wenn also die Relation azyklisch ist. Die Transitivität von $\sim$ impliziert analog, daß aus $w \sim \widehat{w}$ und $\widehat{w} \sim \widetilde{w}$ auch $w \sim \widetilde{w}$ folgt. Insbesondere die Transitivität von $\sim$ ist als Hypothese für reales Wahlverhalten überaus fragwürdig. Bei einer langen Aneinanderreihung von Wahlmöglichkeiten in der Form

$$w^1, w^2, ..., w^k$$

ist es durchaus vorstellbar, daß man sich zwischen jeweils zwei benachbarten Alternativen nicht für eine als bessere Wahl entscheiden kann, d.h. $w^i \sim w^{i+1}$ für $i = 1, ..., k-1$, daß aber die kumulierten Unterschiede sich derart auswirken, daß man eindeutig angeben kann, daß $w^1 \succ w^k$ oder $w^k \succ w^1$ vorliegt. Dies impliziert allein die beschränkte Wahrnehmungsmöglichkeit des Menschen, der Unterschiede nur ab einer bestimmten Fühlbarkeitsschwelle bewußt wahrnehmen kann. Für einen rationalen Entscheider, der solchen Beschränkungen nicht unterliegt, ist Axiom (A.4) natürlich ein unmittelbar einsichtiges Rationalitätserfordernis, ohne das individuell rationales Entscheidungsverhalten nicht definiert werden könnte.

Aus (A.4) folgt für beliebige $w, \widetilde{w}, \widehat{w} \in W$ mit $\widetilde{w} \succ \widehat{w}$, daß $\widetilde{w} \succ w$ oder $w \succ \widehat{w}$ gelten muß. Im Fall $w \succ \widetilde{w}$ folgt dies, da wegen der Transitivität von $\succ$ die Bedingungen $w \succ \widetilde{w}$ und $\widetilde{w} \succ \widehat{w}$ die Eigenschaft $w \succ \widehat{w}$ implizieren. In ähnlicher Weise zeigt man für die anderen Fälle $w \sim \widetilde{w}$, $\widetilde{w} \succ w \succ \widehat{w}$, $w \sim \widehat{w}$ und $\widehat{w} \succ w$, daß $\widetilde{w} \succ w$ oder $w \succ \widehat{w}$ zutrifft.

(A.5) Für beliebige $w, \widetilde{w}, \widehat{w} \in W$ und $\lambda \in \mathbb{R}$ mit $0 < \lambda < 1$ impliziert $w \succ \widetilde{w}$ die Bedingung

$$\lambda w + (1 - \lambda)\widehat{w} \succ \lambda \widetilde{w} + (1 - \lambda)\widehat{w}.$$

Da die Bevorzugung von w gegenüber $\widetilde{w}$ unabhängig von der Alternative $\widehat{w} \in W$ zur Bevorzugung von $\lambda w + (1 - \lambda)\widehat{w}$ gegenüber $\lambda \widetilde{w} + (1 - \lambda)\widehat{w}$

führt, wird (A.5) häufig als **Unabhängigkeitspostulat** bezeichnet. Beide Axiome (A.4) und (A.5) sind überzeugende Anforderungen individuell rationalen Bewertungsverhaltens: Ohne Vollständigkeit und Transitivität der Bewertung ist individuell rationales Bewertungsverhalten nicht definierbar. In der gleichen Weise ist es natürlich, eine Lotterie zu bevorzugen, wenn sie kein schlechteres Ergebnis liefert als eine andere Wahrscheinlichkeitsverteilung und mit positiver Wahrscheinlichkeit zu einer Verbesserung führt.

Dennoch ist das Axiom (A.5) in der Literatur sehr kontrovers diskutiert worden (vgl. zum Beispiel die von FREY und EICHENBERGER, 1991, angeführte Literatur). Ausgangspunkt der Debatte waren Befragungsergebnisse von ALLAIS (1953), die der Unabhängigkeitsanforderung (A.5) widersprechen. Hier soll gar nicht in Frage gestellt werden, daß sich durch adäquate Laborexperimente valide nachweisen läßt, daß menschliches Wahlverhalten nicht immer der Unabhängigkeitsbedingung (A.5) entspricht. Dies verursacht jedoch nur dann ernsthafte Zweifel, wenn behauptet würde, daß das individuell rationale Entscheidungsverhalten auch das tatsächliche Wahlverhalten real existierender ökonomischer Agenten bestimmt. Unserer Ansicht nach können sich Menschen allenfalls eingeschränkt rational verhalten. Ferner werden sie nicht allein gegen das Unabhängigkeitspostulat (A.5), sondern auch gegen die Anforderung (A.4) einer vollständigen und transitiven Präferenzrelation verstoßen. Es gibt darüberhinaus Hinweise, daß sogar den Regeln der Wahrscheinlichkeitsrechnung, wie sie Axiom (A.3) zugrundeliegen, nicht genügt wird (vgl. SCHOLZ, 1986, sowie FREY und EICHENBERGER, 1991, und die dort angegebene Literatur).

Hier werden die Anforderungen an individuelle Bewertungen ausschließlich als einleuchtende Bedingungen individuell rationalen Entscheidens und nicht als Hypothesen für wirkliche Entscheidungen verstanden. Die Axiome müssen daher nur als Kriterien sinnvollen Entscheidens einleuchten und keiner empirischen Überprüfung standhalten.

(A.6) Für beliebige w, $\widetilde{w}$, $\widehat{w} \in W$ mit $w \succ \widetilde{w}$ und $\widetilde{w} \succ \widehat{w}$ muß es Zahlen λ und ρ mit $0 < \lambda$, $\rho < 1$ geben, so daß

$$\lambda w + (1 - \lambda)\,\widehat{w} \succ \widetilde{w} \text{ und } \widetilde{w} \succ \rho w + (1 - \rho)\,\widehat{w}$$

gilt.

Axiom (A.6) wird häufig als **Archimedisches Axiom** bezeichnet. Da w gegenüber $\widetilde{w}$ vorgezogen wird, sollte auch eine Lotterie mit Wahrscheinlichkeit nahe 1 für w gegenüber $\widetilde{w}$ vorgezogen werden. Analog sollte wegen $\widetilde{w} \succ \widehat{w}$ das Ergebnis $\widetilde{w}$ einer Lotterie $\rho w + (1 - \rho)\,\widehat{w}$ mit ρ nahe Null vorgezogen werden. Akzeptiert man die Axiome (A.1) bis (A.6), so kann man das Entscheidungsverhalten durch eine kardinale Nutzenfunktion repräsentieren. Dies zeigt (ein detaillierter Beweis befindet sich in Appendix A, vgl. auch FISHBURN, 1982) das

Repräsentationstheorem: Ist $\succ$ eine Präferenzrelation über W, die die Axiome (A.1) bis (A.6) erfüllt, so existiert eine Nutzenfunktion u der Form

$$u \;:\; W \to \mathbb{R}$$
$$w \;\mapsto\; u(w) = \sum_{\omega \in \Omega} w(\omega)\, u(\omega),$$

die die Präferenzrelation $\succ$ repräsentiert und die bis auf positive affine Transformationen eindeutig bestimmt ist. $\square$

Der Wert

$$u(w) = \sum_{\omega \in \Omega} w(\omega)u(\omega)$$

wird als der **Nutzenerwartungswert** der Lotterie $w \in W$ bezeichnet, da die Nutzenwerte $u(\omega)$ der möglichen Ergebnisse $\omega \in \Omega$ jeweils mit ihrer Eintrittswahrscheinlichkeit $w(\omega)$ gewichtet addiert werden. Gemäß dem Theorem ist daher der Nutzen für alle Lotterien $w \in W$ determiniert, wenn die Nutzenwerte $u(\omega)$ aller möglichen Ergebnisse $\omega \in \Omega$ fixiert sind. Wenn Nutzenfunktionen des Typs $u(\omega)$ gemeint sind, spricht man auch von linearem Nutzen, von der Nutzenerwartung(shypothese) und von **Bayesianischer Nutzentheorie**. Wir werden Nutzenfunktionen der im Theorem behaupteten Form einfach als **kardinale Nutzenfunktionen** bezeichnen, da sie bis auf positive affine Transformationen der Form

$$v(w) = a + b\, u(w) \text{ mit } a,b \in \mathbb{R} \text{ und } b > 0$$

eindeutig bestimmt sind und damit Relationen von Nutzendifferenzen numerisch eindeutig determinieren.

Es gibt zu den Axiomen (A.1) bis (A.6) äquivalente Axiomensysteme (vgl. FISHBURN, 1982, Chapter 2, Theorem 1), die helfen können, den intuitiven Gehalt der Axiome besser zu verstehen. In der Literatur gibt es auch Versuche, einzelne Axiome abzuschwächen oder zu ersetzen (vgl. FISHBURN, 1982, MACHINA, 1987), auf die wir hier nicht eingehen wollen.

Kapitel 2

Stufenspiele

Obwohl Stufenspiele keine der klassischen Darstellungsformen strategischer Konflikte sind, erfreuen sie sich zunehmender Beliebtheit. Stufenspiele ähneln sehr der Darstellung in extensiver Form, die wir anschließend als Methode zur Abbildung strategischer Konflikte vorstellen werden. Die wesentlichen Unterschiede sind, daß Stufenspiele simultane Entscheide mehrerer Spieler zulassen, während die extensive Form sequentiell gestaffelte Entscheidungen vorschreibt, und daß in Stufenspielen die Zugmengen unendlich viele Wahlmöglichkeiten bieten können.

Während für die klassischen Darstellungsformen Existenzsätze vorliegen, die durch bestimmte Rationalitätsanforderungen charakterisierte Lösungen garantieren, gibt es kaum allgemeine Existenzaussagen für die Lösungen von Stufenspielen. Allerdings lassen sich die Existenzaussagen für die klassischen Darstellungsformen auf Teilklassen der Stufenspiele übertragen. Sind zum Beispiel alle Zugmengen endlich, so garantiert die wiederholte Anwendung des Existenztheorems von NASH (1950) durch fundamentale Rationalitätsanforderungen charakterisierte Lösungen. In ähnlicher Form kann man Existenzsätze für kontinuierliche Spiele (vgl. RAUHUT, SCHMITZ und ZACHOW, 1979) unter bestimmten Voraussetzungen auf Stufenspiele übertragen.

Wahrscheinlich erklärt die Nähe zur extensiven Darstellungsform, daß Stufenspiele kaum als generelle Klasse von Spielen vorgestellt werden (vgl. aber FABER, GÜTH, STEPHAN und VON THADDEN, 1986). Ihr weit verbreiteter Gebrauch erklärt sich wegen der großen Flexibilität dieser Darstellungsform bei der Modellierung und Beschreibung der verschiedenen sozialen Konfliktsituationen. Eine nach Meinung des Verfassers (wegen des unterschiedlichen Charakters der Entscheidungen auf den verschiedenen Stufen) bahnbrechende Anwendung der Stufenspiele, die viele Spieltheoretiker und mittelbar über diese viele Sozialwissenschaftler von der Eignung der Stufenspiele überzeugt hat, ist die Unterscheidung großer und kleiner (Anbieter)Gruppen durch SELTEN (1973) in dem Sinne, daß kleine (Anbieter)Gruppen mit hoher und große (Anbieter)Gruppen mit geringer Wahrscheinlichkeit kooperieren werden.

Auch wenn die Analyse Seltens auf konkreten Annahmen basiert, muß die eindeutige Grenzziehung dennoch überraschen: Kleine (Anbieter)Gruppen können nur bis zu 4 Mitglieder enthalten, ab 6 Mitgliedern muß man von großen (Anbieter)Gruppen sprechen. SELTEN (1973) beschreibt dies sehr anschaulich durch "4 sind wenige und 6 sind viele". Vielleicht macht allein schon diese pointierte Aussage neugierig, wie man denn strategische Konfliktsituationen exakt modellieren kann, um sie dann einer formalen Analyse zur Ableitung des individuell rationalen Verhaltens zu unterziehen.

2.1   Die Form der Stufenspiele

Formal ist ein Stufenspiel durch den Vektor

$$V = \left(\mathcal{T}; N; \left(I_i^t\left(\cdot\right), A_i^t\left(\cdot\right)\right)_{\substack{i \in \mathcal{N} \\ t \in \mathcal{T}}}; \left(u_i\left(\cdot\right)\right)_{i \in N}; P_0 \right)$$

beschrieben, dessen Komponenten jetzt sukzessive vorgestellt werden sollen. Durch

$$\mathcal{T} = \{1, ..., T\}$$

mit ganzzahligem $T (\geq 1)$ ist die Menge der Entscheidungsstufen $t \in \mathcal{T}$ bzw. $t = 1, ..., T$ gegeben, die prinzipiell im Verlauf des Spiels erreicht werden können. Die Menge der Spieler ist durch

$$N = \{1, ..., n\}$$

mit ganzzahligem n bestimmt. Von einem sozialen Konflikt kann man natürlich nur dann sprechen, wenn $n \geq 2$ gilt, was allerdings nicht die Erfassung von Situationen mit $n = 1$ (wir sprechen dann von **reinen Entscheidungsproblemen**) oder auch nur $N = \emptyset$ (es gibt nur Zufallszüge) ausschließt. Die Spieler $i \in N$ bzw. $i = 1, ..., n$ werden **persönliche Spieler** genannt. Daneben gibt es noch den sogenannten **Zufallsspieler 0**, der für die Zufallszüge verantwortlich ist. Wird der Zufall(sspieler) formal in die Spielermenge einbezogen, so wird diese durch

$$\mathcal{N} = \{0, 1, ..., n\} = \{0\} \cup N$$

beschrieben.

A_i^t bezeichnet die **Zugmenge**, d.h. die Menge der wählbaren Aktionen a_i^t des Spielers $i \in \mathcal{N}$ auf der Stufe $t \in \mathcal{T}$. Die funktionale Beschreibung $A_i^t\left(\cdot\right)$

drückt aus, daß es durchaus vom bisherigen Spielverlauf und dem subjektiven Informationsstand des i hierüber abhängen kann, welche Aktionen a_i^t dem i auf der Stufe t möglich sind. Allein auf der ersten Stufe $t = 1$ sind die Mengen A_i^1 exogen vorgegeben, da es für $t = 1$ keinen bisherigen Spielverlauf gibt. Generell sei durch

$$a^t = \left(a_0^t, a_1^t, ..., a_n^t\right)$$

der **Zugvektor** auf der Stufe t bezeichnet. Für Spieler $i \in \mathcal{N}$ mit $A_i^t = \emptyset$, die also auf der Stufe t gar nicht entscheiden mußten, gilt dabei "$a_i^t = -$", was "keine Entscheidung durch i auf Stufe t" ausdrückt. Mit dieser Konvention wird ein **bisheriger Spielverlauf** der Stufe $t \in \mathcal{T}$ einfach durch seine "Historie"

$$H^t = \left(a^1, ..., a^{t-1}\right)$$

erfaßt, wobei für $t = 1$ dieser Vektor H^1 natürlich keinerlei Entscheidungen enthält. Was ein Spieler i über den bisherigen Spielverlauf H^t auf der Stufe t erfährt, wird durch seine **Informationsabbildung**

$$I_i^t\left(H^t\right) \text{ für alle } H^t, t \in \mathcal{T}, i \in \mathcal{N},$$

bestimmt, die wir anhand einiger einfacher Beispiele illustrieren wollen.

Extreme Informationsannahmen sind

$$I_i^t\left(H^t\right) = H^t \text{ für alle } t \in \mathcal{T} \text{ und } H^t,$$

d.h. Spieler i kennt alle vorherigen Aktionen im bisherigen Spielverlauf, oder

$$I_i^t\left(H^t\right) = \emptyset,$$

d.h. Spieler i besitzt keinerlei Information über den bisherigen Spielverlauf. Falls Spieler i selbst vorher entschieden hat, würde dies bedeuten, daß er sich an seine eigenen früheren Entscheidungen nicht mehr erinnern kann; man spricht hier auch von imperfect recall / unvollständiger bzw. völlig fehlender Erinnerung.

Generell kann $I_i^t\left(H^t\right)$ durch jede Teilmenge von

$$\left\{a^1, ..., a^{t-1} \,\middle|\, a_j^\tau \in A_j^\tau \text{ für alle } j \in \mathcal{N} \text{ und } 1 \leq \tau < t\right\}$$

definiert sein, d.h. durch jede theoretisch mögliche Kombination von offenbarten und verheimlichten individuellen Entscheidungen auf den verschiedenen Spielstufen $\tau = 1, ..., t - 1$ bis zur Stufe t. Wir wollen diese Möglichkeiten durch einige einfache Beispiele andeuten.

Die Spieler $i \in N = \{1, 2, 3\}$ sollen sich in folgender Weise auf die Verteilung eines vorgegebenen positiven Geldbetrages c einigen können. Zunächst sollen die Spieler $i = 1, 2$ ihre Forderungen a_i^1 mit $0 \leq a_i^1 \leq c/2$ stellen, d.h.

$$A_i^1 = \left[0, \frac{c}{2}\right] \text{ für } i = 1, 2; \; A_3^1 = A_0^1 = \emptyset,$$

und damit

$$H^2 = \left(a^1 = \left(-, a_1^1, a_2^1, -\right)\right).$$

Spieler 3 soll nur die Komponente a_1^1 kennen, wenn er als einziger auf der Stufe 2 über seine eigene Forderung a_3^2 mit $a_3^2 \in \left[0, \frac{c}{2}\right]$ entscheidet. Unterstellt man, daß jeder Spieler seinen Forderungsbetrag erhält, sofern

$$a_1^1 + a_2^1 + a_3^2 \le c,$$

während andernfalls keine Einigung vorliegt und alle Spieler Null erhalten, so verdeutlicht dies die schwierige Entscheidungssituation von Spieler 3 auf der Stufe $t = 2$: Spieler 3 kennt zwar a_1^1, aber nicht a_2^1, er weiß also nicht, wenn er a_3^2 auswählt, wieviel ihm seine beiden Mitspieler vom zu verteilenden (Geld)Kuchen c übriggelassen haben.

Ein anderes Beispiel geht ebenfalls generell von $A_0^t = \emptyset$ für alle Stufen t und $N = \{1, 2, 3\}$ aus: Spieler 1 soll als einziger auf Stufe 1 entscheiden, nämlich zwischen $a_1^1 = l$ und $a_1^1 = r$, d.h. $A_1^1 = \{l, r\}$. Spieler 2 soll über a_1^1 informiert sein, d.h. $I_2^2 \left(H^2\right) = (l)$ oder $I_2^2 \left(H^2\right) = (r)$, wenn er auf Stufe 2 als einziger zwischen $a_2^2 = L$ oder $a_2^2 = R$ wählt, d.h. $A_2^2 = \{L, R\}$ unabhängig von H^2. Spieler 3 sei der einzige, der auf der letzten Spielstufe $T = 3$ zu entscheiden hat. Die möglichen Informationsbedingungen $I_3^3 \left(H^3\right)$ sind dann durch jede Zerlegung der Menge

$$\{l, r\} \times \{L, R\}$$

gegeben. Gilt zum Beispiel

$$I_3^3 \left(H^3\right) = H^3 \text{ für alle } H^3 = (l, L), (l, R), (r, L), (r, R),$$

so würde Spieler 3 stets vollständig über den bisherigen Spielverlauf H^3 informiert. Es gibt aber auch die interessante Variante

$$I_3^3 \left(H^3\right) = \begin{cases} \{(l, R), (r, L)\} & \text{für } H^3 = (l, R) \text{ oder } (r, L) \\ (l, L) & \text{für } H^3 = (l, L) \\ (r, R) & \text{für } H^3 = (r, R), \end{cases}$$

gemäß der die bisherigen Züge nur im Falle der bisherigen Verläufe $H^3 = (l, L)$ und $H^3 = (r, R)$ offenbart werden, während im Falle von $H^3 = (l, R)$ und $H^3 = (r, L)$ dem Spieler 3 nicht mitgeteilt wird, welcher der beiden Spielverläufe vorliegt.

Die Abhängigkeit der Aktions- bzw. Zugmengen A_i^t von der Spielvergangenheit H^t kann nur über die Informationsabbildungen $I_i^t \left(H^t\right)$ erfolgen, da eine Situation mit

$$A_i^t \left(H^t\right) \ne A_i^t \left(\widehat{H}^t\right), \text{ aber } I_i^t \left(H^t\right) = I_i^t \left(\widehat{H}^t\right)$$

der Informationsannahme widersprechen würde (da man nach H^t andere Aktionsmöglichkeiten hat als nach $\widehat{H}^t$, kann man $\widehat{H}^t$ ausschließen, wenn man einen Zug $a_i^t \in A_i^t(H^t)$ mit $a_i^t \notin A_i^t\left(\widehat{H}^t\right)$ auswählen kann). Die Aktions-mengen A_i^t hängen daher gemäß

$$A_i^t\left(I_i^t\left(H^t\right)\right) \text{ für } t \in \mathcal{T}, i \in \mathcal{N} \text{ und alle } H^t$$

nur mittelbar über die Informationsstände $I_i^t(H^t)$ von der Spielvergangenheit H^t ab. Gilt $A_i^t(I_i^t(H^t)) = \emptyset$, d.h. $a_i^t = -$, so hat ein Spieler i auf der Stufe t nach H^t keine Entscheidung zu treffen.

Wir sprechen von **simultanen Zügen**, wenn $A_i^t(I_i^t(H^t))$ zumindest für zwei verschiedene Spieler i mindestens zwei verschiedene Aktionen a_i^t enthält. Der Fall, daß $A_i^t(I_i^t(H^t))$ nur genau eine Alternative a_i^t aufweist, entspricht fak-tisch der Situation $A_i^t(I_i^t(H^t)) = \emptyset$ bzw. $a_i^t = -$, da der Spieler i dann nichts zu entscheiden hat (Entscheiden unterstellt mindestens zwei mögliche Aktionen). Wir gehen daher im folgenden stets davon aus, daß entweder $A_i^t(I_i^t(H^t)) = \emptyset$ gilt oder aber $A_i^t(I_i^t(H^t))$ wenigstens zwei verschiedene Aktionen a_i^t aufweist. Da nur der Informationsstand von Spielern $i \in \mathcal{N}$ mit $A_i^t(I_i^t(H^t)) \neq \emptyset$ interessiert, braucht und wird man stets nur die Infor-mationsbedingungen $I_i^t(H^t)$ für Spieler i auf Stufe t mit $A_i^t(I_i^t(H^t)) \neq \emptyset$ spezifizieren.

Wir wollen auch die Abbildung $A_i^t(I_i^t(H^t))$ durch ein einfaches Beispiel illu-strieren, wobei wir von **perfekter Erinnerung / perfect recall** ausgehen (jeder Spieler erinnert sich an alle eigenen früheren Entscheidungen). Sind $i = 1, ..., n$ zum Beispiel die potentiellen Anbieter auf einem Markt und be-zeichnet $a_i^1 = 1$ die (endgültige) Entscheidung für Markteintritt, während $a_i^1 = 0$ bedeutet, daß der i dem Markt (auf Dauer) fernbleibt, so ist klar, daß nur die

$$m\left(a^1\right) = \sum_{i=1}^n a_i^1$$

aktuellen Anbieter j mit $a_j^1 = 1$ auf den späteren Stufen $t > 1$ Marktentschei-dungen (zum Beispiel über Verkaufspreise) auswählen können, d.h. $a_j^t = -$, falls $a_j^1 = 0$. Wenn ein aktueller Anbieter j mit $a_j^1 = 1$ auf der späteren Stufe $t = 2$ nur die Anzahl m der aktuellen Anbieter kennt, aber nicht weiß, welcher seiner Konkurrenten $i = 1, ..., n$ mit $i \neq j$ ebenfalls in den Markt eingetreten ist, so haben wir es offenbar mit einer Informationsabbildung $I_j^2(H^2)$ gemäß

$$I_j^2\left(H^2\right) = \left\{\left(a^1\right) : \sum_{i=1}^n a_i^1 = m, a_j^1 = 1\right\}$$

zu tun, d.h. Spieler j weiß auf Stufe 2 nur, daß er selbst in den Markt eingetre-ten ist ($a_j^1 = 1$) und wie viele Anbieter m insgesamt in den Markt eingetreten sind.

Man kann sich durchaus vorstellen, daß die Aktionsmenge $A_j^2(I_j^2(H^2))$ ei-nes Anbieters j mit $a_j^1 = 1$ von der Anzahl m der aktuellen Anbieter auf dem Markt abhängt. So könnten Versuche zur Kartellbildung der aktuellen Anbieter nur sinnvoll sein, wenn m eine gewisse Obergrenze $\overline{m}$ mit $\overline{m} < n$ nicht überschreitet (gemäß SELTEN, 1973, könnte man an $\overline{m} = 5$ denken). Generell gilt, daß Anbieter j's Aktionsmenge $A_j^2\left(I_j^2\left(H^2\right)\right)$ stets dann von m abhängen wird, wenn j auf Stufe 2 Handlungen erwägt, deren Form und Inhalt von der Anzahl aktiver Anbieter und damit Konkurrenten bestimmt wird.

Die vorletzte Komponente $(u_i\left(\cdot\right))_{i \in N}$ des Vektor V, durch den ein Stufenspiel formal definiert wird, ist die sogenannte **Auszahlungsfunktion**, die für jeden (persönlichen) Spieler $i \in N$ eine kardinale Nutzenfunktion $u_i\left(\cdot\right)$ enthält. Durch diese Nutzenfunktion wird jedem möglichen Spielverlauf

$$a = \left(a^1, ..., a^T\right)$$

der Nutzen $u_i\left(a\right)$ zugeordnet, der die Bewertung des Spielverlaufs a durch den Spieler i ausdrückt.

Die letzte Komponente P_0 von V ist die sogenannte **Wahrscheinlichkeitszuordnung** P_0, die für jeden Zufallszug $a_0^t \in A_0^t\left(I_0^t\left(H^t\right)\right)$ die Wahrscheinlichkeiten $p_0^t\left(a_0^t\right)$ der verschiedenen Züge $a_0^t \in A_0^t\left(I_0^t\left(H^t\right)\right)$ bestimmt, bzw. bei unendlichen Aktionsräumen $A_0^t\left(I_0^t\left(H^t\right)\right)$ eine Wahrscheinlichkeitsdichte $p_0^t\left(\cdot\right)$ über $A_0^t\left(I_0^t\left(H^t\right)\right)$ definiert. Für alle möglichen Entscheidungen a_0^t des Zufallsspielers 0 gemäß irgendeinem Spielverlauf a in V wird also durch P_0 das Verhalten determiniert. Ob es zu einem solchen durch P_0 und damit durch p_0^t determinierten Zufallszug $a_0^t \in A_0^t\left(I_0^t\left(H^t\right)\right)$ kommt oder nicht, kann durchaus von $I_0^t\left(H^t\right)$ und damit von H^t abhängen. Muß zum Beispiel auf einer Stufe $\tau < t$ entschieden werden, ob man ein Lotterielos kauft oder nicht, so hängt der Erfolg des betreffenden Spielers nur dann vom Ausgang der Lotterie ab, wenn er sich auf Stufe τ zum Kauf eines Loses entschieden hat.

2.2 Das (Bei)Spiel: "Wiederholte Interaktion auf einem Markt mit stochastischer Nachfrage"

Wir wollen die abstrakte Definition V eines Stufenspiels anhand eines Beispiels verdeutlichen, in dem die Spieler $i \in N$ die Anbieter auf einem Markt sind. Wir unterstellen

$$A_0^1\left(H^1\right) = [1, 2] \text{ und } A_i^1\left(H^1\right) = \emptyset \text{ für alle } i \in N,$$

d.h. der erste Zug im Verlauf des Spiels ist ein Zufallszug $a_0^1 \in [1, 2]$, der die Höhe des Prohibitivpreises bzw. der Sättigungsmenge a_0^1 gemäß der Nachfragefunktion

$$p = a_0^1 - X$$

festlegt. $p_0^1(\cdot)$ sei die uniforme Dichte auf $[1,2]$, und X bezeichne die Gesamtverkaufsmenge aller n Anbieter i in N. Da a_0^1 der einzige Zufallszug des Zufallsspielers 0 ist, brauchen wir $I_0^t(H^t)$ für $t = 2, ..., T$ nicht zu definieren. Für die Spieler $i \in N$ soll stets

$$I_i^t\left(H^t = (a^1, ..., a^{t-1})\right) = \left\{\hat{H}^t = (\hat{a}^1, ..., \hat{a}^{t-1}) : \hat{a}^t = a^t \text{ für } t > 1\right\}$$

für alle $t = 2, ..., T$ und alle Spielvergangenheiten H^t der Stufe t gelten, d.h. die Spieler $i = 1, ..., n$ kennen alle früheren Entscheidungen bis auf den anfänglichen Zufallszug a_0^1.

Ferner unterstellen wir

$$A_i^t\left(I_i^t\left(H^t\right)\right) = \left[0, \frac{1}{n}\right]$$

unabhängig von der Spielvergangenheit H^t für alle $i \in N$. Für $i \in N$ und $t = 2, ..., T$ ist $a_i^t \in \left[0, \frac{1}{n}\right]$ die Verkaufsmenge des Anbieters i auf der Stufe t, d.h. der Verkaufspreis p^t auf der Stufe t ist durch

$$p^t = a_0^1 - \sum_{i=1}^{n} a_i^t$$

bestimmt. Die Auszahlungsfunktionen $u_i(\cdot)$ seien durch die (abdiskontierten) Gewinne des Anbieters $i \in N$ auf den Stufen $t = 2, ..., T$ bestimmt. Bezeichnet $C_i(a_i^t)$ die (Produktions)Kostenfunktion des $i \in N$ und δ_i mit $0 < \delta_i \leq 1$ den Diskontierungsfaktor des $i \in N$, so kann die Nutzenbewertung $u_i(a)$ in der Form

$$u_i(a) = \sum_{t=2}^{T} \delta_i^{t-1}\left[\left(a_0^1 - \sum_{j=1}^{n} a_j^t\right) a_i^t - C_i(a_i^t)\right]$$

beschrieben werden. Wir haben damit für das einfache (Bei)Spiel des $(T-2)$-fach wiederholten homogenen Oligopolmarkts mit einer stochastischen Nachfragefunktion alle Komponenten des Vektors V der Stufenspielform eindeutig definiert.

Man beachte, daß unsere Informationsannahmen nur sinnvoll sind, wenn die Periodengewinne erst nach Beendigung der Partie bekanntgegeben werden. Ansonsten könnte ein Anbieter, der ja alle individuellen Angebotsmengen erfährt, auf die Realisation a_0^1 des anfänglichen Zufallszuges schließen.

2.3 Das (Bei)Spiel: "Mehrheitsentscheidung durch Alternativenelimination"

Die Analyse von strategischer Interaktion basiert häufig auf Stufenspielmodellen, ohne daß diese formal definiert werden. Wir wollen dieses Vorgehen an dem bekannten (Bei)Spiel des Abstimmungsparadoxons mit paarweiser Mehrheitsentscheidung illustrieren. Wir gehen aus von drei Wählern 1, 2 und 3, die durch Mehrheitsentscheid zwischen den sozialen Handlungsalternativen A, B und C wählen können, die sie wie folgt bewerten:

$$u_1(A) > u_1(B) > u_1(C)$$
$$u_2(C) > u_2(A) > u_2(B)$$
$$u_3(B) > u_3(C) > u_3(A)$$

Wie man leicht sieht, ergibt sich hieraus eine intransitive gesellschaftliche Bewertung, da 1 und 2 die Alternative A gegenüber B vorziehen, 1 und 3 die Alternative B gegenüber C vorziehen, aber C gegenüber A von 2 und 3 vorgezogen wird. Wir gehen von folgendem Entscheidungsablauf (Agenda) in Abbildung 2.1 aus:

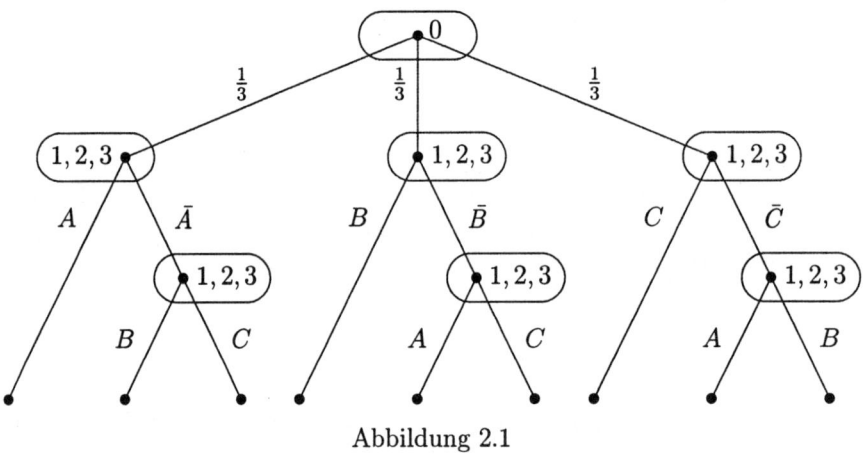

Abbildung 2.1

Zunächst entscheidet der Zufall, ob erst zwischen A und $\bar{A}$, B und $\bar{B}$ oder C und $\bar{C}$ entschieden werden soll, wobei alle drei Alternativen gleich wahrscheinlich $\left(\frac{1}{3}\right)$ sind. Danach entscheiden nur noch die persönlichen Spieler. Hier steht "1, 2, 3" für eine simultane Entscheidung aller drei Wähler, wobei zunächst die Wahl zwischen X und $\overline{X}$ mit $X \in \{A, B, C\}$ besagt, daß die Wähler $i = 1, 2, 3$ bestimmen können, ob sie X endgültig implementieren bzw. im Falle von $\overline{X}$ die Alternative X endgültig ablehnen.

Auf Grund der schon diskutierten Mehrheitsentscheidungen wird B statt C gewählt und daher A gegenüber $\overline{A}$ vorgezogen. Analoge Ergebnisse für die anderen Situationen führen daher zum Ergebnis, daß immer die Handlungsalternative $X \in \{A, B, C\}$ realisiert wird, über die zunächst abgestimmt wird. Wähler 1 würde also zuerst über A, Wähler 2 zuerst über C und Wähler 3 zuerst über B abstimmen lassen, wenn er die Agenda bestimmen könnte, d.h. es bestehen große Anreize zur Agendamanipulation. Will man Agendamanipulation ausschließen, so kann man natürlich alle drei Spieler simultan gemäß Abbildung 2.2 über alle drei Alternativen abstimmen lassen. Dieses Spiel verfügt über vielfältige Lösungskandidaten im Sinne von Strategienvektoren, von denen kein individueller Spieler lohnend abweichen kann. Beispiele hierfür sind die Strategienvektoren $s = (s_1, s_2, s_3)$ der Form $s = (A, A, A)$, $s = (A, A, B)$, $s = (B, B, B)$, $s = (B, C, B)$, $s = (C, C, C)$ und $s = (A, C, C)$. GÜTH und SELTEN (1991) können derartige Spiele dennoch eindeutig lösen, indem sie weitergehende Rationalitätskriterien (Gleichgewichtsauswahltheorien) verwenden.

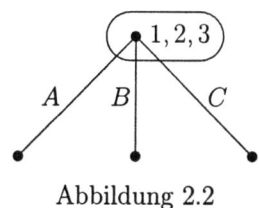

Abbildung 2.2

2.4 Spezielle Klassen von Stufenspielen

Es wurde schon darauf hingewiesen, daß Stufenspiele und extensive Spiele eng verwandt sind. Gilt für ein Stufenspiel V für alle Stufen $t \in T$ und alle Spielvergangenheiten H^t die Bedingung $A_i^t(I_i^t(H^t)) \neq \emptyset$ für höchstens einen Spieler $i \in \mathcal{N}$ und enthält $A_i^t(I_i^t(H^t))$ höchstens endlich viele Aktionen a_i^t, so erweist sich ein Stufenspiel als **extensives Spiel**, das wir im nächsten Kapitel einführen werden. Extensive Spiele sind also besondere Stufenspiele, die — wie wir noch sehen werden — einfach und anschaulich graphisch veranschaulicht werden können.

Gilt $T = 1$, so erweist sich ein Stufenspiel V als Spiel in Normalform, die von jeder zeitlichen Dynamik abstrahiert, d.h. die Grundidee der **Normalform** besteht darin, daß alle Spieler gleichzeitig und damit unabhängig über ihr Verhalten entscheiden. Wir werden die Darstellung in Normalform im 6. Kapitel formal einführen.

Während die Normalform auf zentralisierten Spielerentscheidungen basiert, d.h. der persönliche Spieler trifft alle seine Entscheidungen vor Beginn des Spiels, basiert die **Agentennormalform**, die im 5. Kapitel behandelt wird, auf dem lokalen Spielerbegriff (vgl. GÜTH, 1991): Hiermit ist gemeint, daß jeder Zug $a_i^t \in A_i^t(I_i^t(H^t))$ durch einen unabhängigen Akteur bzw. lokalen

Spieler entscheiden wird, d.h. es gibt genauso viele Spieler, wie es Aktions-mengen $A_i^t \left(I_i^t \left(H^t \right) \right) \neq \emptyset$ gibt. Jeder Spieler in der Agentennormalform wählt daher höchstens einen Zug im Spielverlauf aus. Es ist offensichtlich, daß man Spiele in Agentennormalform wie Spiele in Normalform durch Stufenspiele V mit $T = 1$ darstellen kann. Spiele in (Agenten)Normalform sind daher ebenfalls spezielle Stufenspiele.

Eine in der Spieltheorie mit großer Aufmerksamkeit diskutierte Klasse von Stufenspielen sind die **wiederholten Spiele**. Diese Spiele sind dadurch cha-rakterisiert, daß alle vorherigen Züge als allgemein bekannt unterstellt wer-den, d.h. $I_i^t \left(H^t \right) = H^t$ für alle $i \in \mathcal{N}$, $t \in \mathcal{T}$ und alle H^t, daß die Aktionsmen-gen ferner von $I_i^t \left(H^t \right) = H^t$ unabhängig sind, d.h. $A_i^t \left(I_i^t \left(H^t \right) \right) = A_i^1$ für alle $i \in \mathcal{N}$, $t \in \mathcal{T}$ und alle H^t, und daß der Nutzen $u_i \left(a \right)$ für jeden Spielverlauf a sich als (gewichtete) Summe von Gewinnen $u_i^t \left(a^t \right)$ schreiben. Das Stufenspiel V^1 mit $T = 1$ und $A_i^1 \neq \emptyset$ für alle $i \in \mathcal{N}$ und gegebenen Wahrscheinlichkeiten $p_0^1 \left(a_0^1 \right)$, falls $A_0^1 \neq \emptyset$ gilt, sowie der Auszahlungsfunktionen $u_i^1 \left(a^1 \right)$ für alle $i \in N$, wird als **Basisspiel** bezeichnet. Gemäß unseren Annahmen definiert V^1 und T das Stufenspiel bzw. wiederholte Spiel V^T in folgender Weise: Es gilt stets $I_i^t \left(H^t \right) = H^t$ und $A_i^t \left(I_i^t \left(H^t \right) \right) = A_i^1$. Ferner kann die Auszah-lungsfunktion $u_i^T \left(\cdot \right)$ des Spiels V^T durch die Auszahlungsfunktion $u_i^1 \left(a^1 \right)$ des Basisspiels in der Form

$$ u_i^T \left(a^1, ..., a^T \right) = \sum_{t=1}^{T} \delta_i^{t-1} u_i^1 \left(a^t \right) $$

für alle $i \in N$ geschrieben werden, wobei δ_i mit $0 < \delta_i \leq 1$ den — hier aus Vereinfachungsgründen als konstant unterstellten — Diskontierungsfak-tor des Spielers i bezeichnet. Im Grenzfall $T = \infty$, d.h. im Fall des unendlich oft wiederholten Basisspiels, muß man natürlich von $\delta_i < 1$ ausgehen, damit die Auszahlungen im Stufenspiel V^∞, das häufig **Superspiel** genannt wird, stets endlich sind.

Wiederholte Spiele V^T, die in der oben beschriebenen Weise durch die Regeln des Basisspiels V^1, die Stufen- bzw. Wiederholungszahl T und die Diskontie-rungsfaktoren δ_i der Spieler $i \in N$ definiert sind, erlauben eine einfache Ana-lyse des Effekts, den eine Verlängerung bzw. Verkürzung des Zeitraums stra-tegischer Interaktion beinhaltet, da stets dasselbe Basisspiel wiederholt wird. Eine überaus spezielle Annahme der wiederholten Spiele ist jedoch, daß die früheren Entscheidungen keinerlei Einfluß auf die strategischen Möglichkeiten der Spieler auf den späteren Stufen ausüben. Mit anderen Worten: Es gibt keine dynamischen Abhängigkeiten auf Grund der Spielregeln, was natürlich rein verhaltensbedingte dynamische Abhängigkeiten (man läßt das spätere Verhalten von früheren Entscheidungen abhängen) nicht ausschließt.

Die wiederholten Spiele V^T erweisen sich daher als ein Spezialfall der **dyna-mischen Spiele**, die eine Unterklasse der Stufenspiele sind und im Gegensatz zu den wiederholten Spielen strukturbedingte dynamische Abhängigkeiten zulassen. Strukturbedingte dynamische Abhängigkeiten können in der Form nicht-trivialer Abbildungen $I_i^t (H^t)$ auftreten, zum Beispiel in der Weise, daß ein Spieler mit zunehmender Spieldauer immer mehr Informationen über den Entscheidungsvektor a^1 der Stufe $t = 1$ erhält.

Falls stets $I_i^t (H^t) = H^t$ gilt, ist eine wichtige Form dynamischer Abhängigkeit durch nicht-triviale Abbildungen $A_i^t (I_i^t (H^t))$ gegeben, gemäß denen die späteren Aktionsmöglichkeiten von den früheren Entscheidungen beeinflußt werden. Geht es zum Beispiel bei der strategischen Interaktion um den zeitlichen Abbau einer erschöpfbaren Ressource durch die Spieler $i \in N$, so werden die verfügbaren Ressourcen und damit in aller Regel auch die strategischen Optionen der Spieler $i \in N$ auf späteren Stufen fundamental durch den Verbrauch in der Vergangenheit bestimmt sein (vgl. auch FABER et al., 1986, zur Darstellung dynamischer Spiele als Stufenspiele).

2.5 Das (Bei)Spiel: "Private Bereitstellung öffentlicher Güter"

Wegen der engen Verwandtschaft der Stufenspiele und der extensiven Spiele sollen für die beiden Darstellungsformen nicht gesondert abstrakte Rationalitätserfordernisse diskutiert werden. Stufenspiele lassen im Vergleich zu extensiven Spielen vor allem simultane Entscheidungen zu, wie sie für Spiele in Normalform typisch sind. Man muß daher beim Lösen der Entscheidungen auf der Stufe $t \in \mathcal{T}$ für eine konkrete Vergangenheit H^t und die konkreten Informationen $I_i^t (H^t)$ hierüber wie beim Lösen eines Spiels in Normalform vorgehen. Die Abhängigkeit der Lösung für die Stufe t mit der Spielvergangenheit H^t und den Informationsbedingungen $I_i^t (H^t)$ von den Erwartungen über das strategische Verhalten in der Zukunft stellt sich völlig analog beim Lösen extensiver Spiele. Man kann daher Stufenspiele lösen, indem man sowohl die Methoden des Lösens extensiver Spiele als auch die des Lösens von Spielen in Normalform verwenden, die wir in den folgenden Kapiteln einführen und allgemein rechtfertigen werden.

In den folgenden Abschnitten sollen - teils anhand eines (Bei)Spiels - einige grundlegende Aspekte der spieltheoretischen Vorgehensweise diskutiert werden. Zuvor wird das **(Bei)Spiel** "Private Bereitstellung öffentlicher Güter" formal definiert und ökonomisch interpretiert. Das (Bei)Spiel ist ein Stufenspiel V mit nachfolgenden Eigenschaften:

$$A_i^1 = \emptyset \text{ für alle } i \in N, A_0^1 = \left\{ a_0^1 = \left(a_0^1 (1), ..., a_0^1 (n) \right) : a_0^1 (i) \in \{l, h\}, i \in N \right\}$$

l steht für niedrigere Kosten des Spielers $i \in N$, h für hohe Kosten bei der Bereitstellung öffentlicher Güter, d.h. $h > l > 0$. Durch den anfänglichen

Zufallszug a_0^1 wird also für alle n Spieler $i = 1, ..., n$ die Höhe ihrer Kosten festgelegt, falls sie zur Bereitstellung öffentlicher Güter beitragen. $p_0^1 (a_0^1)$ sei dadurch definiert, daß

$$p_0^1 \left(a_0^1 (i)\right) = \begin{cases} w & \text{für } a_0^1 (i) = l \\ 1 - w & \text{für } a_0^1 (i) = h \end{cases}$$

unabhängig für $i = 1, ..., n$ gilt, d.h. die Kostenhöhe $a_0^1 (i)$ des Spielers $i \in N$ wird durch einen unabhängigen Zufallsentscheid mit der Wahrscheinlichkeit w bzw. $1 - w$ für $a_0^1 (i) = l$ bzw. $a_0^1 (i) = h$ mit $0 \leq w \leq 1$ festgelegt.

Für die Stufen $t = 2, ..., T (\geq 2)$ unterstellen wir stets

$$A_0^t \left(I_0^t \left(H^t\right)\right) = \emptyset$$

sowie

$$I_i^t \left(H^t = \left(a^1, ..., a^{t-1}\right)\right) = \left\{ \begin{array}{c} \widehat{H}^t = \left(\widehat{a}^1, ..., \widehat{a}^{t-1}\right) : \widehat{a}_0^1 (i) = a_0^1 (i), \widehat{a}^\tau = a^\tau \\ \text{für } 2 \leq \tau \leq t - 1 \end{array} \right\}$$

und

$$A_i^t \left(I_i^t \left(H^t\right)\right) = \{0, 1\}$$

für alle Vergangenheiten H^t und alle Spieler $i \in N$. a_0^1 ist mithin der einzige Zufallszug, über dessen Ergebnis jeder der n persönlichen Spieler $i \in N$ nur in folgender Weise partiell informiert wird: Spieler i erfährt zwar sein eigenes Kostenniveau $a_0^1 (i) \in \{l, h\}$, weiß aber nicht, ob die anderen Spieler $j \in N$ mit $j \neq i$ hohe oder niedrige Kosten $a_0^1 (j)$ haben. Ansonsten werden alle früheren Entscheidungen allgemein bekanntgegeben.

Die Entscheidung $a_i^t \in \{0, 1\}$ mit $a_i^t = 1$ für $t = 2, ..., T$ und $i \in N$ besagt, daß der i zur Bereitstellung beiträgt, während im Falle $a_i^t = 0$ der Spieler i nicht beiträgt. Auf jeder Stufe $t = 2, ..., T$ ist also durch

$$m^t = m^t \left(a^t\right) = \sum_{i=1}^{n} a_i^t$$

die Anzahl der Spieler bestimmt, die zu den öffentlichen Gütern beitragen. Es gelte $\rho^t = 1$, falls $m^t \geq m$, und $\rho^t = 0$ für $m^t < m$. Die Zahl m mit $1 < m < n$ ist die kritische Anzahl von Kontributoren, die erreicht werden muß, damit das öffentliche Gut, das jedem Spieler i den Nutzen von v mit $h > v > l$ stiftet, allgemein zur Verfügung steht. Mit Hilfe dieser Notation können die Nutzen der Spieler $i \in N$ für alle Partien $a = \left(a^1, ..., a^T\right)$ wie folgt geschrieben werden:

$$u_i (a) = \sum_{t=2}^{T} \delta^{t-1} \left[\rho^t \left(v - a_i^t a_0^1 (i)\right)\right].$$

Dabei ist δ mit $0 < \delta < 1$ der für alle Spieler gleiche und in der Zeit konstante Diskontierungsfaktor. Gemäß $u_i(a)$ müssen die Kontributoren der Stufe $t = 2, ..., T$ mit $a_i^t = 1$ nur dann die Kosten tragen, wenn das öffentliche Gut wirklich bereitgestellt wird, d.h. im Fall von $\rho^t = 1$. Das alternative Modell, gemäß dem die Bereitschaft $a_i^t = 1$ schon ausreicht, um die Kosten $a_0^1(i)$ entstehen zu lassen, wäre durch

$$u_i(a) = \sum_{t=2}^{T} \delta^{t-1} \left[\rho^t v - a_i^t a_0^1(i) \right]$$

für alle $i \in N$ beschrieben.

2.6 Wer ist ein Spieler in Stufenspielen?

Unser (Bei)Spiel "Private Bereitstellung öffentlicher Güter" eignet sich, um die Frage "Wer ist eigentlich ein Spieler?" gründlicher zu diskutieren (vgl. GÜTH, 1991 und 1994, zur nachfolgenden Diskussion). Üblicherweise geht man in der Spieltheorie davon aus, daß durch die Menge N persönlicher Spieler i auch die Spieler definiert sind. Allerdings kann man dann fragen, was eigentlich der Entscheider $i \in N$ vom Typ $a_0^1(i) = h$ im obigen Beispiel mit dem Entscheider i vom Typ $a_0^1(i) = l$ gemein hat, da beide Entscheider mit einer fundamental anderen Kostensituation konfrontiert sind.

Das Problem, die beiden Typen $a_0^1(i) = h$ und $a_0^1(i) = l$ zu einem Spieler $i \in N$ zusammenzufassen, wird noch dadurch verschärft, daß der Zufallszug a_0^1 typischerweise nicht real stattfindet, sondern nur fiktiv eingeführt wird, um die privaten Informationen der "Spieler" $i \in N$ über ihre persönliche Kostensituation zu erfassen (wir sprechen dann von **Spielen mit unvollständiger Information**). Der zentrale/omnipotente Spieler $i \in N$ wäre damit ein rein theoretisches Konstrukt, da der Spieler $i \in N$, für den beide Typen $a_0^1(i) = h$ und $a_0^1(i) = l$ möglich sind, real nicht existiert.

Aber auch der Typenspieler $a_0^1(i) = h$ bzw. $a_0^1(i) = l$, der alle Entscheidungen a_i^t des jeweiligen Typs $a_0^1(i)$ auf den Stufen $t = 2, ..., T$ in unserer Beispielsituation zu fällen hätte, ist noch ein sehr umfassender Spielerbegriff (der umfassendste Spielerbegriff, der eine einheitliche Behandlung der Spiele mit und ohne unvollständige Information zuläßt). Eine extreme Alternative derart umfassender Spielerbegriffe besteht darin, für jede Entscheidung $a_i^t \in A_i^t(I_i^t(H^t))$ mit $A_i^t(I_i^t(H^t)) \neq 0$ (gemäß unserer Konvention enthält dann $A_i^t(I_i^t(H^t))$ mindestens zwei verschiedene Aktionen) einen unabhängigen Entscheider, sprich Spieler zu verlangen, d.h. es gibt genau so viele persönliche Spieler, wie es nicht-leere Aktionsmengen $A_i^t(I_i^t(H^t))$ mit $i \in N$ und $t \in T$ gibt. Üblicherweise bezeichnet man die verschiedenen lokalen Spieler, die über die verschiedenen Aktionen a_i^t mit demselben Index $i \in N$ entscheiden, als die **Agenten** des $i \in N$.

Der wesentliche Grund für den lokalen Spielerbegriff lokalen Spielerbegriff (jeder Agent ist ein unabhängiger Spieler) besteht darin, daß man dadurch **intrapersonale Entscheidungskonflikte** in interpersonale transformiert. Ein intrapersonaler Interessenkonflikt kann immer dann resultieren, wenn derselbe Spieler verschiedene Entscheidungen in verschiedenen Situationen zu treffen hat und wenn seine Interessenlage von der Situation abhängt (zu intrapersonalen Konflikten, die die nutzentheoretischen Grundlagen in Frage stellen, vgl. FRANK, 1996, und die Diskussion durch GÜTH und KLIEMT, 1996).

In unserer Beispielsituation verändern sich zum Beispiel die Interessen eines "Spielers" $i \in N$ von Stufe t zur Stufe $t + 1$. Während es für einen Agenten, der a_i^t auswählt, sehr wesentlich ist, ob $m^t \geq m$ gilt, ist für einen Agenten, der a_i^{t+1} bestimmt, das Ergebnis der Stufe t nur noch hinsichtlich der Erwartungen für die Typen der Mitspieler des i bedeutsam. Da ein Agent der Stufe $t + 1$ an dem Ergebnis der Stufe t nichts mehr ändern kann, ist der Auszahlungseffekt $\rho^t \left(v - a_i^t a_0^1 (i) \right)$ bzw. $\rho^t v - a_i^t a_0^1 (i)$ der Stufe t selbst in keiner Weise mehr für die Auswahl seiner optimalen Verhaltensweise relevant. Ein Agent der Stufe $t + 1$ sieht sich daher mit einer strukturell anderen Interessenlage konfrontiert als ein Agent der Stufe t, was dazu führen kann, daß ein Agent der Stufe $t + 1$ Entscheidungen trifft, die ein Agent der Stufe t nicht gutheißt (vgl. die Beispiele in GÜTH, 1991 und 1994).

Der Spielerbegriff hat natürlich auch weitgehende Konsequenzen dafür, wie man über die Mitspieler denkt, insbesondere wie sehr man auf ihre Rationalität vertraut. Die traditionelle Annahme in der Spieltheorie ist die allgemeine Kenntnis allgemeiner Rationalität (common knowledge of rationality). Nun kann ein konkreter Spielverlauf durchaus Zweifel an dieser Annahme erwecken. Im Stufenspiel Tausendfüßler (centipede) (Abbildung 2.3):

> Für alle geraden Stufen $t < T$ gilt:
> $A_1 \left(H^t \right) = \left\{ O_1^t, W_1^t \right\}, A_2 \left(H^t \right) \neq \emptyset$ bzw.
>
> Für alle ungeraden Stufen $t < T$ gilt:
> $A_1 \left(H^t \right) = \emptyset, A_2 \left(H^t \right) = \left\{ O_1^t, W_1^t \right\},$

falls H^t keine O-Entscheidung enthält, und $A_i \left(H^t \right) = \emptyset$ für $i = 1, 2$ sonst. Für $t = T$ sei automatisch die O^T-Entscheidung getroffen.

Ist t^* die erste Stufe t mit der Entscheidung für O^t, so erhält Spieler 1 die Auszahlung $2^{t^*-1} \cdot x$ und Spieler 2 den Betrag $2^{t^*-1} \cdot y$, falls t^* ungerade ist, bzw. $2^{t^*-1} \cdot y$ und $2^{t^*-1} \cdot x$ für t^* gerade, wobei $x > 2y > 0$ gelten soll. Das Spiel wird häufig wie folgt graphisch veranschaulicht, was auch seine Bezeichnung (für T=1000 im deutschen und T=100 im englischen Sprachgebrauch) erklärt.

Im Spiel "Tausendfüßler" ist es auf der Stufe $t = T - 1$ besser, O_i^t statt W_i^t zu wählen, da $x > 2y$. Geht man davon aus, daß später O_i^{t+1} gewählt

$$\begin{array}{cccccccccccccc}
& 1 & W_1^1 & 2 & W_2^2 & 1 & W_1^3 & 2 & W_2^4 & 1 & W_1^5 & 2 & W_2^6 \\
\end{array}$$

$$O_1^1 \quad\quad O_2^2 \quad\quad O_1^3 \quad\quad O_2^4 \quad\quad O_1^5 \quad\quad O_2^6 \quad\quad O^7$$

$$t=1 \quad t=2 \quad t=3 \quad t=4 \quad t=5 \quad t=6 \quad t=T=7$$

$$\begin{pmatrix} x \\ y \end{pmatrix} \begin{pmatrix} 2\,y \\ 2\,x \end{pmatrix} \begin{pmatrix} 4\,x \\ 4\,y \end{pmatrix} \begin{pmatrix} 8\,y \\ 8\,x \end{pmatrix} \begin{pmatrix} 16\,x \\ 16\,y \end{pmatrix} \begin{pmatrix} 32\,y \\ 32\,x \end{pmatrix} \begin{pmatrix} 64\,x \\ 64\,y \end{pmatrix}$$

Abbildung 2.3

wird, so erweist sich aus demselben Grund auch O_j^t besser als W_j^t für $j \neq i$. Allgemeine Kenntnis allgemeiner Rationalität impliziert damit die generelle Wahl von O_i^t für alle $t = 1, 2, 3, ..., T-1$.

Wie verhält es sich aber mit dieser Annahme, wenn man Situationen $t > 1$ betrachtet, deren Erreichen durch allgemeine Rationalität in diesem Sinne ja ausgeschlossen wird? Widerspricht eine Entscheidung auf der Stufe $t > 1$ nicht der allgemeinen Rationalität, gemäß der die Partie schon auf der Stufe $t = 1$ endet? Bei lokalen Spielern könnte man argumentieren, daß die Irrationalität früherer Agenten eines Spielers nicht notwendig Zweifel an der Rationalität seiner später einscheidenden Agenten erwecken muß. Daß dies sogar Zweifel an eigener Irrationalität ausräumen kann, illustriert das "Ein-Personen-Spiel" mit $n = 1$, perfekter Erinnerung, d.h. stets $I_1^t(H^t) = H^t$, und $T = 3$:

$$\begin{aligned}
t=1: \quad & A_1\left(H^1\right) = \left\{O_1^1, W_1^1\right\} \\
t=2: \quad & A_1\left(H^2\right) = \left\{O_1^2, W_1^2\right\} && \text{für } H^2 = \left(W_1^1\right) \\
& A_1\left(H^2\right) = \emptyset && \text{sonst} \\
t=3: \quad & A_1\left(H^3\right) = \left\{O_1^3, W_1^3\right\} && \text{für } H^3 = \left(W_1^1, W_1^2\right) \\
& A_1\left(H^3\right) = \emptyset && \text{sonst}
\end{aligned}$$

Spieler 1 erhält:

$$\begin{array}{ll}
3 & \text{für } O_1^1 \\
1 & \text{für } \left(W_1^1, O_1^2\right) \\
2 & \text{für } \left(W_1^1, W_1^2, O_1^3\right) \\
0 & \text{für } \left(W_1^1, W_1^2, W_1^3\right).
\end{array}$$

Auch dieses Spiel kann man wie einen "Tausendfüßler" graphisch darstellen (Abbildung 2.4).

In diesem Spiel wird ein rationaler Spieler 1 in $t = T = 3$ den Zug O_1^3 wählen. Falls er dies antizipiert, so wäre der Zug W_1^2 in $t = 2 = T-1$ optimal. Aber kann Spieler 1, wenn er zwischen O_1^2 und W_1^2 entscheidet, noch mit eigener späterer Rationalität rechnen? Wäre er rational, so hätte

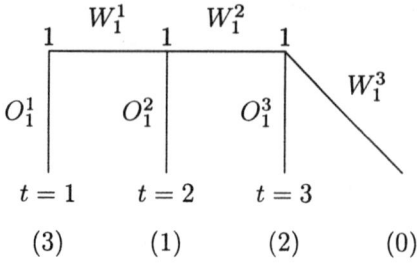

$$t = 1 \qquad t = 2 \qquad t = 3$$

$$(3) \qquad (1) \qquad (2) \qquad (0)$$

Abbildung 2.4

er vorher O_1^1 wählen müssen und damit die Notwendigkeit, zwischen O_1^2 und W_1^2 zu entscheiden, ausgeschlossen. Mit dem lokalen Spielerbegriff gibt es in diesem Spiel aber nicht nur den Spieler 1, sondern drei Agenten des Spielers 1. Die Tatsache, daß Rationalität den Zug W_1^1 ausschließt, muß dann nicht Zweifel an der Rationalität der Wahl zwischen O_1^3 und W_1^3 implizieren.

Das Beispiel illustriert, daß ein zentraler Spielerbegriff (es gibt nur **den** Spieler 1, der alle drei Züge im "Ein-Personen-Spiel" auswählt) Zweifel an der eigenen Rationalität zuläßt: "Wenn ich, der Spieler 1, rational wäre, so müßte ich nicht zwischen O_1^2 und W_1^2 entscheiden!" Durch den lokalen Spielerbegriff werden solche Selbstzweifel in Zweifel an der Rationalität anderer (Agenten) transformiert. Frühere Fehlentscheidungen einiger Agenten stellen dann nicht notwendig die Rationalität später entscheidender Agenten in Frage.

Da die Spieltheorie als Theorie des individuell rationalen Verhaltens in sozialen Konflikten in keiner Weise prädestiniert ist, intrapersonale Konflikte zu lösen, ist es nur konsequent, intrapersonale Konflikte durch Verwendung des lokalen Spielerbegriffs in interpersonale zu transformieren, zu deren Lösung die Spieltheorie konzipiert wurde. Allerdings wird diese Auffassung nicht von allen Spieltheoretikern geteilt (vgl. von NEUMANN und MORGENSTERN, 1944, sowie KOHLBERG und MERTENS, 1986).

2.7 Abstrakte Rationalitätskonzepte versus ad hoc-Kriterien

In dieser Einführung werden wir schrittweise stärkere Rationalitätsanforderungen völlig abstrakt definieren und diskutieren, um sie dann anhand verschiedener (Bei)Spiele zu illustrieren. Unseres Erachtens ist es gefährlich, für die jeweils vorliegende Spielsituation ad hoc-Kriterien für rationales Verhalten zu definieren. Aufgabe der Spieltheorie ist es vielmehr, allgemeine Rationalitätskonzepte zu entwickeln, die auf Grund ihrer intuitiven und philosophischen Begründbarkeit als Hypothesen individueller Rationalität in allen sozialen Konfliktsituationen überzeugen.

Das nicht-triviale (Bei)Spiel "Private Bereitstellung öffentlicher Güter" verdeutlicht, daß manche Verhaltensweisen (wie zum Beispiel $a_i^2 = 1$ für $a_0^1(i) = h$ und $T = 2$ wegen $h > v$) ohne konkrete Erwartungen über das Verhalten der Mitspieler ausgeschlossen werden können. Es illustriert aber auch, daß man mit derart schwachen Rationalitätsanforderungen nicht sehr weit kommt. In der Regel hängt es vom Verhalten der Mitspieler ab, welches Verhalten optimal ist. Der einzelne Spieler kann die Spielsituation daher nicht nur aus seiner persönlichen Perspektive analysieren, sondern er muß sich in die Situation seiner Mitspieler versetzen, um sinnvolle Erwartungen über deren Verhalten bilden zu können. Im allgemeinen müssen Spieler daher nicht nur ihr eigenes Verhalten festlegen, sondern auch die Entscheidungen ihrer Mitspieler möglichst richtig vorhersagen. Mit anderen Worten: Jeder Spieler muß das gesamte soziale Verhalten im Sinne der Entscheidungen aller Spieler vorhersagen.

Neben der Ausklammerung von **(dominierten) Verhaltensweisen**, die niemals beste Antwort auf irgendein Verhalten der Mitspieler sein können, werden wir soziales Verhalten postulieren, das keinem Spieler die Chance einer profitablen Abweichung bietet (wir werden dies als **Gleichgewichtsverhalten** bezeichnen). Derartige Verhaltenskonstellationen haben den Vorteil, daß die Erwartungen eines Spielers über die anderen und sein eigenes Entscheidungsverhalten miteinander konsistent sind: Wenn alle die Entscheidungen aller richtig antizipieren, so besteht für niemanden ein Anlaß, vom erwarteten Verhalten abzuweichen.

Es kann aber mehrere Konstellationen von (Gleichgewichts)Verhalten geben, die keinem Spieler Anreiz bieten, hiervon abzuweichen. Es besteht dann die schwierige **Koordinationsfrage**, ob und wie die Spieler ihre Erwartungen auf dieselbe Verhaltenskonstellation ausrichten können. Wir werden zeigen, daß man bestimmte unplausible stabile Verhaltenskonstellationen ausschließen kann durch sogenannte **Refinement-Konzepte**, die schärfere Stabilitätsbedingungen unterstellen. Im Vergleich hierzu bemühen sich die sogenannten **(Gleichgewichts)Auswahltheorien** um eine vollständige Lösung der Koordinationsfrage. Der Grundgedanke hierbei ist, daß alle Spieler vollständig von der Richtigkeit der von allen Spielern akzeptierten Auswahltheorie überzeugt sind und daß daher alle Spieler in derselben unverzerrten Weise mit Hilfe der Auswahltheorie das Verhalten aller Spieler und damit ihre eigenen Entscheidungen ableiten.

In der sogenannten kooperativen Spieltheorie (vgl. Kapitel 8) werden nicht die individuellen Handlungsmöglichkeiten, sondern nur die erreichbaren Nutzenvektoren für alle möglichen Spielergruppen (Koalitionen) formal erfaßt. Rationalität bezieht sich dann auf die Frage, ob bestimmte Nutzen- oder Auszahlungsvektoren plausibel sind oder nicht. Dies wird zum Teil durch

abstrakte Rationalitätsaxiome, zum Teil durch mögliche Einwände gegen Auszahlungsvorschläge präzisiert, die (einwands)**stabile Mengen** definieren.

2.8 Evolutionstheoretische Begründung individuellen Rationalverhaltens

Wir wollen kurz auf eine neuere Entwicklung in der Spieltheorie eingehen, die mit der eigentlichen Aufgabe der Spieltheorie wenig zu tun hat, das individuell rationale Entscheidungsverhalten in sozialen Konfliktsituationen zu definieren sowie intuitiv und philosophisch zu begründen. Diese neuere Entwicklung negiert die Notwendigkeit, Hypothesen über Rationalitätsverhalten rein abstrakt und philosophisch zu begründen, und will es statt dessen als Ergebnis **genetischer** (wie in der Evolutionsbiologie) oder auch **kultureller Evolution** rechtfertigen (vgl. WEIBULL, 1995). Allerdings gibt es keine einheitlichen Ansichten darüber, ob nur solche Rationalitätskonzepte zu akzeptieren sind, die für allgemeine Klassen von Spielen durch die Ergebnisse evolutorischer Prozesse bestätigt werden (man könnte von einem **Evolutionstest** für Rationalitätskonzepte sprechen).

Hier gehen wir zunächst und nur kurz auf diese Entwicklung ein, da sie im Widerspruch zu der Aufgabe steht, wie sie hier der Spieltheorie gestellt wird. Im übrigen ist diese neuere Entwicklung äußerst heterogen, was Anliegen und Vorgehensweise betrifft. Die dynamischen Prozesse werden teils als Lernen, teils als optimale Anpassung an vorherige Beobachtungen interpretiert bzw. durch ad hoc-Annahmen über genetische oder kulturelle Evolutionsprozesse gerechtfertigt (vgl. die Diskussion von GÜTH und KLIEMT, 1995). Die negativen (das evolutionsstabile Verhalten widerspricht elementaren spieltheoretischen Lösungsanforderungen) und positiven (Konvergenz zu spieltheoretischem Lösungsverhalten) Ergebnisse sind oft auf spezielle Spiele und Konzepte evolutionärer Stabilität (vgl. hierzu Abschnitt 6.8) beschränkt. Unseres Erachtens ist Spieltheorie die Theorie individuell rationalen Verhaltens. Als solche ist sie ohne jede Absicht und Chancen, jemals das Verhalten allenfalls eingeschränkt rationaler Menschen erklären zu können. Im Rahmen einer Einführung, die diese normative/präskriptive Aufgabe der Spieltheorie ohne Vorbehalte akzeptiert, ist daher kein Raum für Vorstellungen darüber, wie sich Verhalten in der Zeit ändert (zum Beispiel auf Grund von **Mutation** oder **Innovation**) und ausbreitet (zum Beispiel durch **Reproduktion** oder **Diffusion**).

Von unserer Skepsis weniger betroffen sind Bemühungen (zum Beispiel in der Evolutionsbiologie, vgl. den Überblick von HAMMERSTEIN und SELTEN, 1994), die davon ausgehen, daß evolutionsstabiles Verhalten spieltheoretischen Anforderungen genügt (MAYNARD SMITH und PRICE, 1973, sowie SELTEN, 1980 und 1983, 1988), bzw. die Voraussetzungen hierfür erarbeiten (zum Beispiel WEISSING, 1991). Gemäß dieser Forschungsrichtung werden entweder die Anwendungsvoraussetzungen für spieltheoretische Erklärungen sozialen Verhaltens untersucht oder es werden mehr oder minder explizit diese Voraussetzungen als gegeben unterstellt. Letztlich will man Evolutionsergebnisse spieltheoretisch erklären (vgl. zum Beispiel HAMMERSTEIN und RIECHERT, 1988, sowie GÜTH und GÜTH, 1998).

Ob sich solche Erklärungen als fruchtbar erweisen, indem sie zum Beispiel Einsichten vermitteln, die die bislang vorherrschende dynamische Betrachtungsweise nicht bzw. nicht so unmittelbar eröffnet, sollte durch die Evolutionstheoretiker (zum Beispiel durch die mit klaren Fakten konfrontierten Verhaltensbiologen) beurteilt werden. Wir verzichten in dieser Einführung auf derartige Anwendungen der Spieltheorie, da wir uns auf ökonomische (Bei)Spiele konzentrieren wollen und da nur in besonderen Fällen (zum Beispiel auf kompetitiven Märkten) berechtigte Aussichten bestehen, daß das evolutionsstabile Verhalten eingeschränkt rationaler Menschen Rationalitätsanforderungen genügen wird (vgl. hierzu GÜTH und PELEG, 1997).

Kapitel 3

Extensive Spiele

Die detaillierteste und auch anschaulichste Beschreibung eines Spiels ist die extensive Form oder Spielbaumdarstellung. Das wesentliche Prinzip der Darstellung ist dabei, daß eine Partie als Folge von Ästen im Spielbaum, ausgehend von der Wurzel des Baums bis zu einem seiner Endpunkte, graphisch illustriert werden kann. Bei sehr komplexen Spielen, wie zum Beispiel den bekannten Gesellschaftsspielen (Schach, Skat, Mühle und andere), ist die vollständige Baumdarstellung praktisch kaum möglich.

Um die extensive Form eindeutig festzulegen, müssen folgende Aspekte genau spezifiziert werden:

a) die Reihenfolge der Züge

b) der jeweils entscheidende Akteur

c) sein Informationsstand bei seiner Entscheidung

d) die Menge seiner Zugmöglichkeiten

e) die Wahrscheinlichkeiten von Zufallszügen

f) die Bewertung der Partien durch die verschiedenen Akteure

Manchmal erfordert dies eine übergenaue Festlegung der Regeln des Spiels. So wissen wir zum Beispiel, daß die Bewertung von Partien in der Regel uneindeutig ist, da Nutzenfunktionen transformierbar sind. Ferner können Spiele gleichzeitige und unabhängige Entscheidungen mehrerer Spieler (wie zum Beispiel die gleichzeitige Wahl beim Knobeln) vorschreiben. Die Spielbaumdarstellung erzwingt hier eine zeitliche Hintereinanderschaltung solcher Züge,

36

die notgedrungen willkürlich ist. Das Lösungskonzept für derartige Spiele muß dann gewährleisten, daß solche übergenauen Spezifizierungen nicht das individuell rationale Verhalten beeinflussen, d.h. die Lösung des Spiels sollte unabhängig von solchen willkürlichen Festlegungen der Regeln (wie, zum Beispiel, Nutzentransformationen, der Reihenfolge an sich simultaner Entscheidungen) sein.

3.1 Die Spielbaumdarstellung (die extensive Form)

Ein **Graph** sei definiert als ein System von Knoten und die Knoten verbindenden Strecken. Der Graph ist **zusammenhängend**, wenn jeder Knoten mit jedem anderen Knoten durch einen Streckenzug verbunden ist. Der Graph ist ferner **schleifenlos**, wenn der verbindende Streckenzug von je zwei Knoten (ohne Rückwärtsbewegungen) eindeutig ist. Ein **Spielbaum** B ist ein zusammenhängender, schleifenloser, endlicher Graph mit einem den Spielanfang bezeichnenden Knoten σ. Bei der graphischen Illustration werden wir, wie in der folgenden Darstellung, den Spielanfang(sknoten) σ stets als obersten Knoten einzeichnen, so daß der Baum nach unten wächst (Abbildung 3.1).

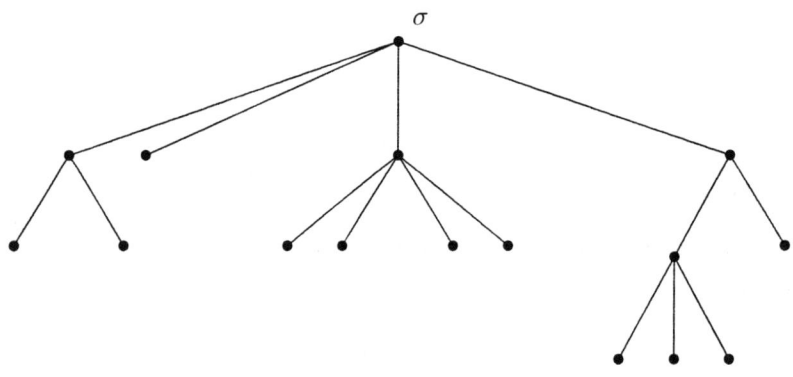

Abbildung 3.1

Wenn wir von einem Streckenzug sprechen, so sei stets ein Streckenzug ohne Rückwärtsbewegung gemeint. Jeder Streckenzug, der von σ ausgeht und bis zu einem Punkt reicht, an dem er nicht mehr weitergeführt werden kann, wird **Partie** genannt. Der Endknoten einer Partie, zu dem hin der Streckenzug von σ ausgehend führt, heißt **Endpunkt**. Da jeder Partie genau ein Endpunkt entspricht und umgekehrt, lassen sich Endpunkte und Partien identifizieren. Es sei $K(B)$ die Menge der Knoten des Spielbaums B und $E(B) \subset K(B)$ die Menge seiner Endpunkte. Die Elemente der Menge $D(B) = \{k \in K(B) : k \notin E(B)\}$ sind die **Entscheidungsknoten** von B, an denen der weitere Verlauf der Partie durch eine Entscheidung zwischen den weiterführenden Verbindungsstrecken festgelegt wird.

Die **Spielerzerlegung** P legt für jeden Entscheidungsknoten $k \in D(B)$ fest, welcher Spieler am Zuge ist, d.h. den weiteren Verlauf der Partie bestimmt. Mit $1, ..., n$ seien die verschiedenen interagierenden Spieler bezeichnet; 0 bezeichne den Zufall. Formal ist P eine Zerlegung

$$P_0 + P_1 + ... + P_n = D(B)$$

von $D(B)$ in $n+1$ disjunkte Teilmengen P_i $(i = 0, 1, ..., n)$. Falls $k \in D(B)$ in P_i liegt, so besagt dies, daß Spieler i am Entscheidungsknoten k den weiteren Verlauf des Spiels bestimmt. Graphisch kann die Spielerzerlegung dadurch spezifiziert werden, daß man an jedem Entscheidungsknoten die Nummer des Spielers angibt, der am Zuge ist. Geht man in der Abbildung 3.1 von $n = 3$ aus, so ist eine mögliche Spielerzerlegung durch das folgende Beispiel gegeben:

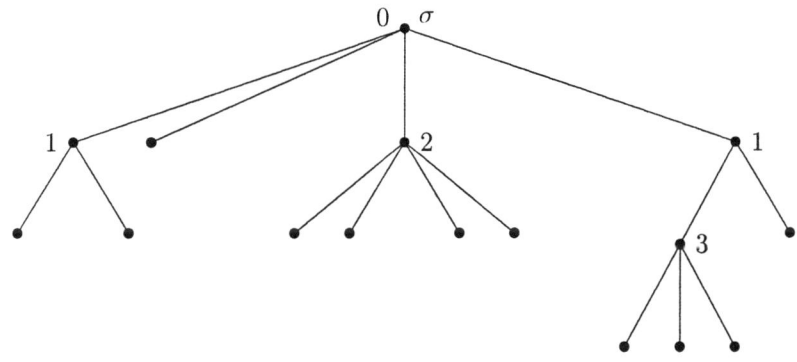

Abbildung 3.2

In der Abbildung 3.2 entscheidet im Verlauf einer Partie zunächst der Zufall und dann, je nach Ergebnis des Zufallszuges, der Spieler 1 oder 2. Spieler 3 kommt überhaupt nur zum Zuge, wenn 0 und 1 jeweils einen bestimmten Zug auswählen.

Die Informationsbedingungen der Spieler zum Zeitpunkt ihrer Entscheidungen werden durch die **Informationszerlegung** I erfaßt, die die Spielerzerlegung verfeinert. Ein **Informationsbezirk** I_i von Spieler i ist eine Teilmenge von P_i mit der Eigenschaft, daß für alle k aus I_i die Anzahl der von k aus weiterführenden Strecken gleich ist und daß Spieler i, wenn er sich an einem der Knoten k aus I_i zu entscheiden hat, nur weiß, daß er sich in I_i befindet, aber nicht an welchem Entscheidungsknoten $k \in I_i$. Wäre die Anzahl der Entscheidungsmöglichkeiten für zwei Knoten k aus I_i ungleich, so wäre diese Informationsannahme offenbar absurd. Da rationale Spieler sich stets an frühere Entscheidungen erinnern können (zu dem Problem, falls dies nicht zutrifft, vgl. PICCIONE und RUBINSTEIN, 1997, sowie AUMANN, HART und PERRY, 1997), schließen wir ferner aus, daß ein Informationsbezirk mehrere Entscheidungsknoten enthält, die auf derselben Partie liegen. Formal ist I eine Verfeinerung von P derart, daß

$$P_i = \sum_{k=1}^{M^i} I_i^k = I_i^1 + \ldots + I_i^{M^i} \quad (i = 0, 1, \ldots, n),$$

wobei $M^i \leq |P_i|$ die Anzahl der Informationsbezirke des Spielers i bezeichnet und $|P_i|$ die Anzahl der Entscheidungsknoten des i.

Im Beispiel der Abbildung 3.2 kann die Informationszerlegung offenbar in zwei Formen vorliegen, die in den Abbildungen 3.3a und 3.3b dargestellt werden.

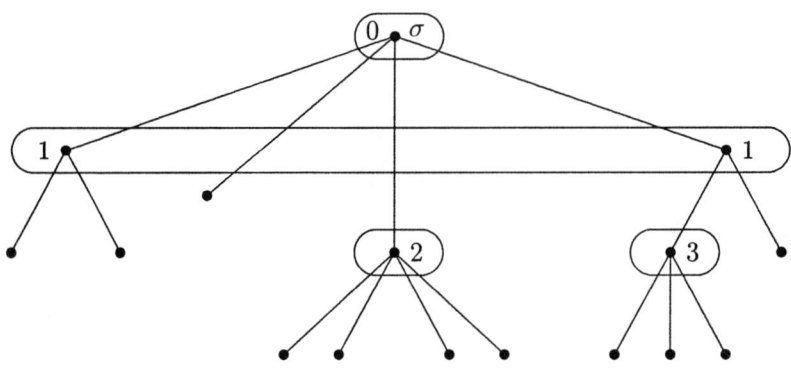

Abbildung 3.3a

Ein Informationsbezirk I_i eines Spielers i wird graphisch verdeutlicht, indem man jeweils die Menge seiner Entscheidungsknoten einkreist, zwischen denen er zum Zeitpunkt seiner Entscheidung nicht differenzieren kann. In der Abbildung 3.3a weiß Spieler 1 nicht, ob er sich in seinem linken oder rechten Entscheidungsknoten befindet. Er hat deshalb nur einen Informationsbezirk $I_1 = P_1$. In der Abbildung 3.3b sind hingegen alle Informationsbezirke einelementig, d.h. sie enthalten jeweils genau einen Entscheidungsknoten. Sind alle Informationsbezirke in einem Spiel einelementig, so spricht man von einem Spiel mit **perfekter Information**. Die meisten Brettspiele wie Schach,

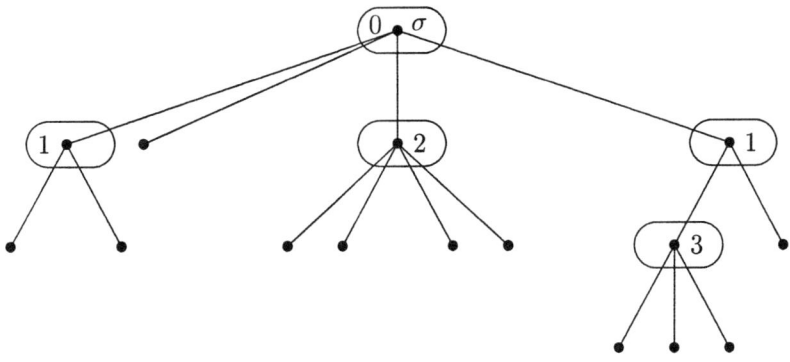

Abbildung 3.3b

Mühle oder Dame sind Spiele mit perfekter Information. Eine Ausnahme ist das Brettspiel Stratego mit imperfekter Information. Für den Zufallsspieler 0, der nicht strategisch, sondern rein zufällig entscheidet, werden üblicherweise alle Informationsbezirke als einelementig unterstellt.

Betrachtet man zwei Entscheidungsknoten k und k' aus demselben Informationsbezirk I_i eines Spielers i, so kann der Spieler i sich in k und k' nicht unterschiedlich entscheiden, da dies voraussetzen würde, daß er weiß, ob er sich in k oder k' befindet. Daher muß jede **Entscheidungsalternative** in k (d.h. jede von k im Verlauf einer Partie weiterführende Verbindungsstrecke) mit genau einer Entscheidungsalternative am Knoten k' identifiziert werden. In ökonomischen Beispielen ist diese Identifikation in den meisten Fällen offensichtlich. Kennt ein Unternehmen zum Beispiel nicht genau die Ergiebigkeit eines bestimmten Produktionsfaktors, so ist es ihm nicht möglich, den Faktor nur dann zu beschaffen, wenn er ergiebig ist, und ihn nicht zu beschaffen, falls er unergiebig ist. Der Entscheidungsknoten, in dem der unergiebige Faktor vorliegt, und der Entscheidungsknoten mit einem produktiveren Faktor liegen im gleichen Informationsbezirk, und die Entscheidungen "Nichtbeschaffung" und "Beschaffung" sind die beiden Züge in diesem Informationsbezirk.

Die **Zugzerlegung** Z identifiziert für alle Informationsbezirke I_i jedes Spielers i jeweils genau eine Entscheidungsalternative z für jeden Knoten k in I_i. Die Menge $Z(I_i)$ dieser Alternativen z heißt die **Zugmenge** im Informationsbezirk I_i. Die Anzahl der Züge entspricht damit der Anzahl der Entscheidungsalternativen in jedem Knoten $k \in I_i$. Für die Abbildung 3.3a kann man die Zugzerlegung zum Beispiel derart vornehmen, daß man jeweils die linken und die rechten Handlungsalternativen identifiziert, womit man die zwei Züge L_1 (1 wählt Links) und R_1 (1 wählt Rechts) erhält. Da alle übrigen Spieler nur einelementige Informationsbezirke haben, entspricht jeder Handlungsalternative jedes Entscheidungsknotens dieser Spieler genau ein Zug. Man kann daher diese Handlungsalternativen frei benennen (vgl. Abbildung 3.4).

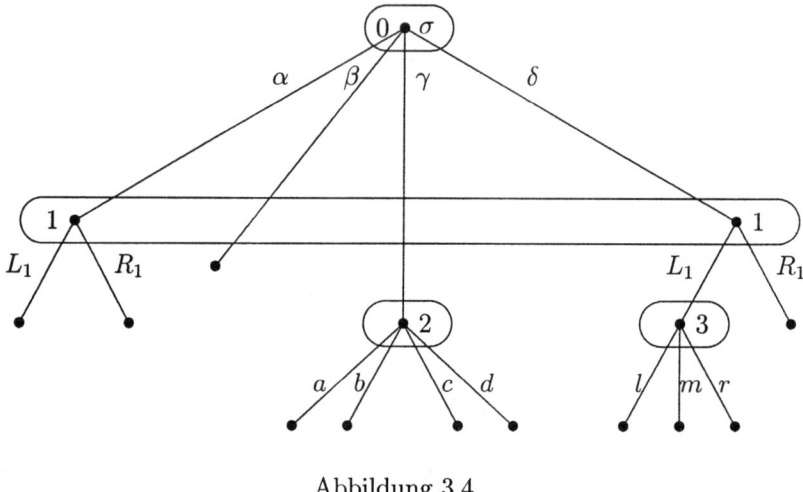

Abbildung 3.4

Formal ist die Zugzerlegung Z eine Zerlegung der Menge der Handlungsalternativen mit der Eigenschaft, daß jeder Zug nur Handlungsalternativen desselben Informationsbezirks umfaßt und daß er für jeden Entscheidungsknoten dieses Informationsbezirks genau eine Handlungsalternative enthält.

Bei Zufallszügen müssen die Spielregeln auch die Wahrscheinlichkeiten für die verschiedenen Züge des Zufallsspielers 0 angeben. So könnte man in der obigen Darstellung davon ausgehen, daß der Zug α mit der Wahrscheinlichkeit $w(\alpha)$, der Zug β mit $w(\beta)$, der Zug γ mit $w(\gamma)$ und der Zug δ mit der Restwahrscheinlichkeit $w(\delta) = 1 - w(\alpha) - w(\beta) - w(\gamma)$ realisiert wird. In ähnlicher Weise muß die **Wahrscheinlichkeitszuordnung** W jedem Informationsbezirk I_o des Zufallsspielers 0 eine Wahrscheinlichkeitsverteilung w über der Zugmenge $Z(I_o)$ zuweisen, die jedem Zug $z \in Z(I_o)$ seine Realisationswahrscheinlichkeit $w(z)$ zuordnet. In der graphischen Darstellung werden die Wahrscheinlichkeiten für die Zufallszüge direkt an den Zufallszügen vermerkt. Ist zum Beispiel $w(\alpha) = 1/2$, $w(\beta) = 1/4$, $w(\gamma) = 1/16$ und damit $w(\delta) = 3/16$, so ergibt sich die in Abbildung 3.5 dargestellte Situation für unser obiges Beispiel.

Als letzten Bestandteil erfordert die eindeutige Beschreibung der Regeln eines Spiels die Bewertung der möglichen Partien durch die Spieler $1, ..., n$ (für den Zufall(sspieler) 0 ist das nicht erforderlich). Da jeder Partie genau ein Endpunkt $e \in E(B)$ entspricht, kann die Bewertung der Partien dadurch spezifiziert werden, daß man jedem Endpunkt $e \in E(B)$ einen **Auszahlungs**–,

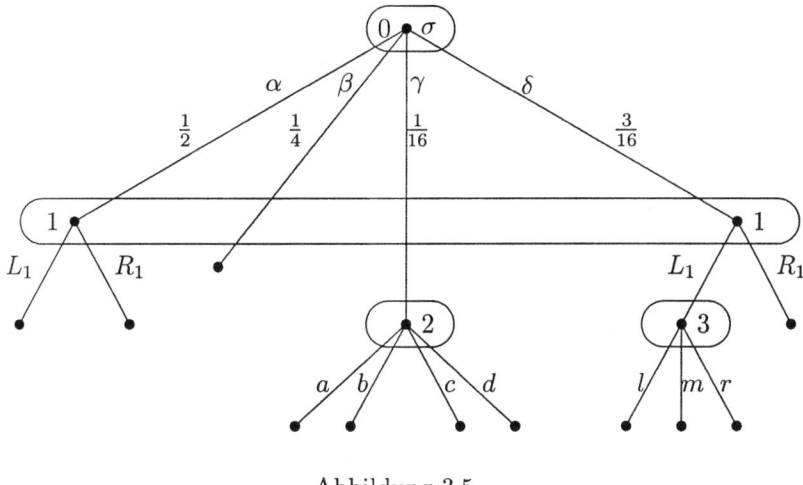

Abbildung 3.5

bzw. **Nutzenvektor** $u(e) = (u_1(e), ..., u_n(e))$ zuweist. In der graphischen Darstellung wählen wir die senkrechte Anordnung der Auszahlungsvektoren in ihrer natürlichen Reihenfolge ($u_1(e)$ oben, $u_n(e)$ unten). Die Nutzenzahl $u_i(e)$ des Spielers i gibt an, wie er den Spielausgang e, d.h. die Partie von σ nach e bewertet. Da wir Zufallszüge nicht ausschließen, sind die Nutzen $u_i(e)$ gemäß der kardinalen Nutzenkonzeption zu interpretieren.

Gemäß der Abbildung 3.6 wird zum Beispiel die Partie (δ, L_1, l) durch den Spieler 1 mit 1, durch den Spieler 2 mit -1 und durch den Spieler 3 mit 2 bewertet. Die Spieler 1 und 3 ziehen damit diese Partie der Partie (δ, R_1) vor, während der Spieler 2 die Partie (δ, R_1) vorzieht. Die Abbildung $U = (U_1, ..., U_n)$, die jedem Endpunkt $e \in E(B)$ ihren Auszahlungsvektor $u(e) = (u_1(e), ..., u_n(e))$ zuordnet, wird die **Auszahlungsfunktion** U des Spiels genannt.

Mit $T = (B, P, I, Z, W, U)$, d.h. dem Spielbaum B, der Spielerzerlegung P, der Informationszerlegung I, der Zugzerlegung Z, der Wahrscheinlichkeitszuordnung W und der Auszahlungsfunktion U ist ein **Spiel** T **in extensiver Form** eindeutig beschrieben. Die graphische Darstellung eines extensiven Spiels T, die wir parallel zur Definition von T beispielhaft entwickelt haben, wollen wir als **komplettierten Spielbaum** T bezeichnen. Der komplettierte Spielbaum T legt alle Komponenten des Vektors $T = (B, P, I, Z, W, U)$ eindeutig fest. Häufig ist es anschaulicher, das Spiel T mittels seines komplettierten Spielbaums T zu beschreiben.

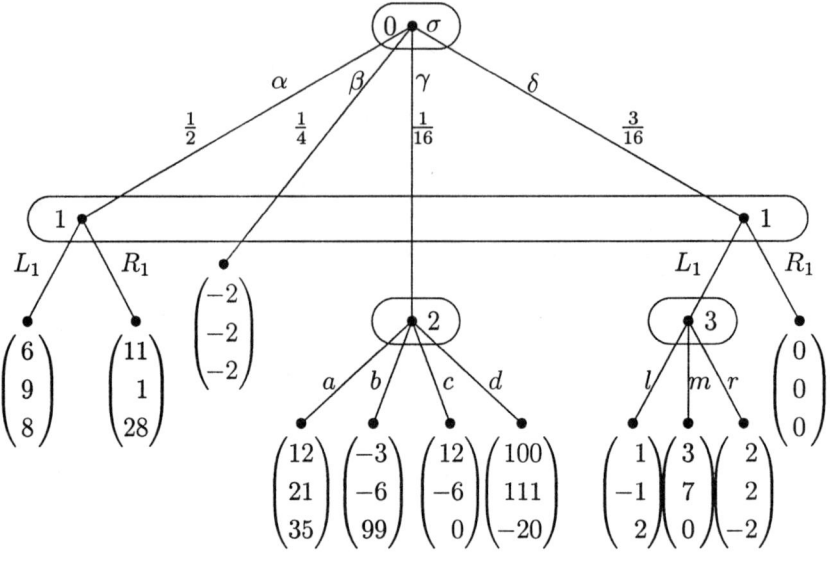

Abbildung 3.6

3.2 Perfekte Erinnerung

Von perfekter Erinnerung spricht man, falls jeder Spieler sich stets an alle seine vorherigen Züge im Verlauf einer Partie erinnern kann. Was man damit ausschließt, sind Informationszerlegungen, wie sie in den Abbildungen 3.7 und 3.8 dargestellt sind.

In beiden Beispielen kann sich Spieler 1, wenn er zwischen l, m oder r auswählt, nicht mehr daran erinnern, ob er - in der oberen Abbildung - vorher L oder R gewählt hat bzw. - in der unteren Darstellung - schon einmal entschieden hat. Obwohl derartige Vergeßlichkeiten für menschliche Entscheider typisch sind, sollten perfekt rationale Entscheider, wie sie von der traditionellen Spieltheorie unterstellt wurden, sich stets an alle eigenen früheren Züge erinnern können. Wir werden daher durchweg von dieser Annahme ausgehen.

Eine wichtige Konsequenz imperfekter Erinnerung betrifft die Anzahl unterschiedlicher Handlungsalternativen, über die ein Spieler verfügt. Wir wollen dies verdeutlichen, indem wir die Handlungsmöglichkeiten von Spieler 1 in Abbildung 3.7 mit seinen Handlungsmöglichkeiten im Spiel der Abbildung 3.9 mit perfekter Erinnerung vergleichen.

In Abbildung 3.9 kann jede der Entscheidungen L oder R mit jeweils einem der Züge $\underline{l}$, $\underline{m}$ oder $\underline{r}$ bzw. $\bar{l}$, $\bar{m}$ oder $\bar{r}$ kombiniert werden. Geht man davon

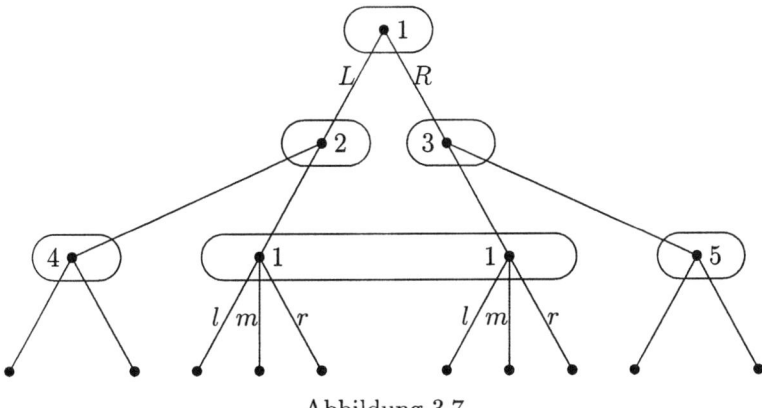

Abbildung 3.7

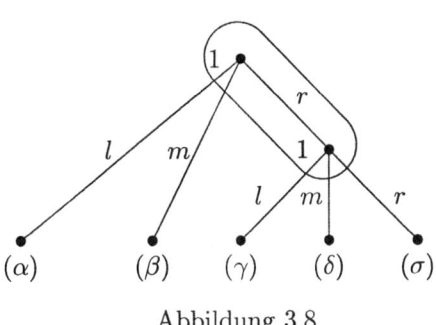

Abbildung 3.8

aus, daß Spieler 1 nicht notwendig nur einen Zug mit positiver Wahrscheinlichkeit realisiert, so bestehen folgende Freiheitsgrade für seine Entscheidungen:

$b_1(L)$ ist seine Wahrscheinlichkeit für den Zug L (und $b_1(R) = 1 - b_1(L)$, die für den Zug R); $b_1(\underline{l})$ bzw. $b_1(\bar{l})$ ist seine Wahrscheinlichkeit für den Zug $\underline{l}$ bzw. $\bar{l}$; $b_1(\underline{m})$ bzw. $b_1(\overline{m})$ ist seine Wahrscheinlichkeit für den Zug $\underline{m}$ bzw. $\overline{m}$ (und $b_1(\underline{r}) = 1 - b_1(\underline{l}) - b_1(\underline{m})$ bzw. $b_1(\bar{r}) = 1 - b_1(\bar{l}) - b_1(\overline{m})$ die für den Zug $\underline{r}$ bzw. $\bar{r}$). Spieler 1 besitzt damit 5 Freiheitsgrade, wenn er sein Verhalten im Spiel der Abbildung 3.9 mit perfekter Erinnerung festlegt. Dagegen kann Spieler 1 im Spiel der Abbildung 3.7 ohne perfekte Erinnerung nur die Wahrscheinlichkeiten $b_1(L)$, $b_1(l)$ und $b_1(m)$ festlegen, wobei $b_1(r) = 1 - b_1(l) - b_1(m)$. Er besitzt damit nur 3 Freiheitsgrade bei der Festlegung seines Verhaltens.

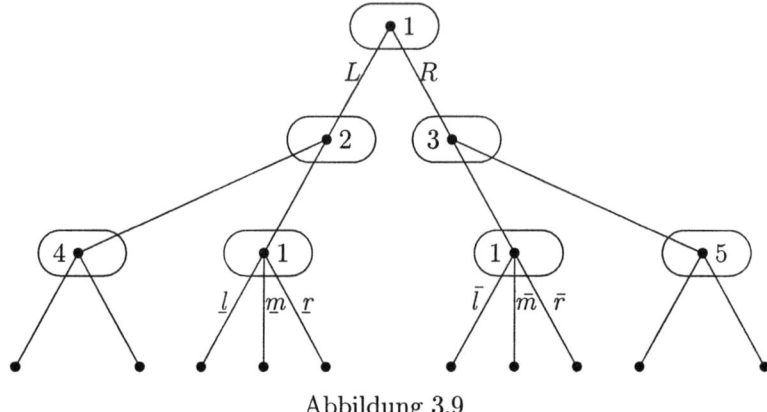

Abbildung 3.9

Obwohl wir in dieser Einführung durchweg von perfekter Erinnerung ausgehen, ist die Spieltheorie prinzipiell auch auf Spiele mit imperfekter Erinnerung anwendbar. Wir wollen dies anhand des einfachen Spiels der Abbildung 3.8 mit nur einem Spieler verdeutlichen, der sogleich vergißt, daß er sich entschieden hat. Interessant an diesem Spiel ist, daß der 1 - gemäß den Regeln des extensiven Spiels - nur einmal zwischen den Zügen l, m und r auswählt, obwohl er nach der ersten Entscheidung für r noch einmal wählt (weil er nach der ersten Wahl von r diesen Zug vergessen hat). Ein Spiel dieser Form haben PICCIONE und RUBINSTEIN, 1996, als Problem des **absent minded driving** bekannt gemacht, dessen konzeptionelle Behandlung dann von AUMANN, HART und PERRY, 1996, grundlegend geklärt wurde. Statt von "sicheren" Entscheidungen für l, m oder r sei wiederum davon ausgegangen, daß der Entscheider 1 zufällig zwischen diesen Alternativen auswählt, was anschaulich als Mischen bezeichnet wird. Konkret seien $b_1(l)$ und $b_1(m)$ die Wahrscheinlichkeiten für den Zug l bzw. m (mit $b_1(r) = 1 - b_1(l) - b_1(m)$). Die Nutzenerwartung von Spieler 1 in Abhängigkeit von $b_1(l)$ und $b_1(m)$ ist wie folgt:

$$
\begin{aligned}
u_1 &= u_1\left(b_1\left(l\right), b_1\left(m\right)\right) = \alpha b_1\left(l\right) + \beta b_1\left(m\right) + \\
&\quad \left(1 - b_1\left(l\right) - b_1\left(m\right)\right)\left[\gamma b_1\left(l\right) + \delta b_1\left(m\right) + \sigma\left(1 - b_1\left(l\right) - b_1\left(m\right)\right)\right]
\end{aligned}
$$

Die Lösung im Sinne einer nutzenmaximierenden Verhaltensweise sind dann die Wahrscheinlichkeiten $b_1^*(l)$ und $b_1^*(m)$, die diese Funktion $u_1\left(b_1\left(l\right), b_1\left(m\right)\right)$ für alle Konstellationen

$$
b_1\left(l\right), b_1\left(m\right) \in [0, 1] \text{ mit } b_1\left(l\right) + b_1\left(m\right) \leq 1
$$

maximieren. Aus $\frac{\partial u_1}{\partial b_1(l)} = 0 = \frac{\partial u_1}{\partial b_1(m)}$ folgt konkret

$$b_1(m) = \frac{2(\gamma - \sigma)(\beta + \delta - 2\sigma) - (\gamma + \delta - 2\sigma)(\alpha + \gamma - 2\sigma)}{4(\delta - \sigma)(\gamma - \sigma) - (\gamma + \delta - 2\sigma)(\delta + \gamma - \sigma)}$$

und

$$b_1(l) = \frac{\alpha + \gamma - 2\sigma}{2(\gamma - \sigma)} - \frac{\delta + \gamma - \sigma}{2(\gamma - \sigma)} b_1(m).$$

Diese Gleichungen beschreiben das Lösungsverhalten natürlich nur für die Parameterkonstellationen, für die die hinreichenden Bedingungen erfüllt sind und $b_1(m) \geq 0$, $b_1(l) \geq 0$ sowie $b_1(m) + b_1(l) \leq 1$ gilt. Nur dann wäre hierdurch die Lösung $b_1^*(m)$ und $b_1^*(l)$ bestimmt.

3.3 Allgemein bekannte Spielregeln

Spielregeln sollen ein Spiel möglichst vollständig beschreiben. Der extensiven Form $T = (B, P, I, Z, W, U)$ liegt mithin die Vorstellung zugrunde, daß T alle strategisch wesentlichen Aspekte erfaßt und daß diese Regeln **allgemein bekannt** sind, d.h. jeder Spieler kennt T; jeder Spieler weiß, daß jeder Spieler T kennt, jeder Spieler weiß, daß jeder Spieler weiß, daß jeder Spieler T kennt usw.

Die Annahme, daß T allgemein bekannt ist, impliziert, daß für jeden Spieler i allgemein bekannt ist, daß er stets die Verhaltensweise wählt, die seine Auszahlung $u_i(e)$ bzw. bei Zufallszügen die dadurch implizierte Auszahlungserwartung maximiert. Es ist für jeden Spieler allgemein bekannt, daß er rational im Sinne seiner Auszahlungsfunktion handelt. Mit anderen Worten: Allgemein bekannte Spielregeln implizieren die **allgemeine Bekanntheit der Rationalität aller Spieler**. Es gibt interessante formale Definitionen allgemein bekannter Rationalität oder allgemein bekannter Spielregeln, auf die wir hier nicht eingehen (vgl. GEANAKOPLOS, 1994).

Besonders die allgemeine Bekanntheit der Rationalität aller Spieler – auf englisch: common knowledge of rationality – hat zu Kontroversen geführt (vgl. den Überblick von GEANAKOPLOS, 1994). Bevor wir darauf kurz eingehen, soll anhand eines schon bekannten (Bei)Spiels verdeutlicht werden, daß allgemein bekannte Rationalität nur eine hinreichende, nicht aber immer notwendige Bedingung für spieltheoretisches Lösen darstellt.

Unser (Bei)Spiel ist ein spezielles **Tausendfüßlerspiel (centipede game)**, das auf der Annahme basiert, daß ein Zug R_i die Auszahlungen verdoppelt und vertauscht und daß $x > 2y > 0$ gilt. Offenbar wird Spieler 1, falls er zwischen L_3 und R_3 zu entscheiden hat, wegen $4x > 8y$ den Zug L_3 wählen, falls er rational ist.

46

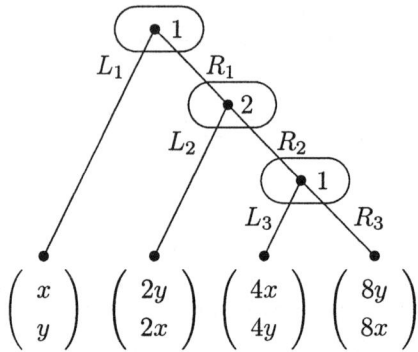

Abbildung 3.10 Ein Tausendfüßlerspiel mit 3 Füßen $(x > 2y > 0)$

(1) Aus der Annahme, daß 1 rational ist, folgt also, daß R_3 nicht zu erwarten ist.

Weiß Spieler 2 um die Rationalität des 1, so kann er antizipieren, daß sein Zug R_2 mit L_3 beantwortet würde. Ist Spieler 2 ebenfalls rational, so würde er daher L_2 dem Zug R_2 vorziehen.

(2) Sind 1 und 2 rational und weiß 2 um die Rationalität des 1, so folgt, daß weder R_2 noch R_3 zu erwarten ist.

Weiß Spieler 1 umgekehrt um die Rationalität des 2 und den Glauben des 2 an seine eigene Rationalität, so rechnet er nach seinem Zug R_1 mit L_2, d.h. er wählt L_1, wenn er rational ist.

(3) Aus der Annahme, daß 1 und 2 rational sind und daß beide wissen, daß der andere rational ist, folgt daher die Lösung (L_1, L_2, L_3) für das spezielle Tausendfüßlerspiel der Abbildung 3.10.

Für unser konkretes (Bei)Spiel brauchen wir also nur die Rationalität und das wechselseitige Wissen über die Rationalität des anderen zu unterstellen. Das ist eine weitaus schwächere Anforderung als die allgemein bekannte Rationalität der Spieler, die darüberhinaus erfordern würde, daß beide wissen, daß beide wissen, ..., daß beide Spieler rational sind.

Die Kontroverse um die Annahme allgemein bekannter Rationalität aller Spieler läßt sich ebenfalls an unserem einfachen (Bei)Spiel verdeutlichen. Da allgemeine Rationalität – wie oben gezeigt – die Lösung (L_1, L_2, L_3) vorschreibt, erscheint es widersprüchlich, daß Spieler 2, wenn er zum Zuge käme, weiterhin an die allgemein bekannte Rationalität glaubt.

Auf Grund unserer Analyse wissen wir natürlich, daß alles, was widerlegt wurde, wenn 2 wirklich zum Zuge kommt, nur die unter (3) beschriebene Annahme ist. Spieler 2 kann daher weiterhin unverbrüchlich an die Rationalität des 1 glauben (er braucht nur anzunehmen, daß der 1 nicht um die Rationalität des 2 wußte). Man muß daher genau spezifizieren, wann welche Annahme widerlegt wird (vgl. die gründliche Analyse von AUMANN, 1995).

Generell kann man natürlich die Widersprüchlichkeit allgemein bekannter Rationalität dadurch vermeiden, daß man nur lokale Spieler unterstellt, die jeweils nur einen einzigen Zug auswählen. Frühere Züge werfen daher keinen Schatten mehr auf die Rationalität derer, die später entscheiden. Ferner kann man Rationalität auch als Grenzfall weitgehend rationalen Verhaltens definieren – zum Beispiel, wenn alle Züge mit kleiner, aber positiver Mindestwahrscheinlichkeit realisiert werden müssen, die gegen Null konvergieren (SELTEN, 1975). Der Zug R_1 von Spieler 1 in Abbildung 3.10 ließe sich dann als unfreiwillige Wahl des 1 interpretieren, der nicht notwendig die Rationalität von Spieler 1 in Frage stellt (vgl. hierzu GÜTH und KLIEMT, 1995).

3.4   Das (Bei)Spiel: "Jobvermittlung"

Betrachtet sei ein Arbeitgeber (Spieler 4), der eine unbesetzte Position in seiner Firma hat, was ihn je Zeitperiode zwei Auszahlungseinheiten kostet. Spieler 4 möchte die Stelle daher möglichst schnell besetzen. Die drei möglichen Aspiranten auf diese Stelle sind die Spieler 1, 2 und 3, deren Nettoproduktivitäten (Produktivität minus Lohn) in der Firma jeweils 1, 2 und 3 betragen. Das Dilemma von 4 besteht darin, daß nur er die Produktivität der Kandidaten beurteilen kann, daß aber die Reihenfolge, in der sich die drei Kandidaten vorstellen, vom staatlichen Arbeitsamt durch einen unverzerrten Zufallszug festgelegt wird und daß er nur einem Kandidaten einen Arbeitskontrakt anbieten kann. Letzteres kann man dadurch begründen, daß der Kandidat so lange mit der Ablehnung des Angebots wartet, daß alle sonstigen Kandidaten anderweitig vermittelt sind, wenn der 4 die Ablehnung erhält. Kann 4 die Stelle nicht mit einem Bewerber besetzen, so soll er eine anderweitige Disposition treffen können, die die Produktivitätsverluste vermeidet, aber auch keine positive Nettoproduktivität impliziert. Jeder der potentiellen Kandidaten bewertet es mit 1, wenn er die Stelle bekommt, hingegen ist sein Nutzen 0, wenn er den Job nicht erhält.

Wie aus dem komplettierten Spielbaum des Jobvermittlungsspiels T (Abbildung 3.11) ersichtlich ist, wählt zunächst der Zufallsspieler 0 eine der $3! = 6$ Reihenfolgen der Spieler 1, 2 und 3 mit der Wahrscheinlichkeit von jeweils $1/6$ aus. Spieler 4 wird dabei stets nur über den ersten der ausgewählten Reihenfolge informiert, da nur dieser sich zunächst bei ihm vorstellt. Stellt sich zum Beispiel als erster der Spieler 1 dem Spieler 4 vor, so weiß 4 nicht, ob der 2 oder der 3 als nächster kommt. Diese Informationsannahme wird durch die obersten zweielementigen Informationsbezirke von Spieler 4 graphisch verdeutlicht.

Dem ersten sich vorstellenden Kandidaten $i = 1, 2, 3$ kann Spieler 4 den Job anbieten (L^i) oder nicht (R^i). Im Falle von L^i kann Spieler i zwischen Annahme (r_i^k) oder Ablehnung (l_i^k) wählen. Bei Annahme endet das Spiel: Spieler i erhält 1 (alle anderen Kandidaten erhalten 0) und Spieler 4 die Nettoproduktivität i als Gewinn, da er die Stelle sofort besetzen konnte. Bei Ablehnung endet das Spiel ebenfalls; alle Spieler erhalten dann die Auszahlung 0.

Im Falle von R^i stellt sich der zweite Kandidat j gemäß der ausgewählten Reihenfolge vor. Spieler 4 ist nunmehr vollständig über die Reihenfolge informiert, da nur noch ein einziger Bewerber aussteht, d.h. die Informationsbezirke des 4 sind jetzt einelementig. Spieler 4 kann wiederum zwischen Angebot (l_4^k) oder Ablehnung eines Angebots (r_4^k) entscheiden. Das Angebot (l_4^k) kann der Kandidat j wiederum annehmen (r_j^k) oder ablehnen (l_j^k). Mit der Entscheidung von j endet das Spiel. Der Zug r_j^k impliziert die Auszahlung 0 für die übrigen Bewerber, 1 für den j und $j - 2$ für Spieler 4, da die Stelle für eine Periode unbesetzt war. Nach l_j^k mit $j = 1, 2, 3$ erhalten alle Spieler $i = 1, 2, 3$ die Auszahlung 0 und Spieler 4 die von -2, da die Stelle für eine Periode ohne langfristige Lösung unbesetzt war.

Im Falle von r_4^k unterbreitet der 4 automatisch dem letzten verbleibenden Kandidaten ein Angebot, das dieser wiederum ablehnen oder annehmen kann, womit das Spiel endet. Bei Annahme erhält dieser Kandidat 1 (alle anderen Kandidaten 0) und der Arbeitgeber 4 die Differenz zwischen der Nettoproduktivität dieses Kandidaten und dem Produktivitätsverlust von 4 Einheiten, da die Stelle über 2 Perioden ohne langfristige Lösung unbesetzt war. Bei Ablehnung erhält der 4 nur die Produktivitätseinbuße, d.h. die Auszahlung von -4, während alle übrigen Spieler 0 erhalten. Der Arbeitgeber 4 macht also in jedem Fall einen Verlust, wenn der letzte Kandidat gemäß der ausgewählten Reihenfolge zum Zug kommt. Dies verdeutlicht, daß 4 nicht nur bestrebt sein wird, den produktivsten Arbeitnehmer einzustellen, sondern unter Umständen auch einen unproduktiveren Arbeitnehmer akzeptiert, um die Stelle früher zu besetzen.

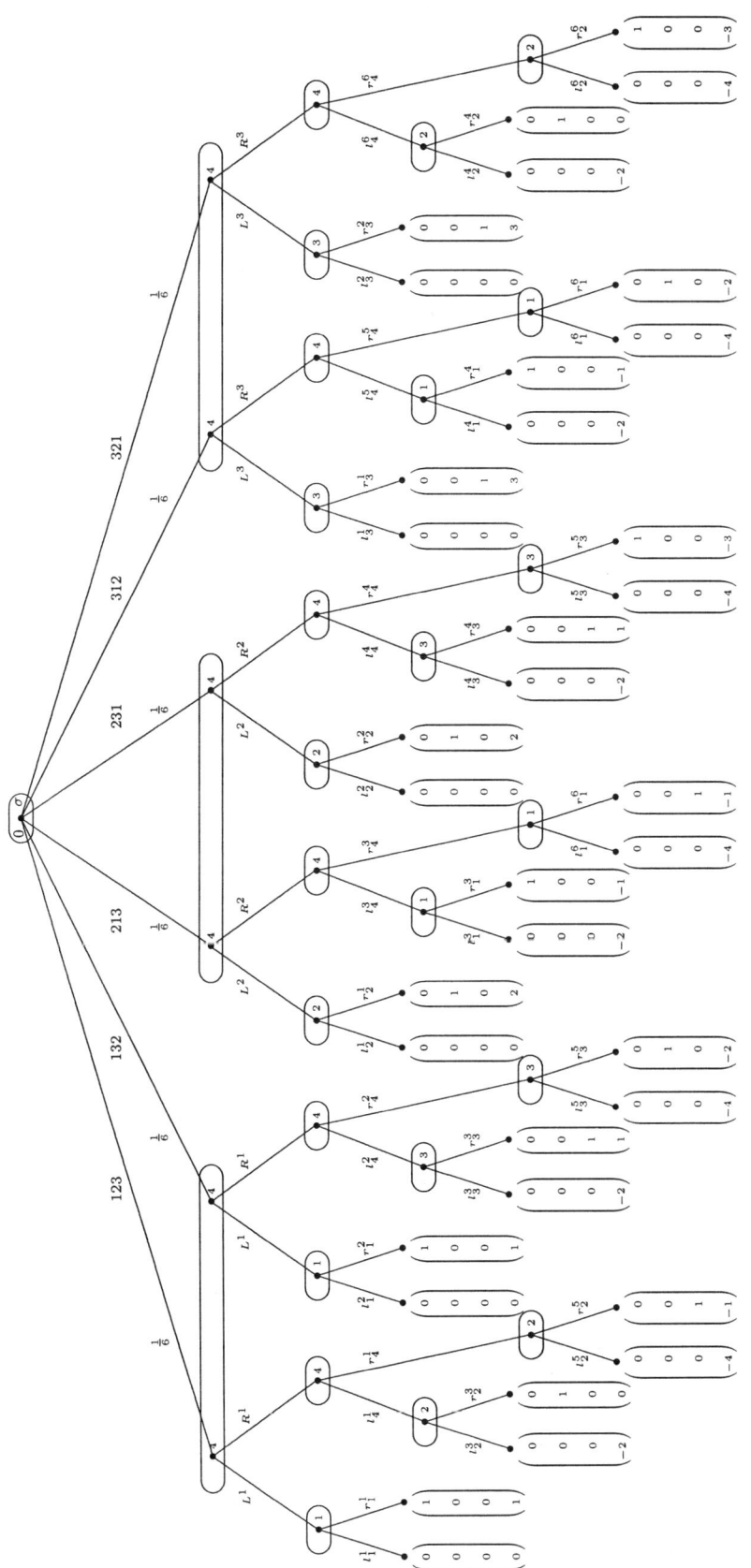

Abbildung 3.11: Der komplettierte Spielbaum des Jobvermittlungsspiels

Kapitel 4

Lösungskonzepte für extensive Spiele

Im folgenden werden wir Erfordernisse für individuell rationales Entscheidungsverhalten präzisieren, aus denen sich die Lösungskonzepte für extensive Spiele ergeben. Hierbei werden wir mit den schwächsten Anforderungen beginnen, um dann zu weiterreichenden, aber manchmal auch strittigen Anforderungen überzugehen.

4.1 Strategie, beste Antwort und wiederholte Elimination dominierter Strategien

Eine **Strategie** s_i eines Spielers $i = 1, ..., n$ im extensiven Spiel T ist ein vollständiger Verhaltensplan des i in dem Sinne, daß s_i für jeden Informationsbezirk I_i des Spielers i genau einen Zug $s_i(I_i) = z \in Z(I_i)$ vorschreibt. Die Menge der Strategien s_i des i wird mit S_i bezeichnet. Ein Vektor $s = (s_1, ..., s_n)$ mit $s_i \in S_i$ für $i = 1, ..., n$ heißt **Strategienvektor**.

Man beachte, daß der spieltheoretische Strategiebegriff weit über das hinausgeht, was man üblicherweise unter einer Strategie versteht. Im Spiel der Abbildung 4.1 verlangt die Definition der Strategie s_1 des Spielers 1, daß er sich für einen Zug $z \in \{l, m, r\}$ selbst dann entscheidet, wenn er mit seiner Wahl von R ausschließt, jemals zwischen l, m und r wählen zu müssen. Dies verdeutlicht, daß der spieltheoretische Strategiebegriff **kontrafaktische**

Überlegungen erfordert (obwohl die Wahl von R faktisch ausschließt, zwischen l, m und r entscheiden zu müssen, trifft Spieler 1 eine solche Entscheidung im Falle seines anfänglichen Zugs R). Die Strategienmenge S_1 des Spielers 1 umfaßt also die Strategien (L, l), (L, m), (L, r), (R, l), (R, m) und (R, r), während die Spieler 2 und 3 nur jeweils über zwei unterschiedliche Strategien verfügen; $S_2 = \{A, B\}$, $S_3 = \{X, Y\}$.

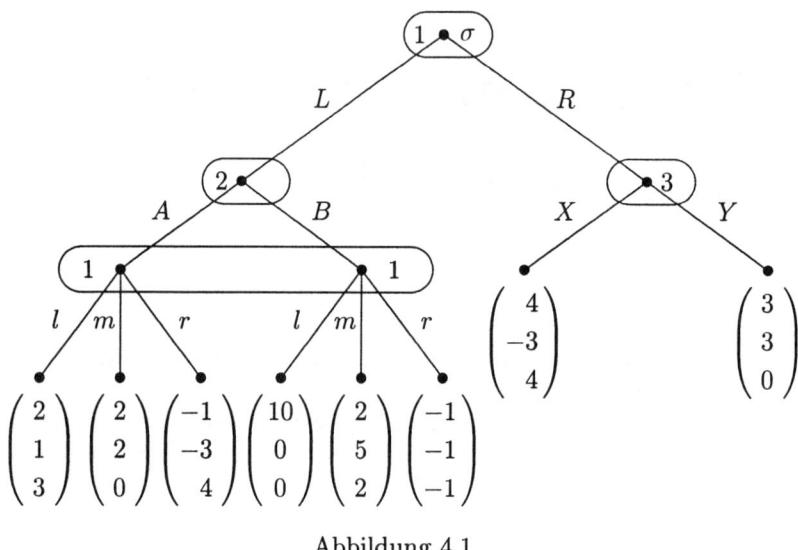

Abbildung 4.1

Es ist leicht einzusehen, daß sich individuell rationales Entscheidungsverhalten nur definieren läßt, wenn der weitgehende Strategiebegriff der Spieltheorie zugrundegelegt wird. Wie soll sich zum Beispiel der 2 sinnvollerweise für A oder B entscheiden, wenn er nicht vorherzusehen vermag, ob 1 den Zug l, m oder r verwenden würde? Wählt 1 den Zug l, so ist A für den 2 besser; wählt 1 hingegen m, so ist B die bessere Entscheidung. Analog kann der 1 nur rational zwischen L und R auswählen, wenn er die Entscheidung des 2 vorherzusagen vermag. Wählt 2 den Zug B, so kann sich 1 durch L die Auszahlung von 10 sichern. Im Falle der Wahl von A durch den 2 ist jedoch der anfängliche Zug R in jedem Fall besser. Dies verdeutlicht, daß der spieltheoretische Strategiebegriff zwar vollständigere Entscheidungsüberlegungen verlangt, als Menschen sie üblicherweise anstellen, daß aber diese Vollständigkeit der individuellen strategischen Verhaltenspläne notwendig ist, um rationales Entscheidungsverhalten definieren zu können.

Ein Strategienvektor s bestimmt zusammen mit den Zufallszügen eindeutig

eine Wahrscheinlichkeitsverteilung über der Endpunkt- und damit der Partie-
menge des Spiels. Gibt es im Spiel keine Zufallszüge, so legt s sogar eindeutig
eine Partie fest.

Im Jobvermittlungsspiel T des vorherigen Abschnitts entspricht dem Strategienvektor $s = (s_1, s_2, s_3, s_4)$ mit

$$s_i = (l_i^1, r_i^2, l_i^3, r_i^4, l_i^5, r_i^6) \text{ für } i = 1, 2, 3$$

und

$$s_4 = (L^1, R^2, L^3, r_4^1, r_4^2, l_4^3, r_4^4, r_4^5, r_4^6,)$$

die folgende Wahrscheinlichkeitsverteilung über der Partien- und damit der
Endpunktmenge:

Reihen-folge	Wahrschein-lichkeit	Partie	$u(e)$
123	1/6	L_1, l_1^1	$(0, 0, 0, 0)$
132	1/6	L_1, r_1^2	$(1, 0, 0, 1)$
213	1/6	R^2, l_4^3, l_1^3	$(0, 0, 0, -2)$
231	1/6	R^2, r_4^4, l_1^5	$(0, 0, 0, -4)$
312	1/6	L^3, l_3^1	$(0, 0, 0, 0)$
321	1/6	L^3, r_3^2	$(0, 0, 1, 3)$

Mit $W(\cdot|s)$ sei die Wahrscheinlichkeitsverteilung über der Endpunktmenge
$E(B)$ des Spiels T bezeichnet, die der Strategienvektor s impliziert. $W(e|s)$
ist die Wahrscheinlichkeit des Endpunkts e gemäß $W(\cdot|s)$. Mittels

$$U_i(s) = \sum_{e \in E(B)} W(e|s) \cdot u_i(e)$$

kann die Auszahlungsfunktion U auf der Menge der Strategienvektoren s
definiert werden.

Für den oben beschriebenen Strategienvektor $s = (s_1, s_2, s_3, s_4)$ des Jobvermittlungsspiels T läßt sich leicht ausrechnen, daß

$$U(s) = (U_1(s), U_2(s), U_3(s), U_4(s)) = (1/6, 0, 1/6, -1/3).$$

Individuell rationales Verhalten kann offenbar nur dann vorliegen, wenn ein
Spieler i auf das strategische Verhalten

$$s_{-i} = (s_1, ..., s_{i-1}, s_{i+1}, ..., s_n)$$

seiner Mitspieler in optimaler Weise reagiert. Wir sagen, daß die Strategie
$s_i \in S_i$ eine **beste Antwort** auf s_{-i} ist, falls

$$U_i(s_i, s_{-i}) \geq U_i(\widehat{s}_i, s_{-i}) \text{ für alle } \widehat{s}_i \in S_i.$$

Wenn im folgenden davon gesprochen wird, daß s_i beste Antwort auf den Strategienvektor s ist, so meinen wir damit, daß s_i sich als beste Antwort auf den $(n-1)$-Vektor s_{-i} erweist, der aus s durch Elimination der i-ten Komponente entsteht. Der Vektor $(\widehat{s}_i, s_{-i})$ bezeichnet hierbei den Strategienvektor, der sich aus s_{-i} durch Komplettierung mit $\widehat{s}_i$ als i-ter Komponente ergibt, d.h.

$$(\widehat{s}_i, s_{-i}) = (s_1, ..., s_{i-1}, \widehat{s}_i, s_{i+1}, ..., s_n).$$

Eine Strategie $s_i \in S_i$ des Spielers i heißt **dominiert**, falls eine andere Strategie $\widehat{s}_i \in S_i$ des Spielers i existiert, die niemals schlechter als s_i und für wenigstens einen Strategienvektor s_{-i} besser als s_i ist, d.h.

$$U_i(\widehat{s}_i, s_{-i}) \geq U_i(s_i, s_{-i}) \text{ für alle } s_{-i}$$

und

$$U_i(\widehat{s}_i, s_{-i}) > U_i(s_i, s_{-i}) \text{ für wenigstens ein } s_{-i}.$$

Wird s_i durch $\widehat{s}_i$ dominiert, so vermeidet Spieler i offenbar das Risiko einer nicht-besten Antwort, wenn er $\widehat{s}_i$ statt s_i wählt. Die dominierte Strategie s_i kann zwar optimale Reaktion auf einen bestimmten Vektor s_{-i} sein, aber man muß sich absolut sicher sein, daß andere Vektoren s_{-i} nicht realisiert werden. Die geringste Unsicherheit darüber, ob ein bestimmter Vektor s_{-i} zu erwarten ist oder nicht, würde die dominierte Strategie als beste Antwort auf das Verhalten der Mitspieler ausschließen. Will sich ein Spieler nicht von einer derartig extremen Einschätzung des Verhaltens seiner Mitspieler abhängig machen, so wird er dieses Risiko durch Wahl einer nicht dominierten Strategie vermeiden.

Rationalitätserfordernis: Individuell rationales Verhalten schließt die Wahl dominierter Strategien aus.

Eine Konsequenz des Rationalitätserfordernis verdeutlicht das Spiel der Abbildung 4.2. Für Spieler 1 ist die Strategie r, für Spieler 2 die Strategie R dominiert. Gemäß dem Rationalitätserfordernis ist damit die Lösung der einzig verbleibende Strategienvektor (l, L), obwohl (r, R) beiden Spielern mehr einbringt und obwohl in (r, R) beide Spieler wechselseitig beste Antworten realisieren.

Nun kann es vorteilhaft oder nachteilig sein, als erster Spieler auf den Gebrauch dominierter Strategien zu verzichten. Damit die Lösung des Spiels nicht von willkürlichen Festlegungen der Reihenfolge beim Verzicht auf dominierte Strategien abhängt, sollten für alle Spieler gleichzeitig jeweils alle dominierten Strategien eliminiert werden. Da durch einen derartigen gleichzeitigen Verzicht auf dominierte Strategien sich neue Strategien als dominiert erweisen können, muß dieses Verfahren so lange angewandt werden, bis kein Spieler mehr über dominierte Strategien verfügt:

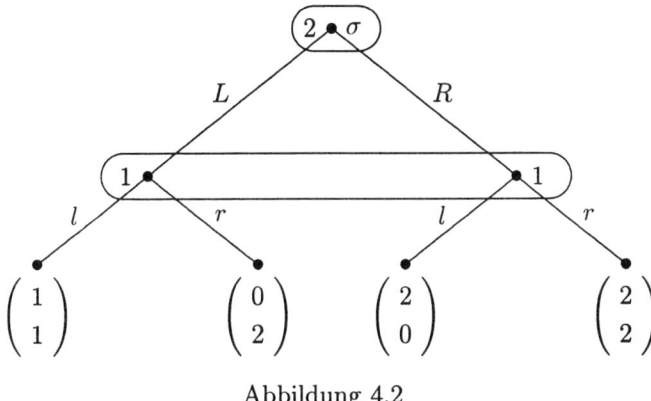

Abbildung 4.2

Das Verfahren wiederholter Elimination dominierter Strategien:

Auf jeder Wiederholungsstufe eliminieren alle Spieler $i = 1, ..., n$ gleichzeitig alle dominierten Strategien. Verfügt wenigstens ein Spieler im dadurch entstandenen verkürzten Spiel über wenigstens eine dominierte Strategie, so wird dieser Schritt wiederholt. Andernfalls endet das Verfahren mit einem Spiel, in dem kein Spieler über dominierte Strategien verfügt.

Ein Strategienvektor $s = (s_1, ..., s_n)$, der nach Anwendung des Verfahrens wiederholter Elimination dominierter Strategien noch verfügbar ist, wird als **Strategienvektor in nicht dominierten Strategien** bezeichnet. Unser erstes Lösungserfordernis sei dahin präzisiert, daß die Lösung eines Spiels ein Strategienvektor in nicht dominierten Strategien sein soll.

Wir haben dieses Verfahren auf das Jobvermittlungsspiel T der Abbildung 3.11 angewandt (vgl. Appendix B). Das Beispiel zeigt, daß man den Begriff dominierter Strategien auf **gemischte Strategien** q_i (das sind Wahrscheinlichkeitsverteilungen über der Strategienmenge eines Spielers) erweitern könnte: $\widehat{q}_i$ dominiert $\widetilde{q}_i$, falls $U_i(\widehat{q}_i, q_{-i}) \geq U_i(\widetilde{q}_i, q_{-i})$ für alle q_{-i} und mit strikter Ungleichung für wenigstens ein $q_{-i} = (q_1, ..., q_{i-1}, q_{i+1}, ..., q_n)$. Analog könnte man im ersten Rationalitätserfordernis die Wahl derart dominierter Strategien ausschließen.

Im Spiel der Abbildung 4.3 mit beliebigen Auszahlungen $a, b, c, d, e, f, g, h, i \in \mathbb{R}$ für Spieler 2 gibt es zum Beispiel keine dominierte reine Strategie $s_1 \in S_1 = \{s_1^1, s_1^2, s_1^3\}$. Die reine Strategie s_1^2 wird jedoch von der gemischten Strategie q_1 mit $q_1(s_1^1) = \frac{1}{2} = q_1(s_1^3)$ und mithin $q_1(s_1^2) = 0$ strikt dominiert. Mit s_1^2 sind dann natürlich auch alle gemischten Strategien q_1 mit $q_1(s_1^2) > 0$

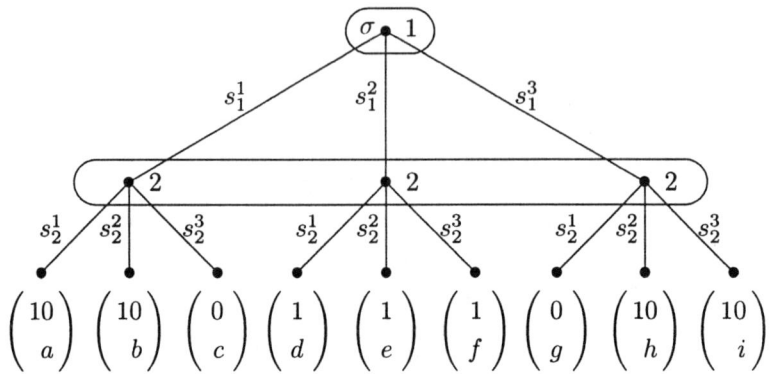

Abbildung 4.3

strikt dominiert. Nach dem ersten Eliminationsschritt sind also nur gemischte Strategien q_1 der Form $q_1\left(s_1^1\right) = x$ und $q_1\left(s_1^3\right) = 1 - x$ mit $0 \leq x \leq 1$ für Spieler 1 verfügbar.

Formal ist eine gemischte Strategie q_i eine Wahrscheinlichkeitsverteilung über der Strategienmenge S_i des Spielers i. Bezeichnet $q_i(s_i)$ die Wahrscheinlichkeit, mit der die Strategie $s_i \in S_i$ gemäß q_i realisiert wird, so muß gelten, daß

$$q_i(s_i) \geq 0 \text{ für alle } s_i \in S_i \text{ und } \sum_{s_i \in S_i} q_i\left(s_i\right) = 1.$$

Bei der Definition gemischter Strategien geht man davon aus, daß ein Spieler i per Zufall darüber entscheidet, welchen seiner vollständigen Verhaltenspläne $s_i \in S_i$ er realisiert. Man könnte natürlich auch davon ausgehen, daß der Spieler i nur seine Züge im Verlauf einer Partie per Zufall realisiert. Konkret müßte eine solche lokale Randomisierungsstrategie – wir nennen sie **Verhaltensstrategie** b_i – für jeden Informationsbezirk $I_i \subset P_i$ des Spielers i eine Wahrscheinlichkeitsverteilung $b_i\left(\cdot \,|I_i\right)$ über der Zugmenge $Z\left(I_i\right)$ definieren (wir haben solches lokales Randomisieren schon in Abschnitt 3.4 betrachtet).

Da wir uns auf Spiele mit perfekter Erinnerung beschränken, gibt es zu jeder Verhaltensstrategie b_i eine realisationsäquivalente gemischte Strategie q_i und umgekehrt (KUHN, 1953). Für Spiele mit imperfekter Erinnerung trifft dies nicht zu, da es dann (vgl. Abschnitt 3.2) weniger lokale Randomisierungsmöglichkeiten als gemischte Strategien gibt.

Wie für die Strategien s_i, die wir manchmal auch als **reine Strategien** bezeichnen werden, ist

$$q = (q_1, ..., q_n)$$

ein Strategienvektor und

$$q_{-i} = (q_1, ..., q_{i-1}, q_{i+1}, ..., q_n)$$

der $n-1$-Vektor, der aus q durch Elimination der i-ten Komponente entsteht. Q_i bezeichnet die Menge der möglichen Vektoren gemischter Strategien. Wir nennen $\widehat{q_i}$ beste Antwort auf den gemischten Strategienvektor q, wenn $\widehat{q_i}$ sich als beste Antwort auf q_{-i} erweist. Man kann S_i in Q_i einbetten, d.h. $S_i \subset Q_i$, indem man die reine Strategie s_i mit derjenigen gemischten Strategie q_i identifiziert, für die $q_i(s_i) = 1$ gilt. Die Auszahlungsfunktion U_i läßt sich gemäß der Formel

$$U_i(q) = \sum_{s=(s_1,...,s_n) \in S} \left(\prod_{j=1}^{n} q_j(s_j) \right) U_i(s)$$

vom Bereich $S = S_1 \times ... \times S_n$ (dem Bereich reiner Strategienvektoren) auf den Bereich $Q = Q_1 \times ... \times Q_n$ gemischter Strategienvektoren erweitern. $\prod_{j=1}^{n} q_j(s_j) = q_1(s_1) \cdot q_2(s_2) \cdot ... \cdot q_n(s_n)$ ist die Wahrscheinlichkeit für den Strategienvektor s, die der gemischte Strategienvektor q impliziert. Die Erwartungsauszahlung des i für q ergibt sich mithin aus der Summe der mit ihren Eintrittswahrscheinlichkeiten gewichteten Auszahlungen $U_i(s)$.

Bislang haben wir uns daran orientiert, ob in Anbetracht aller möglichen Verhaltenskonstellationen s_{-i} der Mitspieler des i eine Strategie s_i besser oder schlechter als andere Strategien ist. Unterstellt man bestes Antwortverhalten, so kann man fragen, ob sich eine Strategie häufiger als beste Antwort erweist. Eine Strategie s_i heißt **inferior**, wenn es eine alternative Strategie gibt, die immer dann beste Antwort auf das Verhalten der Mitspieler ist, wenn dies für s_i gilt, und wenn diese Aussage nicht umkehrbar ist.

Um inferiore Strategien formal zu definieren, führen wir den Begriff der Stabilitätsmenge einer Strategie s_i ein. Die **Stabilitätsmenge** $R_i(s_i)$ der Strategie s_i ist die Menge aller gemischten Strategienkonstellationen q, auf die s_i eine beste Antwort ist, d.h.

$$R_i(s_i) = \{q \in Q : U_i(s_i, q_{-i}) \geq U_i(\widehat{s_i}, q_{-i}) \text{ für alle } \widehat{s_i} \in S_i\}.$$

Eine Strategie s_i heißt inferior, falls es eine Strategie $\widehat{s_i} \in S_i$ gibt mit $R_i(\widehat{s_i}) \not\subseteq R_i(s_i)$ oder, falls $R_i(\widehat{s_i}) = R_i(s_i)$ gilt, s_i durch $\widehat{s_i}$ dominiert wird. Offenbar enthält im Beispiel der Abbildung 9.4 (Appendix B) die Stabilitätsmenge $R_i(s_i^3)$ beider Spieler $i = 1, 2$ einzig die Strategienvektoren q mit $q_j(s_j^3) = 1$ und $j \neq i$, die auch in den Stabilitätsmengen von s_i^1 und s_i^2 enthalten sind. Daraus folgt, daß die Strategien s_i^3 inferior sind.

Auch inferiore Strategien können sich als beste Antwort erweisen, jedoch gibt es alternative Strategien, die diese Eigenschaft in einem größeren Bereich besitzen. Analog zur Elimination dominierter Strategien kann man auch inferiore Strategien wiederholt eliminieren. Ein Strategienvektor, der nach Anwendung dieses Verfahrens noch zulässig ist, soll ein **Strategienvektor in nicht inferioren Strategien** genannt werden.

Wiederholte Elimination inferiorer Strategien: Alle Spieler eliminieren gleichzeitig alle inferioren Strategien. Verfügt wenigstens ein Spieler im dadurch entstandenen verkürzten Spiel über wenigstens eine inferiore Strategie, so wird dieser Schritt wiederholt. Andernfalls endet das Verfahren mit einem Spiel, in dem kein Spieler über eine inferiore Strategie verfügt.

Offenbar ist jede dominierte Strategie inferior, aber nicht jede inferiore Strategie ist dominiert (vgl. die Strategien s_i^3 der Abbbildung 9.4 (Appendix B), die nicht durch reine Strategien dominiert werden). Das Verfahren wiederholter Elimination inferiorer Strategien impliziert damit, daß nur Vektoren in undominierten Strategien übrig bleiben, d.h. Lösungen in nicht inferioren Strategien sind stets auch Lösungen in nicht dominierten Strategien.

Es ist allerdings strittig, ob man der Vermeidung dominierter Strategien nur mittelbar über die Elimination inferiorer Strategien genügen sollte. So könnte man postulieren, daß das erste Rationalitätserfordernis unstrittiger ist und damit vorrangig angewandt werden sollte. Ein entsprechendes wiederholtes Eliminationsverfahren würde bei jedem Schritt zunächst wiederholt dominierte Strategien ausschließen, um dann einmalig für das reduzierte Spiel inferiore Strategien, sofern vorhanden, zu eliminieren. Dem unstrittigen Erfordernis, dominierte Strategien auszuschließen, würde damit der Vorrang gegenüber der Elimination inferiorer Strategien eingeräumt, da inferiore Strategien nur in Spielen eliminiert werden, die über keine dominierten Strategien verfügen. In den meisten Anwendungen würde dieses Verfahren jedoch zum gleichen Ergebnis wie die wiederholte Elimination inferiorer Strategien führen. Häufig werden bei der Modellierung sozialer Konflikte offensichtlich dominierte Verhaltensweisen von vornherein ausgeklammert.

4.2 Gleichgewichtspunkte

Ein **Gleichgewichtspunkt** ist ein Strategienvektor $s^* = (s_1^*, ..., s_n^*)$ mit der Eigenschaft, daß alle Strategien s_i^* beste Antworten auf s_{-i}^* sind, d.h. für $i = 1, ..., n$ muß gelten, daß

$$U_i(s^*) \geq U_i(s_i, s_{-i}^*) \text{ für alle } s_i \in S_i.$$

Gilt sogar

$$U_i(s^*) > U_i(s_i, s_{-i}^*) \text{ für alle } s_i \in S_i \text{ mit } s_i \neq s_i^* \text{ und für alle } i = 1, ..., n,$$

so nennen wir s^* einen **strikten Gleichgewichtspunkt.**

Nur Gleichgewichtspunkte sind selbststabilisierende strategische Verhaltens-erwartungen. Würde ein Nichtgleichgewichtspunkt als Lösung erwartet, so destabilisiert sich diese Erwartung selbst, da definitionsgemäß ein Spieler existiert, der durch einseitiges Abweichen von dieser Erwartung profitieren kann. Mithin sind nur Gleichgewichtspunkte als selbststabilisierende strategi-sche Verhaltenserwartungen qualifiziert. Für die Lösung eines Spiels kommen daher nur Gleichgewichtspunkte in Frage.

Man sollte die Aussage, daß individuell rationales Verhalten Gleichgewichts-verhalten sein sollte, nicht mit der Ansicht verwechseln, daß jeder Gleichge-wichtspunkt individuell rationales Verhalten darstellt. Im Spiel der Abbil-dung 4.4

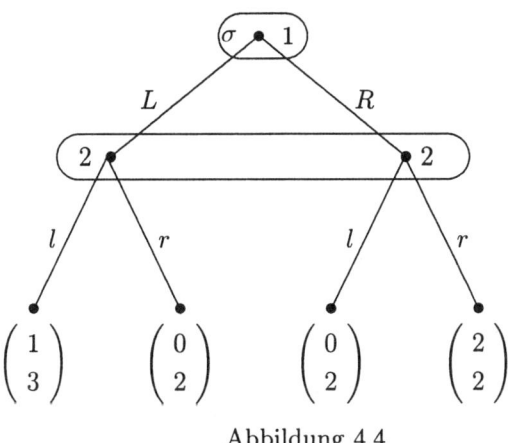

Abbildung 4.4

ist (R, r) zwar ein Gleichgewichtspunkt, aber kein Strategienvektor in undo-minierten Strategien, d.h. es gibt Gleichgewichtspunkte, die unserem ersten Lösungserfordernis widersprechen. Wir präzisieren unser Lösungserfordernis damit in der folgenden Form:

Rationalitätserfordernis: Individuell rationales Verhalten erfordert, daß der Strategienvektor ein Gleichgewichtspunkt in nicht inferioren Strategien ist.

Im folgenden wollen wir stets diese wesentlich schärfere Bedingung für indi-viduell rationales Verhalten zugrundelegen. Um einen Gleichgewichtspunkt in nicht inferioren Strategien zu bestimmen, wendet man sinnvollerweise zunächst das Verfahren der wiederholten Elimination inferiorer Strategien an, um dann für das daraus resultierende Spiel einen Gleichgewichtspunkt auswählen zu können.

4.2.1 Das (Bei)Spiel: "Normierungskartell"

Da wir die Situation für alle Spielerzahlen $n (\geq 2)$ analysieren wollen, soll die extensive Form verbal beschrieben werden:

Alle Spieler $i = 1, ..., n$ müssen unabhängig voneinander zwischen $s_i = 1$ (Teilnahme am Normierungskartell) oder $s_i = 0$ (keine Beteiligung) entscheiden.

Unabhängigkeit bedeutet, daß jeder Spieler $i = 1, ..., n$ bei seiner Entscheidung nicht über die Wahl s_j seiner Mitspieler informiert ist (jeder Spieler hat nur einen einzigen Informationsbezirk). Man beachte, daß es verschiedene extensive Spiele gibt, die diese Bedingung erfüllen, da die Spielbaumdarstellung eine sequentielle Abfolge der Spielerentscheidungen verlangt. Da gemäß unseren Lösungsanforderungen aber die Lösung für alle diese möglichen extensiven Spiele gleich ist, hat die willkürliche Festlegung der sequentiellen Abfolge unabhängiger Entscheidungen keinen Einfluß. Das Beispiel zeigt, daß die extensive Form im Fall unabhängiger Entscheidungen eine übergenaue Regelbeschreibung darstellt.

Der Strategienvektor $s = (s_1, ..., s_n)$ impliziert

$$m(s) := \sum_{i=1}^{n} s_i$$

als Zahl der Teilnehmer am Normierungskartell. Gilt $s_i = 0$ oder $s_i = 1$ und $m(s) = 1$, so sei die Auszahlung des Spielers $i = 1, ..., n$ durch $-C + (1 - q_i) \cdot C = -q_i C$ mit $C > 0$ und $0 < q_i \leq 1$ gegeben. Hierbei sind C die Kosten für die Entwicklung des Prototyps. $1 - q_i$ ist der Kostenanteil, den der i bei Eigenentwicklung aufgrund fehlender Abstimmungsprobleme einsparen kann. Für $s_i = 1$ und $m(s) \geq 2$ ist die Auszahlung durch $-C/m(s)$ gegeben, d.h. jedes Kartellmitglied trägt denselben Anteil an den Entwicklungskosten.

Unser (Bei)Spiel berücksichtigt keine Nachfrageeffekte der Normierung, d.h. es wird implizit unterstellt, daß die Spieler auf ihren Absatz- bzw. Beschaffungsmärkten nicht interagieren. Beispiele hierfür sind öffentliche Versorgungsunternehmen mit regionalen Monopolrechten.

Zur Lösung betrachten wir die einzelnen Rationalitätspostulate:

1. Schritt: Elimination von dominierten und inferioren Strategien

Für den Spieler i wird die Strategie $s_i = 0$ durch $s_i = 1$ dominiert, wenn $q_i > 1/2$. Man streiche für alle diese Spieler die dominierte Strategie. Möglicherweise können dann weitere dominierte Strategien entstehen, wenn nämlich für einen der Spieler, dessen Teilnahmestrategie noch nicht gestrichen wurde, $q_i > \frac{1}{\hat{m}+1}$ gilt, wobei $\hat{m}$ die Anzahl der Spieler ist, deren dominierte Teilnahmestrategie im ersten Schritt eliminiert wurde. Dieses Verfahren kann sich fortsetzen.

Da es nur zwei Strategien für jeden Spieler gibt, ist eine nicht dominierte Strategie stets nicht inferior. Das Verfahren wiederholter Elimination dominierter Strategien ist damit äquivalent zum Verfahren wiederholter Elimination inferiorer Strategien.

2. Schritt: Bestimmung von **Gleichgewichtspunkten**:

Ein Strategienvektor $s^* = (s_1^*, ..., s_n^*)$ mit $m(s^*) \geq 2$ ist offenbar ein Gleichgewicht, falls für alle Spieler i mit $s_i^* = 1$ gilt, daß

$$q_i \geq 1/m(s^*), \tag{1}$$

und für alle Spieler i mit $s_i^* = 0$ die Bedingung

$$1/(m(s^*) + 1) \geq q_i \tag{2}$$

erfüllt ist. Ist $m(s^*) = 1$, so muß nur Bedingung (2) für alle $n - 1$ Spieler mit $s_i^* = 0$ gelten. s^* mit $m(s^*) = 0$ ist trivialerweise ein (nicht-strikter) Gleichgewichtspunkt. Es bleibt damit zu prüfen, unter welchen Bedingungen Gleichgewichtspunkte s^* mit $m(s^*) \geq 1$ existieren.

Für $m(s^*) \geq 2$ folgt wegen

$$\frac{1}{m(s^*) + 1} < \frac{1}{m(s^*)},$$

daß die Spieler i mit $s_i^* = 0$ geringere Selbstentwicklungsquoten q_i haben müssen als die Spieler i mit $s_i^* = 1$. Ohne Einschränkung der Allgemeinheit seien die Spieler so angeordnet, z.B. durch Umbenennung der Spieler, daß

$$q_1 \geq q_2 \geq ... \geq q_{n-1} \geq q_n.$$

Wir wollen nur eine bestimmte Klasse von Gleichgewichtspunkten analysieren, die sich mittels des folgenden Verfahrens bestimmen lassen:

(i) Setze $\overline{m} = 1$!

(ii) Gilt $\overline{m} + 1 \leq n$ und $q_{\overline{m}+1} \geq \frac{1}{\overline{m}+1}$, so setze $\overline{m} = \overline{m}+1$ und beginne erneut mit (ii)! Gilt $\overline{m} + 1 > n$ oder $q_{\overline{m}+1} < \frac{1}{\overline{m}+1}$, so endet das Verfahren mit der Lösung

$$s^* = (s_1^*, ..., s_n^*) \text{ mit}$$
$$s_i^* = 1 \quad \text{für } i = 1, ..., \overline{m} \text{ und}$$
$$s_i^* = 0 \quad \text{für } i = \overline{m} + 1, ..., n.$$

Behauptung: Der mit diesem Verfahren bestimmte Strategienvektor s^* ist ein Gleichgewichtspunkt.

Beweis: Für $\overline{m} = 1$ ist nur zu prüfen, ob $q_2 < \frac{1}{2}$, d.h. ob ein Kartell mit den Mitgliedern 1 und 2 für den 2 schlechter ist als $s_2^* = 0$. Die Bedingung $q_2 < \frac{1}{2}$ ist jedoch exakt die Voraussetzung dafür, daß das Verfahren mit $\overline{m} = 1$ stoppt.

Für den Fall $n > \overline{m} > 1$ gilt offenbar

$$q_{\overline{m}} \geq \frac{1}{\overline{m}} \text{ und } q_{\overline{m}+1} < \frac{1}{\overline{m}+1}$$

und damit

$$q_i \quad \geq \quad \frac{1}{\overline{m}} \text{ für alle } i = 1, ..., \overline{m} \text{ und}$$

$$q_i \quad < \quad \frac{1}{\overline{m}+1} \text{ für alle } i = \overline{m}+1, ..., n.$$

Dies sind aber genau die Bedingungen (1) und (2) für einen Gleichgewichtspunkt.

Für $\overline{m} = n$ hat man $q_n \geq 1/n$ und damit $q_i \geq 1/n$ für $i = 1, ..., n$. Das ist die Gleichgewichtsbedingung für ein Normierungskartell, das alle n Spieler umfaßt. $\qquad\square$

Es sei darauf hingewiesen, daß das Spiel außer dem algorithmisch bestimmten Gleichgewichtspunkt noch weitere Gleichgewichtspunkte aufweisen kann. Im Fall

$$\frac{1}{2} > q_i > \frac{1}{n} \text{ für } i = 1, ..., n,$$

in dem alle Selbsterstellungsquoten q_i im Intervall $(\frac{1}{n}, \frac{1}{2})$ liegen, sind zum Beispiel sowohl $s^* = (1, ..., 1)$, d.h. das allumfassende Kartell, $s^* = (0, ..., 0)$ sowie alle Strategienvektoren s^* mit $m(s^*) = 1$ Gleichgewichtspunkte, unter denen der Algorithmus $s^* = (1, 0, ..., 0)$ auswählt.

4.2.2 Gleichgewichte mit korrelierter Strategienwahl

Korrelierte Strategienwahl setzt ein Zufallsexperiment voraus, dessen Ergebnisse von mehreren Spielern beobachtet werden können, wobei es durchaus möglich ist, daß die individuellen Beobachtungen unterschiedlich genau sind. Bei einem Wurf eines Würfels könnte zum Beispiel ein Spieler erfahren, ob die Augenzahl gerade oder ungerade ist, während ein anderer nur beobachten kann, ob die Augenzahl größer als 2 ist oder nicht. Wir unterstellen zunächst ein Zufallsexperiment, dessen Ergebnisse eindeutig durch alle Spieler beobachtbar sind. Es sei

$$\mathcal{E} = \left\{ e^1, ..., e^L \right\} \text{ mit } L \in \mathbb{N} \text{ und } L \geq 0$$

die endliche Menge der möglichen Zufallsereignisse e^l mit den Wahrscheinlichkeiten $P\left(e^l\right)$, für die

$$P\left(e^l\right) > 0 \text{ für } l = 1, ..., L \text{ und } \sum_{l=1}^{L} P\left(e^l\right) = 1$$

gilt.

Die Grundidee **korrelierter Strategienwahl** besteht darin, daß ein Spieler sein Verhalten in Abhängigkeit vom Ergebnis e^l des Zufallsexperiments festlegt. Sind zum Beispiel $s^1, ..., s^L$ Gleichgewichtspunkte des Spiels, so könnte das Verhalten der Spieler wie folgt aussehen: Für alle $l = 1, ..., L$ wählt jeder Spieler i seine Gleichgewichtsstrategie s_i^l, falls er das Zufallsergebnis e^l beobachtet.

Eine korrelierte Strategienwahl, die für alle möglichen Zufallsergebnisse e^l mit $P\left(e^l\right) > 0$ die Realisation eines Gleichgewichtspunkts des betrachteten Spiels vorschreibt, nennen wir ein **Koordinationsgleichgewicht**. Dies ist gerechtfertigt, da kein Spieler durch einseitiges Abweichen vom verabredeten Verhalten gewinnen kann. Beobachtet ein Spieler i nämlich ein Ereignis e^l mit positiver Realisationswahrscheinlichkeit, so kann er definitionsgemäß nicht lohnend vom verabredeten Verhalten abweichen, da das Koordinationsgleichgewicht für den Fall der Beobachtung von e^l ein Gleichgewicht des betrachteten Spiels vorschreibt.

Sind also Zufallsereignisse gemeinsam beobachtbar, so können sich auch Wahrscheinlichkeitsverteilungen über der Menge von Gleichgewichtspunkten als selbststabilisierende Verhaltenserwartungen im Sinne des Gleichgewichtskonzepts erweisen.

Im Spiel der Abbildung 4.5 mit den strikten Gleichgewichten $L = (L_1, L_2)$ und $R = (R_1, R_2)$ wird durch gemeinsame Beobachtung eines unverzerrten Würfels das Koordinationsgleichgewicht

"Spiele gemäß $L = (L_1, L_2)$, falls die Augenzahl gerade ist, und gemäß $R = (R_1, R_2)$, falls die Augenzahl ungerade ist"

ermöglicht, das für beide Spieler die Auszahlungserwartung von

$$1/2 \cdot 1 + 1/2 \cdot 2 = 3/2$$

impliziert.

Analog lassen sich alle konvexen Linearkombinationen

$$\sum_{l=1}^{L} P\left(e^l\right) U\left(s^l\right) = \left[\sum_{l=1}^{L} P\left(e^l\right) U_1\left(s^l\right), ..., \sum_{l=1}^{L} P\left(e^l\right) U_n\left(s^l\right)\right]$$

64

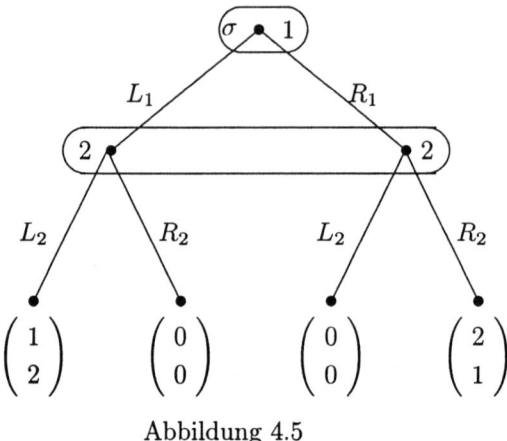

Abbildung 4.5

der Gleichgewichtsauszahlungen $U\left(s^l\right)$ realisieren, für die ein entsprechendes, gemeinsam beobachtbares Zufallsexperiment verfügbar ist. Daher gilt die folgende

Anmerkung: Sind $s^1, ..., s^L$ Gleichgewichtspunkte des betrachteten Spiels, so lassen sich alle konvexen Linearkombinationen der durch diese Gleichgewichtspunkte implizierten Auszahlungsvektoren $U\left(s^l\right)$ mit $l = 1, ..., L$ als Auszahlungsvektor eines Koordinationsgleichgewichts realisieren, sofern ein adäquates, gemeinsam beobachtbares Zufallsexperiment verfügbar ist.

Unbeschränkt verfügbare und gemeinsam beobachtbare Zufallsexperimente rechtfertigen damit die Annahme, daß die Bereiche möglicher Auszahlungsvektoren konvex sind, eine Annahme, auf die in der kooperativen Spieltheorie und in ihren Anwendungen häufig zurückgegriffen wird.

Strenggenommen müßte die Verabredung eines korrelierten Verhaltens auf individuelles strategisches Verhalten zurückgeführt werden. Konkret könnte ein Spieler zunächst vorschlagen, daß man ein solches korreliertes Verhalten anstrebt. Stimmen alle übrigen Spieler zu, so müßte die extensive Form vorschreiben, auf welche Weise die konkrete Verhaltensabstimmung ausgewählt und beschlossen wird. Man könnte hier von Verhandlungen sprechen, die auf korreliertes Verhalten abzielen. Aus praktischen Gesichtspunkten wird man jedoch häufig von einer derartigen strategischen Erklärung korrelierten Verhaltens absehen und korrelierte Strategienwahl einfach unterstellen.

Es sei $\mathcal{E} = \left\{e^1, ..., e^L\right\}$ mit $L \geq 2$ ein Zufallsexperiment mit den Realisationsmöglichkeiten $e^l \in \mathcal{E}$, deren Wahrscheinlichkeiten wie bisher durch $P\left(e^l\right)$ gegeben sind. Kann das Ergebnis des Zufallsexperiments nicht in gleicher Weise durch alle n Spieler beobachtet werden, so ist eine individuelle

Beobachtung B_i des Spielers i im allgemeinen eine Teilmenge von $\mathcal{E}$. Im Falle $B_i = \{e^l\}$ kennt Spieler i genau das Ergebnis des Zufallsexperiments, während er im Fall $B_i = \mathcal{E}$ nichts über dessen Ausgang erfährt. Offenbar ist der bisher betrachtete Fall

$$B_i = \{e^l\} \text{ für } l = 1, ..., L \text{ und } i = 1, ..., n$$

ein extremer Spezialfall von Zufallsexperimenten mit individuellen Beobachtungsmöglichkeiten der einzelnen Spieler. Wir beschreiben durch die Zerlegung

$$B_i^1 + ... + B_i^{K_i} = \mathcal{E}$$

von $\mathcal{E}$ die **private Beobachtungsmöglichkeit** des Spielers i. (Das Symbol + bezeichnet hierbei die Vereinigung disjunkter Mengen.) Wird das Ergebnis $e^l \in \mathcal{E}$ ausgewählt, so erfährt Spieler i lediglich, daß ein Element aus B_i^k mit $e^l \in B_i^k$ realisiert wurde.

Als Beispiel sei $\mathcal{E} = \{e^1, e^2, e^3\}$ und $n = 2$ mit $B_1^1 = \{e^1, e^3\}$, $B_1^2 = \{e^2\}$, $B_2^1 = \{e^2, e^3\}$ sowie $B_2^2 = \{e^1\}$ betrachtet. Wird e^3 realisiert, so kann Spieler 1 das Ereignis e^2 ausschließen, während Spieler 2 weiß, daß e^1 nicht zutrifft. Wird e^2 realisiert, so wissen beide Spieler, daß e^1 unmöglich ist; hingegen können sie im Fall von e^1 beide das Ereignis e_2 ausschließen.

Es sei $\mathcal{E} = \{e^1, ..., e^L\}$ mit $L \geq 1$ ein Zufallsexperiment mit individuellen Beobachtungsmöglichkeiten, die durch die individuellen Beobachtungszerlegungen

$$B_i^1 + ... + B_i^{K_i} = \mathcal{E}$$

der Spieler $i = 1, ..., n$ beschrieben sind. Eine **Konditionierungsstrategie** f_i des Spielers $i = 1, ..., n$ ist eine Funktion

$$f_i : B_i^k \mapsto f_i\left(B_i^k\right) \in Q_i,$$

die jeder individuellen Beobachtung B_i^k mit $k = 1, ..., K_i$ des Spielers i eine Strategie $q_i = f_i\left(B_i^k\right)$ dieses Spielers zuweist. Der Vektor

$$f = (f_1, ..., f_n)$$

von Konditionierungsstrategien heißt **korreliertes Gleichgewicht** (AUMANN, 1974), falls kein Spieler $i = 1, ..., n$ durch einseitiges Abweichen von f gewinnen kann. Mit anderen Worten: Für alle Beobachtungen B_i^k jedes Spielers i ist $f_i\left(B_i^k\right)$ die beste Strategie, sofern sich alle anderen Spieler j gemäß ihren Konditionierungsstrategien f_j verhalten.

Gilt $L = 1$, so folgt daraus $K_i = 1$ für alle Spieler $i = 1, ..., n$, d.h. der Vektor f impliziert einen eindeutigen Strategienvektor q. Jeder Gleichgewichtspunkt q eines Spiels ist damit auch ein korreliertes Gleichgewicht. Wir wollen im folgenden illustrieren, daß neuartige Gleichgewichte entstehen, wenn man

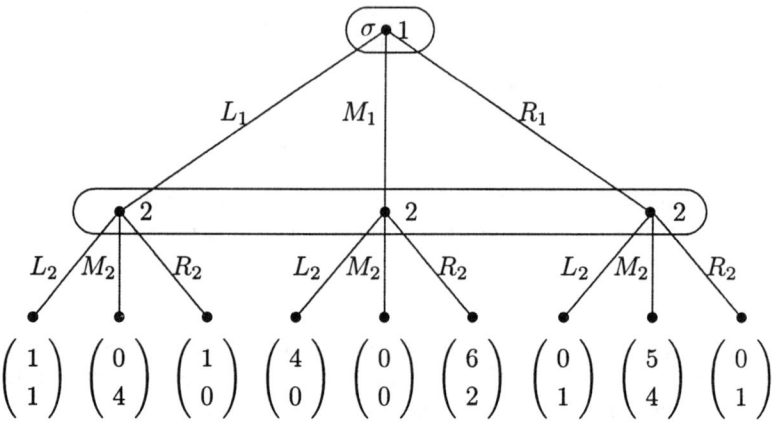

Abbildung 4.6

über Zufallsexperimente verfügt, deren Ergebnisse mehr oder minder exakt durch die n Spieler beobachtbar sind.

Wir gehen davon aus, daß die Spieler 1 und 2 im Spiel der Abbildung 4.6 entscheiden müssen, nachdem sie den Ausgang des Zufallsexperiments

$$\mathcal{E} = \left\{ e^1, e^2, e^3 \right\}$$

mit den Beobachtungsmöglichkeiten

$$B_1^1 = \left\{ e^1, e^3 \right\}, B_1^2 = \left\{ e^2 \right\}$$

und

$$B_2^1 = \left\{ e^2, e^3 \right\}, B_2^2 = \left\{ e^1 \right\}$$

erfahren haben. Alle Ergebnisse e^l in $\mathcal{E}$ sollen die gleiche Wahrscheinlichkeit haben, d.h.

$$P\left(e^l\right) = 1/3 \text{ für } l = 1, 2, 3.$$

Das Spiel verfügt über zwei Gleichgewichtspunkte in reinen Strategien, nämlich

$$(R_1, M_2) \text{ und } (M_1, R_2).$$

Wir wollen zeigen, daß es darüber hinaus korrelierte Gleichgewichte gibt, in denen für beide Spieler $i = 1, 2$ die Strategien $f_i\left(B_i^k\right)$ für $k = 1, 2$ reine Strategien sind. Konkret wollen wir nachweisen, daß durch

$$f_i\left(B_i^k\right) = \left\{ \begin{array}{l} M_i, \text{ falls } k = 1 \\ R_i, \text{ falls } k = 2 \end{array} \right. \text{ für } i = 1, 2$$

ein korreliertes Gleichgewicht $f = (f_1, f_2)$ gegeben ist.

Würde B_1^1 durch Spieler 1 beobachtet, so ist seine bedingte Auszahlungserwartung für seine Strategie L_1 durch $\frac{1}{2}U_1(L_1, R_2) + \frac{1}{2}U_1(L_1, M_2) = \frac{1}{2} \cdot 1 + \frac{1}{2} \cdot 0 = 1/2$, für M_1 durch $\frac{1}{2}U_1(M_1, R_2) + \frac{1}{2}U_1(M_1, M_2) = \frac{1}{2} \cdot 6 + \frac{1}{2} \cdot 0 = 3$ und für R_1 durch $\frac{1}{2}U_1(R_1, R_2) + \frac{1}{2}U_1(R_1, M_2) = \frac{1}{2} \cdot 0 + \frac{1}{2} \cdot 5 = 5/2$ gegeben, da er die beiden Ereignisse e^1 und e^3 und somit gemäß f_2 die Wahl von M_2 und R_2 als gleich wahrscheinlich ansieht. Für die Beobachtung B_1^1 erweist sich $f_1(B_1^1) = M_1$ daher als optimale Entscheidung. Bei Beobachtung von B_1^2 weiß Spieler 1, daß 2 seine Strategie M_2 verwendet. Seine Entscheidung für R_1 ist optimal, da (R_1, M_2) ein Gleichgewichtspunkt ist.

Hat Spieler 2 das Ereignis B_2^1 beobachtet, so erwartet er analog gemäß f_1 die Strategien M_1 und R_1 mit der gleichen Wahrscheinlichkeit von $1/2$. Für seine Strategie L_2 ergibt sich damit die bedingte Auszahlungserwartung $1/2$, während diese für M_2 bzw. R_2 den Wert 2 bzw. $3/2$ annimmt. Damit ist gezeigt, daß $M_2 = f_2(B_2^1)$ optimal ist. Für B_2^2 weiß der 2, daß Spieler 1 die Strategie M_1 verwendet. Da (M_1, R_2) ein Gleichgewicht ist, reagiert er mit $f_2(B_2^2) = R_2$ optimal.

Durch die Möglichkeiten, das strategische Verhalten durch gemeinsam, aber nicht notwendig in gleicher Weise beobachtbare Zufallsexperimente zu korrelieren, entstehen mithin neuartige Verhaltenskonstellationen, die sich ebenfalls als stabil im Sinne des Gleichgewichts erweisen. Anders als beim Gleichgewicht in gemischten Strategien bestimmt hier ein Spieler sein individuelles Verhalten nicht durch ein von ihm selbst zu verantwortendes und durchzuführendes Zufallsexperiment. Stattdessen wird das individuelle Verhalten in Abhängigkeit von der individuellen Information über das von allen Spielern gemeinsam beobachtbare Zufallsexperiment festgelegt. Dies zeigt sich ganz deutlich, wenn man sich die Wahrscheinlichkeitsmatrix vergegenwärtigt, die das oben bestimmte korrelierte Gleichgewicht $f = (f_1, f_2)$ impliziert:

$s_1 \backslash s_2$	L_2	M_2	R_2
L_1	0	0	0
M_1	0	1/3	1/3
R_1	0	1/3	0

Jedem Feld der 3×3-Matrix entspricht ein Vektor $s = (s_1, s_2)$ reiner Strategien im Spiel der Abbildung 4.6. Für jeden reinen Strategienvektor s gibt die Matrix an, mit welcher Wahrscheinlichkeit dieser Strategienvektor gemäß f realisiert wird. Offenbar kann es keine Randverteilungen, d.h. gemischte Strategien q_1, q_2, geben, die eine derartige Wahrscheinlichkeitsmatrix implizieren. Derartige gemischte Strategien müßten zum Beispiel positive Wahrscheinlichkeiten für die reinen Strategien R_i vorsehen, was eine positive Wahrscheinlichkeit für (R_1, R_2) implizieren würde.

Gegen korrelierte Gleichgewichte kann man natürlich wie gegen Koordinationsgleichgewichte einwenden, daß Verabredungen korrelierter Strategienwahl letztlich auf individuelle strategische Entscheidungen zurückgeführt werden sollten. In derart erweiterten Modellen ließe sich eine Wahrscheinlichkeitsverteilung wie in der obigen Matrix auf Vektoren gemischter Strategien im erweiterten Spiel zurückführen, die Züge enthalten, die auf korreliertes Verhalten abzielen.

4.3 Axiomatische Rechtfertigung von Gleichgewichten

Gleichgewichte lassen sich als Strategienvektoren $s = (s_1, ..., s_n)$ beschreiben, gemäß denen

(0) jeder Spieler **optimal** an seine Erwartung über das Verhalten seiner Mitspieler angepaßt ist und

(RE) die **Erwartungen** aller Spieler **wahr** bzw. **rational** sind, d.h. jeder Spieler erwartet den Strategievektor s.

Inspiriert durch Fortschritte in der kooperativen Spieltheorie werden neuerdings andere axiomatische Rechtfertigungen des Gleichgewichtsgedankens vorgestellt, die sich teils auf die Anforderungen (0) und (RE) stützen, teils auf anderen Anforderungen basieren. Inspirierend hierfür war das sogenannte **Konsistenzaxiom**, das zunächst nur in der kooperativen Spieltheorie verwandt wurde, obwohl der Gleichgewichtsbegriff dieser Anforderung ganz offensichtlich entsprach.

Das Konsistenzaxiom fordert im wesentlichen, daß Teilgruppen der Spieler sich nicht anders verhalten sollten, wenn sie wüßten, daß die restlichen Spieler ihre Entscheidungen schon unwiderruflich festgelegt haben. Ist $s^* = (s_1^*, ..., s_n^*)$ ein Gleichgewicht eines beliebigen Spiels G mit der Spielermenge $N = \{1, ..., n\}$ und M mit $\emptyset \neq M \subset N$ eine Teilmenge von N, so kann man für die Spieler in M ein sogenanntes s^*,**M-reduziertes Spiel** $G^{s^*,M}$ wie folgt definieren: In $G^{s^*,M}$ sind nur die Spieler $i \in M$ aktiv. Die Strategienmengen dieser Spieler im Spiel $G^{s^*,M}$ sind dieselben wie in G. Die Auszahlungen der Spieler $i \in M$ in $G^{s^*,M}$ sind durch die Auszahlungsfunktionen $U_i(s)$ in G gemäß

$$U_i(t) = U_i\left(t, s_{-M}^*\right)$$

für alle Strategienvektoren $t = (t_i)_{i \in M}$ in $G^{s^*,M}$ definiert. Hierbei bezeichnet $\left(t, s_{-M}^*\right)$ den Strategienvektor s in G, der den aktiven Spielern $i \in M$ in

$G^{s^*,M}$ ihre Strategie t_i und den nichtaktiven Spielern $j \notin M$ ihre Strategie s_j^* vorschreibt. Es sei s_M^* der Strategienvektor t in $G^{s^*,M}$, der für die aktiven Spieler i in $G^{s^*,M}$ dieselben Strategien wie der Strategienvektor s^* in G vorsieht.

Eine **Lösung** bzw. ein **Lösungskonzept** für Spiele ordnet jedem Spiel eine Teilmenge an Strategienvektoren zu, die man als Lösungskandidaten bezeichnen kann. Alle bislang diskutierten Rationalitätserfordernisse sind mithin Lösungen in diesem Sinne.

Für eine Lösung $\varphi = \varphi(\cdot)$ für Spiele G bzw. $G^{s^*,M}$ verlangt die **Konsistenzeigenschaft**, daß aus $s^* \in \varphi(G)$ stets $s_M^* \in \varphi(G^{s^*,M})$ folgt. Die Konsistenzeigenschaft des Gleichgewichts ergibt sich aus der offenbaren

Bemerkung: Ist s^* Gleichgewicht in G, so erweist sich s_M^* als Gleichgewicht in $G^{s^*,M}$ für alle $\emptyset \neq M \subset N$.

Beweis: Da von s^* kein aktiver Spieler i in G lohnend abweichen kann, lohnt es auch für keinen aktiven Spieler $i \in M$, in $G^{s^*,M}$ von s_M^* abzuweichen, da $U_i(s_M^*) = U_i(s^*)$. $\qquad\Box$

Das Konsistenzerfordernis ist also in trivialer Weise durch den Gleichgewichtsbegriff der nichtkooperativen Theorie gewährleistet. Wir wollen im folgenden andeuten, wie sich das Konsistenzaxiom verwenden läßt, um das Gleichgewichtskonzept rein axiomatisch zu begründen.

Es sei $\mathcal{G}$ eine Klasse von Spielen G. Um das Konsistenzaxiom anwenden zu können, muß die Klasse $\mathcal{G}$ mit jedem Spiel G auch alle seine s, M-reduzierten Spiele $G^{s,M}$ enthalten, d.h. ist $G \in \mathcal{G}$ ein Spiel mit der Spielermenge N und der Menge S möglicher Strategienvektoren, so muß für jeden Strategienvektor $s \in S$ und jede Teilmenge M von N mit $\emptyset \neq M \subset N$ auch das Spiel $G^{s,M}$ in $\mathcal{G}$ enthalten sein. Eine solche Klasse $\mathcal{G}$ von Spielen G nennen wir **abgeschlossen** (bezüglich Spielverkleinerung).

Ein Lösungskonzept $\mathcal{L}$ muß jedem Spiel $G \in \mathcal{G}$ eine Lösungsmenge $\mathcal{L}(G) \subset S$, d.h. eine Teilmenge der Menge S möglicher Strategienvektoren s in G zuordnen. Das Gleichgewichtskonzept ist ein spezielles derartiges Lösungskonzept und soll durch $\mathcal{N} = \mathcal{N}(\cdot)$ bezeichnet werden. Die Aufgabe besteht darin, sinnvolle Lösungsanforderungen zu finden, die $\mathcal{N}$ erfüllt, die aber jedes andere Lösungskonzept $\mathcal{L} \neq \mathcal{N}$ ausschließen.

Eine selbstverständliche Anforderung an ein Lösungskonzept $\mathcal{L}$ ist die **Optimierungseigenschaft O** (für alle $G \in \mathcal{G}$ mit $n = 1$ ist $\mathcal{L}(G)$ die Menge aller Strategien s, die die Auszahlungserwartung des einzigen Spielers maximieren).

Ist $\mathcal{L}$ ein Lösungskonzept für $\mathcal{G}$, so nennen wir

$$\mathcal{L}^*(G) = \left\{ s \in S : \text{ Für alle } \emptyset \neq M \neq N \text{ gilt } s_M \in \mathcal{L}(G^{s,M}) \right\}$$

die Menge der Lösungskandidaten $s \in S$ für $G \in \mathcal{G}$, die durch eine Spielverkleinerung nicht in Frage gestellt werden. Mit Hilfe dieser Definition lassen
sich das

Konsistenzaxiom K (für alle $G \in \mathcal{G}$ gilt $\mathcal{L}(G) \subset \mathcal{L}^*(G)$)

sowie die

Umgekehrte Konsistenz $\overline{\text{K}}$ (für alle $G \in \mathcal{G}$ mit $n \geq 2$ gilt $\mathcal{L}^*(G) \subset \mathcal{L}(G)$)

sehr knapp und präzise beschreiben. Während die Konsistenz **K** verlangt,
daß eine Lösung $s \in \mathcal{L}(G)$ die Spielverkleinerung überlebt, fordert die Umgekehrte Konsistenz $\overline{\text{K}}$, daß alle Kandidaten, für die dies gilt, als Lösung des
Spiels G qualifiziert sind.

Theorem: (vgl. PELEG und TIJS, 1992): Ist $\mathcal{G}$ eine abgeschlossene Klasse
von Spielen G mit Spielermenge N und Menge S von Strategienvektoren, so
erfüllt nur $\mathcal{L} = \mathcal{N}$ die drei Anforderungen **O**, **K** und $\overline{\text{K}}$.

Beweis: Zunächst soll gezeigt werden, daß $\mathcal{N}$ die drei Eigenschaften erfüllt.
Da **O** definitionsgemäß gilt und die Eigenschaft **K** für $\mathcal{N}$ schon bewiesen
wurde, muß lediglich die Eigenschaft $\overline{\text{K}}$ noch bewiesen werden. Gilt $s \in$
$\mathcal{N}^*(G)$, d.h. s_M ist Gleichgewicht für Spiele $G^{s,M}$ mit $\emptyset \neq M \neq N$, so gilt
insbesondere

$$s_i \in \mathcal{N}\left(G^{s,\{i\}}\right)$$

für alle $i \in N$, d.h. s_i ist beste Antwort auf s für alle Spieler i. Das impliziert
$s \in \mathcal{N}(G)$ und folglich $\mathcal{N}^*(G) \subset \mathcal{N}(G)$.

Per Induktion über n soll nachgewiesen werden, daß nur $\mathcal{L} = \mathcal{N}$ die drei
Anforderungen erfüllt. Der Induktionsbeginn für $n = 1$ folgt wegen **O**, da
für $n = 1$ Gleichgewichtigkeit und **O** äquivalent sind.

Für ein beliebiges $n \geq 2$ sei unterstellt (Induktionsvoraussetzung), daß für
alle Spiele $\widetilde{G} \in \mathcal{G}$ mit Spielerzahlen $\widetilde{n} < n$ die Äquivalenz von $\mathcal{N}$ einerseits
und der Anforderungen **O**, **K** und $\overline{\text{K}}$ andererseits zutrifft. Ist $G \in \mathcal{G}$ dann
ein n-Personen-Spiel, für das wir dieselbe Äquivalenz nachweisen müssen (In-
duktionsschritt) und $\mathcal{L}$ ein Lösungskonzept mit den Eigenschaften O, K und
$\bar{K}$, so gilt:

$$
\begin{aligned}
\mathcal{L}(G) &\subset \mathcal{L}^*(G) && \text{wegen der Konsistenz } \mathbf{K} \text{ von } \mathcal{L} \\
&= \mathcal{N}^*(G) && \text{wegen der Induktionsvoraussetzung} \\
&\subset \mathcal{N}(G) && \text{wegen der schon bewiesenen} \\
& && \text{umgekehrten Konsistenz } \bar{\mathbf{K}} \text{ von } \mathcal{N}
\end{aligned}
$$

und

$$
\begin{aligned}
\mathcal{N}(G) &\subset \mathcal{N}^*(G) && \text{wegen der Konsistenz } \mathbf{K} \text{ von } \mathcal{N} \\
&= \mathcal{L}^*(G) && \text{wegen der Induktionsvoraussetzung} \\
&\subset \mathcal{L}(G) && \text{wegen der umgekehrten Konsistenz } \bar{\mathbf{K}} \text{ von } \mathcal{L}.
\end{aligned}
$$

Die Gleichheit der Mengen gemäß Induktionsvoraussetzung folgt, da für die Mengen M in der Definition von $\mathcal{L}^*(G)$ stets $|M| < n$ gilt. Für jedes Lösungskonzept $\mathcal{L}$, das die drei Anforderungen **O**, **K** und $\overline{\mathbf{K}}$ erfüllt, gilt damit $\mathcal{L}(G) = \mathcal{N}(G)$ für alle Spiele $G \in \mathcal{G}$, was zu beweisen war. $\square$

Diese axiomatische Beschreibung des Gleichgewichtskonzepts weist auf eine weitere wünschenswerte Eigenschaft hin, nämlich die Robustheit des Gleichgewichts gegenüber Spielverkleinerungen: Selbst wenn bekannt ist, daß andere Spieler ihr Gleichgewichtsverhalten schon unwiderruflich festgelegt haben, bietet dies keinen Anreiz, vom eigenen Gleichgewichtsverhalten abzuweichen. Überraschend ist vor allem, daß allein derartige Forderungen alle übrigen Lösungskonzepte ausschließen. Es scheint durchaus möglich, daß alternative Charakterisierungen des Gleichgewichtskonzepts auf andere mehr oder minder bewußte positive Eigenschaften von Gleichgewichten hinweisen und damit zusätzlich das ohnehin schon weithin akzeptierte Gleichgewichtskonzept begründen und rechtfertigen.

4.4 Zur Existenz von Gleichgewichtspunkten

Ein sinnvolles Konzept individuell rationalen Verhaltens sollte nicht nur intuitiv einleuchten, sondern auch generell anwendbar sein. Gleichgewichtspunkte sind natürlicherweise die einzig sinnvollen Lösungskandidaten strategischer Spiele, da nur sie selbststabilisierende allgemeine Verhaltenserwartungen darstellen. Hauptanliegen dieses Abschnitts ist es zu zeigen, daß in allen sinnvollen Spielen dieses Rationalitätserfordernis erfüllbar ist, d.h. daß jedes sinnvolle strategische Spiel über mindestens einen Gleichgewichtspunkt verfügt.

Um zu verdeutlichen, daß plausible Rationalitätserfordernisse auch unerfüllbar und damit als allgemeine Lösungskriterien illusorisch sein können, sei kurz das strikte Gleichgewicht betrachtet, gemäß dem jeder Spieler verliert, wenn er als einziger von seiner Gleichgewichtsstrategie abweicht. Im Spiel der Abbildung 4.7 mit $a > 0 > b$ und $d > 0 > c$ gewinnt Spieler 1 nur dann eine positive Auszahlung, falls er die gleiche Wahl im Sinne von (G, g) oder (U, u) wie der 2 trifft. Spieler 2 ist hingegen daran interessiert, eine andere Strategie (zum Beispiel ein anderes Produkt oder ein anderes Produktionsverfahren) als der 1 zu wählen.

In einem solchen Spiel wird man nicht nur reine Strategien, nämlich die Strategien U und G für Spieler 1 und u und g für Spieler 2 betrachten, sondern beliebige Wahrscheinlichkeiten $q_1(U)$ mit $0 \leq q_1(u) \leq 1$ des Spielers 1 für die Wahl von U sowie $q_2(u)$ mit $0 \leq q_2(u) \leq 1$ des Spielers 2 für die Wahl von u zulassen. Derartige Randomisierungen der Strategienwahl werden **gemischte Strategien** genannt. Der einzige Gleichgewichtspunkt des Spiels

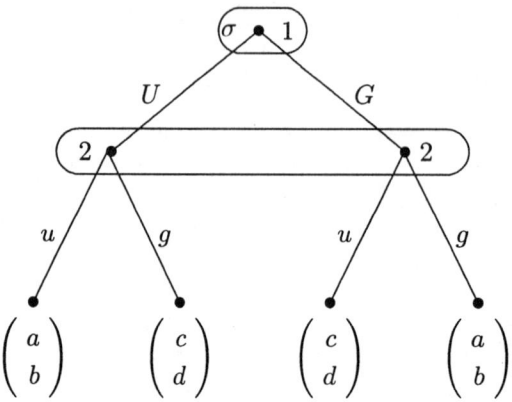

Abbildung 4.7

besteht darin, daß beide Spieler jeweils beide reinen Strategien mit positiver Wahrscheinlichkeit verwenden. In einem solchen Gleichgewicht müssen die beiden reinen Strategien dieselbe Auszahlungserwartung implizieren, d.h. es muß

$$aq_2(u) + c(1 - q_2(u)) = c\,q_2(u) + a(1 - q_2(u)) \text{ und}$$
$$bq_1(U) + d(1 - q_1(U)) = d\,q_1(U) + b(1 - q_1(U))$$

gelten. Die einzige Gleichgewichtslösung erfordert daher

$$q_1(U) = \frac{1}{2} = q_2(u)$$

und ist somit nicht strikt. Dies verdeutlicht, daß das durchaus überzeugende Konzept strikter Gleichgewichtspunkte ein zu weitgehendes Rationalitätserfordernis darstellt. Es gibt sinnvolle Spiele ohne strikte Gleichgewichte, wie zum Beispiel Spiele, die nur über Gleichgewichtspunkte in echt gemischten Strategien verfügen.

Man kann auch Spiele definieren, die keinerlei Gleichgewichtspunkte aufweisen. Als Beispiel wollen wir den **homogenen Oligopolmarkt** betrachten, auf dem alle $n(\geq 2)$ Anbieter $i = 1, ..., n$ ihre Verkaufsmenge s_i mit $s_i \in (0, \infty)$ unabhängig von den Angebotsmengenentscheidungen der Konkurrenten auswählen müssen. Mit

$$X = \sum_{i=1}^{n} s_i$$

bezeichnen wir die Gesamtverkaufsmenge, die wegen $s_i > 0$ für $i = 1, ..., n$ stets positiv ist. Wir gehen aus von der **hyperbolischen Nachfragefunktion**

$$p(X) = \frac{C}{X} \text{ mit } C > 0$$

und kostenfreier Produktion aller Anbieter. Die Gewinnfunktion jedes Anbieters $i = 1, ..., n$ ist damit durch

$$u_i(s) = \frac{s_i C}{\sum\limits_{j=1}^{n} s_j}$$

für jeden Strategienvektor $s = (s_1, ..., s_n)$ bestimmt. Da wegen $C > 0$ die Gewinne $u_i(s)$ proportional zum **Marktanteil** $s_i / \sum\limits_{j=1}^{n} s_j$ des Anbieters i sind und da dieser Anteil monoton mit s_i ansteigt, verfügt das Spiel über keinen Gleichgewichtspunkt $s = (s_1, ..., s_n)$ mit $s_i \in (0, \infty)$ für $i = 1, ..., n$ und ist damit im Sinne des Gleichgewichtskonzepts unlösbar.

Die Unlösbarkeit des homogenen Oligopolmarkts mit hyperbolischem Nachfrageverlauf und kostenfreier Produktion läßt uns jedoch nicht am Gleichgewichtskonzept als generellem Lösungserfordernis zweifeln, da es sich hierbei um ein unsinniges Spiel handelt. In der Realität sind weder die Anbieter in der Lage, beliebig große Mengen herzustellen, noch sind die Nachfrager daran interessiert, beliebig große Mengen zu erwerben. Allerdings sei darauf hingewiesen, daß das Spiel auch dann über keine Gleichgewichtslösung verfügt, wenn man die Annahme $s_i \in (0, \infty)$ durch $s_i \in (0, 1)$ für $i = 1, ..., n$ ersetzt. Aber auch ein derartiges Spiel ist unsinnig, da man wegen der allgemeinen Beschränktheit menschlicher Wahrnehmungsmöglichkeiten stets nur diskrete Mengenvariationen wahrnehmen und damit auch bewußt kontrollieren kann. Die Annahme beliebiger Mengenvariation im offenen Intervall (0,1) ist absolut realitätsfremd. Sind aber nur endlich viele Angebotsmengen s_i realisierbar, so verfügt das Spiel über eine offenbare Gleichgewichtslösung, gemäß der jeder Anbieter seine maximale Verkaufsmenge realisiert.

Wie wir es für das konkrete Beispiel verdeutlicht haben, verfügt unserer Meinung nach jedes sinnvolle und wohldefinierte Spiel über eine Gleichgewichtslösung. Spiele ohne Gleichgewichtspunkte (vgl. zum Beispiel DIERKER und GRODAL, 1982, sowie HELLWIG, LEININGER, RENY und ROBSON 1990) bieten daher unseres Erachtens weniger Anlaß, am Gleichgewichtskonzept zu zweifeln, als daran, ob es sich um ein wirklich sinnvolles Spiel handelt. Geht man zum Beispiel davon aus, daß in der Realität stets nur endlich viele Strategien verfügbar sind, so garantiert der folgende Satz von NASH (1951) für alle Spiele die Existenz von Gleichgewichtspunkten:

Theorem: Jedes endliche n-Personen-Spiel, d.h. jedes n-Personen-Spiel mit endlich vielen reinen Strategien für alle n Spieler, verfügt über mindestens einen Gleichgewichtspunkt in gemischten Strategien. Ist das Spiel überdies symmetrisch, so existiert auch ein symmetrischer Gleichgewichtspunkt.

Es gibt auch Existenzsätze für **kontinuierliche Spiele** (zum Beispiel der von NIKAIDO-ISODA, 1955), in denen die Mengen reiner Strategien Intervalle endlich dimensionaler reeller Räume sind und die Auszahlungsfunktionen naheliegende Stetigkeits- und Konkavitätsbedingungen erfüllen. Kontinuierliche Spiele lassen sich jedoch nur als Approximationen realer endlicher Spiele rechtfertigen, die eleganteren Analysemethoden zugänglich sind. Die praktische Bedeutung von Existenzaussagen für kontinuierliche Spiele ist daher mehr akademischer Natur.

Mit dem Satz von NASH verfügen wir über die Gewißheit, daß alle realen strategischen Situationen über mindestens eine Gleichgewichtslösung verfügen. Damit ist die Gleichgewichtseigenschaft nicht nur ein sinnvolles, sondern auch ein allgemein erfüllbares Rationalitätskriterium. Das entscheidende Problem der Spieltheorie ist mithin nicht die Existenz einer Gleichgewichtslösung, sondern die zum Teil große Vielfalt an Gleichgewichtspunkten in einem Spiel.

Um das obige Theorem, den Satz von NASH, oder auch die Existenzaussage von NIKAIDO-ISODA zu beweisen, kann man sich auf **Fixpunktsätze** beziehen, zum Beispiel den Fixpunktsatz von BROUWER (1910) oder den von KAKUTANI (1941). Wir wollen hier keinen streng formalen Beweis liefern (vgl. die mehr mathematisch ausgerichteten Einführungen von BURGER, 1959, sowie RAUHUT, SCHMITZ und ZACHOW, 1979), sondern lediglich illustrieren, in welcher Weise Gleichgewichtspunkte als Fixpunkte darstellbar sind.

Ist $q = (q_1, ..., q_n)$ ein gemischter Strategienvektor eines vorgegebenen Spiels, so sei mit

$$B_i(q) = \left\{ \begin{array}{c} q_i \in Q_i : u_i(q_i, q_{-i}) \geq u_i(\widehat{q}_i, q_{-i}) \\ \text{für alle } \widehat{q}_i \in Q_i \end{array} \right\}$$

die Menge aller gemischten Strategien $q_i \in Q_i$ des Spielers i bezeichnet, die beste Antwort auf das Verhalten

$$q_{-i} = (q_1, ..., q_{i-1}, q_{i+1}, ..., q_n)$$

seiner Mitspieler gemäß q sind. Wir bezeichnen mit $\mathcal{P}(Q_i)$ die Menge aller Teilmengen von Q_i. Die Abbildung

$$\begin{array}{rl} B : & Q_1 \times ... \times Q_n \to \mathcal{P}(Q_1) \times ... \times \mathcal{P}(Q_n) \\ q \longmapsto & B(q) = (B_1(q), ..., B_n(q)), \end{array}$$

die jedem Strategienvektor q die besten Antwortmengen aller Spieler zuordnet, nennen wir die **beste Antwortkorrespondenz** des Spiels. Offenbar ist q dann Gleichgewichtspunkt des Spiels, falls

$$q \in B(q),$$

d.h. Gleichgewichtspunkte sind Fixpunkte der besten Antwortkorrespondenz. Dies verdeutlicht, wie der Satz von NASH durch Anwendung eines geeigneten Fixpunktsatzes bewiesen werden kann.

4.5 Zur Bestimmung von Gleichgewichten

Wir wollen die Berechnung von (gemischten) Gleichgewichten anhand einfacher Spiele mit

$$S_i = \left\{s_i^1, s_i^2\right\} \text{ für } i = 1, 2$$

illustrieren. Um die Formeln zu verkürzen, sei

$$q_1(s_1^1) = x \text{ und } q_2(s_1^2) = y$$

als vereinfachende Notation unterstellt. Für das allgemeine Spiel gilt dann

$$
\begin{aligned}
U_i(q) &= U_i(x, y) \\
&= xy U_i(s_1^1, s_2^1) + x(1-y) U_i(s_1^1, s_2^2) + (1-x)y U_i(s_1^2, s_2^1) \\
&\quad + (1-x)(1-y) U_i(s_1^2, s_2^2)
\end{aligned}
$$

für $i = 1, 2$. Für die Spiele der Abbildung 4.8 erhalten wir damit

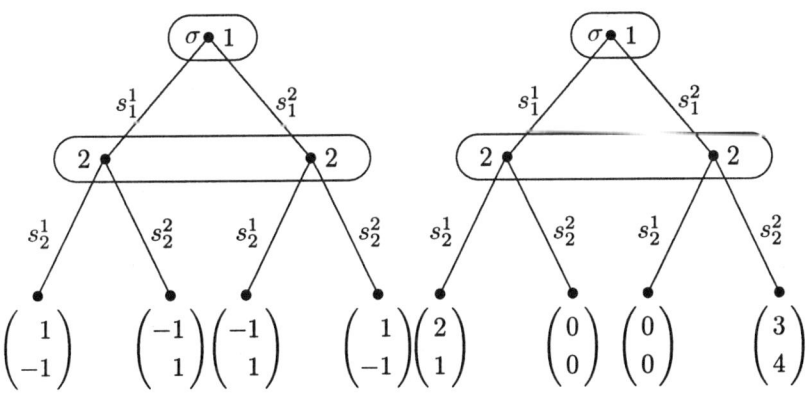

"Nullsumme"   "Koordination"

Abbildung 4.8

$$
\begin{aligned}
U_1(q) &= xy + (1-x)(1-y) - x(1-y) - (1-x)y \\
U_2(q) &= -xy - (1-x)(1-y) + x(1-y) + (1-x)y
\end{aligned}
\left.\right\} \text{ "Nullsumme"}
$$

bzw.

$$U_1(q) = 2xy + 3(1-x)(1-y)$$
$$U_2(q) = xy + 4(1-x)(1-y)$$ $\Big\}$ "Koordination".

Wie bestimmt man die Gleichgewichte $q = (q_1, q_2)$ in gemischten Strategien? Gemäß der Definition eines Gleichgewichts muß q_1 eine beste Antwort auf q_2 bzw. x eine beste Antwort auf y und umgekehrt sein. Aus

$$\frac{\partial U_1(q)}{\partial x} = 2(2y-1) \quad \text{und} \quad \frac{\partial U_2(q)}{\partial y} = 2(1-2x)$$

ergeben sich die besten Antwortkorrespondenzen(das entspricht den Reaktionskurven bei COURNOT, 1838) für "Nullsumme" wie in Abbildung 4.9 graphisch veranschaulicht.

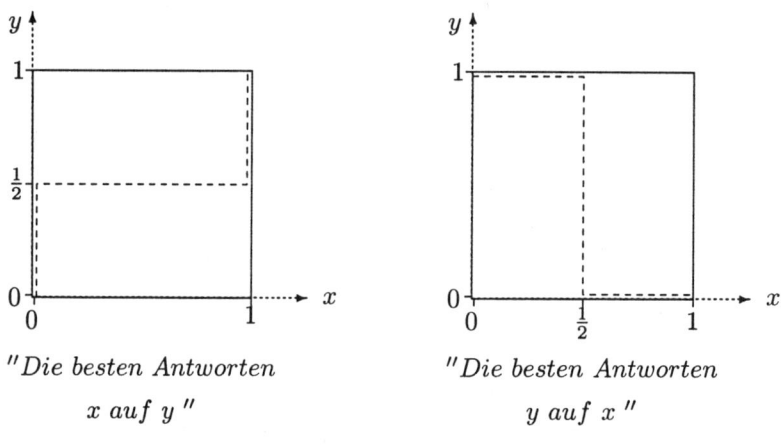

"Die besten Antworten

x auf y "

"Die besten Antworten

y auf x "

Abbildung 4.9

Nun ist ein Gleichgewichtspunkt $q = (q_1, q_2)$ bzw. (x, y) ein Vektor wechselseitig bester Antworten bzw. ein Schnittpunkt dieser besten Antwortkorrespondenzen (COURNOT, 1838). Für "Nullsumme" ergibt sich gemäß Abbildung 4.10 ein eindeutiger Schnittpunkt $x^* = \frac{1}{2} = y^*$, d.h. "Nullsumme" verfügt über ein einziges Gleichgewicht.

Die analogen Ergebnisse für "Koordination" sind

$$\frac{\partial U_1(q)}{\partial x} = 5y - 3 \quad \text{und} \quad \frac{\partial U_2(q)}{\partial y} = 5x - 4$$

und Abbildung 4.11 bzw. 4.12.

Im Spiel "Koordination" existieren daher drei Schnittpunkte der besten Antwortkorrespondenzen, nämlich

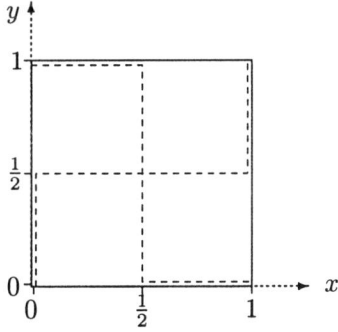

Abbildung 4.10

$$
\begin{array}{lll}
(i) & x^* = 0 & = y^*, \\
(ii) & x^* = \tfrac{4}{5} & y^* = \tfrac{3}{5}, \\
(iii) & x^* = 1 & = y^*,
\end{array}
$$

von denen nur der mittlere auf echt gemischten Strategien basiert.

Generell bestimmt man Gleichgewichte in gemischten Strategien, indem man eine Lösung der besten Antwortbedingungen aller Spieler ableitet. Da $U_i(q)$ linear von den Wahrscheinlichkeiten $q_i(s_i)$ für alle $s_i \in S_i$ abhängt, sind die beste Antwortbedingungen für Spieler i im allgemeinen (Un)Gleichungen in den Variablen $q_j(s_j)$ für alle $j \neq i$ und $s_j \in S_j$.

Um sich dies zu vergegenwärtigen, betrachte man die Definition

$$
U_i(q) = \sum_{s \in S} \prod_{j=1}^{n} q_j(s_j) U_i(s)
$$

der Auszahlungserwartung des Spielers $i = 1, ..., n$ im Spiel mit der Menge S möglicher Strategievektoren $s = (s_1, ..., s_n)$. Gemäß

$$
U_i(q) = \sum_{s \in S} q_i(s_i) \prod_{j \neq i} q_j(s_j) U_i(s)
$$

gilt

$$
\frac{\partial U_i}{\partial q_i(s_i)} = \sum_{s \in S} \prod_{j \neq i} q_j(s_j) U_i(s)
$$

für alle Strategien $s_i \in S_i$, d.h. die besten Antwortbedingungen für Spieler i hängen nur von den gemischten Strategien q_j bzw. den Realisationswahrscheinlichkeiten $q_j(s_j)$ seiner Mitspieler $j \neq i$ ab.

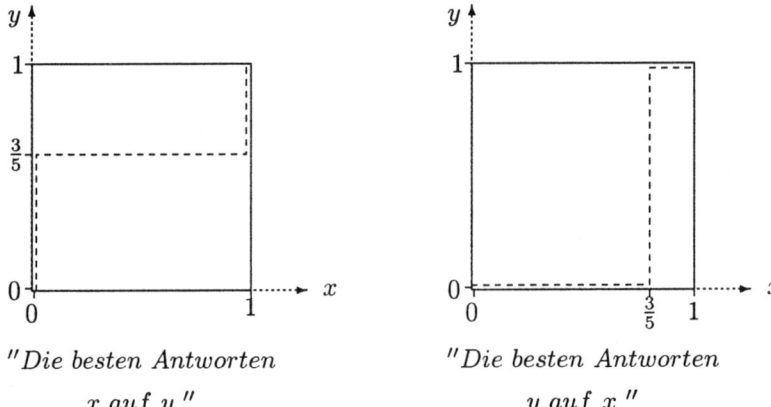

"*Die besten Antworten*

x auf y "

"*Die besten Antworten*

y auf x "

Abbildung 4.11

Was kennzeichnet nun eine beste Antwort? Offensichtlich muß

$$\frac{\partial U_i}{\partial q_i(s_i)} \geqq 0 \qquad \text{für} \qquad q_i(s_i) = 1$$

und

$$\frac{\partial U_i}{\partial q_i(s_i)} \leqq 0 \qquad \text{für} \qquad q_i(s_i) = 0$$

gelten, d.h. Randlösungen erfordern Ungleichungen. Für $0 < q_i(s_i) < 1$ erfordert bestes Antwortverhalten hingegen die Gleichung

$$\frac{\partial U_i}{\partial q_i(s_i)} = 0.$$

Für "Koordination" beruhen zum Beispiel die Gleichgewichte (i) und (iii) auf Randlösungen, d.h. sie erfüllen die (sogar strikten) Ungleichungen

$$\frac{\partial U_1(x^* = 0 = y^*)}{\partial x} < 0 \qquad \text{und} \qquad \frac{\partial U_2(x^* = 0 = y^*)}{\partial y} < 0 \qquad \text{für} \qquad (i)$$

und

$$\frac{\partial U_1(x^* = 1 = y^*)}{\partial x} > 0 \qquad \text{und} \qquad \frac{\partial U_2(x^* = 1 = y^*)}{\partial y} > 0 \qquad \text{für} \qquad (iii).$$

Das echt gemischte Gleichgewicht (ii) ist hingegen wegen

$$\frac{\partial U_1(x^* = \frac{4}{5}, y^* = \frac{3}{5})}{\partial x} = 0 \qquad \text{und} \qquad \frac{\partial U_2(x^* = \frac{4}{5}, y^* = \frac{3}{5})}{\partial y} = 0$$

durch lokale Optimalitätseigenschaften bzw. Gleichungen gekennzeichnet.

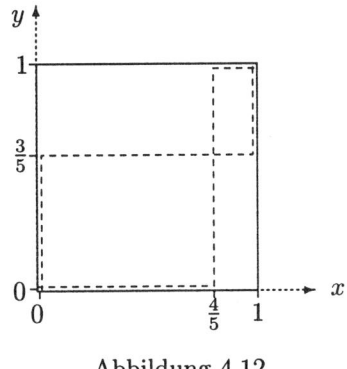

Abbildung 4.12

4.6 Verfeinerte Gleichgewichtsbegriffe

Die sogenannten verfeinerten Gleichgewichtskonzepte oder "Refinements"
stellen sich die Aufgabe, durch strengere Anforderungen an die Lösung solche
Gleichgewichtspunkte auszuschließen, die offensichtlich irrational sind. Manche Konzepte sind mehr daraufhin ausgerichtet, unsinnige Gleichgewichtspunkte in besonderen Klassen von Spielen herauszufiltern, andere Konzepte versuchen, dies für alle extensiven Spiele zu erreichen. Kein verfeinerter
Gleichgewichtsbegriff versucht jedoch, eindeutig eine Lösung eines Spiels aus
der Menge der Gleichgewichtspunkte auszuwählen. So können die verfeinerten Gleichgewichtskonzepte nichts zur Lösung der sogenannten **Einstimmigkeitsspiele** mit folgenden Regeln beitragen, die wir der Einfachheit halber
verbal beschreiben:

Alle Spieler $i = 1, ..., n (\geq 2)$ wählen unabhängig voneinander einen Index aus
der Indexmenge

$$J = \{1, ..., L\}, L \geq 2.$$

Haben nur zwei Spieler verschiedene Indizes ausgewählt, so erhalten alle Spieler die Auszahlung Null. Wurde hingegen generell der Index k ausgesucht,
so erhält jeder Spieler i den durch k implizierten positiven Einigungsnutzen
$U_i^k (> 0)$.

Die Strategienmenge S_i jedes Spielers ist die Indexmenge J. Jede Strategie
$s_i \in S_i$ ist ferner nicht dominiert, da s_i eindeutig beste Antwort des Spielers
i ist, wenn alle anderen Spieler denselben Index ausgesucht haben. Da alle
einstimmigen Strategienvektoren s mit $s_i = k$ für $i = 1, ..., n$ strikte Gleichgewichtspunkte sind, verfügt das Spiel über $L (\geq 2)$ verschiedene strikte Gleichgewichtspunkte, von denen keiner durch irgendeinen der noch vorzustellenden
verfeinerten Gleichgewichtsbegriffe für die Lösung disqualifiziert wird.

Das Beispiel verdeutlicht den beschränkten Anspruch der verfeinerten Gleichgewichtsbegriffe, notwendige, aber nicht hinreichende Bedingungen für individuell rationales Verhalten in strategischen Spielen zu formulieren. Gibt es zum Beispiel zwei unterschiedliche Indizes k und k' mit

$$U_i^k > U_i^{k'} \text{ für alle } i = 1, ..., n,$$

so ist nicht einzusehen, warum alle Spieler k' wählen sollen. Die einstimmige Wahl von k würde allen Spielern mehr einbringen und ist in keiner Weise riskanter als die einstimmige Wahl von k'. Dennoch wird die einstimmige Wahl von k' von keinem der verfeinerten Gleichgewichtskonzepte als Lösungskandidat ausgeschlossen.

4.6.1 Das teilspielperfekte Gleichgewicht

Gegeben sei ein extensives Spiel $T = (B, P, J, Z, W, U)$, wie es in Abschnitt 3.1 eingeführt wurde. Ein zusammenhängender **Teilgraph** B' von B hat die Eigenschaft, daß es einen Knoten k_o gibt, der als erster Entscheidungsknoten von B' im Verlauf jeder Partie erreicht wird, die B' schneidet. Enthält B' alle Knoten, die auf Partien durch k_o auf k_o folgen, so wird B' **Teilbaum** von B genannt. Die typische Situation sei am Beispiel der Abbildung 4.13 verdeutlicht.

Der Teilbaum B' hat als Ursprung k_o und umfaßt alle Knoten und Verbindungsstrecken, die nach k_o im Verlauf einer beliebigen Partie durch k_o noch erreicht werden können.

Umfassen all jene Informationsbezirke von T, die Entscheidungsknoten von B' enthalten, nur Entscheidungsknoten von B', so sagen wir, daß dem Teilbaum B' von B ein **Teilspiel** T' von T entspricht, mit

$$T' = \left(B', P\mid_{B'}, J\mid_{B'}, Z\mid_{B'}, W\mid_{B'}, U\mid_{B'}\right).$$

Hierbei steht $\cdot\mid_{B'}$ für die Beschränkung der jeweiligen Komponente von T auf den Teilbaum B'. Ist B' ein echter Teilbaum von B, so sagen wir, daß T' ein **echtes Teilspiel** von T ist.

Offenbar induziert eine Strategie s_i eines Spielers i in T eindeutig eine Strategie s_i' für jedes Teilspiel T' von T. Analog induziert ein Strategienvektor s in T eindeutig einen Strategienvektor s' für jedes Teilspiel T' von T. Ein Gleichgewichtspunkt s von T heißt **teilspielperfekt** (SELTEN, 1965 und 1975), wenn er für jedes echte Teilspiel T' von T einen Gleichgewichtspunkt s' von T' induziert.

Wenn man die Idee des Gleichgewichtspunktes akzeptiert, ist es nur konsequent, wenn man das Gleichgewichtserfordernis nicht nur für das Spiel

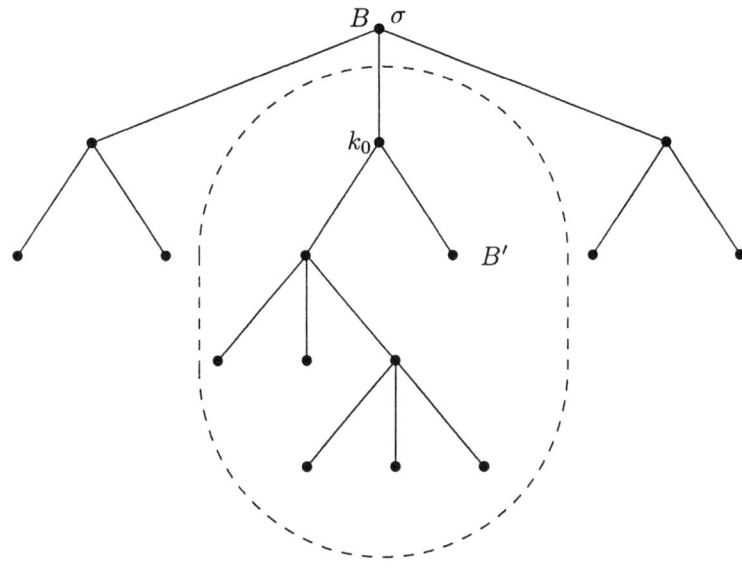

Abbildung 4.13

selbst, sondern auch für seine Teilspiele postuliert, da sonst die Spieler unter Umständen einen Anreiz hätten, zu Beginn eines Teilspiels ihre strategischen Pläne zu revidieren. Wir wollen den Unterschied zwischen Gleichgewichtspunkten und teilspielperfekten Gleichgewichtspunkten am einfachen Beispiel **ultimativer Verhandlungen** verdeutlichen, das wir in Abbildung 4.14 graphisch dargestellt haben.

Für die Auszahlungsparameter x und y soll gelten, daß $1 > x > y > 0$. Die Strategie h bedeutet, daß Spieler 1 seinen Mitspieler 2 mit folgendem Ultimatum konfrontiert: Entweder akzeptiert 2 die hohe Forderung h des 1 (der Zug A des 2), die dem 1 den Betrag x und dem 2 den vom "Einheitskuchen" verbleibenden Rest $1 - x$ zuweist, oder es resultiert der Konflikt (der Zug B des 2), der beiden nur 0 einbringt. Analog impliziert der Zug n das Ultimatum des 1 an den 2, die niedrigere Forderung mit den Auszahlungen y für 1 und $1 - y$ für 2 zu akzeptieren.

Die Gleichgewichtspunkte in reinen Strategien des Spiels sind die Strategienvektoren $s = (s_1, s_2)$ mit

$$s_1 = h \text{ und } s_2 = (A, a), \tag{i}$$

$$s_1 = h \text{ und } s_2 = (A, b), \tag{ii}$$

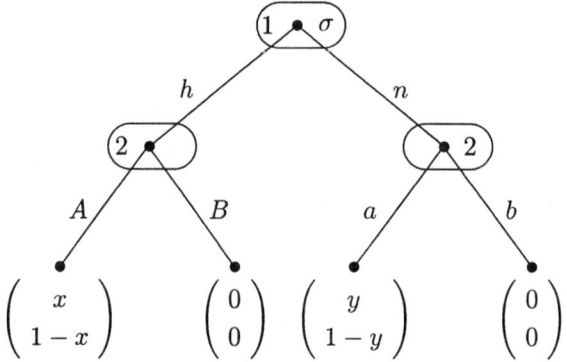

Abbildung 4.14

$$s_1 = n \text{ und } s_2 = (B, a). \tag{iii}$$

Die Strategienvektoren (i) und (ii) implizieren den Auszahlungsvektor $(x, 1 - x)$, während $(y, 1 - y)$ für (iii) resultiert.

Aufgrund der Informationsbezirke des komplettierten Spielbaums verfügt das Spiel über zwei echte Teilspiele, nämlich das Teilspiel T'_h nach dem Zug h von Spieler 1 und das Teilspiel T'_n nach dem Zug n seitens des 1. Die Gleichgewichtspunkte dieser Teilspiele schreiben stets vor, daß der 2 das vorgegebene Ultimatum akzeptiert, da $1 - x$ und $1 - y$ positiv sind.

Die Gleichgewichtspunkte (ii) und (iii) sind nicht teilspielperfekt, da hier nur das aktuell vom 1 gewählte Ultimatum akzeptiert wird, während völlig unglaubwürdig damit gedroht wird, das andere Ultimatum nicht zu akzeptieren. Mit anderen Worten: Spieler 2 verhält sich lediglich im durch die Gleichgewichtspartie erreichten Teilspiel rational. Im anderen Teilspiel kann er sich irrational verhalten, weil dieses durch die Gleichgewichtspartie nicht erreicht wird. Das Konzept des teilspielperfekten Gleichgewichts schließt solche irrationalen Verhaltenspläne für von der Gleichgewichtspartie unerreichte Teilspiele aus. Gemäß dem eindeutigen teilspielperfekten Gleichgewicht (i) akzeptiert der Spieler 2 jedes Ultimatum und Spieler 1 wählt folgerichtig das für ihn günstigere Ultimatum h.

4.6.2 Wiederholte Spiele, Folk Theorem und das (Bei)Spiel "Preiskonkurrenz auf homogenen Märkten"

Es sei T ein extensives Spiel. Die m-fache Wiederholung T^m von T ist das folgende extensive Spiel: Das Spiel T wird m-mal hintereinander gespielt. Nach jeder Partie von T wird die gesamte Partie, d.h. alle Züge im Verlauf von T, bekanntgegeben. Die Auszahlungen der Spieler in T^m sind die durchschnittlichen Auszahlungen für alle m Partien, d.h. der mittlere Erfolg in den m hintereinander gespielten Partien von T. Damit ist für alle $m \in \mathbb{N}$ das Spiel T^m eindeutig durch die Regeln des Spiels T definiert.

Für $m = \infty$ wird T^∞ von T als das **Superspiel** zum **Basisspiel** T bezeichnet. Die Durchschnittsauszahlung für T^∞ sei als limes inferior oder lim inf der Periodengewinne definiert. Da wir auf die Stufenstruktur des Spiels T nicht näher eingehen, sei $t = 1, 2, \dots$ der Rundenindex. Ist u_i^t die Auszahlung des Spielers i im t-ten Spiel von T, so ist der limes inferior der Periodengewinne $(u_i^t)_{t=1,2,\dots}$ durch

$$u_i = \liminf_{t \to \infty} \left\{ u_i^t : t = 1, 2, \dots \right\} = \liminf_{t \to \infty} \left\{ u_i^\tau : \tau \geq t \right\}$$

definiert. Hierbei bezeichnet $\inf \{r \in R\}$ mit $R \subset \mathbb{R}$ die größte untere Schranke der Menge R. Gemäß der Auszahlungsfunktion u_i für das Superspiel T^∞ von T orientiert sich der Spieler also ausschließlich am minimalen Häufungspunkt der Periodengewinne. Da die Auszahlungen in T endlich sind, folgt die Endlichkeit der Auszahlung u_i für $i = 1, \dots, n$ in T^∞.

Im Spiel T^m mit $m = 1, 2, \dots, \infty$ bezeichne allgemein P^t die Partie von T beim t-ten Spiel von T bzw. in der t-ten Runde. Für eine gegebene Runde $t = 1, \dots, m$ im Verlauf des Spiels T^m ist also die **Spielvergangenheit** bzw. der bisherige Verlauf H^t der Partie von T^m durch

$$H^t = (P^1, \dots, P^{t-1}),$$

d.h. durch alle bisherigen Partien von T bis zur t-ten Runde beschrieben. Aufgrund unserer Informationsannahme ist für alle Runden $t = 1, \dots, m$ und alle möglichen Spielvergangenheiten H^t der Runde t die bisherige Spielvergangenheit allgemein bekannt, wenn die Entscheidungen der t-ten Runde getroffen werden. Jeder Spielvergangenheit H^t entspricht also ein Informationsbezirk eines Spielers. Eine Strategie s_i^m des Spiels T^m ist damit eine Abbildung, die für alle Runden $t = 1, \dots, m$ und alle Spielvergangenheiten H^t der Runde t eine eindeutige Strategie im Spiel T auswählt. Ein Strategienvektor

$$s^m = (s_1^m, \dots, s_n^m)$$

in T^m impliziert eine eindeutige Wahrscheinlichkeit über der Menge möglicher Partien in T^m und damit einen eindeutigen Auszahlungserwartungsvektor

$$U(s^m) = (U_1(s^m), \dots, U_n(s^m))$$

entweder gemäß der durchschnittlichen Periodenauszahlung

$$U_i(s^m) = \sum_{\tau=1}^{m} U_i^\tau / m \quad \text{für } m < \infty$$

oder gemäß der limes inferior-Definition für $m = \infty$.

Als Beispielsituation betrachten wir die **Preiskonkurrenz auf homogenen Märkten**, die wir der Einfachheit halber verbal beschreiben. Gemäß dem Basisspiel T muß jeder Spieler bzw. Anbieter $i = 1, ..., n$ unabhängig von den Entscheidungen seiner Mitspieler einen Preis $p_i \in [0, 1]$ wählen. Da die Produkte aller Spieler/Anbieter aus der Sicht der Nachfrager homogen bzw. beliebig austauschbar sind, konzentriert sich die gesamte Nachfrage auf die billigsten Anbieter, d.h. der Marktpreis p ist der minimale Angebotspreis

$$p = \min_i p_i.$$

Wir gehen von der normierten Nachfragefunktion

$$X(p) = 1 - p$$

für den Fall linearer Nachfrage sowie identischen und konstanten Grenzkosten aller Anbieter aus. Der Gewinn des Anbieters i bzw. die Auszahlung von Spieler i beträgt damit

$$u_i = \begin{cases} 0 & \text{für } p_i > p \\ p\frac{1-p}{z} & \text{für } p_i = p, \end{cases}$$

wobei z die Anzahl der Anbieter $j = 1, ..., n$ mit $p_j = p$ bezeichnet. Im Fall mehrerer Anbieter mit minimalem Verkaufspreis wird also die Nachfrage zum Preis p gleichmäßig auf diese aufgeteilt. Beim Beweis des Folk Theorems werden wir aber aus Vereinfachungsgründen davon ausgehen, daß im Falle mehrerer billigster Anbieter diese die Nachfrage beliebig untereinander aufteilen können. Die Gleichaufteilung ist die Nachfrageaufteilung, die sich ergibt, wenn die billigsten Anbieter keine andere Verteilung anstreben.

Hierdurch sind die Regeln des **(Bei)Spiels** T "Preiskonkurrenz auf homogenen Märkten" vollständig beschrieben. Wir verweisen allerdings darauf, daß für $n \geq 2$ mehrere extensive Spiele T mit der verbalen Beschreibung übereinstimmen. Der Grund hierfür ist, daß man die Reihenfolge, gemäß der die einzelnen Verkaufspreise festgelegt werden, beliebig wählen kann. Aufgrund der Informationsannahme hat aber jeder Spieler nur einen einzigen Informationsbezirk, womit das Spiel T über keine echten Teilspiele verfügt. Da wir uns auf Verschärfungen des Gleichgewichtsbegriffs beschränken werden, die allein mit der Teilspielstruktur zusammenhängen, sind für unsere Zwecke alle möglichen Baumdarstellungen unseres (Bei)Spiels äquivalent.

Da jeder Verkaufspreis $p > 0$ Anreize zur Preisunterbietung impliziert, hat das (Bei)Spiel "Preiskonkurrenz auf homogenen Märkten" für $n \geq 2$ einen eindeutigen Gleichgewichtspreis, nämlich den Konkurrenzpreis $p = 0$, der wegen des Fehlens von echten Teilspielen natürlich auch teilspielperfekt ist und von mindestens zwei Anbietern realisiert werden muß. Die Gleichgewichtsgewinne von Null werden wir auch als Gewinne bei Konkurrenz bezeichnen.

Im wiederholten Spiel T^m des Spiels T "Preiskonkurrenz auf homogenen Märkten" ist die Spielvergangenheit H^t einer Runde $t = 1, ..., m$ durch den Vektor

$$H^t = ((p_1^1, ..., p_n^1), (p_1^2, ..., p_n^2), ..., (p_1^{t-1}, ..., p_n^{t-1}))$$

aller bisherigen Verkaufspreisvektoren gegeben. Eine Strategie s_i^m muß damit für jede Spielvergangenheit H^t aller Runden $t = 1, ..., m$ einen Verkaufspreis

$$s_i^m(H^t) = p_i^t$$

für die t-te Runde der Preiskonkurrenz auf homogenen Märkten festlegen. Eine mögliche Strategie ist zum Beispiel durch

$$\overset{*m}{s_i}(H^t) = 0 \quad \text{für alle } H^t \text{ und } t = 1, ..., m$$

gegeben. Gemäß dieser Strategie $\overset{*m}{s_i}$ wählt der Anbieter i stets den Gleichgewichtspreis des Einmalspiels $T^1 = T$. Verwenden alle Spieler diese Strategie, so kann offenbar im Fall $n \geq 2$ niemand profitabel davon abweichen, da man Null auf dem Markt verdient, wenn man als einziger einen positiven Preis fordert. Der Vektor $\overset{*m}{s} = (\overset{*m}{s_1}, ..., \overset{*m}{s_n})$ mit

$$\overset{*m}{s_i}(H^t) = 0 \text{ für alle } H^t, t = 1, ..., m \text{ und } i = 1, ..., n$$

ist damit für alle $i \leq m \leq \infty$ ein teilspielperfekter Gleichgewichtspunkt des m-fach wiederholten Spiels T^m von T.

Der Fall $m < \infty$:

Für $m < \infty$ ist die durch $\overset{*m}{s_i}$ implizierte Preisentwicklung auch das einzige teilspielperfekte Gleichgewichtsergebnis von T^m, was man durch Rückwärtsinduktion beweisen kann: In der letzten Runde $t = m$ ist das verbleibende Teilspiel unabhängig von der Spielvergangenheit H^m stets durch das einmalige Spielen von $T^1 = T$ gegeben. Da der einzige Gleichgewichtspreis von $T = T^1$ durch Null gegeben ist, müssen alle teilspielperfekten Gleichgewichtspunkte s^m von T^m für die letzte Runde $t = m$ diesen Gleichgewichtspreis vorsehen, d.h. für alle H^m muß gelten

$$s_i^m(H^m) = 0 \text{ für wenigstens zwei Anbieter } i.$$

Damit verdienen in der letzten Runde $t = m$ alle Anbieter den Konkurrenzgewinn von Null. Antizipiert man in der vorletzten Runde, daß in der letzten Runde die Gewinne Null sind, so kann es nur noch darauf ankommen, in der Runde $t = m - 1$ möglichst viel zu verdienen. Da das Verhalten in der Runde $t = m - 1$ keinen Einfluß auf den Marktpreis der letzten Runde ausübt, reduziert sich die Interaktionsproblematik in der vorletzten Runde auf das einmalige Spielen von T, nämlich das Spielen der $m - 1$-ten Runde. Dieses Spiel ist aber äquivalent zum Spiel $T^1 = T$ mit dem eindeutigen Gleichgewichtspreis Null, so daß auch für alle H^{m-1} die Bedingung

$$s_i^{m-1}(H^{m-1}) = 0 \text{ für wenigstens zwei Anbieter } i$$

gelten muß. Da sich dieses Verfahren über $t = m - 2,\ m - 3, \ldots$ bis $t = 1$ fortsetzen läßt, ist für $m < \infty$ durch

$$s_i^t(H^t) = 0 \text{ für wenigstens zwei Anbieter } i \text{ und alle } H^t \text{ mit } t = 1, \ldots, m$$

die Menge der teilspielperfekten Gleichgewichte (in reinen Strategien) des endlich wiederholten Spiels T^m von T definiert, die alle dieselbe Marktpreisentwicklung, nämlich den konstanten Preis Null, implizieren.

In Experimenten mit Spielen T^m, für die m endlich ist, beobachtet man häufig ein Verhalten, das in sehr typischer Weise von dem teilspielperfekten Gleichgewichtsverhalten abweicht (vgl. STÖCKER, 1978 und 1980, sowie SELTEN und STÖCKER, 1986): Die Anbieter kooperieren, bis nur noch eine bis drei Runden zu spielen sind, um dann möglichst als erster die anderen Anbieter zu unterbieten, d.h. man kooperiert bis zum sogenannten **Schlußeffekt**, gemäß dem die Kooperation kurz vor Spielende zusammenbricht. Der Schlußeffekt zeigt, daß die Anbieter im Experiment sich der Logik rekursiven Lösens bewußt sind. Allerdings wird die Rückwärtsinduktion nicht konsequent angewandt, da dies den Zusammenbruch der für alle Beteiligten vorteilhaften Kooperation bedeuten würde. Stattdessen verläßt man sich auf die Hoffnung, als erster von der Kooperation abzuweichen und sich nicht von den anderen ausbeuten zu lassen.

Viele Spieltheoretiker, insbesondere diejenigen, die an Rationalverhalten der Menschen glauben, wurden durch diese Divergenz zwischen spieltheoretischer Vorhersage und beobachtetem Verhalten sehr verwirrt. Sie haben daher nach Möglichkeiten gesucht, die spieltheoretischen Vorhersagen mit dem beobachtbaren Verhalten in Einklang zu bringen. Zum einen ist man davon ausgegangen (RADNER, 1980), daß die Spieler nicht unbedingt die beste Antwort wählen, sondern sich auch mit einer **fast besten Antwort** zufriedengeben, die nur eine geringe Auszahlungseinbuße gegenüber der besten Antwort impliziert. Es läßt sich zeigen, daß Kooperation in Spielen T^m mit $m < \infty$ möglich ist, wenn man nur verlangt, daß die Spieler nur fast beste Antworten auf die Strategien der Mitspieler realisieren (RADNER, 1980).

Angesichts der vielfältigen empirischen Befunde spricht vieles dafür, daß die Menschen nicht stets beste Alternativen realisieren. Man versucht eher, bestimmte Ansprüche an das Ergebnis zu erfüllen, die teils durch eigene Erfahrungen bestimmt sind, teils sich an den Ergebnissen anderer in ähnlich gelagerten Situationen orientieren. Diese Befunde rechtfertigen jedoch keinesfalls Gleichgewichtsbegriffe (RADNER, 1980), die auf dem Konzept fast bester Antworten basieren. Um zu wissen, ob eine Strategie fast beste Antwort ist oder nicht, muß man in aller Regel die beste Antwort kennen. Es ist nicht einzusehen, warum man dann diese nicht auch verwendet. Wenn Menschen sich mit nicht optimalen Entscheidungen begnügen, so liegt das daran, daß sie das optimale Verhalten nicht ableiten können oder wollen, da ihre kognitiven und analytischen Fähigkeiten sehr begrenzt sind. Dann sind sie aber auch nicht in der Lage bzw. nicht willens, das fast beste Verhalten zu bestimmen. Fast bestes Antwortverhalten erweist sich als kein einleuchtendes Konzept zur Abbildung menschlichen Entscheidungsverhaltens. Es ist daher nicht zur Erklärung der empirischen Befunde geeignet und auch nicht mit Rationalverhalten vereinbar.

Ein anderer Weg, die spieltheoretische Aussage mit den empirischen Befunden in Einklang zu bringen, ist als Argument der 'Viererbande' (KREPS, MILGROM, ROBERT und WILSON, 1982) in die Literatur eingegangen. Hier besteht die Idee darin, daß vor Beginn des eigentlichen Spiels, d.h. vor der Runde $t = 1$, ein Zufallszug stattfindet, der zum Beispiel für $i = 1, ..., n$ festlegt, ob der Anbieter i überhaupt willens oder in der Lage ist, einen positiven Mindestpreis $\underline{p}_i$ mit $0 < \underline{p}_i \leq 1/2$ zu unterbieten oder nicht. Während der Anbieter i selbst erfährt, daß er alle nichtnegativen Preise wählen darf, erwarten seine Konkurrenten mit geringer, aber positiver Wahrscheinlichkeit eine positive Preisuntergrenze $\underline{p}_i$, d.h. sie werden nicht über das Ergebnis $\underline{p}_i > 0$ oder $\underline{p}_i = 0$ informiert.

Wissend um diese Erwartungen der anderen kann man versuchen, durch seine anfänglichen Entscheidungen die subjektiven Wahrscheinlichkeiten der anderen für $\underline{p}_i > 0$ zu erhöhen, indem man zum Beispiel in den ersten Runden t nur Preise $p_i \geq \underline{p}_i > 0$ wählt. Eine solche **Reputation** für $\underline{p}_i > 0$ wird typischerweise dadurch erzeugt, daß man sich genau wie jemand verhält, der der Beschränkung $p_i \geq \underline{p}_i > 0$ unterliegt, so daß diese Beschränkung für die anderen als real existent und damit wahrscheinlicher erscheint. Für derart durch einen anfänglichen Zufallszug erweiterte Spiele, die für alle Spieler i Mindestpreise $\underline{p}_i > 0$ oder $\underline{p}_i = 0$ festlegen und deren Ergebnis nur dem Spieler i selbst mitgeteilt wird, läßt sich zeigen, daß Kooperation auch in Spielen T^m mit $m < \infty$ möglich ist (vgl. KREPS, MILGROM, ROBERTS und WILSON, 1982). Allerdings sei darauf verwiesen, daß durch die unvollständige Information der Mitspieler des i über $\underline{p}_i$ das Spiel T^m keine echten Teilspiele mehr besitzt und daß man deshalb stärkere Verfeinerungen des Gleichgewichtsbegriffs als die Teilspielperfektheit verwenden muß.

Gegen das Argument der "Viererbande" spricht die ad hoc-Spezifikation des Zufallszuges, die daraufhin angelegt ist, Kooperation in Spielen T^m mit $m < \infty$ zu rechtfertigen. Auch widerspricht es empirischen Befunden, daß Ergebnisse mit geringen Wahrscheinlichkeiten und mit relativ unbedeutenden Auswirkungen entscheidend auf das menschliche Wahlverhalten einwirken sollen. Unkenntnis über die strategischen Absichten und Wünsche anderer ist sicherlich ein wichtiger Aspekt realer Entscheidungssituationen. Es ist aber kaum anzunehmen, daß menschliche Entscheidungen schon auf geringfügige Informationsdefizite in einer Weise reagieren, wie es das Argument der "Viererbande" bei der Rechtfertigung der Kooperation unterstellt.

Es sei noch angemerkt, daß es sehr viele Spiele gibt, die eine ähnliche Struktur wie die Spiele T^m mit $m < \infty$ aufweisen und für die das teilspielperfekte Gleichgewichtsverhalten im Vergleich zu den Auszahlungsmöglichkeiten bei 'Kooperation' ähnlich unattraktiv erscheint. Häufig wird statt der Preiskonkurrenz auf homogenen Märkten das **Gefangenendilemma** m-fach wiederholt, ein Spiel, in dem jeder Spieler über eine einzige nicht-dominierte Strategie verfügt und in dem es einen Vektor dominierter Strategien gibt, der jedem Spieler mehr als der Vektor der nicht-dominierten Strategien einbringt.

Ein anderes Beispiel ist das **Chain Store Paradox** (SELTEN, 1978), gemäß dem ein Supermarkt in jeder der Perioden $t = 1, ..., m$ den Eintritt eines Konkurrenten in einen seiner m Teilmärkte befürchten muß. Erst nach erfolgtem Eintritt kann der Supermarkt seinen Konkurrenten in für beide Seiten verlustreiche Konkurrenzkämpfe verwickeln. Sicherlich lohnt es sich daher nicht, nach erfolgtem Markteintritt in der letzten Runde $t = m$ einen Konkurrenzkampf anzuzetteln, was dazu führt, daß in der Runde $t = m$ ein Markteintritt erfolgt. Damit wird aber auch ein Konkurrenzkampf in Runde $t = m-1$ funktionslos usw., d.h. der Supermarkt wird sich stets friedlich mit dem Markteintritt abfinden, der dann natürlich auf allen m Teilmärkten erfolgt. Da dieses Ergebnis als nicht realistisch empfunden wird, hat man diese Situation als paradox bezeichnet. Gemäß dieser Interpretation ist im Unterschied zur spieltheoretischen Lösung davon auszugehen, daß der Supermarkt androht, auf einen Markteintritt mit einem Konkurrenzkampf zu reagieren, und daß er zumindest in den ersten Runden bereit ist, diese Drohung wahrzumachen.

Der Fall $m = \infty$:

Für $m = \infty$ kann man das Spiel T^∞ nicht rekursiv lösen, da es keine letzte Runde $t = m$ gibt, mit der die Rückwärtsinduktion beginnen könnte. Tatsächlich zeigt das Folk Theorem, daß das unendlich oft wiederholte Spiel T^∞ von T eine unendliche Vielfalt von teilspielperfekten Gleichgewichtspreisentwicklungen aufweist, obwohl für alle beliebigen, aber endlichen Wiederholungen, d.h. $m \in \mathbb{N}$, der konstante Konkurrenzpreis das einzige teilspielperfekte Gleichgewichtsergebnis darstellt. Wir werden hier das Folk Theorem nicht in allgemeiner Form, sondern lediglich für das (Bei)Spiel "Preiskonkurrenz auf homogenen Märkten" formulieren und diskutieren.

Folk Theorem: Für das Superspiel T^∞ des Basisspiels T "Preiskonkurrenz auf homogenen Märkten" ist die Menge der Auszahlungsvektoren $u = (u_1, ..., u_n)$, die durch teilspielperfekte Gleichgewichtspunkte $s^\infty =$

$(s_1^\infty, ..., s_n^\infty)$ von T^∞ induziert werden, durch

$$\left\{ u \in \mathbb{R}^n : u_i \geq 0 \ (i = 1, ..., n), \sum_{i=1}^n u_i \leq 1/4 \right\}$$

gegeben.   □

Es sei darauf hingewiesen, daß 1/4 der maximale Gewinn ist, den ein Monopolist ($n = 1$) oder ein allumfassendes Anbieterkartell auf dem Markt erzielen kann, und daß Null das Niveau der Konkurrenzgewinne ist. Gemäß dem Folk Theorem sind daher alle Marktergebnisse zwischen allumfassender Kooperation und Konkurrenz möglich.

Beweis des Folk Theorems: Es sei $u = (u_1, ..., u_n)$ ein beliebiger Auszahlungsvektor in der Menge

$$\left\{ u \in \mathbb{R}^n : u_i \geq 0 \ (i = 1, ..., n), \ \sum_{i=1}^n u_i \leq 1/4 \right\}.$$

Wir gehen davon aus, daß im Fall mehrerer billigster Anbieter diese die Nachfrage beliebig unter sich aufteilen können. Ist daher p ein Preis mit

$$p(1 - p) = \sum_{i=1}^n u_i,$$

so läßt sich die Gewinnverteilung $u = (u_1, ..., u_n)$ im Basisspiel T dadurch erzielen, daß alle Anbieter p wählen und daß die Nachfrage dem Auszahlungsvektor $u = (u_1, ..., u_n)$ entsprechend auf die Anbieter $1, ..., n$ aufgeteilt wird. Wenn man dieses Verhalten in allen Runden $t = 1, 2, ...$ realisiert, so ist gemäß der limes inferior-Definition u auch der Auszahlungsvektor im Superspiel T^∞ von T.

Wir müssen Strategien für T^∞ definieren, die als Strategienvektor ein teilspielperfekter Gleichgewichtspunkt von T^∞ sind und die den Auszahlungsvektor u für T^∞ implizieren. Eine einfache Art derartiger Strategien sind die sogenannten **Grimm-Strategien**

$$s_i^\infty(H^t) = \begin{cases} p, & \text{falls } H^t \text{ für alle } j = 1, ..., n \text{ und } \tau < t \text{ nur Preisgebote} \\ & \qquad\qquad\qquad\qquad\qquad\qquad p_j^\tau = p \text{ enthält,} \\ 0 & \text{sonst} \end{cases}$$

für alle H^t, $t = 1, 2, ...$ und $i = 1, ..., n$. Gemäß dem Vektor $s^\infty = (s_1^\infty, ..., s_n^\infty)$ von Grimm-Strategien wählen alle Anbieter in allen Runden den Preis p und realisieren mithin den Auszahlungsvektor u in T^∞. Würde ein Spieler i von s^∞ abweichen, so erzielen alle Anbieter fortan nur Periodengewinne von Null und damit gemäß der limes inferior-Definition der Auszahlungen in T^∞

auch Nullgewinne in T^∞. Dies beweist, daß s^∞ ein Gleichgewichtspunkt von T^∞ ist. Alle Teilspiele von T^∞ bestehen ebenfalls aus unendlich vielen (weiteren) Runden des Basisspiels T, sind also zu T^∞ strategisch äquivalent. Für Teilspiele mit einer Spielervergangenheit H^t, die nur Preisgebote $p_j^\tau = p$ für $j = 1, ..., n$ und $\tau < t$ enthält, folgt die Gleichgewichtigkeit des durch s^∞ induzierten Strategienvektors aus dem Beweis der Gleichgewichtigkeit von s^∞ für T^∞. Für Teilspiele mit Spielervergangenheiten H^t, die gemäß s^∞ nur noch Konkurrenzpreise zulassen, folgt die Gleichgewichtigkeit des durch s^∞ induzierten Strategienvektors für das Teilspiel aus der Gleichgewichtigkeit von $s^{*\infty}$ im Superspiel T^∞. Falls wenigstens ein Wettbewerber stets den Konkurrenzpreis wählt, ist die eigene konstante Wahl dieses Preises optimal.

$\square$

Gemäß dem Folk Theorem können die Spieler alle im Basisspiel möglichen Spielergebnisse im Sinne teilspielperfekter Gleichgewichtsauszahlungen stabilisieren, sofern sie unendlich oft interagieren. Das Folk Theorem selbst hat daher einen geringen Vorhersagewert: Während in den Spielen T^m mit $m < \infty$ nur eine einzige teilspielperfekte Gleichgewichtspreisentwicklung existiert, verfügt das Superspiel T^∞ über eine unendliche Vielfalt von teilspielperfekten Gleichgewichten mit extrem unterschiedlichen Spielergebnissen.

Allerdings wird das Folk Theorem – implizit oder explizit – häufig zusammen mit bestimmten Konzepten der Gleichgewichtsauswahl angewandt, wie zum Beispiel dem der Auszahlungsdominanz. Ein Gleichgewichtspunkt **auszahlungsdominiert** einen anderen, wenn seine Auszahlungen für alle Spieler höher sind. Gemäß dem Folk Theorem und dem Kriterium der Auszahlungsdominanz sind nur die Auszahlungsvektoren $u = (u_1, ..., u_n)$ mit $u_1 + ... + u_n = 1/4$ im Superspiel T^∞ unserer Beispielsituation T möglich. In diesem Sinne kann das Folk Theorem dazu verwandt werden, für die Gruppe aller Spieler effiziente Marktergebnisse zu rechtfertigen.

Offenbar "explodiert" mit dem Übergang von $m < \infty$ zu $m = \infty$ die Menge der teilspielperfekten Gleichgewichtspunkte und der durch sie implizierten Auszahlungsvektoren. Die unendlich große Vielfalt der Ergebnisse von T^∞ ist damit eine Pathologie des – rein theoretischen – Grenzfalls $m = \infty$. Es stellt sich damit die Frage, weshalb man überhaupt Spiele mit unendlich langem Planungshorizont analysiert. Eine naheliegende Rechtfertigung für die Analyse des Superspiels T^∞ ist zum Beispiel, daß T^∞ als gute Approximation der Spiele T^m mit großer, aber endlicher Rundenzahl m dient. Aber genau diese Approximationseigenschaft von T^∞ gilt nicht für das Folk Theorem.

Will man diese Approximationseigenschaft von T^∞ retten, so könnte man rein konstruktiv derart vorgehen, daß man nur solche teilspielperfekten Gleichgewichtspunkte s^∞ von T^∞ als Lösungskandidaten für T^∞ akzeptiert, die sich durch teilspielperfekte Gleichgewichtspunkte s^m von T^m für $m \to \infty$ approximieren lassen. So könnte man zum Beispiel verlangen, daß für alle

$r > 0$ ein $M \in \mathbb{N}$ existiert, so daß für alle $m \geq M$ die folgende Approximationseigenschaft gilt: Für alle H^t, $t = 1, ..., m$ und $i = 1, ..., n$ ist der Abstand von $s_i^m(H^t)$ und $s_i^\infty(H^t)$ kleiner als r. Im Falle unserer Beispielssituation wäre der Abstand von $s_i^m(H^t)$ und $s_i^\infty(H^t)$ die absolute Preisdifferenz. Teilspielperfekte Gleichgewichte s^∞ von T^∞, die in dieser Weise durch teilspielperfekte Gleichgewichte s^m von Spielen T^m approximiert werden können, lassen sich als **asymptotisch konvergent** bezeichnen. In dem (Bei)Spiel "Preiskonkurrenz auf homogenen Märkten" impliziert jeder asymptotisch konvergente Gleichgewichtspunkt von T^∞ den konstanten Marktpreis Null, da für alle $m < \infty$ die Spiele T^m nur über derartige teilspielperfekte Gleichgewichte verfügen. Gemäß dem Konzept asymptotisch konvergenter, teilspielperfekter Gleichgewichtspunkte verfügt dann das Superspiel T^∞ über die erwünschte Eigenschaft, Spiele T^m mit großer, aber endlicher Rundenzahl m zu approximieren.

Man kann das Folk Theorem auch dadurch vermeiden, daß man generell ein schärferes Lösungskonzept verlangt (vgl. hierzu GÜTH, LEININGER, und STEPHAN, 1991). Die grundlegende Idee ist hier, daß alle Teilspiele von T^∞ strategisch identische Spiele darstellen, denn in allen Teilspielen von T^∞ wird noch unendlich oft das Basisspiel T wiederholt. Zwar unterscheiden sich die Teilspiele bezüglich ihrer Spielvergangenheit, diese hat aber keinerlei Einfluß auf die Regeln des Teilspiels.

Wenn alle Teilspiele von T^∞ strategisch äquivalent sind, dann lassen sich unterschiedliche Lösungen für die Teilspiele von T^∞— wie sie zum Beispiel durch den Vektor s^∞ der Grimm-Strategien vorgeschrieben werden — nur willkürlich und damit nicht aus Rationalitätsgesichtspunkten heraus begründen. Verlangt man jedoch konsequent, daß alle beim Lösen eines Spiels zu betrachtenden Spiele, die strategisch äquivalent sind, in identischer Weise gelöst werden, so wird das Folk Theorem vermieden, was wir im folgenden näher begründen wollen.

Es sei H^t eine beliebige Spielervergangenheit im Superspiel T^∞. Die Spielvergangenheit definiert ein Teilspiel, das wir das Teilspiel nach H^t nennen, und ein Restspiel (truncation) zum Teilspiel nach H^t. Dieses **Restspiel** ist durch die Lösung des Teilspiels nach H^t in folgender Weise definiert: Man ersetzt im Superspiel T^∞ das Teilspiel nach H^t durch den Auszahlungsvektor, den die Lösung des Teilspiels nach H^t für dieses Teilspiel impliziert. Das so aus T^∞ resultierende Spiel ist das Restspiel zum Teilspiel nach H^t. Ein solches Restspiel hat natüürlich wiederum echte Teilspiele, so daß man Restspiele von Restspielen vorfindet, die wir der Einfachheit halber auch als Restspiele bezeichnen wollen. Werden für vorgegebenes $t < \infty$ und alle Spielvergangenheiten H^t von T^∞ die Teilspiele nach H^t durch ihren Gleichgewichtsauszahlungsvektor ersetzt, so nennen wir das dadurch resultierende Restspiel von T^∞ das Restspiel von T^∞ mit $t - 1$ Runden. Mit Hilfe dieser Notation können wir das Konzept (teilspiel)konsistenter Gleichgewichtspunkte definieren: Ein Gleichgewichtspunkt $s = (s_1, ..., s_n)$ eines beliebigen Spiels heißt **(teilspiel)konsistent**(vgl. HARSANYI und SELTEN, 1988), falls er für alle strategisch äquivalenten Teilspiele und Restspiele mit 1, 2, ... Runden dieselbe Lösung vorschreibt.

Im Superspiel T^∞ des Basisspiels T sind alle Teilspiele strategisch äquivalent zu T^∞. Werden für vorgegebenes $t < \infty$ alle in t beginnenden Teilspiele identisch gelöst, so ist das Restspiel mit $t - 1$ Runden zum Spiel T^m mit $m = t - 1$ strategisch äquivalent, da das Verhalten bis zur Periode t keinen Einfluß auf die Lösung der in t beginnenden Teilspiele ausübt. Daraus folgt, daß in allen Restspielen stets Gleichgewichtsstrategien des Basisspiels T realisiert werden müssen. Die gemäß dem Konzept teilspielperfekter und (teilspiel)konsistenter Gleichgewichtspunkte einzig verbleibenden Lösungen von T^∞ sind damit diejenigen teilspielperfekten Gleichgewichtspunkte, die nur Zugvektoren $s^\infty(H^t) = (s_1^\infty(H^t), ..., s_n^\infty(H^t))$ vorschreiben, die Gleichgewichtspunkte im Basisspiel T darstellen, und die ferner alle strategisch äquivalenten Spiele gleich lösen, um dem Konsistenzerfordernis zu genügen (vgl. GÜTH, LEININGER und STEPHAN, 1991). In unserem (Bei)Spiel "Preiskonkurrenz auf homogenen Märkten" verfügt das Basisspiel T nur über Gleichgewichtspunkte, die den Marktpreis Null implizieren. Das Superspiel T^∞ verfügt damit nur über teilspielperfekte und (teilspiel)konsistente Gleichgewichtspunkte, für die der Marktpreis konstant Null ist.

Unsere Diskussion hat gezeigt, daß das Folk Theorem einigen intuitiv einleuchtenden Rationalitätsgesichtspunkten widerspricht. Es sei noch darauf hingewiesen, daß in der Literatur (vgl. die Hinweise bei GÜTH, LEININGER und STEPHAN, 1991) sehr viel allgemeinere Versionen des Folk Theorems bewiesen werden. So wird zum Beispiel auch gezeigt, daß ein Spieler im Superspiel T^∞ weniger als gemäß jedem Gleichgewichtspunkt des Basisspiels T erhalten kann. Um ein derartiges Verhalten zu stabilisieren, benötigt man im allgemeinen unendliche Ketten von Drohungen der Form: Wenn Spieler 1 in der ersten Runde vom Lösungsverhalten abweicht, so muß Spieler 2 ihn ab der zweiten Runde bestrafen. Hält Spieler 2 sich nicht an diese Drohung, so muß Spieler 1 ihn ab der dritten Runde bestrafen usw. Unserer Meinung nach sind derartige unendliche Drohsequenzen absurd und Pathologien einer falsch verstandenen Interpretation des unendlichen Zeithorizonts, obwohl sie sich als teilspielperfektes Gleichgewichtsverhalten in T^∞ nachweisen lassen. Weder die Konzeption asymptotisch konvergenter, noch die (teilspiel)konsistenter und teilspielperfekter Gleichgewichtspunkte würde ein derartiges Stabilisieren von Drohungen durch Drohungen durch Drohungen durch ... zulassen.

4.6.3 Perturbierte Spiele

Das Beispiel der Abbildung 4.15 soll verdeutlichen, daß nicht alle teilspielperfekten Gleichgewichtspunkte als Rationalverhalten überzeugen. Da dieses Spiel über keine echten Teilspiele verfügt, ist jeder Gleichgewichtspunkt teilspielperfekt, mithin auch der Strategienvektor $R = (R_1, R_2, R_3)$. Andererseits ist klar, daß die Strategie R_3 für Spieler 3 eine völlig unsinnige Entscheidung darstellt, sofern er wirklich zum Zuge kommt. Da R_3 durch L_3 dominiert wird, kann die Wahl von R_3 nur als eine — allerdings völlig unglaubwürdige — Drohung des 3 an seine Mitspieler verstanden werden.

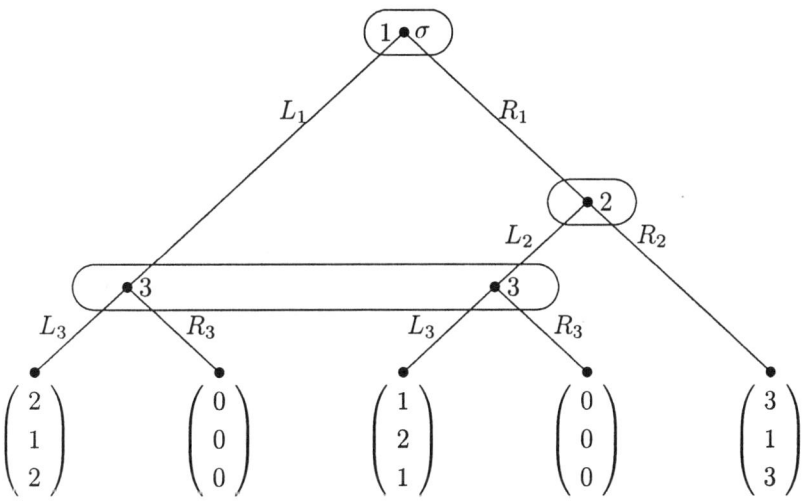

Abbildung 4.15

Dies wird verdeutlicht, indem man das Verfahren der wiederholten Elimination dominierter Strategien auf das Beispiel anwendet. Im ersten Schritt würde die Strategie R_3 des 3 eliminiert, im zweiten Schritt die Strategie R_2 des 2 und im dritten Schritt die Strategie R_1 des 1. Die einzig sinnvolle Lösung des Spiels ist damit der Strategienvektor $L = (L_1, L_2, L_3)$.

Die über den Begriff des teilspielperfekten Gleichgewichtes hinausgehenden Verfeinerungen greifen jedoch nicht auf das Verfahren wiederholter Elimination dominierter Strategien zurück, um unsinnige Drohungen auszuschließen, sondern formulieren über die Teilspielperfektheit hinausgehende Gleichgewichtserfordernisse.

Eine naheliegende Idee, unglaubhaftes Drohverhalten in den von der Gleichgewichtspartie unerreichten Informationsbezirken auszuschließen, besteht

94

darin, das Phänomen von mit Wahrscheinlichkeit Null erreichten Informationsbezirken auszuschließen. Eine **Verhaltensstrategie** b_i legt für jeden Informationsbezirk I_i des Spielers i eine Wahrscheinlichkeitsverteilung $b_i^{I_i}$ über der Zugmenge $Z(I_i)$ fest. Wir wollen von einer **vollständig gemischten-Verhaltensstrategie** b_i sprechen, falls für jeden Informationsbezirk I_i des Spielers i diese Wahrscheinlichkeitsverteilung $b_i^{I_i}$ über $Z(I_i)$ die Bedingung $b_i^{I_i}(z) > 0$ für alle $z \in Z(I_i)$ erfüllt. Offensichtlich definiert eine vollständig gemischte Verhaltensstrategie b_i eine Wahrscheinlichkeitsverteilung über der Menge S_i der sogenannten reinen Strategien s_i (die nicht auf zufälliger Zugauswahl basieren) mit der Eigenschaft, daß alle Strategien s_i mit positiver Wahrscheinlichkeit realisiert werden. Die Wahrscheinlichkeit $q_i(s_i)$ für eine Strategie $s_i \in S_i$, die von einer Verhaltensstrategie b_i impliziert wird, ist das Produkt der Wahrscheinlichkeiten $b_i^{I_i}(z)$ aller Züge z, die s_i vorschreibt. Allerdings kann nicht in allen Fällen jede **vollständig gemischte Strategie** $q_i \in Q_i$, d.h. jede Wahrscheinlichkeitsverteilung über S_i mit positiver Wahrscheinlichkeit für alle $s_i \in S_i$, durch eine vollständig gemischte Verhaltensstrategie b_i realisiert werden. Dies gilt nur in Spielen mit perfekter Erinnerung (vgl. KUHN, 1953).

Ein Spiel T hat **perfekte Erinnerung**, falls sich jeder Spieler an alle seine vorherigen Züge im Verlaufe der Partie erinnern kann, d.h. verschiedene Entscheidungsknoten in demselben Informationsbezirk I_i des Spielers i dürfen nicht auf unterschiedlichen vorherigen Entscheidungen des Spielers i beruhen, wie in der Abbildung 4.16, gemäß der Spieler 1 seinen ersten Zug vergessen hat, wenn er zum zweiten Mal zieht.

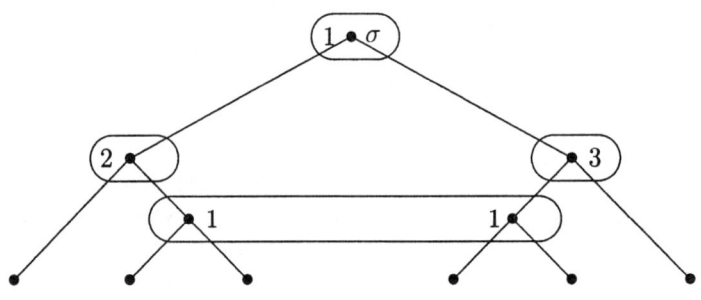

Abbildung 4.16

Um derartige Fälle auszuschließen, muß man fordern, daß für alle Spieler i und alle ihre Informationsbezirke I_i die folgende formale Bedingung erfüllt ist: Die Partie durch $k \in I_i$ kann nur dann auf einem früheren Zug z von Spieler i basieren, wenn alle Entscheidungsknoten $k' \in I_i$ auf dem vorherigen

Zug z von Spieler i basieren.

In Spielen mit perfekter Erinnerung kann jede gemischte Strategie, d.h. jede Wahrscheinlichkeitsverteilung über S_i, durch eine Verhaltensstrategie realisiert werden (KUHN, 1953; SELTEN, 1975). Da wir uns auf solche Spiele beschränken werden, können wir die Bezeichnung q_i beliebig für Verhaltensstrategien b_i oder die entsprechende gemischte Strategie verwenden. Im folgenden werden wir vor allem dann die Notation b_i bzw. $b = (b_1, ..., b_n)$ für einen Verhaltensstrategienvektor verwenden, wenn wir an den lokalen Strategien $b_i^{I_i}$ für die verschiedenen Informationsbezirke I_i interessiert sind.

In obigem Beispiel (Abbildung 4.15) mit dem irrationalen teilspielperfekten Gleichgewicht $R = (R_1, R_2, R_3)$ hat Spieler 3 offenbar eine Wahl getroffen, die er stets ändern würde, wenn er wirklich zum Zuge käme. Nun ist eine offensichtliche Verschärfung der Rationalitätsanforderung dadurch möglich, daß man für alle Informationsbezirke eine beste Antwort postuliert für den Fall, daß die Partie den betreffenden Informationsbezirk tatsächlich erreicht hat. In dem Beispiel würde dies implizieren, daß Spieler 3 die Strategie L_3 wählt, weshalb Spieler 2 dann L_2 wählen würde, so daß die Lösung durch den einzig sinnvollen Lösungskandidaten $L = (L_1, L_2, L_3)$ gegeben wäre.

Im allgemeinen wird jedoch der beste Zug in einem Informationsbezirk für verschiedene Entscheidungsknoten in diesem Informationsbezirk variieren. Generell kann der beste Zug in einem Informationsbezirk nur bestimmt werden, wenn man über bedingte Wahrscheinlichkeiten für das Erreichen der verschiedenen Entscheidungsknoten verfügt. Für jeden Vektor $b = (b_1, ..., b_n)$ vollständig gemischter Verhaltensstrategien ist dies stets der Fall, da für jeden Knoten k in jedem Informationsbezirk I_i jedes Spielers i die Wahrscheinlichkeit für das Erreichen von k positiv ist. Bezeichnet Z^k die Menge der Züge z, die zum Erreichen des Knotens $k \in I_i$ notwendig sind, so ist

$$W_b(k) = \prod_{\substack{z \in Z^k \\ z \in Z(I_j)}} b_j^{I_j}(z),$$

d.h. das Produkt der Zugwahrscheinlichkeiten $b_j^{I_j}(z)$ auf dem Streckenzug nach k, die Wahrscheinlichkeit für das Erreichen des Entscheidungsknotens $k \in I_i$. Mit Hilfe der Gesamtwahrscheinlichkeit

$$W_b(I_i) = \sum_{k \in I_i} W_b(k)$$

für das Erreichen des Informationsbezirks I_i ist dann die bedingte Wahrscheinlichkeit jedes Entscheidungsknotens $k \in I_i$ durch

$$W_b(k \mid I_i) = W_b(k)/W_b(I_i)$$

gegeben. Für nicht vollständig gemischte Vektoren b von Verhaltensstrategien ist eine derartige Bestimmung nicht immer möglich, da die Wahrscheinlichkeit $W_b(I_i)$ für das Erreichen von I_i gleich Null sein kann.

Es ist naheliegend, die Rationalität eines Verhaltensstrategienvektors b danach zu beurteilen, ob das Verhalten gemäß b auch dann noch als annähernd sinnvoll anzusehen ist, wenn nur vollständig gemischte Strategien möglich sind. In Spielen mit nur vollständig gemischten Strategien sind die bedingten Wahrscheinlichkeiten $W_b(k \mid I_i)$ stets definiert, so daß es Sinn macht, von einem besten Zug in einem Informationsbezirk als Antwort auf einen vorgegebenen Verhaltensstrategienvektor b zu sprechen. Einige der im folgenden vorzustellenden Verfeinerungen des Gleichgewichtsbegriffs machen Gebrauch von dieser Idee, Rationalität für allgemeine Spiele mittels der Rationalität für **perturbierte Spiele** zu überprüfen, in denen nur vollständig gemischte Verhaltensstrategien gewählt werden können.

Formal ist ein perturbiertes Spiel von T durch (T, η) definiert, wobei η eine Funktion ist, die für jeden Spieler i und jeden Informationsbezirk I_i von i allen Zügen $z \in Z(I_i)$ positive Mindestzugwahrscheinlichkeiten $\eta(z)$ mit

$$\sum_{z \in Z(I_i)} \eta(z) < 1$$

zuweist. Für (T, η) ist

$$\overline{\eta} := \max \{\eta(z) : z \in Z(I_i), I_i \subset P_i, i = 1, ..., n\}$$

die **maximale Mindestzugwahrscheinlichkeit**, wobei Zufallszüge natürlich ausgeschlossen sind. Wir werden sagen, daß die Sequenz von perturbierten Spielen $\left\{(T, \eta^m)_{m \in \mathbb{N}}\right\} = \left\{(T, \eta^1), (T, \eta^2), ...\right\}$ das ungestörte Spiel T approximiert, falls $\overline{\eta}^m \to 0$ für $m \to \infty$, d.h. falls alle Mindestzugwahrscheinlichkeiten gegen Null konvergieren.

4.6.4 Das sequentielle Gleichgewicht

Es sei T ein extensives Spiel mit perfekter Erinnerung und b^k ein Vektor vollständig gemischter Verhaltensstrategien, der jeden im Spiel T möglichen Zug mit positiver Wahrscheinlichkeit auswählt. Geht man von einem perturbierten Spiel (T, η) des Spiels T aus, so stehen offenbar nur vollständig gemischte Strategienvektoren zur Verfügung. Wie oben gezeigt, definiert b^k für jeden Informationsbezirk I_i eine bedingte Wahrscheinlichkeitsverteilung $W_{b^k}(\cdot \mid I_i)$ über der Entscheidungsknotenmenge von I_i. Mit W_{b^k} bezeichnen wir die Funktion, die jedem Informationsbezirk I_i jedes Spielers i die bedingte Wahrscheinlichkeitsverteilung $W_{b^k}(\cdot \mid I_i)$ zuweist.

Ein beliebiger Verhaltensstrategienvektor b im Spiel T soll kombiniert werden mit einer **belief-Funktion** W_b, die jedem Informationsbezirk I_i jedes Spielers $i = 1, ..., n$ eine Wahrscheinlichkeitsverteilung $W_b(\cdot \mid I_i)$ über der

Knotenmenge von I_i zuordnet. Ein solches Paar (b, W_b) heißt **konsistent** falls wir eine Folge vollständig gemischter Strategienvektoren b^k mit

$$b^k \to b \text{ und } W_{b^k} \to W_b \text{ für } k \to \infty$$

finden können. b bzw. W_b wird durch b^k bzw. W_{b^k} approximiert, falls für $k \to \infty$ alle durch b^k implizierten Zug- bzw. Knotenwahrscheinlichkeiten gegen diejenigen von b bzw. W_b konvergieren. Konsistenz von (b, W_b) erfordert mithin, daß sich die Erwartungen W_b durch Erwartungen W_{b^k} approximieren lassen, wie sie vollständig gemischte Verhaltensstrategienvektoren b^k implizieren, die sich für $k \to \infty$ dem Verhaltensstrategienvektor b annähern.

Genau wie ein Verhaltensstrategienvektor b eine Wahrscheinlichkeitsverteilung über der Endpunktmenge des Spiels impliziert, beinhaltet b eine bedingte Wahrscheinlichkeitsverteilung über der Menge der Endpunkte, die nach Erreichen eines Entscheidungsknotens $k \in I_i$ noch erreichbar sind. Unter der Voraussetzung, daß $k \in I_i$ erreicht wurde, ist damit auch die bedingte Auszahlungserwartung

$$U_i(b \mid k) \text{ für alle } k \in I_i$$

eindeutig bestimmt. Werden die Erwartungen des Spielers i in seinem Informationsbezirk I_i durch $W_b(\cdot \mid I_i)$ beschrieben, so läßt sich auch seine bedingte Auszahlungserwartung

$$U_i(b \mid I_i) = \sum_{k \in I_i} W_b(k \mid I_i) U_i(b \mid k)$$

bei Erreichen seines Informationsbezirks I_i definieren. Eine konsistente Kombination (b, W_b) heißt **sequentielles Gleichgewicht**, falls für alle Spieler $i = 1, ..., n$ und alle Informationsbezirke I_i des Spielers i die Strategie b_i beste Antwort auf (b, W_b) ist, d.h. falls für alle Verhaltensstrategien b_i' von Spieler i und alle Spieler i die beste Antwortbedingung

$$U_i(b \mid I_i) \geq U_i(b_i', b_{-i} \mid I_i)$$

für alle Informationsbezirke I_i von i erfüllt ist. Sequentielle Rationalität verlangt damit, daß sich die Strategie b_i nicht nur bezüglich des Gesamtspiels, sondern auch nach Erreichen aller Informationsbezirke I_i als optimal erweist. Gibt es Erwartungen W_b, so daß (b, W_b) ein sequentielles Gleichgewicht ist, so wird b **sequentiell gleichgewichtig** genannt.

Für das in Abbildung 4.17 dargestellte Spiel T ohne echte Teilspiele und ohne dominierte Strategien wollen wir zeigen, daß sowohl $L = (L_1, L_2, L_3)$ als auch $R = (R_1, R_2, R_3)$ sequentiell gleichgewichtig sind.

Da nur Spieler 3 über einen Informationsbezirk mit mehreren Entscheidungsknoten verfügt, sind lediglich für diesen Spieler die Erwartungen (beliefs)

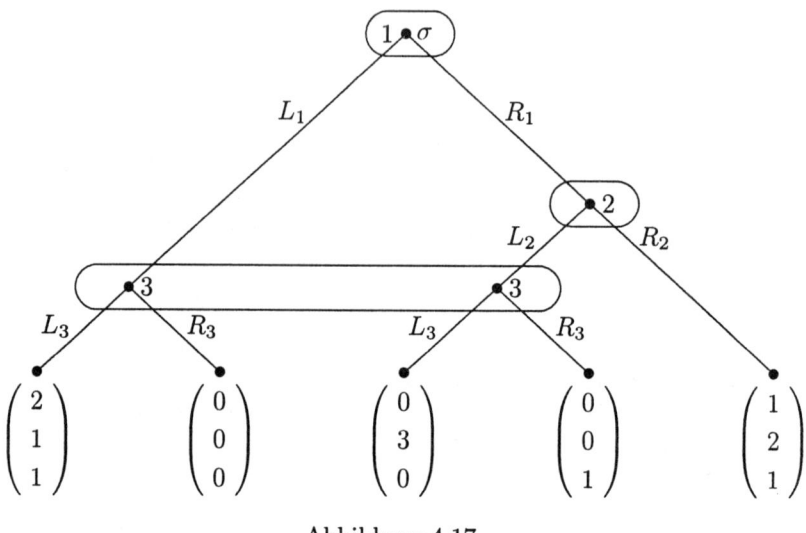

Abbildung 4.17

gestaltbar. Da ferner der Informationsbezirk des Spielers 3 nur zwei Entscheidungsknoten umfaßt, können die beliefs dadurch beschrieben werden, daß man die Wahrscheinlichkeit w_b festlegt, mit der 3 erwartet, am Entscheidungsknoten nach L_1 zu sein, d.h. W_b ist durch w_b eindeutig fixiert. Offenbar ist der Zug L_3 des 3 rational, wenn man von $w_L = 1$ für $b = L = (L_1, L_2, L_3)$ ausgeht, d.h. L_3 ist beste Antwort des 3 auf L, wenn beliefs W_L mit $w_L = 1$ unterstellt werden. Da ferner L_1 und L_2 beste Antworten auf L sind, erweisen sich alle Spielzüge als beste Antworten auf (L, W_L) mit $w_L = 1$.

Es verbleibt damit zu zeigen, daß die beliefs W_L mit $w_L = 1$ mit L konsistent sind. Um dies nachzuweisen, gehen wir von einem vollständig gemischten Verhaltensstrategienvektor b_L^k aus, gemäß dem die Züge L_i mit der Wahrscheinlichkeit $1 - \epsilon$ und der jeweilig andere Zug R_i mit der Restwahrscheinlichkeit ϵ mit $1/2 > \epsilon > 0$ realisiert wird. Ein derartiges Verhalten impliziert die folgende bedingte Wahrscheinlichkeit für den Entscheidungsknoten nach L_1:

$$\frac{1 - \epsilon}{1 - \epsilon + \epsilon \cdot (1 - \epsilon)} = \frac{1}{1 + \epsilon}.$$

Der Nenner gibt die Wahrscheinlichkeit an, überhaupt einen Entscheidungsknoten im Informationsbezirk des Spielers 3 zu erreichen. Der Zähler ist die Wahrscheinlichkeit dafür, zum Knoten nach L_1 im Informationsbezirk des Spielers 3 zu gelangen. Offenbar konvergiert für $\epsilon \to 0$ diese bedingte Wahrscheinlichkeit gegen $1 = w_L$ und b_L^k gegen b_L. Wir haben damit bewiesen, daß (b_L, W_L) mit $w_L = 1$ ein sequentielles Gleichgewicht darstellt.

Für R können wir von W_R mit $w_R = 0$ ausgehen. Offenbar erweisen sich alle Züge R_i als beste Antworten auf (R, W_R) mit $w_R = 0$. Es verbleibt wiederum der Nachweis der Konsistenz von R und W_R mit $w_R = 0$. Hierzu verwenden wir vollständig gemischte Verhaltensstrategienvektoren der Form b_R^k, gemäß denen L_1 mit der Wahrscheinlichkeit ϵ^2 mit $1/2 > \epsilon > 0$ gewählt wird, während L_2 und L_3 jeweils mit der Wahrscheinlichkeit ϵ verwendet werden. Als bedingte Wahrscheinlichkeit für den Entscheidungsknoten nach L_1 im Informationsbezirk von Spieler 3 ergibt sich

$$\frac{\epsilon^2}{\epsilon^2 + (1 - \epsilon^2) \cdot \epsilon} = \frac{\epsilon}{\epsilon + 1 - \epsilon^2}.$$

Für $\epsilon \to 0$ konvergiert diese Wahrscheinlichkeit gegen $0 = w_R$ und b_R^k gegen R. Die Kombination (R, W_R) mit $w_R = 0$ ist damit ein sequentielles Gleichgewicht.

Eine naheliegende Variante des sequentiellen Gleichgewichts basiert auf rein lokalen Abweichungen, d.h. dem dezentralen Spielerbegriff: Für den Verhaltensstrategienvektor b der konsistenten Kombination (b, W_b) sei für alle $i = 1, ..., n$ und alle Informationsbezirke I_i des i der Zug $b_i^{I_i}$ beste Antwort auf das Verhalten gemäß b unter der Voraussetzung, daß die Partie den Informationsbezirk I_i erreicht hat und die Wahrscheinlichkeiten der verschiedenen Entscheidungsknoten in I_i durch $W_b(\cdot \mid I_i)$ bestimmt sind. Da dieser Lösungsbegriff nur lokale Abweichungen in einem Informationsbezirk erlaubt, nennen wir eine derartige konsistente Kombination (b, W_b) ein **lokal sequentielles Gleichgewicht** des Spiels T. Offenbar ist jedes sequentielle Gleichgewicht auch lokal sequentiell, d.h. der zentrale Spielerbegriff des sequentiellen Gleichgewichts verschärft die Anforderungen sequentieller Entscheidungsrationalität.

Als nächstes Anwendungsbeispiel wollen wir ein einfaches **Signalisier-Spiel (signaling game)** betrachten. In einem Signalisier-Spiel gibt es besser und schlechter informierte Spieler, wobei die besser informierten Spieler ihr Verhalten vor den schlechter informierten Spielern festlegen müssen. Da die weniger gut informierten Spieler aus dem Verhalten der besser informierten Spieler unter Umständen auf die den Entscheidungen zugrundeliegenden Informationen schließen können, kann es zum Verraten der Information, d.h. zum signaling, kommen.

Das (Bei)Spiel: "Signalisieren oder Verheimlichen"

Die Wahrscheinlichkeit für $\overline{A}$ in Abbildung 4.18 sei durch w mit $0 < w < 1$ bestimmt. Als Beispiel für das Spiel der Abbildung 4.18 stelle man sich einen Duopolmarkt mit den Anbietern 1 und 2 als Spieler vor, auf dem zunächst der Zufall entscheidet, ob die Marktlage gut $(\overline{A})$ oder schlecht $(\underline{A})$ ist. Während der Anbieter 1 darüber informiert wird, muß der 2 in Unkenntnis der Marktlage zwischen V_2 (viel anzubieten) und W_2 (wenig anzubieten) entscheiden.

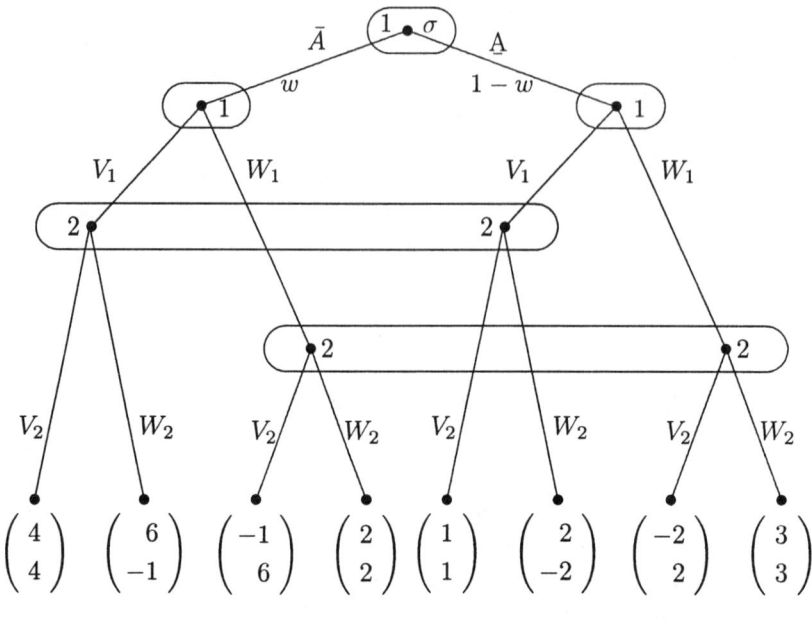

Abbildung 4.18

Allerdings weiß der 2 zum Zeitpunkt seiner Entscheidung, ob der 1 sich für V_1 (viel anzubieten) oder W_1 (wenig anzubieten) entschieden hat. Würde die Lösung V_1 im Falle von $\overline{A}$ und W_1 für $\underline{A}$ vorschreiben, so signalisiert bzw. offenbart die Lösungsstrategie des Spielers 1 seine private Information über die Nachfrage. Der 2 wird gemäß einer derartigen Lösung quasi über die wahre Marktlage informiert, obwohl er nur die Entscheidung des 1 für V_1 oder W_1 beobachtet. Schreibt jedoch die Lösung V_1 oder W_1 sowohl für $\overline{A}$ als auch für $\underline{A}$ vor, so verheimlicht der 1 seine private Information über die Marktnachfrage.

Wir wollen zunächst zeigen, daß das Signalisierverhalten V_1 nach $\overline{A}$ und W_1 nach $\underline{A}$ zusammen mit der Wahl von V_2 nach V_1 und W_2 nach W_1 sequentiell gleichgewichtig ist. Offensichtlich ist der Zug V_1 nach $\overline{A}$ immer besser als W_1 nach $\overline{A}$. Glaubt Spieler 1, daß der 2 nach W_1 den Zug W_2 wählt, so ist es für ihn optimal, W_1 nach $\underline{A}$ zu realisieren. Der Zug V_2 nach V_1 ist stets optimal, da er immer besser als W_2 nach V_1 ist. Der Zug W_2 nach W_1 ist optimal, falls 1 nur nach $\underline{A}$ die Alternative W_1 realisiert.

Der Strategienvektor

$$b^S = \left(\left(V_1 \text{ nach } \overline{A},\, W_1 \text{ nach } \underline{A}\right),\left(V_2 \text{ nach } V_1,\, W_2 \text{ nach } W_1\right)\right)$$

ist daher ein Gleichgewichtspunkt des Spiels der Abbildung 4.18. Um zu zeigen, daß das Signalisiergleichgewicht b^S ein sequentielles Gleichgewicht ist, muß noch die Konsistenz der dem Strategienvektor b^S zugrundeliegenden beliefs nachgewiesen werden. Gemäß dem Signalisiergleichgewicht b^S glaubt Spieler 2, wenn er V_1 beobachtet, daß $\overline{A}$ vorliegt, während er $\underline{A}$ im Falle von W_1 vermutet. Diese beliefs W_{b^S} des unperturbierten Spiels T werden offenbar durch Verhaltensstrategienvektoren b^η in perturbierten Spielen (T, η) von T mit $\overline{\eta} \to 0$ approximiert, die den Zügen W_1 nach $\overline{A}$ und V_1 nach $\underline{A}$ die minimal mögliche Wahrscheinlichkeit in (T, η) zuweisen. Da ferner für $\overline{\eta} \to 0$ diese vollständig gemischten Verhaltensstrategienvektoren b^η gegen b^S konvergieren, sind die durch das Signalisiergleichgewicht implizierten beliefs konsistent, was beweist, daß b^S zusammen mit den diesem Signalisierverhalten zugrundeliegenden beliefs ein sequentielles Gleichgewicht darstellt.

Da Spieler 2_V, der nach Beobachtung von V_1 zwischen V_2 und W_2 entscheidet, stets V_2 gegenüber W_2 vorzieht und Spieler $1_{\overline{A}}$, der nach Beobachtung von $\overline{A}$ zwischen V_1 und W_1 wählt, stets V_1 gegenüber W_1 vorzieht, muß man im Spiel der Abbildung 4.18 nur die Gleichgewichtigkeit der Entscheidung von $1_{\overline{A}}$ und 2_W sowie die Konsistenz der beliefs des 2_W prüfen. Wir wollen die etwas knappe Begründung von (b^S, W_{b^S}) als sequentielles Gleichgewicht noch einmal ausführlich darstellen, ohne erneut zu begründen, warum $1_{\overline{A}}$ den Zug V_1 und 2_V den Zug V_2 wählt.

Wir betrachten das sequentielle Gleichgewicht (b^S, W_{b^S}) mit W_1 nach $\underline{A}$ und W_2 nach W_1 sowie

$$W_{b^S}\left(\overline{A} | W_1\right) = 0$$

als bedingte Wahrscheinlichkeit für die gute Marktlage seitens des 2_W, der den Zug W_1 des 1 beobachtet hat.

Gleichgewichtigkeit: Wählt $1_{\underline{A}}$ den Zug W_1, so erhält er 3, während V_1 ihm nur 1 einbringt, d.h. W_1 ist beste Antwort auf b^S. Ist die Erwartung des 2_W durch $W_{b^S}\left(\overline{A}|W_1\right) = 0$ bestimmt, so ergibt W_2 für ihn 3 und V_2 nur 2, d.h. W_2 ist beste Antwort auf (b^S, W_{b^S}). Die Optimalität der anderen Entscheidungen gemäß b^S wurde schon gezeigt.

Wir bezeichnen mit α die Wahrscheinlichkeit, mit der $1_{\overline{A}}$ den Zug W_1 wählt, und mit β die Wahrscheinlichkeit von $1_{\underline{A}}$ für den Zug W_1. Für alle $\alpha + \beta > 0$ ist die Wahrscheinlichkeit

$$W_{\alpha, \beta}\left(\overline{A} | W_1\right) = \frac{w\alpha}{w\alpha + (1 - w)\beta},$$

mit der 2_W nach Beobachtung von W_1 die gute Marktlage $\overline{A}$ erwartet, wohldefiniert. Für $\alpha + \beta = 0$ ist hingegen diese Formel nicht anwendbar (da der Nenner Null wäre). Im Fall von $\alpha + \beta = 0$ sind daher die posteriori-Erwartungen oder beliefs des 2_W beliebig. Wir wollen mit Hilfe dieser Formel die Konsistenz von (b^S, W_{b^S}) prüfen:

Konsistenz: Es sei $\left\{\varepsilon^k\right\}_{k=1,2,\dots}$ eine Sequenz von Zahlen mit $\varepsilon^k \to 0$ für $k \to \infty$ und $\frac{1}{2} > \varepsilon^k > 0$ für alle $k = 1, 2, \dots$. Gilt

$$\alpha^k = \varepsilon^k \text{ und } \beta^k = 1 - \varepsilon^k$$

für $k = 1, 2, \dots$, so folgt

$$W_{\alpha^k,\beta^k}\left(\overline{A} \mid W_1\right) = \frac{w\varepsilon^k}{w\varepsilon^k + (1-w)\left(1-\varepsilon^k\right)} \to 0$$

für $k \to \infty$. Für $k \to \infty$ gilt daher

$$W_{\alpha^k,\beta^k}\left(\overline{A} \mid W_1\right) \to W_{b^S}\left(\overline{A} \mid W_1\right) = 0,$$

$$\alpha^k \to \alpha = 0, \text{ d.h. } 1_{\overline{A}} \text{ wählt } V_1 \text{ wie in } b^S,$$
$$\beta^k \to \beta = 1, \text{ d.h. } 1_{\underline{A}} \text{ wählt } W_1 \text{ wie in } b^S,$$

was die Konsistenz von b^S und W_{b^S} beweist.

Wir wollen nun untersuchen, ob auch "Verheimlichen" der Marktinformation im sequentiellen Gleichgewicht möglich ist. Da V_1 nach $\overline{A}$ stets besser als W_1 nach $\overline{A}$ ist, kann dies nur bedeuten, daß 1 stets V_1 wählt. Für die gegebene Beobachtung V_1 ist die Auszahlungserwartung des Spielers 2 für V_2 stets größer als die für W_2. Die Entscheidung für V_1 wäre auch nach $\underline{A}$ für den 1 optimal, wenn Spieler 2 auf W_1 mit V_2 reagieren würde. Dies beweist, daß die generelle Wahl von V_1 durch den 1 und von V_2 durch den 2 ein Gleichgewichtspunkt des Spiels der Abbildung 4.18 ist. Die Wahl V_2 des 2 nach W_1 ist dann sinnvoll, wenn der 2 glaubt, daß im Falle von W_1 die Marktlage $\overline{A}$ vorliegt. Um zu zeigen, daß das (die Marktlage nicht offenbarende) **pooling-Gleichgewicht**

$$b^p = \left(\left(V_1 \text{ nach } \overline{A} \text{ und } \underline{A}\right), \left(V_2 \text{ nach } V_1 \text{ und } W_1\right)\right)$$

sequentiell ist, wäre also nachzuweisen, daß diese Erwartung des 2 auf konsistenten beliefs beruht.

Hierzu betrachten wir vollständig gemischte Strategienvektoren b^k mit

$$b^k\left(V_1 \mid \overline{A}\right) = 1 - r$$
$$b^k\left(V_1 \mid \underline{A}\right) = 1 - r^2$$
$$b^k\left(V_2 \mid \cdot\right) = 1 - r$$

mit $1/2 > r > 0$. Offenbar konvergiert $b^k \to b^p$ für $r \to 0$. Die konditionale Wahrscheinlichkeit für $\overline{A}$ gegeben die Beobachtung von W_1 errechnet sich gemäß der Bayes-Regel bzw. der Formel für bedingte Wahrscheinlichkeiten als

$$\frac{w \cdot r}{w \cdot r + (1-w) \cdot r^2} = \frac{w}{w + (1-w) \cdot r}.$$

Für $r \to 0$ konvergiert diese Wahrscheinlichkeit gegen 1, d.h. im Grenzfall vermutet der 2 nach Beobachtung von W_1 mit der Wahrscheinlichkeit 1, daß die Marktlage $\overline{A}$ vorliegt.

Für den Informationsbezirk des 2 nach V_1 ergibt sich gemäß b^k als bedingte Erwartung für die gute Marktlage $\overline{A}$ die konditionale Wahrscheinlichkeit

$$\frac{w \cdot (1-r)}{w \cdot (1-r) + (1-w)(1-r^2)} = \frac{w}{w + (1-w)(1+r)},$$

die für $r \to 0$ gegen w konvergiert. Dies entspricht der Interpretation des pooling-Gleichgewichts, daß auf dem Gleichgewichtspfad die a priori-beliefs der nicht informierten Parteien erhalten bleiben, da keinerlei signaling erfolgt.

Ergänzt man b^k durch beliefs W_{b^k}, gemäß denen der 2 nach V_1 von seiner a priori-Wahrscheinlichkeit w für die gute Marktlage $\overline{A}$ und nach W_1 von der Wahrscheinlichkeit 1 für $\overline{A}$ ausgeht, so erweisen sich alle Züge als beste Antworten auf diese Erwartungen. Dies zeigt, daß das pooling-Gleichgewicht b^p durch konsistente beliefs gestützt werden kann und damit ein sequentielles Gleichgewicht des Spiels der Abbildung 4.18 darstellt.

Da das sequentielle Gleichgewicht nicht nur optimale Antworten in Teilspielen, sondern lokal optimale Antworten für alle Informationsbezirke I_i der Spieler $i = 1, ..., n$ verlangt, ist die Verhaltensstrategienkombination b eines sequentiellen Gleichgewichts (b, W_b) stets ein teilspielperfekter Gleichgewichtspunkt.

Theorem: Ist (b, W_b) ein sequentielles Gleichgewicht von T, so ist b ein teilspielperfekter Gleichgewichtspunkt von T.

Wäre die Aussage falsch, so müßte es ein echtes Teilspiel T' von T geben, für das b kein Gleichgewicht b' von T' induziert. Das wiederum würde implizieren, daß es einen Spieler i gibt mit einer besseren Antwort $\tilde{b}'_i$ auf b' als b'_i. Es müßte daher ein Informationsbezirk I_i in T' existieren, in dem der i mit der Wahl von b'_i nicht optimal an b' angepaßt ist. Genau dies wird jedoch durch sequentielle Rationalität im Sinne des sequentiellen Gleichgewichts ausgeschlossen (vgl. auch den Beweis von KREPS und WILSON, 1982).

4.6.5 Das perfekte Gleichgewicht

Sofern alle Spieler $i = 1, ..., n$ vollständig gemischte Verhaltensstrategien b_i verwenden, sind in jedem Informationsbezirk I_i jedes Spielers $i = 1, ..., n$ seine beliefs, d.h. seine Wahrscheinlichkeiten $W(k \mid I_i)$ für die Entscheidungsknoten k in I_i, stets wohldefiniert. Wenn man mithin die Möglichkeit, einen bestimmten Zug völlig ausschließen zu können, als theoretischen Grenzfall ansieht und die Verwendung vollständig gemischter Verhaltensstrategien als

realistische Situation unterstellt, ist es überflüssig, einen Verhaltensstrategienvektor b durch eine sogenannte belief-Funktion zu ergänzen. Mit anderen Worten: Die — abgesehen von der Konsistenzbedingung — willkürliche
Ergänzung einer Strategienkombination b durch beliefs W_b wird obsolet, wenn
man das eigentliche extensive Spiel T nur als extreme Idealisierung im Sinne
eines Grenzfalls gestörter Spiele (T, η^k) mit $\overline{\eta}^k \to 0$ für $k \to \infty$ ansieht.

Es sei (T, η) ein perturbiertes Spiel und b^η ein Gleichgewichtspunkt von (T, η),
der wegen $\eta(z) > 0$ für alle $z \in Z(I_i)$ und alle Informationsbezirke I_i aller
Spieler $i = 1, ..., n$ vollständig gemischt ist. Ein Gleichgewichtspunkt b von
T heißt **perfekt** (SELTEN, 1975), falls es eine Sequenz perturbierter Spiele
(T, η^k) von T mit $\overline{\eta}^k > 0$ gibt, die gegen T im Sinne von $\overline{\eta}^k \to 0$ für $k \to \infty$
konvergiert, und falls Gleichgewichtspunkte b^{η^k} der Spiele (T, η^k) existieren,
für die

$$b = \lim_{k \to \infty} b^{\eta^k}$$

gilt. Wir werden derartige Sequenzen gelegentlich auch einfach mittels
$(T, \eta) \to T$ bzw. $b^\eta \to b$ für $\overline{\eta} \to 0$ beschreiben.

Wir sagen, daß ein Strategienvektor b beste Antwort auf b^η in T ist, falls jede
Komponente b_i von b beste Antwort auf

$$b^\eta_{-i} = \left(b^\eta_1, ..., b^\eta_{i-1}, b^\eta_{i+1}, ..., b^\eta_n\right)$$

ist, d.h., falls

$$U_i\left(b_i, b^\eta_{-i}\right) = \max_{\widehat{b}_i} U_i\left(\widehat{b}_i, b^\eta_{-i}\right)$$

für alle Spieler $i = 1, ..., n$.

Ist b ein Verhaltensstrategievektor, so läßt sich b auch als Zugvektor

$$b = \left(\left(\left(z_i^k\right)_{k=1,...,M^i}\right)_{i=1,...,n}\right)$$

schreiben, d.h. die Strategien b_i werden gemäß

$$b_i = \left(z_i^k\right)_{k=1,...,M^i}$$

durch die Züge in den M^i Informationsbezirken der Spieler i detailliert definiert. Wir bezeichnen mit $b_{-I_i^k}$ den Zugvektor, der aus b durch Weglassen
des Zuges z_i^k entsteht. Der Zug z_i^k heißt beste Antwort auf $\tilde{b}_{-I_i^k}$, falls

$$U_i\left(z_i^k, \tilde{b}_{-I_i^k}\right) \geq U_i\left(\tilde{z}_i^k, \tilde{b}_{-I_i^k}\right)$$

für alle alternativen Züge $\tilde{z}_i^k \in Z(I_i^k)$ zutrifft. Sind alle Komponenten/Züge
z_i^k von b beste Antworten auf $\tilde{b}_{-I_i^k}$, so nennen wir b eine beste Antwort auf
$\tilde{b}$.

Eine alternative und die Idee der Perfektheit noch besser verdeutlichende Definition eines perfekten Gleichgewichts b von T ist, daß b beste Antwort auf alle Mitglieder b^{η^k} einer Folge $\left(b^{\eta^1}, b^{\eta^2}, \ldots\right)$ sein muß, für die folgende Eigenschaften zutreffen:

(i) $\overline{\eta}^k > 0$ für alle $k \in \mathbb{N}$ und $\overline{\eta}^k \to 0$ für $k \to \infty$

(ii) $b^{\eta^k} \to b$ für $k \to \infty$

Dies verdeutlicht, daß ein perfektes Gleichgewicht b von T nicht notwendigerweise durch die Einführung von sehr kleinen Fehlerwahrscheinlichkeiten bei der Strategienwahl destabilisiert wird. Oder anders ausgedrückt: Ein imperfektes Gleichgewicht, das bei Einführung jeglicher kleiner Fehlerwahrscheinlichkeiten sofort seine Gleichgewichtseigenschaft verliert, ist nicht verläßlich, da das ungestörte Spiel eine extreme Idealisierung darstellt, auf die allein man seine strategischen Erwartungen nicht stützen sollte.

Jeder strikte Gleichgewichtspunkt b ist perfekt, da ein vorgegebener positiver Auszahlungsverlust, den eine Abweichung definitionsgemäß impliziert, mit $\overline{\eta}$-Potenzen gewichtete endliche Auszahlungseffekte überkompensiert, wenn $\overline{\eta}$ hinreichend klein ist (für alle $r \in \mathbb{R}$ und $k > 0$ gilt: $\overline{\eta}^k \cdot r \to 0$ für $\overline{\eta} \to 0$). Ferner ist jeder Gleichgewichtspunkt b mit mindestens einer dominierten Strategie notwendigerweise imperfekt, da in jedem gestörten Spiel eine dominierte Strategie nur mit minimaler Wahrscheinlichkeit gewählt wird.

Im Spiel T der Abbildung 4.19 ergibt sich durch wiederholte Elimination dominierter Strategien im uniform perturbierten Spiel mit $\eta(z) = \overline{\eta}$ für alle Züge z aller Spieler die eindeutige Lösung $(L_1, (l_2, M_2))$. Dennoch ist auch $b = (R_1, (l_2, M_2))$ ein perfektes Gleichgewicht, was natürlich eine andere Folge $b^\eta \to b$ für $\overline{\eta} \to 0$ erfordert. Um dies zu beweisen, genügt es zu zeigen, daß R_1 beste Antwort auf vollständig gemischte Strategienvektoren $b^\eta = (b_1^\eta, b_2^\eta)$ ist, die mit $\overline{\eta} \to 0$ gegen den Strategienvektor b konvergieren, d.h. die Komponenten/Zugwahrscheinlichkeiten von b^η konvergieren gegen die von b.

Damit $b_2^\eta \to b_2 = (l_2, M_2)$ approximiert, muß die Zugwahrscheinlichkeit $b_2^\eta(l_2)$ und die Zugwahrscheinlichkeit $b_2^\eta(M_2)$ jeweils gegen 1 konvergieren. Für gegebene Erwartung b_2^η ist R_1 eindeutig optimal, falls

$$b_2^\eta(M_2) + 10 \cdot b_2^\eta(R_2) > b_2^\eta(l_2) + b_2^\eta(m_2) + 10 \cdot b_2^\eta(r_2) \text{ bzw.}$$
$$b_2^\eta(M_2) - b_2^\eta(l_2) > b_2^\eta(m_2) + 10 \cdot (b_2^\eta(r_2) - b_2^\eta(R_2)).$$

Wir beschreiben die Mindestwahrscheinlichkeit $\eta(z)$ durch die Zahl N mit $N > 3$, $N \in \mathbb{N}$, wie folgt:

$$\eta(L_2) = \eta(r_2) = \frac{1}{2 \cdot N}$$

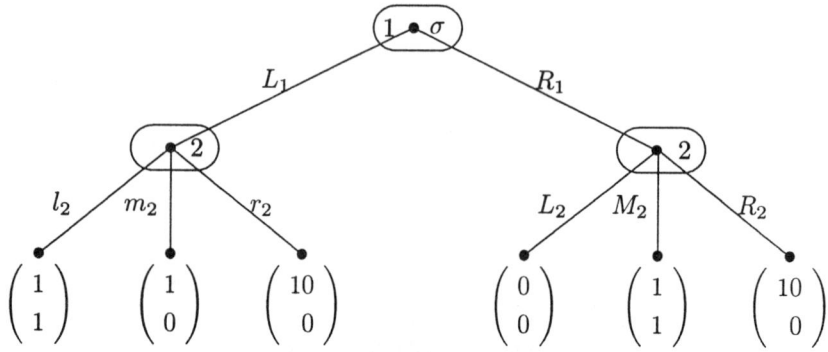

Abbildung 4.19

$$\eta(R_2) \;=\; \eta(m_2) = \frac{1}{N}$$

Als maximale Wahrscheinlichkeiten für die Wahl von l_2 und M_2 ergibt sich jeweils $\frac{2 \cdot N - 3}{2 \cdot N}$. Werden die Züge r_2, R_2, m_2 und L_2 mit ihren Minimumwahrscheinlichkeiten realisiert, so gilt für $N \to \infty$ offenbar:

$$b_2^\eta(M_2) = \frac{2 \cdot N - 3}{2 \cdot N} = b_2^\eta(l_2) \to 1 \text{ für } N \to \infty$$

Für die so vorgegebene Parameterkonstellation konkretisiert sich die obige Ungleichung zu

$$0 > \frac{1}{N} + 10 \cdot \left(\frac{1}{2 \cdot N} - \frac{1}{N} \right),$$

eine Ungleichung, die wegen $N > 0$ stets erfüllt ist. Wir haben damit gezeigt, daß auch $(R_1, (l_2, M_2))$ ein perfekter Gleichgewichtspunkt ist.

Das Spiel der Abbildung 4.20 verdeutlicht nochmals, daß perfekte Gleichgewichtspunkte niemals dominierte Strategien vorschreiben. Perfektheit garantiert jedoch nicht den Ausschluß von Strategien, die erst nach Ausschluß anderer dominierter Strategien dominiert werden (vgl. unsere Ausführungen zum Verfahren der wiederholten Elimination dominierter Strategien).

In diesem Spiel dominiert s_1^2 die Strategie s_1^3; im reduzierten Spiel (ohne Strategie s_2^3) dominiert dann s_2^2 die Strategie s_2^1, im wiederum reduzierten Spiel wird s_1^1 durch s_1^2 dominiert und schließlich s_2^2 durch s_2^3. Damit ist die eindeutige Lösung in undominierten Strategien durch den Strategienvektor

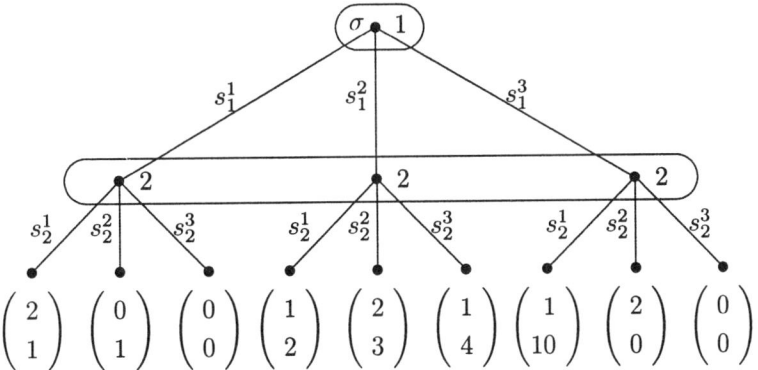

Abbildung 4.20

(s_1^2, s_2^3) gegeben, der den Auszahlungsvektor $(1,4)$ impliziert. (s_1^2, s_2^3) ist ein perfekter Gleichgewichtspunkt, was man zeigen kann, indem man die im k-ten Eliminationsschritt entfernte Strategie mit der Minimumwahrscheinlichkeit ϵ^k mit $1 > 200 \cdot \epsilon > 0$ ansetzt und die nicht eliminierten Strategien mit maximaler Wahrscheinlichkeit realisieren läßt.

Wir wollen zeigen, daß auch der Gleichgewichtspunkt $s^1 = \left(s_1^1, s_2^1\right)$ perfekt ist. Mit x sei die für s_1^2 und s_1^3 gleiche Minimumwahrscheinlichkeit im perturbierten Spiel bezeichnet. Analog sei y die für s_2^2 und s_2^3 gleiche Minimumwahrscheinlichkeit. Im perturbierten Spiel sind die Strategien, welche s_i^1 mit maximaler Wahrscheinlichkeit realisieren, im Gleichgewicht, falls die Auszahlungserwartung nach s_1^1 größer ist als die nach s_1^2 und s_1^3, d.h. falls

$$2(1 - 2y) + 0 \cdot y + 0 \cdot y > \max\{1 - 2y + 2y + y, \ 1 - 2y + 0 \cdot y\} \text{ bzw.}$$
$$2(1 - 2y) > 1 + y$$

und die analoge Bedingung für Spieler 2, nämlich

$$1 - 2x + 2x + 10x > \max\{1 - 2x + 3x + 0x, \ 0(1 - 2x) + 4x + 0x\} \text{ bzw.}$$
$$1 + 10\,x > \max\{1 + x, 4x\},$$

erfüllt ist. Beide Bedingungen gelten, wenn $1/5 > y \geq 0$. Wir haben damit gezeigt, daß $s^1 = (s_1^1, s_2^1)$ ein perfekter Gleichgewichtspunkt des Spiels ist, obwohl dieses Spiel nur einen einzigen Vektor in undominierten Strategien hat, nämlich (s_1^2, s_2^3).

Jedes perfekte Gleichgewicht ist auch ein sequentielles. Für jede Klasse von extensiven Spielen T, die sich lediglich durch die Auszahlungsfunktion

U unterscheiden, gilt generisch auch die Umkehrung (KREPS und WIL-SON, 1982): Fast alle sequentiellen Gleichgewichte sind perfekt, d.h. das (Lebesgue-)Maß aller Auszahlungsfunktionen U (Punkte eines geeigneten endlich-dimensionalen Vektorraums), für die diese Aussage nicht zutrifft, ist Null. Dies zeigt, daß der Unterschied von sequentiellem und perfektem Gleichgewicht eigentlich unwesentlich ist. Da jedes Spiel T ein perfektes (und mithin auch ein sequentielles) Gleichgewicht besitzt (SELTEN, 1975), könnte man ohne weiteres stets den stärkeren Gleichgewichtsbegriff verwenden.

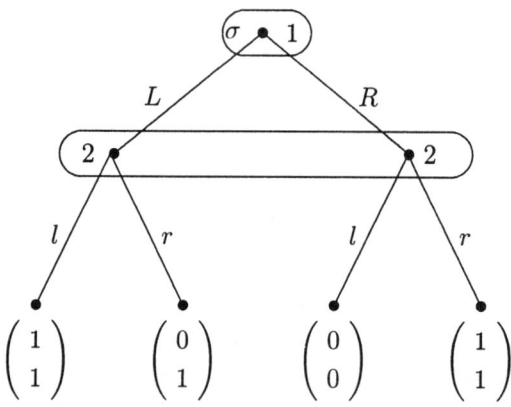

Abbildung 4.21

Im Spiel der Abbildung 4.21 ist $s^L = (L, l)$ ein sequentielles Gleichgewicht, da die Erwartung des 2, daß 1 den Zug L mit maximaler Wahrscheinlichkeit wählt, durch vollständig gemischte Strategien q_1 mit $q_1(L) \to 1$ angenähert werden kann. Da aber der Zug l des 2 durch den Zug r dominiert wird, ist s^L kein perfekter Gleichgewichtspunkt. Das einzige perfekte — und damit auch das zweite sequentielle — Gleichgewicht ist $s^R = (R, r)$.

Das Beispiel verdeutlicht, daß das sequentielle Gleichgewicht nur deshalb perturbierte Spiele betrachtet, um anhand der sogenannten Bayes-Regel für bedingte Wahrscheinlichkeiten (BAYES, 1763) die Konsistenz der beliefs überprüfen zu können. Das perfekte Gleichgewicht betrachtet jedoch das perturbierte Spiel als die eigentlich relevante Situation und das ungestörte Spiel als idealisierten Grenzfall. Folgerichtig müssen nicht nur die beliefs der Spieler durch Erwartungen in gestörten Spielen approximierbar sein, son-dern auch das Verhalten noch in marginal gestörten Spielen rational sein. Die vollständig gemischten Strategienvektoren, die das Gleichgewicht des ungestörten Spiels approximieren, müssen beim perfekten Gleichgewicht im gestörten Spiel rational sein, während das sequentielle Gleichgewicht kein derartiges Rationalitätserfordernis aufweist und damit auch ohne den Begriff des gestörten Spiels definiert werden kann.

Wir wollen noch kurz auf das **(Bei)Spiel:** "Signalisieren oder Verheimlichen" der Abbildung 4.18 eingehen, dessen sequentielle Gleichgewichte schon betrachtet wurden. Konkret wollen wir prüfen, ob b^s und b^p, das Signalisier- bzw. pooling-Gleichgewicht nicht nur sequentiell, sondern auch perfekt gleichgewichtig sind.

Für das **Signalisiergleichgewicht** b^s gehen wir von uniform perturbierten Spielen aus: Für $k = 1, 2, \ldots$ gelte $\frac{1}{2} > \varepsilon^k > 0$ und $\varepsilon^k \to 0$ für $k \to \infty$. Im ε^k-uniform perturbierten Spiel gilt

$$\eta(z) = \varepsilon^k \text{ für alle Züge } z \text{ aller (persönlichen) Spieler.}$$

Um die Perfektheit von b^s zu beweisen, müssen wir zeigen, daß die maximale Annäherung an b^s, d.h. die Realisation der Züge von b^s mit maximaler Wahrscheinlichkeit $1 - \varepsilon^k$, im ε^k-uniform perturbierten Spiel gleichgewichtig ist.

Beweis: Für den $1_{\overline{A}}$, d.h. Spieler 1 nach $\overline{A}$, ist der Zug V_1 eindeutig besser, d.h. $1_{\overline{A}}$ wird V_1 mit maximaler Wahrscheinlichkeit $1 - \varepsilon^k$ im ε^k-uniform perturbierten Spiel verwenden. Analog muß 2_V, d.h. Spieler 2 nach Beobachtung von V_1, den Zug V_2 mit maximaler Wahrscheinlichkeit $1 - \varepsilon^k$ realisieren.

Es sei q^k der gemischte Verhaltensstrategievektor, der die maximale Annäherung an b^s im ε^k-uniform perturbierten Spiel beinhaltet, d.h. $1_{\overline{A}}$ realisiert V_1, 1_A den Zug W_1, 2_V den Zug V_2 und 2_W den Zug W_2 mit maximaler Wahrscheinlichkeit $1 - \varepsilon^k$. Wählt Spieler 1_A den Zug W_1 gegen q^k, so erhält er $(1 - \varepsilon^k) \cdot 3 + \varepsilon^k \cdot (-2)$, während er für $\overline{V}_1$ den Betrag $(1 - \varepsilon^k) \cdot 1 + \varepsilon^k \cdot 2$ erwartet. Für $\frac{1}{3} > \varepsilon^k > 0$ ist daher die maximale Verwendung von W_1 stets optimal.

Für 2_W, d.h. Spieler 2 nach Beobachtung von W_1, ist die Auszahlungserwartung von W_2 gegen q^k durch $w\varepsilon^k \cdot 2 + (1 - w)(1 - \varepsilon^k) \cdot 3 + \ldots$ bestimmt, während V_2 ihm $w\varepsilon^k \cdot 6 + (1 - w)(1 - \varepsilon^k) \cdot 2 + \ldots$ einbringt, wobei der nicht spezifizierte additive Term für beide Züge gleich ist (falls 2_W tatsächlich entscheiden muß, ist dieser Term Null). Da $2 \cdot w\varepsilon^k + 3 \cdot (1 - w)(1 - \varepsilon^k) > 6 \cdot w\varepsilon^k + 2 \cdot (1 - w)(1 - \varepsilon^k)$ für $0 < \varepsilon^k < (1 - w)/(1 + 3w)$ gilt, erweist sich für hinreichend kleines positives ε^k der Zug W_2 als besser, d.h. W_2 ist beste Antwort auf q^k für hinreichend kleine Werte von ε^k.

Damit ist insgesamt bewiesen, daß q^k für hinreichend kleines ε^k Gleichgewicht des ε^k-uniform perturbierten Spiels ist. Wegen $q^k \to b^s$ für $k \to \infty$ ist mithin b^s perfekt gleichgewichtig. $\qquad \square$

Für das **pooling-Gleichgewicht** b^p gehen wir generell von ε^k-uniformen Mindestwahrscheinlichkeiten $\eta(z) = \varepsilon^k$ aus, bis auf

$$\eta(W_{1_A}) = (\varepsilon^k)^2,$$

d.h. die Mindestwahrscheinlichkeit für den Zug W_1 seitens des 1_A sei $\left(\varepsilon^k\right)^2$. Mit q^b sei die maximale Annäherung an b^p im perturbierten Spiel bezeichnet, d.h. $1_{\overline{A}}$ wählt V_1 mit Wahrscheinlichkeit $1 - \varepsilon^k$; 1_A den Zug V_1 mit Wahrscheinlichkeit $1 - \left(\varepsilon^k\right)^2$; 2_V und 2_W den Zug V_2 mit Wahrscheinlichkeit $1 - \varepsilon^k$. Wir müssen zeigen, daß q^b ein Gleichgewicht des perturbierten Spiels ist.

Gleichgewichtigkeit: Für den $1_{\overline{A}}$ und den 2_V sind die besten Züge stets V_1 bzw. V_2 und müssen daher mit maximaler Wahrscheinlichkeit realisiert werden.

Wählt 1_A den Zug V_1 gegen q^b, so erhält er $\left(1 - \varepsilon^k\right) \cdot 1 + \varepsilon^k \cdot 2$, während W_1 ihm $\left(1 - \varepsilon^k\right)(-2) + \varepsilon^k \cdot 3$ einbringt. Für $\frac{1}{2} > \varepsilon^k > 0$ ist daher V_1 stets besser und sollte mit maximaler Wahrscheinlichkeit gespielt werden.

Wählt 2_W den Zug V_2 gegen q^b, so erhält er $w\varepsilon^k \cdot 6 + (1 - w)\left(\varepsilon^k\right)^2 \cdot 2 + ...$, während W_2 ihm $w\varepsilon^k \cdot 2 + (1 - w)\left(\varepsilon^k\right)^2 \cdot 3 + ...$ einbringt (der additive Term ist für beide Züge gleich groß und Null, falls 2_W tatsächlich entscheidet). Für $\frac{4w}{1-w} > \varepsilon^k > 0$ ist daher V_2 stets vorzuziehen. Für hinreichend kleines ε^k sollte V_2 daher mit maximaler Wahrscheinlichkeit gespielt werden.

Damit ist gezeigt, daß q^b für hinreichend kleines ε^k ein Gleichgewicht des perturbierten Spiels ist. Wegen $q^b \to b^p$ für $k \to \infty$ ist daher b^p perfekt gleichgewichtig.

Während das sequentielle Gleichgewicht die beliefs in Informationsbezirken mit mehreren Entscheidungsknoten explizit spezifiziert, sind diese für das perfekte Gleichgewicht implizit durch die Folge approximierender Gleichgewichte bestimmt. Wir wollen dies anhand der beliefs des 2_W und für die Folgen approximierender Gleichgewichte für b^s und b^p illustrieren, mit der die jeweilige Perfektheit bewiesen wurde.

Es sei α die Wahrscheinlichkeit, mit der $1_{\overline{A}}$ den Zug W_1 wählt, und β die Wahrscheinlichkeit von 1_A für W_1. Im perturbierten Spiel gilt stets $\alpha + \beta > 0$, so daß die belief-Formel

$$W_{\alpha,\beta}\left(\overline{A} \mid W_1\right) = \frac{w\alpha}{w\alpha + (1 - w)\beta}$$

stets anwendbar ist, die die posteriori-Wahrscheinlichkeit des 2_W, der W_1 beobachtet hat, für die gute Marktlage $\overline{A}$ spezifiziert.

Das **Signalisiergleichgewicht** b^s wurde durch Gleichgewichte mit $\alpha^k = \varepsilon^k$ und $\beta^k = 1 - \varepsilon^k$ approximiert, für deren implizierte beliefs

$$W_{\alpha^k,\beta^k}\left(\overline{A} \mid W_1\right) = \frac{w\varepsilon^k}{w\varepsilon^k + (1 - w)\left(1 - \varepsilon^k\right)} \to 0$$

für $k \to \infty$ wegen $\varepsilon^k \to 0$ für $k \to \infty$ gilt. Die implizit unterstellten beliefs des 2_W für b^s sind damit, daß der 2_W von der schlechten Marktlage $\underline{A}$ ausgeht.

Das **pooling-Gleichgewicht** b^p wurde durch Gleichgewichte mit $\alpha^k = \varepsilon^k$ und $\beta^k = \left(\varepsilon^k\right)^2$ approximiert. Die implizierten beliefs des 2_W sind damit

$$W_{\alpha^k,\beta^k}\left(\overline{A} \mid W_1\right) = \frac{w\varepsilon^k}{w\varepsilon^k + (1-w)\left(\varepsilon^k\right)^2} = \frac{w}{w + (1-w)\,\varepsilon^k}.$$

Wegen $\varepsilon^k \to 0$ für $k \to \infty$ folgt

$$W_{\alpha^k,\beta^k}\left(\overline{A} \mid W_1\right) \to 1 \text{ für } k \to \infty,$$

d.h. wir haben dem pooling-Gleichgewicht b^p implizit unterstellt, daß der 2_W von der guten Marktlage $\overline{A}$ ausgeht.

Ist es besser, die beliefs in Informationsbezirken mit mehreren Entscheidungsknoten explizit (wie beim sequentiellen Gleichgewicht) oder implizit (wie beim perfekten Gleichgewicht) zu spezifizieren? Strikte Gleichgewichte, gemäß denen jeder Spieler verliert, wenn er als einziger abweicht, sind zum Beispiel durch unendlich viele Folgen von Gleichgewichten in perturbierten Spielen approximierbar und damit durch unendlich viele implizit spezifizierte beliefs begründbar. Es ist völlig unerheblich, wie man das ungestörte Spiel T durch Spiele $\left(T, \eta^k\right)$ mit $\overline{\eta}^k \to 0$ für $k \to \infty$ approximiert. Es kann in solchen Fällen nur verwirren, arbiträr irgendwelche konsistenten beliefs zu spezifizieren. In der Regel gibt es auch für nicht-strikte sequentielle und perfekte Gleichgewichte unendlich viele konsistente beliefs. Die spezifische Angabe von beliefs W_b, die mit b konsistent sind, ist auch dann willkürlich. Dies spricht unseres Erachtens dafür, beliefs nicht explizit spezifizieren zu müssen.

Da das perfekte Gleichgewicht (SELTEN, 1975) vor dem sequentiellen Gleichgewicht (KREPS und WILSON, 1982) entwickelt wurde, muß die große Popularität des sequentiellen Gleichgewichts überraschen. Es scheint, daß viele Anwender der Spieltheorie es vorziehen, beliefs — abgesehen von der Konsistenzbedingung — frei bzw. willkürlich festlegen zu können, statt die beliefs indirekt mittels des Rationalverhaltens in perturbierten Spielen zu determinieren.

Perfektheit eines Gleichgewichts b von T postuliert, daß man eine Sequenz perturbierter Spiele (T, η) von T mit $\overline{\eta} \to 0$ finden kann, in denen sich b noch als erstrebenswert erweist. (b ist beste Antwort auf gegen b konvergierende Strategievektoren b^η der Spiele (T, η)). Eine naheliegende Verschärfung wäre das **streng perfekte Gleichgewicht** b, das verlangt, daß sich für **alle** Sequenzen perturbierter Spiele (T, η) mit kleineren Werten $\overline{\eta}$ und $\overline{\eta} \to 0$ Gleichgewichtspunkte b^η von (T, η) finden lassen mit $b^\eta \to b$ für $\overline{\eta} \to 0$, d.h. wie immer man das Spiel T perturbiert, b bleibt erstrebenswert. Allerdings zeigt das Spiel der Abbildung 4.22, das strenge Perfektheit ein zu weitgehendes Rationalitätserfordernis ist.

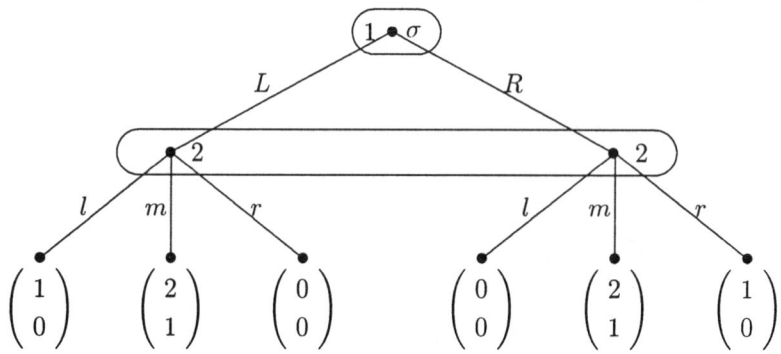

Abbildung 4.22

Da l und r dominiert sind, muß Spieler 2 in jedem perturbierten Spiel die Strategie m mit maximaler Wahrscheinlichkeit wählen. Ist damit im perturbierten Spiel die Mindestwahrscheinlichkeit für die Wahl von l größer als die für r, bzw. ist die Mindestwahrscheinlichkeit für r größer als die für l, so muß Spieler 1 seine Strategie L bzw. R mit maximal möglicher Wahrscheinlichkeit realisieren. Dies zeigt, daß es kein Verhalten des Spielers 1 gibt, das sich für alle Perturbationen als annähernd rational erweisen kann. Nicht jedes extensive Spiel verfügt über ein streng perfektes Gleichgewicht.

Jedes strikte Gleichgewicht ist natürlich streng perfekt. Ferner sind streng perfekte Gleichgewichte stets in nicht-dominierten Strategien, d.h. kein streng perfektes Gleichgewicht basiert auf Strategien, die bei Anwendung des Verfahrens wiederholter Elimination dominierter Strategien ausgeschlossen werden.

Eine Idee, den Perfektheitsbegriff zu verschärfen, ohne die Existenz von Lösungskandidaten zu gefährden, besteht darin, daß man die Sequenz der perturbierten Spiele (T, η) von T mit $\bar{\eta} \to 0$ nicht als frei und damit willkürlich wählbar unterstellt. Naheliegend ist es, das Spiel T mittels uniform perturbierter Spiele $T^{\epsilon} = (T, \eta)$ mit $\eta(z) = \epsilon > 0$ für alle Züge z aller Spieler $i = 1, ..., n$ zu approximieren: Ein Gleichgewichtspunkt b von T heißt **uniform perfekt**, falls es eine Sequenz perturbierter Spiele T^{ϵ} von T mit $\epsilon \to 0$ gibt, so daß sich Gleichgewichtspunkte b^{ϵ} von T^{ϵ} finden lassen, für die

$$\lim_{\epsilon \to 0} b^{\epsilon} = b$$

gilt.

Eine noch restriktivere Bedingung für ein uniform perfektes Gleichgewicht wäre, daß sich für alle Folgen perturbierter Spiele T^ϵ mit kleinen Werten ϵ und $\epsilon \to 0$ Sequenzen von Gleichgewichten b^ϵ mit $b^\epsilon \to b$ für $\epsilon \to 0$ finden lassen. Vermutlich implizieren beide Definitionen dieselbe Menge an Gleichgewichten, was aber durch einen genauen Beweis gezeigt werden müßte.

Man sollte natürlich zunächst das Verfahren wiederholter Elimination dominierter (und inferiorer) Strategien auf T anwenden und erst für das so erhaltene reduzierte Spiel die uniform perfekten Gleichgewichtspunkte ableiten. Ferner sollte man sicherstellen, daß jede Strategie nur einmal erfaßt ist, d.h. ein Spieler sollte nicht über zwei unterschiedliche Strategien verfügen, die ihm für alle Verhaltensweisen der Mitspieler dasselbe einbringen (vgl. das Reduktionsverfahren bei HARSANYI und SELTEN, 1988, sowie das leicht abgewandelte Verfahren von GÜTH und KALKOFEN, 1989).

Im obigen Beispiel der Abbildung 4.22 ohne streng perfektes Gleichgewicht impliziert jeder uniform perfekte Gleichgewichtspunkt $b = (b_1, b_2)$ für Spieler 1 die Auszahlungserwartung von 2, da Spieler 2 in jedem uniform perturbierten Spiel T^ϵ die Strategien l und r mit derselben Mindestwahrscheinlichkeit ϵ realisiert.

Jedes strikte Gleichgewicht ist uniform perfekt und jedes extensive Spiel T verfügt über mindestens einen uniform perfekten Gleichgewichtspunkt:

Theorem: Jedes extensive Spiel T mit perfekter Erinnerung verfügt über einen uniform perfekten Gleichgewichtspunkt b in Verhaltensstrategien.

Wir wollen die Beweisidee nur kurz skizzieren. Durch Anwendung eines geeigneten Fixpunktsatzes zeigt man, daß jedes Spiel T^ϵ über wenigstens einen Gleichgewichtspunkt b^ϵ verfügt. Einer Sequenz perturbierter Spiele T^ϵ mit $\epsilon \to 0$ entspricht damit eine Folge von Gleichgewichtspunkten b^ϵ, die wegen der Kompaktheit des endlich-dimensionalen Parameterraumes aller Strategienvektoren wenigstens einen Häufungspunkt b besitzt. Dann existiert aber auch eine Folge b^ϵ, deren Häufungspunkt b ist (SELTEN, 1975). Bei der restriktiveren Version wäre hier zu zeigen, daß b Häufungspunkt von Gleichgewichtspunkten b^ϵ für alle Folgen perturbierter Spiele T^ϵ mit $\epsilon \to 0$ ist.

4.6.6 Reputationsgleichgewichte illustriert am (Bei)-Spiel: "Kann ich Dir trauen?"

Werden nicht alle früheren Entscheidungen oder Zufallszüge allgemein bekanntgegeben, so kann sich das Lösen eines "wiederholten Spiels" als schwierig erweisen. Auf Grund vorheriger Entscheidungen sind dann Schlußfolgerungen darüber möglich, was vorher geschehen, aber nicht allgemein bekannt geworden ist. Das Spiel wird daher nicht mehr einfach wiederholt, sondern kann sich durchaus im Zeitablauf ändern, obwohl stets gleichartige Entscheidungen getroffen werden. Anstatt dies abstrakt zu diskutieren, soll ein (Bei)Spiel demonstrieren, wie man sogenannte **wiederholte Spiele mit unvollständiger Information** löst, die zunächst (vgl. KREPS, MILGROM, ROBERTS und WILSON, 1982) analysiert wurden, um (bis auf eine Endphase) kooperatives Verhalten in endlich oft wiederholten Spielen zu begründen, wie es experimentell zum Beispiel von SELTEN und STÖCKER (1986) beobachtet wurde.

Das (Bei)Spiel "Kann ich Dir trauen?" soll zunächst als einmal ($m = 1$) und zweimal ($m = 2$) gespieltes Spiel graphisch (Abbildungen 4.23 und 4.24) vorgestellt werden, was das Verständnis der allgemeinen Regeln (für $m < \infty$) erleichtert.

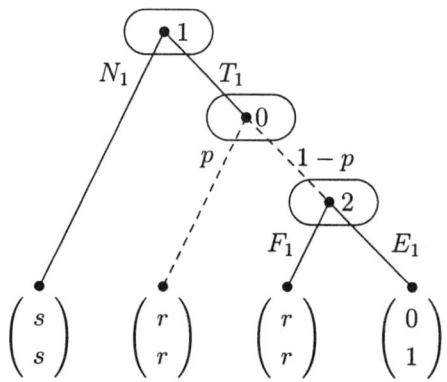

Abbildung 4.23 Der Fall $m = 1$ ($1 > r > s > 0; 0 < p < 1$)

Allgemein gilt $1 > r > s > 0$. Im Fall $m = 1$ wählt zunächst Spieler 1 zwischen Zusammenarbeit mit eigener Vorleistung (der Zug T_1) und Nichtkooperation (der Zug N_1). Nach N_1 endet das Spiel, nach T_1 setzt es sich mit einem Zufallszug fort. Nach dem fiktiven, daher nur gestrichelt eingezeichnetem Zufallszug kommt Spieler 2 mit Wahrscheinlichkeit $1 - p$ zum Zuge und kann — im Fall $m = 1$ — zwischen E_1 (Ausbeuten) und F_1 (Belohnung vorherigen Vertrauens, d.h. des Zuges T_1 seitens des 1) auswählen. Wegen $1 > r$ ist dem 2 natürlich nicht zu trauen, d.h. Spieler 2 wählt E_1. Falls aber der Zufallszug mit der Wahrscheinlichkeit p realisiert wird, ist für den 1 die Belohnung seines Vertrauens sicher. Offenbar sollte für $m = 1$ Spieler 1 auf seine Frage "Kann ich Dir trauen?" mit der Entscheidung T_1 reagieren, falls $pr > s$ bzw. $p > s/r$ gilt, während er im Fall $p < s/r$ mit N_1 (Ablehnung der Zusammenarbeit mit 2) reagieren sollte.

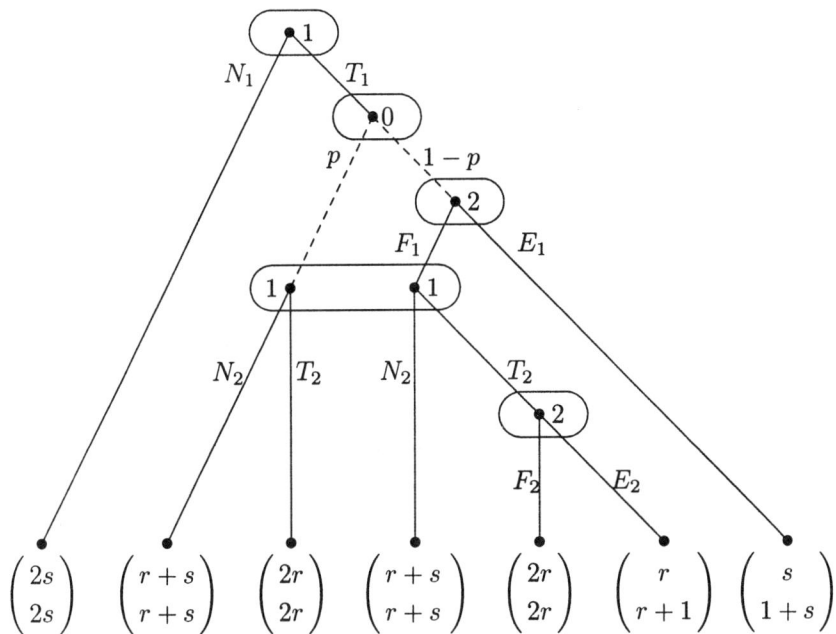

Abbildung 4.24 Der Fall $m = 2 \, (1 > r > s > 0; 0 < p < 1)$

Wird das Spiel einmal wiederholt $(m = 2)$, ohne daß jedoch der fiktive Zufallszug wiederholt wird (der "Typ" von Spieler 2 wird endgültig in der ersten Runde bestimmt), so ergibt sich das extensive Spiel der Abbildung 4.24. Wenn Spieler 1 zwischen N_2 und T_2 wählt, weiß er nicht, ob vorher F_1 durch Spieler 2 realisiert wurde. Die Lösung ist bestimmt durch

$$s^1 = ((T_1, T_2), (F_1, E_2)) \quad \text{für} \quad 1 > p > s/r$$
$$s^2 = ((T_1, x_2^*), (y_1^*, E_2)) \quad \text{für} \quad s/r > p > (s/r)^2$$
$$s^3 = ((N_1, x_2^*), (y_1^*, E_2)) \quad \text{für} \quad (s/r)^2 > p \geq 0$$

mit

$$x_2^* = \frac{1-r}{1-s} \text{ bzw. } y_1^* = \frac{p}{1-p} \cdot \frac{r-s}{s}$$

als Wahrscheinlichkeit für den Zug T_2 durch Spieler 1 bzw. den Zug F_1 durch Spieler 2.

Beweis: Für Spieler 1, der zwischen N_2 und T_2 entscheiden muß, sei

$$w_2 = \frac{p}{p + (1-p)\, y_1}.$$

die bedingte Wahrscheinlichkeit für den linken Knoten (der nach dem Zufallszug mit Wahrscheinlichkeit p resultiert), wobei y_1 die Wahrscheinlichkeit des 2 für seinen Zug F_1 bezeichnet. Aus $\mathbf{y_1 = 0}$ folgt $w_2 = 1$, d.h. Spieler 1 würde T_2 wählen, was umgekehrt Spieler 2 veranlassen würde, F_1 bzw. $y_1 = 1$ zu wählen. Es muß also $y_1 > 0$ gelten.

Aus $\mathbf{y_1 = 1}$ folgt $w_2 = p$: Für Spieler 1 beträgt die bedingte Auszahlungserwartung bei Wahl zwischen N_2 und T_2 genau $p(r+s) + (1-p)(r+s)$ für N_2 und $2pr + (1-p)r$ für T_2. Falls $p > s/r$, wird 1 also seinen Zug T_2 wählen, was Spieler 2 wiederum zu F_1 veranlaßt, wie es durch s^1 behauptet wird. Falls $p < s/r$, würde 1 seinen Zug N_2 wählen, was dann aber Spieler 2 zu E_1, d.h. $y_1 = 0$ veranlassen würde.

Es verbleiben außer s^1 für $p > s/r$ mithin nur noch Gleichgewichte mit $\mathbf{0 < y_1 < 1}$: Der Zug N_2 impliziert dann die bedingte Auszahlungserwartung $w_2(r+s) + (1-w_2)(r+s)$ für Spieler 1, während diese $w_2 2r + (1-w_2)r$ für T_2 beträgt. Würde y_1 die Bedingung $w_2 > s/r$ und damit den Zug T_2 implizieren, so wäre nur $y_1 = 1$ optimal. Analog würde aus $w_2 < s/r$ der Zug N_2 und damit E_1 bzw. $y_1 = 0$ folgen. Für Gleichgewichte mit $0 < y_1 < 1$ muß daher $w_2 = s/r$ bzw.

$$y_1^* = \frac{p}{1-p} \cdot \frac{r-s}{s}$$

gelten. Offenbar garantiert dieser Wert y_1^*, daß Spieler 1 beliebig seine Wahrscheinlichkeit x_2 für den Zug T_2 im Intervall $0 \leq x_2 \leq 1$ wählen kann, d.h. für $w_2 = s/r$ implizieren die beiden Züge N_2 und T_2 dieselbe Auszahlungserwartung. Ein Gleichgewicht erfordert jedoch, daß x_2 so gewählt wird, daß für Spieler 2 die beiden Züge E_1 und F_1 gleich lohnen. Dies erfordert jedoch

$$1 + s = r + x_2 + (1 - x_2)s = x_2(r+1) + (1 - x_2)(r+s)$$

bzw.

$$x_2^* = \frac{1-r}{1-s},$$

wie es durch s^2 und s^3 gefordert wird.

Falls y_1 von 0 auf 1 ansteigt, sinkt der Wert von w_2 monoton von 1 auf p. Aus $w_2 = s/r$ und $0 < y_1 < 1$ folgt daher, daß $s/r > p$ gelten muß.

Es bleibt noch zu zeigen, daß nur für $s/r > p > (s/r)^2$ der Eröffnungszug T_1 eindeutig optimal ist. Als Bedingung hierfür ergibt sich

$$\begin{aligned} p\,[(1 - x_2^*)\,(r+s) + x_2^* 2r] + \\ (1-p)\,[(1 - y_1^*)\,s + y_1^*\,((1 - x_2^*)\,(r+s) + x_2^* r)] &> 2s \text{ bzw.} \\ p &> (s/r)^2 \end{aligned}$$

nach Einsetzen von x_2^* und y_1^*.

$\square$

Gleichgewichte der Form s^2 für $m = 2$ werden **Reputationsgleichgewichte** genannt. Um dies zu verdeutlichen, wollen wir von zwei Typen des Spielers 2 sprechen: Dem vertrauenswürdigen Typ des Spielers 2, der als aktiver Spieler gar nicht in Erscheinung tritt, da er Vertrauen automatisch belohnt, und der mit Wahrscheinlichkeit p von Seiten des Spielers 1 erwartet wird; zum anderen dem opportunistischen Typ des Spielers 2, der mit Wahrscheinlichkeit $1 - p$ erwartet wird und der spätestens in der letzten Runde Vertrauen niemals belohnen würde. Indem der Opportunist y_1 vermindert, erhöht er die posteriori-Wahrscheinlichkeit w_2 von Spieler 1, mit dem vertrauenswürdigen Typ konfrontiert zu sein, d.h. der Opportunist gibt sich den Anschein bzw. die Reputation der Vertrauenswürdigkeit aus rein opportunistischen Erwägungen.

Wäre Spieler 1 sich sicher, dem opportunistischen Typ des 2 gegenüberzustehen, so würde er jegliche Kooperation ablehnen, d.h. N_1 (und N_2) wählen. A priori-Wahrscheinlichkeiten p mit $p > (s/r)^2$ führen jedoch mit positiver Wahrscheinlichkeit in der ersten Periode zu beiderseitiger Kooperation im Sinne von T_1 und $y_1^* > 0$. Erst in der letzten, hier zweiten Runde offenbart der Opportunist brutal seinen Typ, indem er das Vertrauen des 1 ausbeutet, d.h. E_2 wählt.

Je größer m wird, umso geringer ist die untere Schranke für die a priori-Wahrscheinlichkeit p, ab der Kooperation in der ersten Periode mit positiver Wahrscheinlichkeit resultiert. Wir wollen dies durch den Übergang von $m = 2$ zu $m = 3$ noch einmal (die untere Schranke beträgt s/r für $m = 1$ und $(s/r)^2$ für $m = 2$) verdeutlichen.

Gilt $m = 3$, so läßt sich völlig analog die Lösung

$$s^1 = ((T_1, T_2, T_3), (F_1, F_2, E_3)) \quad \text{für} \quad p > s/r$$
$$s^2 = ((T_1, T_2, x_3^*), (F_1, y_2^*, E_3)) \quad \text{für} \quad s/r > p > (s/r)^2$$
$$s^3 = ((T_1, x_2^*, x_3^*), (\widetilde{y}_1^*, \widetilde{y}_2^*, E_3)) \quad \text{für} \quad (s/r)^2 > p > (s/r)^3$$
$$s^4 = ((N_1, x_2^*, x_3^*), (\widetilde{y}_1^*, \widetilde{y}_2^*, E_3)) \quad \text{für} \quad (s/r)^3 > p \geq 0$$

für ein analog definiertes, zweimal wiederholtes Spiel "Kann ich Dir trauen?" ableiten. x_t bzw. y_t ist jeweils die Wahrscheinlichkeit für den Zug T_t bzw. F_t, für die

$$x_2^* = x_3^* = \frac{1 - r}{1 - s}$$

und

$$y_2^* = \widetilde{y}_1^* \cdot \widetilde{y}_2^* = \frac{p}{1 - p} \cdot \frac{r - s}{s}$$

gilt.

Generell gilt für alle $m \geq 2$, daß $0 < x_t^* < 1$ stets $x_t^* = \frac{1-r}{1-s}$ und $0 < y_\tau^* < 1$ für $t \leq \tau \leq m - 1$ stets

$$y_t^* \cdot y_{t+1}^* \cdot \ldots \cdot y_{m-1}^* = \frac{p}{1 - p} \cdot \frac{r - s}{s}$$

impliziert.

Statt diese Aussage im Detail zu beweisen, soll im folgenden nur ganz allgemein beschrieben werden, wie man beliebige, endlich oft wiederholte Spiele
($m < \infty$) löst. Das Kernproblem ist hierbei, eine **Rekursionsformel** zu
finden, gemäß der sich das Lösungsverhalten ableiten läßt. Die Grundlage
hierfür liefert die induktive Definition (vgl. Abbildung 4.25) der posteriori-
Wahrscheinlichkeit

$$1 - w_{t+1} = \frac{y_t\,(1 - w_t)}{y_t\,(1 - w_t) + w_t},$$

wobei w_{t+1} die posteriori-Wahrscheinlichkeit von Spieler 1 in Periode $t +$
1 bezeichnet, dem vertrauenswürdigen Typ des 2 gegenüberzustehen. Wie
bislang steht y_t für die Wahrscheinlichkeit, mit der Spieler 2 in der Vorperiode
t den Zug F_t realisiert. Die Formel ergibt sich aus folgender Abfolge von
Zufallszügen aus der Sichtweise eines Spielers 1, der mit Wahrscheinlichkeit
w_t den vertrauenswürdigen Typ und mit Wahrscheinlichkeit y_t den Vertrauen
belohnenden Zug F_t durch den opportunistischen Typ von Spieler 2 erwartet.

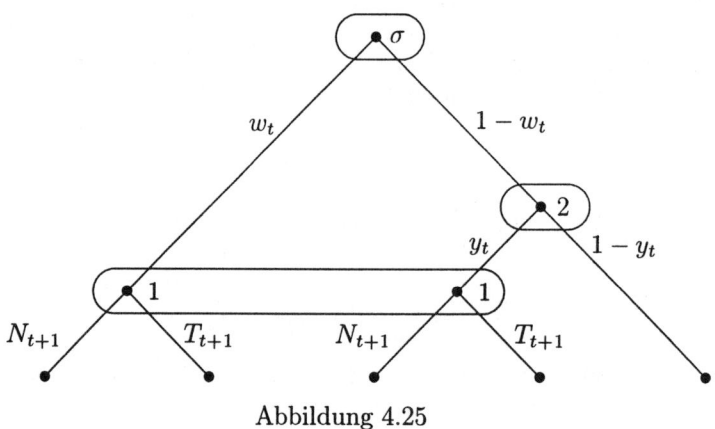

Abbildung 4.25

Spieler 1 muß mit Wahrscheinlichkeit

$$y_t\,(1 - w_t) + w_t$$

zwischen N_{t+1} und T_{t+1} entscheiden. Gegeben, daß er diese Entscheidung
treffen muß, erwartet er den rechten Knoten, d.h. den opportunistischen Typ
mit der Wahrscheinlichkeit $1 - w_{t+1}$, wie sie oben definiert wurde. Formt
man die obige Gleichung für $1 - w_{t+1}$ um, so erhält man

$$1 - w_{t+1} = \frac{1 - w_t - (1 - w_t)\,(1 - y_t)}{1 - (1 - w_t)\,(1 - y_t)}. \qquad (*)$$

Die Bedingung $x_t \in (0,1)$ erfordert

$$s + U_1^{t+1}(N)$$
$$= (1 - w_t)(1 - y_t)\left(0 + U_1^{t+1}(N)\right) + [1 - (1 - w_t)(1 - y_t)]\left(r + U_1^{t+1}(T)\right),$$

bzw.

$$(1 - w_t)(1 - y_t) = \frac{r - s + U_1^{t+1}(T) - U_1^{t+1}(N)}{r + U_1^{t+1}(T) - U_1^{t+1}(N)}, \qquad (+)$$

wobei $U_1^{t+1}(N)$ bzw. $U_1^{t+1}(T)$ die Fortsetzungsauszahlung nach der Runde t von Spieler 1 bei Nichtkooperation bzw. bei Kooperation in Runde t bezeichnet, wie sie sich aus künftigem Rationalverhalten ergibt. Setzt man $(+)$ in Gleichung $(*)$ ein, so erhält man die gewünschte Rekursionsformel. Für die letzte Runde gilt offenbar $U_1^{m+1}(N) = 0 = U_1^{m+1}(T)$ und damit

$$(1 - w_m)(1 - y_m) = \frac{r - s}{r},$$

so daß $U_1^m(N) = s + 0$ und

$$U_1^m(T) = (1 - w_m)(1 - y_m) \cdot (0 + 0) + [1 - (1 - w_m)(1 - y_m)](r + 0)$$
$$= (1 - \frac{r - s}{r})r = s$$

folgt.

Man kennt damit die Werte $U_1^m(N)$ und $U_1^m(T)$, mit denen man wiederum $(1 - w_{m-1})(1 - y_{m-1})$ gemäß der Rekursionsformel bestimmt. Dies erlaubt es wiederum

$$U_1^{m-1}(N) = s + U_1^m(N)$$

und

$$U_1^{m-1}(T) = (1 - w_{m-1})(1 - y_{m-1}) \cdot (0 + U_1^m(N)) +$$
$$[1 - (1 - w_{m-1})(1 - y_{m-1})](r + U_1^m(T))$$

auszurechnen, ..., bis man schließlich das ganze rekursive Spiel gelöst hat.

Kapitel 5

Spiele in Agentennormalform

Es wurde schon darauf hingewiesen, daß die extensive Form überspezifiziert sein kann, da sie zum Beispiel bei gleichzeitigen und unabhängigen Entscheidungen eine willkürliche sequentielle Reihenfolge erzwingt. Müssen etwa, wie in einer sogenannten sealed bid-Auktion, die Bieter $i = 1, ..., n$ gleichzeitig zwischen hohem Gebot $\bar{b}_i$ oder niedrigem Gebot $\underline{b}_i$ entscheiden, so sind $n!$ verschiedene sequentielle Reihenfolgen der Entscheidungen und damit unterschiedliche komplettierte Spielbäume möglich.

Offensichtlich sollte das individuell rationale Entscheidungsverhalten nicht davon abhängen, welche der möglichen sequentiellen Reihenfolgen man willkürlich auswählt. Ein sinnvolles Lösungskonzept sollte daher auf bestimmte Details der extensiven Form nicht reagieren. Stattdessen wird man explizit oder implizit Klassen strategisch äquivalenter extensiver Spiele T bilden und verlangen, daß die Lösung aller Spiele in derselben Äquivalenzklasse übereinstimmt. Eine naheliegende Möglichkeit hierfür bietet die Agentennormalform. Man kann mit gutem Grund zwei extensive Spiele dann als äquivalent ansehen, wenn sie dieselbe Agentennormalform implizieren.

5.1 Die Agentennormalform

Gegeben sei ein extensives Spiel T mit den persönlichen Spielern $1, ..., n$ (und dem Zufallsspieler 0). Die Idee der Agentennormalform besteht darin, einen persönlichen Spieler i mit mehreren Informationsbezirken I_i nicht als einheitliche und unteilbare Entscheidungsinstanz anzusehen, sondern in mehrere **Agenten** aufzuspalten, die als unabhängige Entscheider auftreten. Mit anderen Worten: Derselbe Spieler, der am Anfang oder am Ende einer Partie spielt, ist nicht eine identische Entscheidungsinstanz, wie es das (Bei)Spiel der Abbildung 5.1 demonstriert.

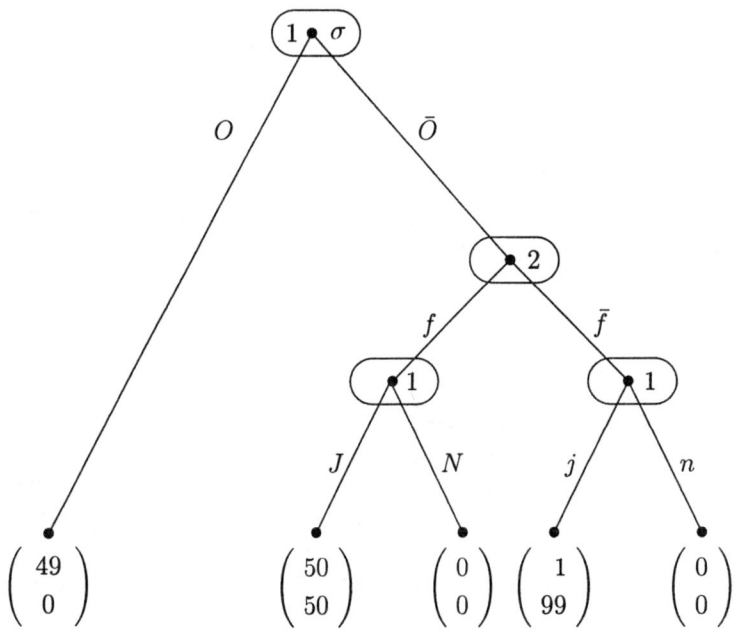

Abbildung 5.1

Das Beispiel modelliert eine **ultimative Verhandlungssituation** (vgl. Abbildung 4.7), in der Spieler 2 dem Spieler 1 ultimativ einen Vertrag (f oder $\bar{f}$) anbietet, den Spieler 1 nur noch annehmen oder ablehnen kann. Spieler 1 verfügt über eine **outside option**, d.h. über eine alternative Verdienstmöglichkeit. Er muß sich vorab für die Option (O) entscheiden oder er kann sie ablehnen ($\bar{O}$), wenn er das ultimative Verhandeln vorzieht.

Würde der Spieler 1 nach $\bar{f}$ die unfaire Forderung $\bar{f}$ des 2 ablehnen, der 99 von 100 für sich fordert, und nur die faire 50 : 50-Aufteilung f annehmen, so würde es Spieler 2 nicht wagen, die unverschämte Forderung zu stellen. Folgerichtig könnte Spieler 1 dann auf seine outside option (O) verzichten, was natürlich auch im Interesse von Spieler 2 liegt.

Andererseits erfordert die eindeutige Lösung (sei es nach dem Verfahren der wiederholten Elimination dominierter Strategien, sei es gemäß dem teilspielperfekten Gleichgewichtskonzept), daß Spieler 1 die Züge O, J und j wählt und Spieler 2 demgemäß die unfaire Forderung $\overline{f}$ stellt. Obwohl es also im Interesse beider Spieler liegt, daß Spieler 1 die Wahl von n androht und auch standhaft diese Drohung realisiert, kann man Spieler 1 nach $\overline{f}$ nicht glauben, da dann alle potentiellen Vorteile der Wahl von n verloren sind und Spieler 1 mit der Wahl j das Beste aus einer verfahrenen Situation herausholen wird. Spieler 1, der am Anfang zwischen O und $\overline{O}$ entscheidet, sollte also Spieler 1 nach $\overline{f}$ wie einen fremden Entscheider betrachten und analysieren, der, gegeben die Situation nach $\overline{f}$, seine in dieser Situation beste Entscheidung treffen wird. Der Spieler 1 am Anfang der Partie analysiert die Situation des 1 nach $\overline{f}$ daher genauso, wie es Spieler 2 oder ein neutraler Beobachter tun würde.

Da M^i die Anzahl der Informationsbezirke des Spielers $i = 1, ..., n$ bezeichnet (vgl. Abschnitt 3.1), wird durch

$$K = \sum_{i=1}^{n} M^i$$

die Anzahl der Informationsbezirke I_i^k aller persönlichen Spieler $i = 1, ..., n$ angegeben. Jedem Informationsbezirk $j = 1, ..., K$ entspricht ein Spieler/Agent j in der Agentennormalform, dessen Strategienmenge S_j die Zugmenge $Z\left(I_i^k\right)$ des entsprechenden Informationsbezirks I_i^k ist. Die Bewertung $u_j(e)$ des Endpunkts e durch diesen Agenten j entspricht derjenigen des Spielers i, dessen Informationsbezirk I_i^k er verwaltet.

Einem Strategienvektor

$$s = (s_1, ..., s_K),$$

der jedem Agenten j einen Zug $s_j \in S_j$ zuweist, entspricht ein Vektor b in **reinen Verhaltensstrategien**, gemäß denen nur ein Zug mit positiver Wahrscheinlichkeit realisiert wird. Durch

$$U_j(s) = U_i(b)$$

mit $S_j = Z\left(I_i^k\right)$ läßt sich damit die Auszahlungsfunktion u_j über der Menge der Partien in die Auszahlungsfunktion U_j über der Menge der Strategienvektoren s der Agentennormalform überführen. Die Agentennormalform $G(T)$ des extensiven Spiels T ist dann gegeben durch

$$G = G(T) = (S_1, ..., S_K; U = (U_1, ..., U_K)),$$

d.h. durch die Beschreibung der strategischen Möglichkeiten aller K Spieler bzw. Agenten und ihre Bewertung der möglichen Strategienkombinationen $s = (s_1, ..., s_K)$.

Im Beispiel der Abbildung 5.1 ist die Agentennormalform G durch

$$G = \left(\{O, \overline{O}\}, \{J, N\}, \{j, n\}, \{f, \overline{f}\}, U = (U_1, ..., U_4)\right)$$

gegeben mit

$$U\left(s\right)=\begin{cases}(49,49,49,0) & \text{für } s_1 = O \\ (50,50,50,50) & \text{für } s_1 = \overline{O}, s_2 = J, s_4 = f \\ (1,1,1,99) & \text{für } s_1 = \overline{O}, s_3 = j, s_4 = \overline{f} \\ (0,0,0,0) & \text{sonst.}\end{cases}$$

Offenbar ist in der Agentennormalform die sequentielle Reihenfolge der Entscheidungen s_j der verschiedenen Spieler $j = 1, ..., K$ nicht mehr eindeutig erkennbar. So ist die Agentennormalform G der Abbildung 5.2 identisch zur Agentennormalform des in Abbildung 5.1 beschriebenen extensiven Spiels.

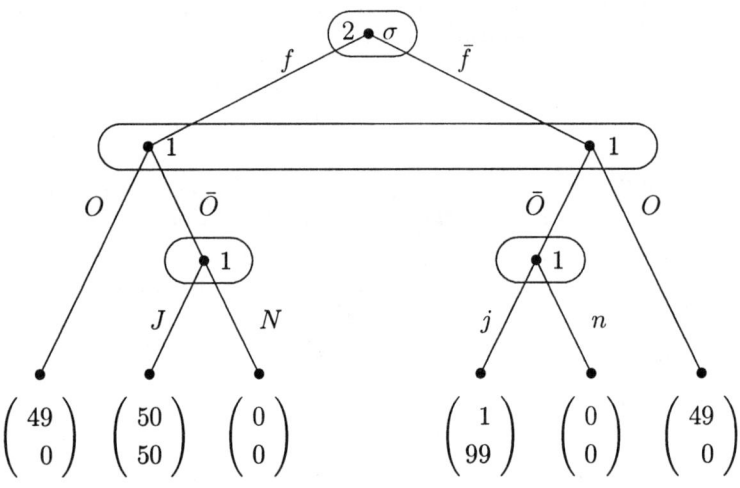

Abbildung 5.2

Im Bei(Spiel) der Abbildung 5.2 entscheiden Spieler 1 und 2 unabhängig voneinander darüber, ob 2 den fairen Vertrag f oder den unfairen Vertrag $\overline{f}$ vorschlägt und ob Spieler 1 seine alternative Verdienstmöglichkeit O wahrnimmt oder nicht. Unabhängig sind diese beiden Entscheidungen deshalb, weil Spieler 1 nicht weiß, ob f oder $\overline{f}$ gewählt worden ist, wenn er zwischen O und $\overline{O}$ entscheiden muß. Sind diese Entscheidungen gegeben, so ist die dann resultierende Situation analog zu derjenigen in Abbildung 5.1, da Spieler 1 nur darüber befinden muß, ob er das jeweils vorgegebene Ultimatum akzeptiert oder nicht.

Man mag einwenden, daß die Spiele in Abbildung 5.1 und 5.2 strukturell sehr unterschiedlich sind. Während zum Beispiel im Spiel der Abbildung 5.1 Spieler 1 mittels der Wahl von $\overline{O}$ signalisieren kann, daß er mehr als 49 verlangt — diese Auszahlung kann er sich durch O sichern —, ist eine derartige

Anmeldung von Auszahlungsansprüchen im Spiel der Abbildung 5.2 nicht möglich. Allerdings impliziert wiederholte Elimination dominierter Strategien dasselbe Ergebnis für beide Spiele. Gemäß dem grundlegenden ersten Rationalitätserfordernis unterscheiden sich daher beide Spiele nur unwesentlich. Es ist daher gerechtfertigt, daß die Agentennormalform die zwei auf den ersten Blick strukturell verschieden erscheinenden Spiele als strategisch äquivalent ansieht.

5.2 Spiele mit unvollständiger Information

Der Begriff eines Spiels mit unvollständiger Information ist etwas irreführend, da solche Spiele eigentlich immer als Spiele mit vollständiger Information dargestellt und gelöst werden. Wir haben bereits mehrere derartige Beispiele analysiert (nämlich diejenigen, die mit einem Zufallszug beginnen, über dessen Ergebnis nur ein Teil der Spieler informiert wird), die gemäß dem üblichen Sprachgebrauch als Spiele mit unvollständiger Information bezeichnet werden. Wir führen diese Spiele hier ein, da für diese Klasse von Spielen der Begriff des Spielers nur ein gedankliches Konstrukt darstellt. In solchen Spielen sind eigentlich nur die Agenten des Spielers wirklich existent.

5.2.1 Der Begriff der unvollständigen Information

Eine Spielsituation wird als Spiel mit unvollständiger Information bezeichnet, falls die Regeln T des Spiels nicht allgemein bekannt sind. Hierbei können im Prinzip alle Regelbestandteile der Beschreibung $T = (B, P, J, Z, W, U)$ mehr oder weniger unbekannt sein. Das Spiel T der Abbildung 5.3 verdeutlicht eine Situation ultimativer Verhandlungen, in denen Spieler 2 im Falle eines Konflikts in den Verhandlungen noch eine outside option wählen kann (O_h bzw. O_n) oder nicht ($\overline{O_h}$ bzw. $\overline{O_n}$).

Unvollständige Information über die Regeln des Spiels liegt zum Beispiel dann vor, wenn Spieler 1 nicht mit Sicherheit weiß, ob Spieler 2 wirklich über eine outside option verfügt, die ihm $c\,(>0)$ einbringt. Man könnte dies am einfachsten dadurch ausdrücken, daß Spieler 1 nicht sicher weiß, ob der Wert c wirklich positiv oder Null ist. Als Parameterrestriktion soll gelten, daß

$$1 > x > c > y > 0,$$

d.h. der 1 würde das für ihn vorteilhaftere Ultimatum Y nur dann wählen, wenn die Alternative O_n für den 2 nicht existiert. Das Beispiel verdeutlicht, daß der Spielbaum B von T nicht allgemein bekannt sein muß. Analog könnte die Informationszerlegung nicht allgemein bekannt sein, wenn zum Beispiel

126

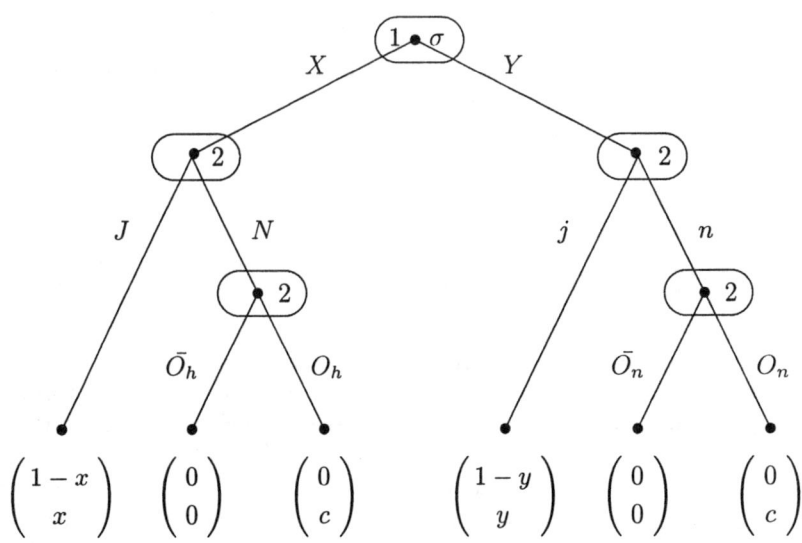

Abbildung 5.3

Spieler 1 nicht sicher weiß, ob Spieler 2 erfährt, mit welchem Angebot X oder Y er konfrontiert ist.

Wir wollen demonstrieren, daß sich alle möglichen Informationsdefizite bezüglich T als Informationsdefizite bezüglich der Auszahlungsfunktion U von T repräsentieren lassen. Weiß Spieler 1 zum Beispiel nicht, ob das Spiel der Abbildung 5.3 oder das der Abbildung 5.4 vorliegt, so wird man unterstellen, daß stets das umfassendere Spiel der Abbildung 5.3 vorliegt. Im Spiel der Abbildung 5.3 ist die Auszahlungsfunktion U_2 nicht notwendig die der Abbildung 5.3, sondern es kann — wenn Spieler 2 nicht über die outside option verfügt — auch eine andere Auszahlungsfunktion $\widehat{U}_2$ vorliegen, die dem 2 für den Fall der Wahl von O_n bzw. O_h einen extrem hohen Verlust zuweist. Spieler 2 wird mithin im Falle der fehlenden outside option, d.h. bei Geltung von $\widehat{U}_2$, die Wahl von O_n bzw. O_h stets vermeiden. Dies zeigt, daß das Informationsdefizit bezüglich des Spielbaums B von T strategisch adäquat durch ein Informationsdefizit bezüglich der Auszahlungsfunktion U_2 von Spieler 2 wiedergegeben werden kann.

In einem weiteren Beispiel soll Spieler 1 nicht wissen, ob Spieler 2 das konkrete Angebot X oder Y erfährt, bevor er über Annahme oder Ablehnung entscheidet. Allgemein sei bekannt, daß Spieler 2 über keine outside option verfügt. Spieler 1 ist dann nicht sicher, ob das extensive Spiel der Abbildung 5.4 oder 5.5 gespielt wird.

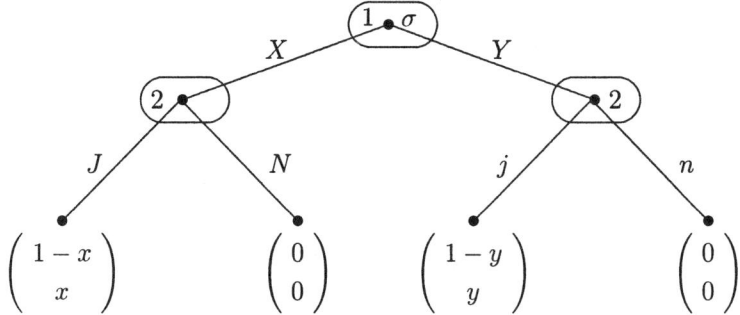

Abbildung 5.4

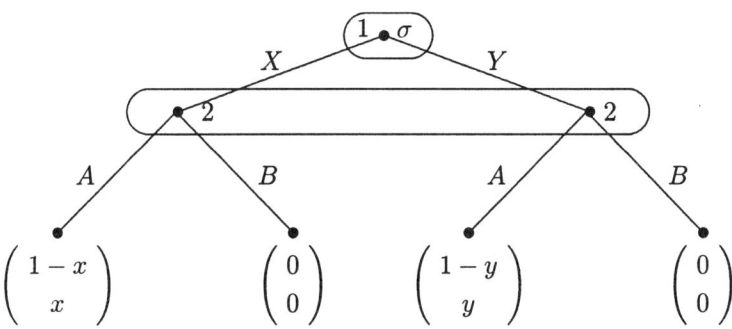

Abbildung 5.5

Dieses Informationsdefizit bezüglich der Informationszerlegung J von T kann in ein strategisch äquivalentes Informationsdefizit bezüglich der Auszahlungsfunktion U von T überführt werden. Die beiden Spiele $\widehat{T}^1$ und $\widehat{T}^2$ der Abbildungen 5.6a und 5.6b, die sich nur durch die Auszahlungsfunktion U_2 des Spielers 2 unterscheiden, sollen die Spiele der Abbildung 5.4 bzw. 5.5 strategisch adäquat repräsentieren. Beide Spiele werden durch einen Baum dargestellt, in dem der Spieler 2 nur einen Informationsbezirk mit den vier Zügen xy, $x\overline{y}$, $\overline{x}y$, $\overline{x}\,\overline{y}$ besitzt.

Im Spiel der Abbildung 5.6b, in dem Spieler 2 auf X und Y nicht unterschiedlich reagieren soll, impliziert unterschiedliches Annahmeverhalten bei X und Y, d.h. die Wahl von $x\overline{y}$ oder $\overline{x}y$, einen prohibitiv wirkenden Verlust für Spieler 2. Die Abbildungen 5.6a und b illustrieren die strategisch äquivalenten Informationsdefizite bezüglich U von T für die Spiele der Abbildungen 5.4 und 5.5. ($x\,(y)$ besagt, daß das Ultimatum $X\,(Y)$ angenommen wird, $\bar{x}\,(\bar{y})$, daß es abgelehnt wird). Spieler 2 wird also im Spiel der Abbildung 5.6b, ebenso wie im Spiel 5.5, das Ultimatum des 1 entweder annehmen oder ablehnen. Die strategische Möglichkeit, das eine Ultimatum anzunehmen und das andere abzulehnen, wird Spieler 2 bei Rationalverhalten also niemals wahrnehmen. Dies verdeutlicht, daß sich auch Informationsdefizite bezüglich der Komponente J von T in Informationsdefizite bezüglich U von T strategisch adäquat übersetzen lassen. Analog kann man alle Informationsdefizite bezüglich irgendwelcher Komponenten von T in Informationsdefizite bezüglich der Auszahlungsfunktion U von T strategisch adäquat übersetzen.

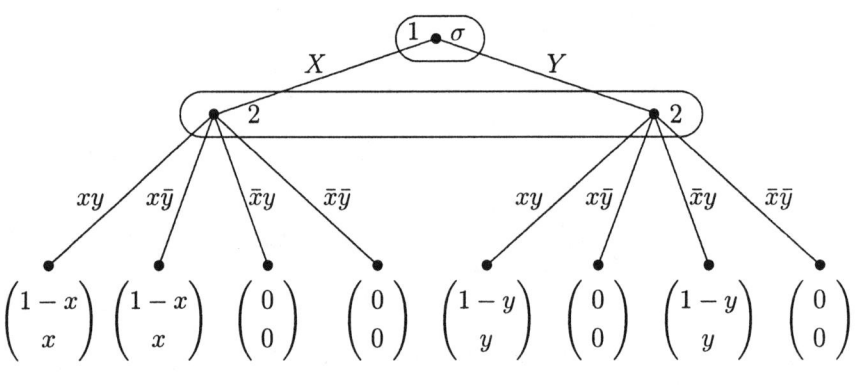

Abbildung 5.6a

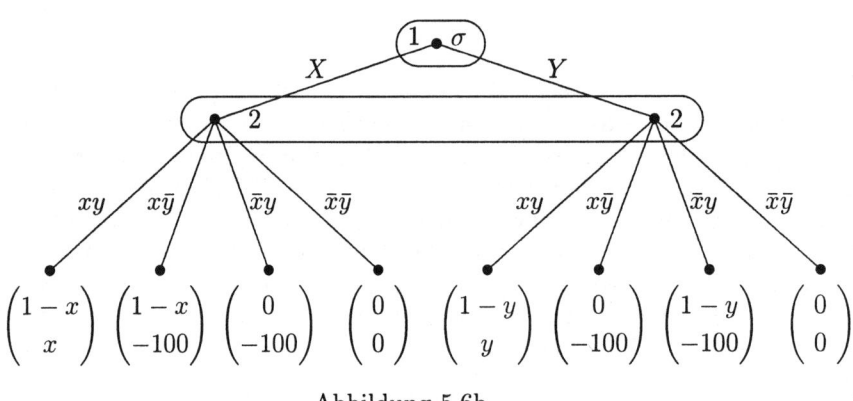

Abbildung 5.6b

Damit haben wir illustriert, wie sich Informationsdefizite bezüglich irgendwelcher Komponenten der extensiven Form stets speziell als Informationsdefizite allein bezüglich der Komponente U von T darstellen lassen. Allgemein kann damit eine Spielsituation mit unvollständiger Information durch den Vektor

$$\cdot \mathcal{T} = (B, P, J, Z, W, \mathcal{U}, \mathcal{B})$$

beschrieben werden. $\mathcal{U}$ ist hierbei die Menge der von den Spielern für möglich erachteten Auszahlungsfunktionen U, d.h. die möglichen extensiven Spiele sind durch

$$T = (B, P, J, Z, W, U)$$

mit $U \in \mathcal{U}$ gegeben. Mit

$$\mathcal{U}_i = \left\{ \widehat{u}_i \;\middle|\; \begin{array}{l} \text{Für alle } j \neq i \text{ gibt es } u_j, \text{ so daß} \\ U = (u_1, ..., u_{i-1}, \widehat{u}_i, u_{i+1}, ..., u_n) \in \mathcal{U} \end{array} \right\}$$

bezeichnen wir die für die Spieler $i = 1, ..., n$ gemäß $\mathcal{T}$ möglichen Auszahlungsfunktionen $\widehat{u}_i$ oder, wie wir auch sagen wollen, die Menge der für i als möglich erachteten **Typen**. Die Komponente $\mathcal{B}$ ist die sogenannte a priori-Erwartungsbeschreibung, die festlegt, mit welchen subjektiven Wahrscheinlichkeiten die Spieler die für möglich erachteten Typen $u_i \in \mathcal{U}_i$ für $i = 1, ..., n$ erwarten. Formal ist $\mathcal{B}$ damit ein n-Vektor von subjektiven Erwartungen β_i für $i = 1, ..., n$, wobei jede subjektive a priori-Erwartung β_i eine Wahrscheinlichkeitsverteilung über dem Typenraum $\mathcal{U} = \mathcal{U}_1 \times ... \times \mathcal{U}_n$ ist. Wir unterstellen, daß $\mathcal{B}$ allen Spielern bekannt ist und daß dies auch alle Spieler wissen, ..., d.h. $\mathcal{B}$ ist **common knowledge**. Eine Situation mit **unvollständiger Information** liegt also vor, wenn wenigstens ein Spieler nicht genau über den Typ eines Mitspielers informiert ist.

Da in der Regel der Spieler i selbst seinen wahren Typ u_i kennt und die Typenvielfalt nur die schillernden Erwartungen seiner Mitspieler gemäß $\mathcal{B}$ bezüglich seines Typs widerspiegelt, ist der Spieler i im Sinne seiner Typenvielfalt $\mathcal{U}_i$ gar nicht vorhanden, sondern nur ein Ausdruck der Ungewißheit seiner Mitspieler über die Regeln des Spiels. Wirklich existent ist nur der wahre Typ u_i, über den die Mitspieler des i jedoch nur mehr oder minder genau informiert sind. Der Spieler i selbst, beschrieben durch seine Typenvielfalt $\mathcal{U}_i$, ist damit ein spieltheoretisches Konstrukt. Wirklich existent ist lediglich genau ein Typ eines Spielers, der natürlich darüber hinaus noch in mehrere Agenten zerfallen kann. Allerdings ist anhand des Modells, mit Hilfe dessen man die Situation mit unvollständiger Information analysiert, in der Regel nicht mehr feststellbar, ob der Spieler institutionell vorgegeben war oder nur als spieltheoretisches Konstrukt existiert. Konzeptionell führt dies offensichtlich dann zu keinem Problem, wenn nicht der Spieler, sondern der Agent die lokale Entscheidung im jeweiligen Informationsbezirk fällt (vgl. hierzu GÜTH, 1991).

5.2.2 Der fiktive Zufallszug

Eine Spielsituation $\mathcal{T}$ mit unvollständiger Information kann nicht ohne weiteres gelöst werden. Der Grund hierfür ist, daß ein Spieler i zwar oft seinen wahren Typ u_i kennt, daß aber seine Mitspieler auch die anderen Typen $\widehat{u}_i \in \mathcal{U}_i$ für möglich erachten. Das Verhalten der Mitspieler des i und damit das Verhalten des wahren Typs u_i von Spieler i hängt damit von den Entscheidungen der nicht existenten Typen $\widehat{u}_i \in \mathcal{U}_i$ mit $\widehat{u}_i \neq u_i$ des i ab.

Der Trick, den man anwendet, um Spielsituationen mit unvollständiger Information lösen zu können, besteht darin, die unvollständige Information, d.h. Informationsdefizite bezüglich der Spielregeln, in strategisch äquivalente stochastische Ungewißheit, d.h. in unvollständige Beobachtbarkeit von Zufallszügen zu transformieren. Konkret unterstellt man einen fiktiven Zufallszug, der den Typ aller Spieler festlegt, dessen Ergebnis hinsichtlich der Realisierung des eigenen Typs häufig dem jeweiligen Spieler selbst, aber nicht notwendigerweise seinen Mitspielern mitgeteilt wird. Die Spieler müssen also unter Umständen in Unkenntnis des ausgewählten Typs ihrer Mitspieler entscheiden. Die Wahrscheinlichkeiten des Zufallszuges sind dabei so zu wählen, daß die probabilistischen Erwartungen der Spieler bezüglich der Typen ihrer Mitspieler adäquat erfaßt sind.

Betrachten wir als Beispiel eine Marktsituation, in der Anbieter 1 weiß, ob die Marktlage gut $(\overline{A})$ oder schlecht ist $(\underline{A})$, und in der Anbieter 2 zum Zeitpunkt seiner Entscheidung zwar die vorherige Verkaufsentscheidung V_1 oder W_1 von Anbieter 1, aber nicht dessen zugrundeliegende Information über die Marktlage erfahren hat. Anbieter 2 erwarte mit der a priori-Wahrscheinlichkeit w mit $0 < w < 1$, daß die Marktlage gut ist $(\overline{A})$; mit der Restwahrscheinlichkeit $1 - w$ erwarte 2 den Marktzustand $\underline{A}$. Anbieter 1 sei über die Erwartungshaltung des 2 informiert, was wiederum dem 2 bekannt sei, was wiederum dem 1 bekannt sei usw. Die Spielsituation mit unvollständiger Information ist in Abbildung 5.7 durch die komplettierten Spielbäume T^1 und T^2 beschrieben, die bezüglich ihrer Informationsstruktur verknüpft sind.

Das linke "Spiel" T^1 beschreibt die Situation bei guter Marktlage $(\overline{A})$, das rechte "Spiel" T^2 diejenige bei schlechter Marktlage $(\underline{A})$. Während jedoch Spieler 1 über die Marktlage informiert ist, weiß Spieler 2 zum Zeitpunkt seiner Entscheidung nicht, ob nun konkret das "Spiel" T^1 oder das "Spiel" T^2 vorliegt. Spieler 2 kann zum Zeitpunkt seiner Entscheidung mithin nur auf seine a priori-Erwartungen bezüglich der Wahrscheinlichkeit der beiden Spiele gemäß $\mathcal{B} = (\beta_1, \beta_2)$ zurückgreifen. Während β_1 je nach wahrer Marktlage $\overline{A}$ oder $\underline{A}$ genau die Wahrscheinlichkeit 1 für die wahre Marktlage $\overline{A}$ oder $\underline{A}$ zuweist, ordnet β_2 dem Marktzustand $\overline{A}$ die Wahrscheinlichkeit w und die Wahrscheinlichkeit $1 - w$ der Marktlage $\underline{A}$ zu. Diese Erwartungshaltung beider Spieler kann man erfassen, indem man einen fiktiven anfänglichen Zufallszug einfügt, der die Marktlage genau mit den subjektiven Wahrscheinlichkeiten w des Spielers 2 für $\overline{A}$ und $1 - w$ für $\underline{A}$ determiniert.

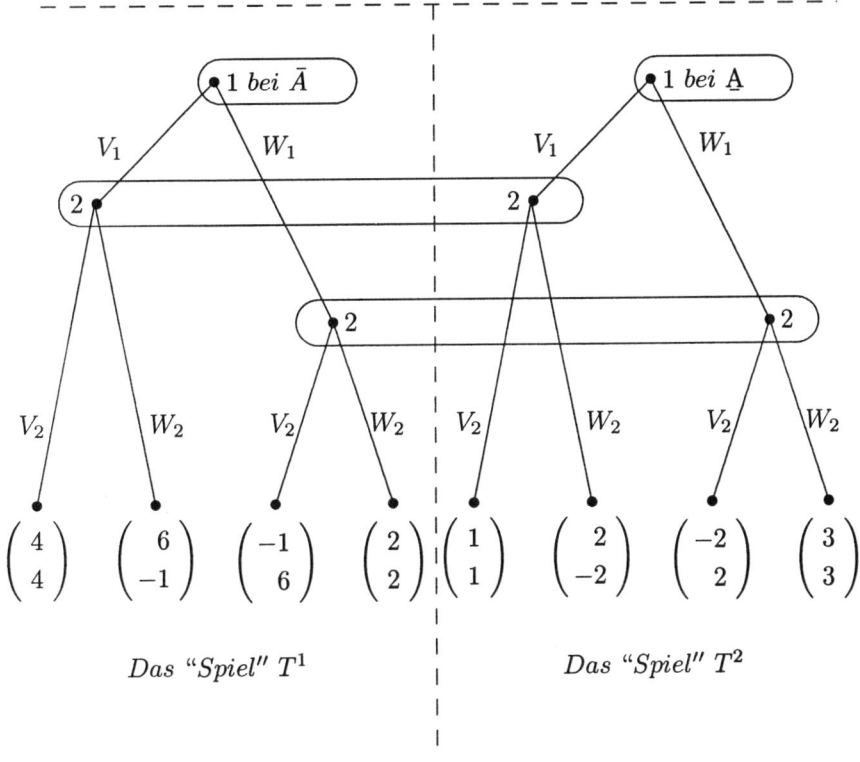

Abbildung 5.7

Während Anbieter 1 das Ergebnis dieses Zufallszuges offenbart wird, muß 2 in Unkenntnis dieses Ergebnisses seine Marktangebotsentscheidung (V_2 oder W_2) treffen. Die Zusammenfassung des fiktiven initialen Zufallszuges (Abbildung 5.8) und der Spielbaumdarstellung in Abbildung 5.7 liefert dann das extensive Spiel T in Abbildung 5.9, dessen Regeln als allgemein bekannt unterstellt werden.

Wir erhalten damit ein der Spielsituation $\mathcal{T}$ mit unvollständiger Information äquivalentes extensives Spiel T, anhand dessen sich nicht mehr feststellen läßt, ob der initiale Zufallszug einen tatsächlichen Zufallszug beschreibt oder nur dazu dient, Informationsdefizite bezüglich der Regeln des Spiels adäquat widerzuspiegeln. Das extensive Spiel T haben wir übrigens schon als Beispiel für signalisierendes oder verheimlichendes Angebotsverhalten (vgl. Abbildung 4.18) analysiert, ohne darauf einzugehen, wie der initiale Zufallszug zu deuten ist.

Löst man das Spiel T der Abbildung 5.9, so spielt es überhaupt keine Rol-

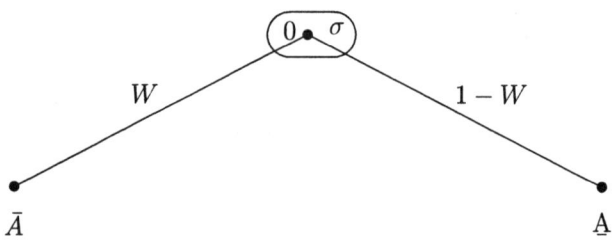

Abbildung 5.8

le spielt, ob die Marktlage nun tatsächlich gut oder schlecht ist. Da beide Marktlagen mit positiver Wahrscheinlichkeit vom Anbieter 2 erwartet werden, muß für alle Marktlagen, d.h. für $\overline{A}$ und $\underline{A}$, das optimale Entscheidungsverhalten abgeleitet werden. Man löst damit ein bezüglich der Information über die Regeln abgeschlossenes System, da sich das individuell rationale Verhalten nur bei Analyse der optimalen Entscheidungen in allen für möglich erachteten Entscheidungssituationen überhaupt definieren läßt. Da für Anbieter 2 sowohl die Angebotsentscheidung des 1 nach $\overline{A}$ als auch die nach $\underline{A}$ relevant ist und für den Anbieter 1 natürlich die Verkaufsentscheidung des 2 bedeutsam ist, muß auch der Anbieter 1, der die wahre Marktlage kennt, sich überlegen, wie er entscheiden würde, wenn die Marktlage anders wäre. Generell muß ein Spieler i nicht nur das Verhalten seines wahren Typs u_i, sondern das Verhalten aller seiner von seinen Mitspielern erwarteten Typen $\widehat{u}_i \in \mathcal{U}_i$ festlegen.

5.2.3 Konsistente versus inkonsistente unvollständige Information

Es sei $\mathcal{T} = (B, P, I, Z, W, \mathcal{U}, \mathcal{B})$ eine Spielsituation mit unvollständiger Information. Existiert eine Wahrscheinlichkeitsfunktion

$$\begin{aligned} \beta \quad &: \quad \mathcal{U}_1 \times ... \times \mathcal{U}_n \to [0,1] \\ \widetilde{U} \quad &= \quad (\widetilde{u}_1, ..., \widetilde{u}_n) \mapsto \beta\left(\widetilde{U}\right) \end{aligned}$$

mit der Eigenschaft, daß für alle Spieler i, die ihren Typ nicht erfahren, $\beta_i = \beta$ gilt, während ansonsten die a priori-belief-Funktion

$$\begin{aligned} \beta \quad &: \quad \mathcal{U}_1 \times ... \times \mathcal{U}_{i-1} \times \mathcal{U}_{i+1} \times ... \times \mathcal{U}_n \to [0,1] \\ \widehat{U}_{-i} \quad &= \quad (\widehat{u}_1, ..., \widehat{u}_{i-1}, \widehat{u}_{i+1}, ..., \widehat{u}_n) \mapsto \beta_i\left(\widehat{U}_{-i}\right) \end{aligned}$$

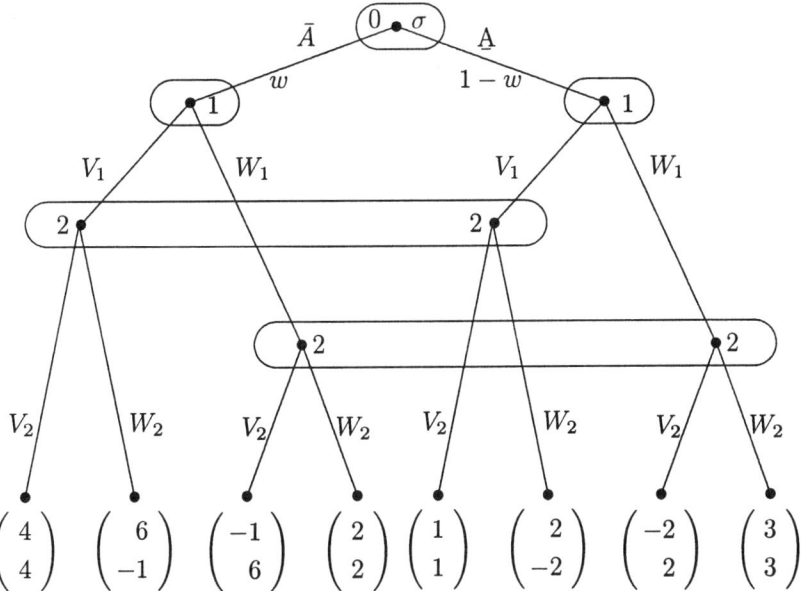

Abbildung 5.9 Das strategisch äquivalente Spiel mit vollständiger Information für die Spielsituation mit unvollständiger Information der Abbildung 5.7

sich als Randwahrscheinlichkeitsverteilung von β gemäß

$$\beta_i\left(\widehat{U}_{-i}\right) = \sum_{\substack{\widetilde{U}_{-i}\,=\,\widehat{U}_{-i} \\ \widetilde{U}\,\in\,\mathcal{U}}} \beta\left(\widetilde{U}\right)$$

erweist, so sprechen wir vom Fall der **konsistenten unvollständigen Information**. Die Besonderheit der konsistenten unvollständigen Information beruht darauf, daß alle subjektiven a priori-Erwartungen sich als (konditionale) Erwartungen einer einzigen Wahrscheinlichkeitsverteilung darstellen lassen.

Bei **inkonsistenter unvollständiger Information** muß der fiktive initiale Zufallszug statt mit einer einzigen Wahrscheinlichkeitsverteilung β mit einem Vektor $\widetilde{\beta} = \left(\widetilde{\beta}_1, ..., \widetilde{\beta}_n\right)$ von Wahrscheinlichkeitsverteilungen $\widetilde{\beta}_i$ versehen werden, deren Randverteilungen

$$\widetilde{\beta}_i\left(\widehat{U}_{-i}\right) = \sum_{\substack{\widetilde{U}_{-i}\,=\,\widehat{U}_{-i} \\ \widetilde{U}\,\in\,\mathcal{U}}} \widetilde{\beta}_i\left(\widetilde{U}\right)$$

mit den durch $\mathcal{B}$ gegebenen a priori-belief-Funktionen β_i übereinstimmen, sofern ein Spieler i über seinen wahren Typ informiert wird. Wir wollen den

Fall der inkonsistenten unvollständigen Information anhand eines extremen Beispiels verdeutlichen: In Abbildung 5.10 ist der Typ des Spielers 2 beiden Spielern nicht bekannt.

Das Bei(Spiel): Der verrückte Versicherungsmarkt

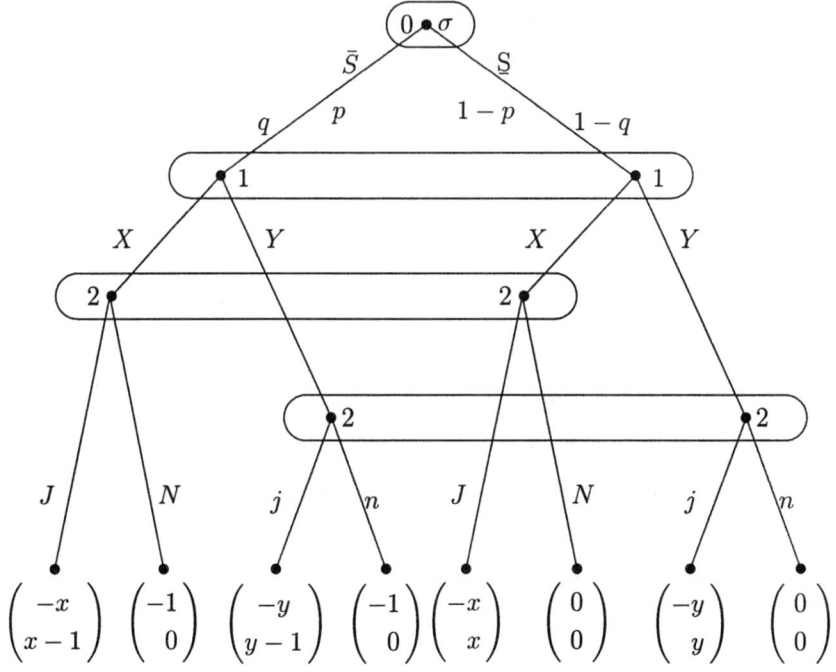

Abbildung 5.10

Das Spiel beginnt mit dem fiktiven initialen Zufallszug, der festlegt, ob der Spieler 1 ein hohes Schadensrisiko $\bar{S}$ (mit dem erwarteten Schaden von -1) oder ein niedriges Schadensrisiko $\underline{S}$ (mit dem erwarteten Schaden von 0) darstellt. Während 1 den Typ $\bar{S}$ mit Wahrscheinlichkeit p mit $0 \leq p \leq 1$ erwartet, ist die analoge Wahrscheinlichkeit für den 2 durch q mit $0 \leq q \leq 1$ gegeben. Beide Spieler seien risikoneutral, d.h. nur an der erwarteten Geldauszahlung interessiert.

In Unkenntnis, ob nun $\bar{S}$ oder $\underline{S}$ vorliegt, sollen Spieler 1 (der zu Versichernde) und Spieler 2 (die Versicherung) ultimativ darüber verhandeln, ob sie einen Versicherungsvertrag X oder Y mit der Prämienzahlung x bzw. y des 1 an den 2 abschließen, wobei

$$1 > x > y > 0.$$

Schlägt Spieler 1 den Vertrag X vor, so wird Spieler 2 dieses Angebot annehmen (J), falls der Auszahlungserwartungswert des Spielers 2 für J mit

$q(x-1) + (1-q)x$ größer ist als der für N mit $q \cdot 0 + (1-q) \cdot 0 = 0$, d.h. falls $x > q$ gilt. Analog wird 2 das Vertragsultimatum Y akzeptieren, wenn $y > q$. Im Bereich $x > q$ kommt es stets zum Versicherungsvertrag gemäß dem perfekten Gleichgewicht

$$s = (s_1, s_2) = \begin{cases} (Y, (J, j)) & \text{für } y > q \\ (X, (J, n)) & \text{für } x > q > y. \end{cases}$$

Im Bereich $q > x$ kommt es zu keinem Vertragsabschluß, da Spieler 2 beide Verträge ablehnen würde.

Gilt also $q = 0$, so wird es stets zum Versicherungsvertrag Y mit der für den 1 günstigen Prämienzahlung y kommen. Im Extremfall $p = 1$ und $q = 0$ kommt es damit zum Versicherungsvertrag Y, über den beide Parteien offensichtlich sehr glücklich sind: Der 1 hat seinen subjektiv als sicher erachteten Schaden auf den 2 abgewälzt. Seine Auszahlung steigt durch den Versicherungsvertrag Y von -1 auf $-y$. Der 2 kassiert die positive Versicherungsprämie y für ein von ihm mit der subjektiven Wahrscheinlichkeit 0 erwartetes Schadensrisiko. Seine Auszahlung steigt durch den Vertrag von 0 auf y.

Man beachte, daß durch den Abschluß der Versicherung sowohl im Fall $\underline{S}$ als auch im Fall $\overline{S}$ lediglich eine Umverteilung stattfindet, da sich die Auszahlungen beider Parteien im Fall $\overline{S}$ zu -1 und im Fall $\underline{S}$ zu 0 aufaddieren. Da beide Parteien risikoneutral sind, ist der einzige Grund für den Abschluß des Versicherungsvertrages damit die Inkonsistenz der unvollständigen Information.

Gemäß John C. Harsanyi, der die Spiele mit unvollständiger Information allgemein eingeführt hat (HARSANYI, 1967/68, vgl. aber auch VICKREY, 1961, sowie den Überblicksartikel von SELTEN, 1982), kann bei vollständig rationalen Spielern nur der Fall konsistenter unvollständiger Information vorliegen. Vollständig rationale Spieler würden aus der Kenntnis, daß andere rationale Spieler andere subjektive Erwartungen haben, ableiten, daß diese Spieler entsprechende Signale erhalten haben. Dies müßte den betrachteten Spieler veranlassen, seine eigenen a priori-beliefs entsprechend zu revidieren. Allgemein bekannte Inkonsistenzen führen also gemäß der **Harsanyi-Doktrin** zu Revisionen der a priori-beliefs, die erst dann ausbleiben, wenn der Fall konsistenter unvollständiger Information erreicht ist.

Wir wollen hier die philosophische Debatte, ob inkonsistente unvollständige Information der Rationalitätsannahme widerspricht, nicht weiter vertiefen. Man kann rein pragmatisch den Fall inkonsistenter unvollständiger Information dann unterstellen, wenn dies den tatsächlichen Gegebenheiten der zu behandelnden Entscheidungssituation gut entspricht, wenn also die extreme Rationalitätsannahme der Harsanyi-Doktrin offensichtlich verletzt ist.

5.2.4 Das Revelationsprinzip und das (Bei)Spiel "Wie verkauft man öffentliche Güter?"

Es wurde oben illustriert, daß sich unvollständige Information allgemein über die Spielregeln stets als unvollständige Kenntnis der Auszahlungsfunktion und damit des Typs der Spieler strategisch adäquat darstellen läßt. In Spielen mit unvollständiger Information kann man daher allgemein von der Situation mehr und oder minder privater Information über die eigene Auszahlungsfunktion ausgehen.

In direkten Mechanismen sind die Entscheidungen - mehr und oder minder wahre - Bewertungen von Spielergebnissen. Es sei $V_i = \{v_i^j : j = 1, .., m_i\}$ die Typenvielfalt des Spielers i, d.h. jede der m_i Auszahlungsfunktionen v_i^j des i wird von einem seiner Mitspieler als möglich angesehen. Im direkten Mechanismus ist V_i die Strategiemenge des i, d.h. der i kann unabhängig von seiner wahren Auszahlungsfunktion jede der m_i Auszahlungsfunktionen wählen. Ein **direkter Mechanismus** ist damit ein Spiel, in dem die Strategien die von anderen als möglich erwarteten Auszahlungsfunktionen der jeweiligen Spieler sind und in dem die Auszahlungsfunktion durch die wahre Auszahlungsfunktion determiniert wird, die jedem Spieler selbst bekannt sein soll. Man wählt eine beliebige, von den Mitspielern für möglich erachtete Auszahlungsfunktion als Strategie aus, obwohl natürlich das Resultat dieser Strategien, zum Beispiel die Güterallokation auf einem Markt, gemäß der wahren Auszahlungsfunktion bewertet wird.

Man **offenbart** in einem direkten Mechanismus seinen Typ, wenn man die wahre Auszahlungsfunktion mitteilt, d.h. die Strategie ist die ehrliche Mitteilung, wie man die Spielergebnisse beurteilt. Offenbaren sich alle Spieler, so verrät der Strategienvektor mithin alle privaten Informationen, d.h. es resultiert eine Situation, in der die Regeln allgemein bekannt sind. Dies erklärt das Interesse an direkten Mechanismen, in denen es rational ist, seinen Typ zu offenbaren. Ist der Vektor der wahren Auszahlungsfunktionen ein Gleichgewichtspunkt, so nennt man den direkten Mechanismus einen **Revelationsmechanismus**.

Das **Revelationstheorem** ist eine spieltheoretische Aussage, die es ermöglicht, die Analyse von Spielen mit privater Information faktisch zu vermeiden. Gemäß diesem Theorem gibt es nämlich zu jedem Spiel der zu betrachtenden Klasse von Spielen und jedem Gleichgewichtspunkt dieses Spiels einen Revelationsmechanismus, dessen Ergebnis (bei ehrlicher Angabe des wahren Auszahlungstyps durch alle Spieler) mit dem Ergebnis des betrachteten Gleichgewichts des vorgegebenen Spiels übereinstimmt. Akzeptiert man mithin als ad hoc Lösungskonzeption für Revelationsmechanismen, daß der Vektor der wahren Auszahlungsfunktionen die Lösung dieser Spiele darstellt, so kann man statt des ursprünglichen Spiels den ergebnisäquivalenten Revelationsmechanismus analysieren, in dem alle privaten Informationen offenbart werden.

Auch Revelationsmechanismen sind grundsätzlich Spiele mit unvollständiger Information. Da man aber gemäß der ad hoc-Lösungskonzeption von allgemeiner Ehrlichkeit ausgehen kann, offenbart die Lösung jedoch vollständig die private Information. Hierdurch werden alle diejenigen Probleme vermieden, die das Lösen von Spielen mit unvollständiger Information normalerweise erschweren. In Revelationsmechanismen braucht ein Spieler lediglich ehrlich zu offenbaren, was er weiß; für strategische Kalküle der Informationsverhüllung gibt es gemäß der ad hoc-Lösungskonzeption keinen Anlaß.

Hier soll das Revelationstheorem nicht abstrakt, sondern anhand eines konkreten Allokationsproblems dargestellt und illustriert werden. Das erste (Bei)Spiel sind Auktionsmärkte für den Verkauf einer Einheit eines unteilbaren Gutes.

Das (Bei)Spiel "Auktionsmärkte"

Es soll ein einmaliges und unteilbares Gut in Form einer Auktion mit den $n \, (\geq 2)$ Bietern $i = 1, ..., n$ verkauft werden. Mit $v_i \, (\geq 0)$ sei der wahre Wert des Bieters i bezeichnet. Das ist der Preis, bei dem der i genau zwischen Kauf und Nichtkauf des Gutes indifferent wäre. Der erste Schritt bei Anwendung des Revelationstheorems ist die Einführung eines direkten Mechanismus.

Im vorliegenden (Bei)Spiel besagt dies, daß die Bieter nur einfache Gebote $b_i \, (\geq 0)$ abgeben können, die einem wahren Wert mathematisch äquivalent sind. Durch den **direkten Mechanismus** $\mu = [q_1 \, (\cdot), ..., q_n \, (\cdot); p_1 \, (\cdot), ..., p_n \, (\cdot)]$ wird jedem möglichen Gebotsvektor $b = (b_1, ..., b_n)$ mit $b_i \geq 0$ für $i = 1, ..., n$ die Zuteilungswahrscheinlichkeit $q_i \, (b)$ und die zu leistende Zahlung $p_i \, (b)$ zugeordnet. Im Fall des Gebotsvektors b erhält mithin Spieler i das Gut mit Wahrscheinlichkeit $q_i(b)$, wobei $q_1(b) + ... + q_n(b) \leq 1$ gelten muß. Hierfür muß er $p_i(b)$ zahlen, unabhängig davon, ob ihm das Gut zugeteilt wird oder nicht. Im Falle deterministischer Mechanismen gilt $q_i \, (b) > 0$ für höchstens einen Bieter i.

Ein direkter Mechanismus μ heißt **Revelationsmechanismus**, falls für alle Vektoren wahrer Werte $v = (v_1, ..., v_n)$ der ehrliche Gebotsvektor $b = v$ ein Gleichgewicht ist. Gilt $q_i \, (b) = 1$ und $p_i \, (b) = \max \{b_j : j \neq i\}$ sowie $p_j \, (b) = 0$ für $j \neq i$ mit $b_i \geq b_j$ für alle $j \neq i$, so ist $b = v$ nicht nur gleichgewichtig, sondern auch der einzige Vektor undominierter Strategien (vgl. VICKREY, 1961). Es ist damit ein Revelationsmechanismus gegeben. Um im allgemeinen einen solchen Revelationsmechanismus μ konkret zu bestimmen, muß man die Erwartungen eines Bieters $i = 1, ..., n$ über die wahren Werte v_j seiner Mitbieter $j \neq i$ einführen. Unterstellt man unabhängige wahre Werte (man spricht dann von einer private-value-Auktion) und konsistente Erwartungen, so kann die Erwartung des i bezüglich v_j mit $j \neq i$ durch eine Wahrscheinlichkeitsverteilung $F \, (v_j)$ mit der Dichte $f_j \, (v_j)$ beschrieben werden. Wir bezeichnen eine beliebige Auktion mit den Erwartungen $F = (F_1, ..., F_n)$ als Auktionsspiel $G(F)$.

Das Revelationstheorem sagt aus, daß sich zu jedem Auktionsspiel $G(F)$ und jedem Gleichgewichtspunkt s^* von $G(F)$ ein allokationsäquivalenter Revelationsmechanismus μ konstruieren läßt, d.h. $b = v$ im durch μ definierten Spiel impliziert für alle Beteiligten dieselben Zuteilungs- und Zahlungserwartungen wie s^* in $G(F)$. Ausgehend von einem Gleichgewicht s^* in $G(F)$ bestimmt man zunächst für jeden Vektor $\widehat{v} = (\widehat{v}_1, ..., \widehat{v}_n)$ von Wertäußerungen die durch s^* und $G(F)$ implizierten Zuteilungswahrscheinlichkeiten $q_i(s^*(\widehat{v}))$ und Erwartungszahlungen $p_i(s^*(\widehat{v}))$ für alle Bieter $i = 1, ..., n$ im ursprünglichen Spiel $G(F)$. Abstrahiert man von gemischten Strategien, d.h. ist $s_i^*(\widehat{v}_i)$ für alle $\widehat{v}_i$ und alle Bieter i ein reiner Zug, so wird die Zuteilungswahrscheinlichkeit $q_i(\widehat{v}_i)$ und die Erwartungszahlung $p_i(\widehat{v}_i)$ für alle $\widehat{v}$ und alle Bieter i im Revelationsmechanismus μ wie folgt definiert:

$$\left. \begin{array}{l} q_i(\widehat{v}) = q_i(s^*(\widehat{v})) \\ p_i(\widehat{v}) = p_i(s^*(\widehat{v})) \end{array} \right\} \text{ für } i = 1, ..., n \text{ und alle Vektoren } \widehat{v} = (\widehat{v}_1, ..., \widehat{v}_n)$$

Da im Spiel $G(F)$ eine Abweichung von $s_i^*(v_i)$ nicht lohnt, kann auch im durch μ und F definierten Spiel Bieter i mit Wert v_i nicht seine Auszahlungserwartung erhöhen, falls er $\widehat{v}_i \neq v_i$ statt $\widehat{v}_i = v_i$ verkündet. Wäre letzteres möglich, so würde dies der Optimalität von $(s_i^*(\widehat{v}_i))$ für alle $\widehat{v}_i$ widersprechen. Dies beweist, daß der so definierte direkte Mechanismus μ ein Revelationsmechanismus ist.

Das (Bei)Spiel "Private Bereitstellung öffentlicher Güter"

Das zweite Allokationsproblem ist die Bereitstellung öffentlicher Güter, wie sie als privates Angebot gewinnorientierter Anbieter von GÜTH und HELLWIG (1986a und 1986b) und ROB (1989, hier wird von einer Umweltbelästigung statt von einem öffentlichen Gut ausgegangen) behandelt wird. Unsere Darstellung hier stützt sich vor allem auf GÜTH und HELLWIG (1986a und 1986b).

Wir sprechen dann von einem **öffentlichen Gut**, wenn es nicht möglich ist, einzelne Nachfrager vom Gebrauch dieses Guts auszuschließen. So können sich zum Beispiel alle Passanten an einer Skulptur erfreuen, die an einer öffentlich zugänglichen Straße aufgestellt wird. In der Finanzwissenschaft wird in aller Regel die Bereitstellung öffentlicher Güter durch öffentlich rechtliche Körperschaften unterstellt. Man kann jedoch auch von einem privaten Angebot ausgehen. Ein solcher Anbieter wird versuchen, aus der Bereitstellung des öffentlichen Gutes einen möglichst hohen Gewinn zu erzielen.

Die Nachfrager $i = 1, ..., n (\geq 1)$ sollen dem Konsum des bereitzustellenden Gutes die monetären Werte $v_i \in [0, 1]$ zuordnen. Die Bereitstellungskosten $C(\geq 0)$ dieser Güterversorgung seien allgemein bekannt. Der Wert v_i sei nur dem Nachfrager selbst bekannt. Alle anderen Beteiligten erwarten v_i gemäß der uniformen Dichte auf dem Intervall $[0,1]$, d.h. alle anderen Beteiligten erwarten einen Wert $v_i \leq r$, $r \in [0,1]$, mit der Wahrscheinlichkeit r. Wir unterstellen damit, daß alle wahren erwarteten Werte $v_i(i = 1, ..., n)$ unabhängig und identisch verteilt sind, d.h. den sogenannten iid (independent identical distribution)-Fall.

Der Entscheidungsablauf sei hier verbal beschrieben, da wegen der unendlichen Zugmöglichkeiten eine Baumdarstellung nicht ohne weiteres möglich ist:

Der fiktive initiale Zufallszug: Der Zufall wählt für $i = 1, ..., n$ den Wert $v_i \in [0,1]$ gemäß der uniformen Zufallsdichte auf $[0,1]$ aus. Der Wert v_i wird nur dem i selbst offenbart.

Angebotsentscheidung: Der Anbieter bestimmt die Regeln, gemäß denen über die Bereitstellung des öffentlichen Gutes entschieden wird. Dieses Angebot wird bekanntgegeben.

Nachfrageraktionen: Jeder Nachfrager wählt eine der möglichen Entscheidungen, die gemäß dem angebotenen Bereitstellungsmechanismus für ihn möglich sind.

Generell müssen die Regeln festlegen, welche Aktionen s_i den Spielern $i = 1, ..., n$ möglich sind, d.h. es müssen die Strategiemengen $S_1, ..., S_n$ fixiert werden. Ferner muß bestimmt werden, mit welcher Wahrscheinlichkeit q das öffentliche Gut angeboten wird, wenn der Strategienvektor $s = (s_1, ..., s_n)$ realisiert wird, und welche Kosten $p_i(s)$ den Nachfragern $i = 1, ..., n$ entstehen. Formal kann ein Mechanismus damit durch

$$\mu = (S_1, ..., S_n; q(\cdot); p_1(\cdot), ..., p_n(\cdot))$$

beschrieben werden. $q(\cdot)$ und $p_i(\cdot)$ für $i = 1, ..., n$ sind Funktionen, die jedem Strategienvektor s die Wahrscheinlichkeit $q(s)$ der Bereitstellung des Gutes bzw. den Kostenbetrag zuordnen, der durch den i zu entrichten ist. Hierbei ist es durchaus möglich, daß $p_i(s) > 0$, obwohl $q(s) = 0$. Wir sind nunmehr in der Lage, die Auszahlungsfunktion des Spiels zu definieren. Der angebotene Mechanismus μ bestimmt die Spielerauszahlungen wie folgt:

$$\left(\sum_{i=1}^{n} p_i(s) \right) - Cq(s)$$

ist der Gewinn des Anbieters, falls der Strategienvektor s realisiert wird, da er von den Konsumenten $i = 1, ..., n$ die Beträge p_i einnimmt und da ihm die Kosten C nur bei Bereitstellung des Gutes entstehen.

Für die Konsumenten ergeben sich die Auszahlungen gemäß

$$v_i q(s) - p_i(s),$$

d.h. aus dem erwarteten Nutzen durch das öffentliche Gut abzüglich des Kostenbetrages $p_i(s)$. Da unterschiedliche Typen $v_i \in [0,1]$ unterschiedliche Aktionen $s_i \in S_i$ wählen können, hat ein Spieler unter Umständen nur probabilistische Erwartungen bezüglich s. Für die vorgegebenen beliefs bezüglich der wahren Werte der (anderen) Konsumenten lassen sich die Erwartungsauszahlungen, an denen sich die Spieler orientieren müssen, in der üblichen Weise mit Hilfe der Auszahlungen für die verschiedenen Partien definieren.

Eine natürliche Art von Mechanismen $\mu = (S_1, ..., S_n; q(\cdot); p_1(\cdot), ..., p_n(\cdot))$ für die Bereitstellung öffentlicher Güter sind die **direkten Mechanismen** mit

$$S_i = [0,1] \text{ für } i = 1, ..., n.$$

Diese Mechanismen basieren auf der Idee, daß jeder Nachfrager eine monetäre Bewertung $s_i \in [0,1]$ des öffentlichen Gutes angibt, die nicht notwendig seiner wahren Bewertung v_i entsprechen muß, und daß aufgrund der angegebenen monetären Werte $s_1, ..., s_n$ über die Bereitstellung des öffentlichen Gutes sowie über die individuellen Kostenbeiträge entschieden wird. Ist für einen direkten Mechanismus $\mu = ([0,1], ..., [0,1]; q(\cdot); p_1(\cdot), ..., p_n(\cdot))$ der Vektor $s = (s_1, ..., s_n) = v = (v_1, ..., v_n)$ für fast alle (d.h. bis auf eine Nullmenge) Typenkonstellationen $v = (v_1, ..., v_n) \in [0,1] \times ... \times [0,1]$ ein Gleichgewichtspunkt, so nennen wir μ einen **Offenbarungs- bzw. Revelationsmechanismus.**

Zwei beliebige Mechanismen werden **äquivalent** genannt, wenn sie gemäß ihren Lösungen dieselbe Bereitstellungswahrscheinlichkeit sowie dieselben individuellen Kostenerwartungen für alle möglichen Typenkonstellationen

$$v = (v_1, ..., v_n) \in [0,1] \times ... \times [0,1]$$

implizieren. Für alle Beteiligten ist es also unerheblich, welcher Mechanismus aus einer Klasse äquivalenter Mechanismen ausgewählt wird, da die relevanten Auszahlungserwartungen für alle diese Mechanismen identisch sind. Wir können nun für unsere spezielle Situation das Offenbarungs- bzw. Revelationstheorem formulieren:

Revelationstheorem: Für jeden beliebigen Mechanismus $\mu = (S_1, ..., S_n; q(\cdot); p_1(\cdot), ..., p_n(\cdot))$ und jedes Gleichgewicht $s^* = (s_1^*, ..., s_n^*)$ von μ existiert ein Revelationsmechanismus, der zu diesem äquivalent ist. $\square$

Gemäß dem Revelationstheorem kann jedes Gleichgewicht s^* des vorgegebenen beliebigen Mechanismus μ als Lösung von μ angesehen werden, während einzig das wahrheitsgemäße Offenbaren $s = v$ für alle Typenkonstellationen v als Lösung des Revelationsmechanismus angesehen wird. Das Revelationstheorem basiert mithin auf der ad hoc-Lösungskonzeption $s = v$ für Revelationsmechanismen.

Beweis des Revelationstheorems: Man kann das Revelationstheorem konstruktiv beweisen, indem man für einen beliebigen Mechanismus $\mu =$

$(S_1, ..., S_n; q(\cdot); p_1(\cdot), ..., p_n(\cdot))$ und einen Gleichgewichtspunkt s^* von μ einen äquivalenten Revelationsmechanismus $\widehat{\mu}([0,1], ..., [0,1]; \widehat{q}(\cdot); \widehat{p}_1(\cdot), ..., \widehat{p}_n(\cdot))$ bestimmt. Wir definieren für alle $\widehat{s} = (\widehat{s}_1, ..., \widehat{s}_n) \in [0,1] \times ... \times [0,1]$

(i) die durch den Revelationsmechanismus $\widehat{\mu}$ implizierte Bereitstellungswahr-scheinlichkeit $\widehat{q}(s)$ durch

$$\widehat{q}(s) = \int\limits_{S_1 \times ... \times S_n} q(s^*)\, ds_1^*(s_1, \widehat{s}_1) ... ds_n^*(s_n, \widehat{s}_n),$$

wobei für $i = 1, ..., n$ durch $s_i^*(\cdot, \widehat{s}_i)$ die (gemischte) Strategie des Typs $\widehat{s}_i \in [0,1]$ bezeichnet wird, sowie

(ii) für $i = 1, ..., n$ den Kostenbetrag

$$\widehat{p}_i(s) = \int\limits_{S_1 \times ... \times S_n} p_i(s^*)\, ds_1^*(s_1, \widehat{s}_1) ... ds_n^*(s_n, \widehat{s}_n),$$

den der Konsument i gemäß $\widehat{\mu}$ zu entrichten hat.

Die Schreibweise $ds_i^*(s_i, \widehat{s}_i)$ bzw. $\frac{ds_i^*(s_i, \widehat{s}_i)}{ds_i} ds_i$ besagt, daß bei der Integration über alle $s_i \in S_i$ mit der durch die (gemischte) Strategie $s_i^*(\cdot, \widehat{s}_i)$ des Typs $\widehat{s}_i \in [0,1]$ bestimmten Wahrscheinlichkeitsdichte $\frac{ds_i^*(s_i, \widehat{s}_i)}{ds_i}$ über S_i gewichtet wird. Diese Definitionen von $\widehat{q}(\cdot)$ und $\widehat{p}_1(\cdot), ..., \widehat{p}_n(\cdot)$ implizieren, daß μ und $\widehat{\mu}$ äquivalent sind. Es bleibt damit lediglich zu zeigen, daß durch $s = v$ für alle Typenkonstellationen $v = (v_1, ..., v_n) \in [0,1] \times ... \times [0,1]$ ein Gleichge-wichtspunkt von $\widehat{\mu} = ([0,1], ..., [0,1]; \widehat{q}(\cdot); \widehat{p}_1(\cdot), ..., \widehat{p}_n(\cdot))$ gegeben ist.

Gemäß der Äquivalenz von μ und $\widehat{\mu}$ implizieren beide Mechanismen für alle Typenkonstellationen $v = (v_1, ..., v_n) \in [0,1] \times ... \times [0,1]$ und jeden Spieler dieselbe Auszahlungserwartung. Wir unterstellen, daß für einen Nachfrager $i = 1, ..., n$ und eine Nichtnullmenge von Typen $v_i \in [0,1]$ die Strategie $s_i = v_i$ keine optimale Antwort auf die allgemeine Verhaltenserwartung $s = v$ darstellt. Damit existiert für alle diese v_i eine andere (gemischte) Strategie $\widehat{s}_i(\cdot, v_i)$ mit

$$\int\limits_{[0,1] \times ... \times [0,1]} [v_i \widehat{q}(v_{-i}, \widehat{s}_i(v_i)) - \widehat{p}_i(v_{-i}, \widehat{s}_i(v_i))]\, dv_{-i} d\widehat{s}_i(s_i, v_i) >$$

$$\int\limits_{[0,1] \times ... \times [0,1]} [v_i \widehat{q}(v) - \widehat{p}_i(v)]\, dv_{-i}$$

Für den ursprünglichen Mechanismus μ muß daher eine (gemischte) Strategie $s_i(\cdot, v_i)$ existieren, die in Kombination mit s_{-i}^* dieselbe Auszahlungserwar-tung für μ wie $(v_{-i}, \widehat{s}_i(\cdot, v_i))$ für $\widehat{\mu}$ impliziert und daher eine bessere Antwort auf die Lösungsstrategien s_{-i}^* der anderen Spieler als die Lösungsstrategie

$s_i^*\left(\cdot, v_i\right)$ selbst darstellt. Analog zu der konstruktiven Definition von $\widehat{\mu}$ kann man die Strategie $s_i\left(\cdot, v_i\right)$ durch $\widehat{s}_i\left(\cdot, v_i\right)$ konstruieren, indem für alle (meßbaren) Teilmengen $S_i' \subset S_i$ die Wahrscheinlichkeit $s_i\left(S_i', v_i\right)$ angibt, mit der gemäß der (gemischten) Strategie $s_i\left(\cdot, v_i\right)$ eine Strategie $s_i \in S_i'$ ausgewählt wird:

$$s_i\left(S_i', v_i\right) = \int\limits_{[0,1]} s_i^*\left(S_i', s_i\right) \frac{d\widehat{s}_i\left(s_i, v_i\right)}{ds_i} ds_i.$$

Hierbei ist $\frac{d\widehat{s}_i(s_i, v_i)}{ds_i}$ die Wahrscheinlichkeitsdichte auf $[0,1]$ gemäß der (gemischten) Strategie $\widehat{s}_i\left(\cdot, v_i\right)$ und $s_i^*\left(S_i', s_i\right)$ die Wahrscheinlichkeit, mit der der Typ $s_i \in [0,1]$ eine Strategie aus S_i' gemäß seiner Lösungsstrategie $s_i^*\left(\cdot, s_i\right)$ von μ verwendet. Gemäß dieser Definition impliziert $s_i\left(\cdot, v_i\right)$ im Zusammenhang mit s_{-i}^* für jede betrachtete Menge S_i' dieselbe Bereitstellungswahrscheinlichkeit und dieselben erwarteten Kostenbeträge wie $\widehat{s}_i\left(\cdot, v_i\right)$ im Zusammenhang mit v_{-i} für den Revelationsmechanismus $\widehat{\mu}$. Damit ist $s_i\left(\cdot, v_i\right)$ eine bessere Antwort auf s_{-i}^* als $s_i^*\left(\cdot, v_i\right)$, was der Gleichgewichtseigenschaft von s^* für μ widerspricht. Damit ist für fast alle v_i die Strategie v_i beste Antwort auf v_{-i} beim Mechanismus $\widehat{\mu}$, d.h. die Menge aller $v_i \in [0,1]$, auf die diese Aussage nicht zutrifft, hat das (Lebesgue-)Maß Null. $\qquad\Box$

Gemäß dem Revelationstheorem kann man sich auf Revelationsmechanismen beschränken, wenn man zum Beispiel feststellen will, welchen maximalen Gewinn der Anbieter mit der Bereitstellung des öffentlichen Gutes erzielen kann oder welches Wohlfahrtsniveau im Sinne der Summe von Produzenten- und Konsumentenrenten auf diesem Markt erzielbar ist (vgl. hierzu GÜTH und HELLWIG, 1986a und 1986b, die diese Fragen für monopolistisches und oligopolistisches Angebot im Rahmen eines allgemeineren Modells beantworten). Allerdings sind diese Aussagen mit einer fundamentalen Sensibilität behaftet. In der Regel ändern sich die gewinn- bzw. wohlfahrtsoptimalen Revelationsmechanismen sowie ihre Ergebnisse, wenn man von anderen beliefs bezüglich der wahren Werte $v_{-i} = \left(v_j\right)_{j \neq i}$ seiner Mitspieler ausgeht. Diese als allgemein bekannt (common knowledge) unterstellten beliefs aller Beteiligten werden sich aber in der Regel sehr rasch verändern, da jede strategische Interaktion dazu führen kann, daß die beliefs korrigiert werden müssen (vgl. hierzu GÜTH und HELLWIG, 1986a und 1986b, in deren Modell die Konsumenten zunächst den Mechanismus μ akzeptieren müssen, bevor sie gemäß dem Mechanismus μ interagieren, was schon die ursprünglichen beliefs verändern kann). Man müßte daher ständig neue Allokationsregeln einführen, was kaum praktikabel erscheint.

Dies verdeutlicht, daß das Revelationstheorem vor allem dann hilfreich ist, wenn man die Grenzen möglicher Allokationsergebnisse erforschen will. Will man hingegen Empfehlungen für die Praxis geben, so wird man sich mit Mechanismen beschäftigen müssen, die für große Bereiche möglicher beliefs gute Allokationseigenschaften aufweisen (vgl. zum Beispiel WILSON, 1984).

5.3 Lösungskonzepte für Spiele in Agenten-normalform

Offenbar entspricht jeder Strategie eines Spielers $j = 1, ..., K$ der Agentennormalform $G(T)$ ein Zug in der extensiven Form T und umgekehrt. Abgesehen vom teilspielperfekten und sequentiellen Gleichgewicht lassen sich unsere Lösungserfordernisse für extensive Spiele T auf natürliche Weise in Lösungskonzepte für Normalformspiele übersetzen. Die Schwierigkeit bei der Umsetzung des sequentiellen Gleichgewichtsbegriffs von der sequentiellen zur statischen Darstellungsweise beruht darauf, daß wegen der Gleichzeitigkeit der Wahl der Strategien s_j Schlußfolgerungen aus vorherigen Zügen unmöglich sind. Da Perfektheit Sequentialität und Teilspielperfektheit impliziert und Perfektheit sowie Sequentialität generisch übereinstimmen, ist dies jedoch kein gravierender Nachteil der Agentennormalform.

Das Verfahren der wiederholten Elimination dominierter und inferiorer Strategien kann unverändert übernommen werden. Ohnehin eliminiert man in der extensiven Form dominierte Strategien meist derart, daß man dominierte bzw. inferiore Züge, also dominierte bzw. inferiore Strategien der Agentennormalform ausschließt.

Der Gleichgewichtsbegriff läßt sich direkt auf Spiele in Agentennormalform übertragen. Da Teilspiele in der Agentennormalform nicht mehr erkennbar sind, ist Teilspielperfektheit kein sinnvolles Lösungserfordernis für derartige Spiele. Allerdings wird der Begriff des Teilspiels durch den eines Zellspiels (HARSANYI und SELTEN, 1988) verallgemeinert. Da Zellspiele für die Agentennormalform definiert sind, kann man Teilspielperfektheit durch Zellspielperfektheit garantieren. Perfektheit und uniforme Perfektheit lassen sich direkt auf die Agentennormalform übertragen. Man kann daher Teilspielperfektheit auch dadurch gewährleisten, daß man nur perfekte oder uniform perfekte Gleichgewichtspunkte der Agentennormalform G als Lösungskandidaten von G in Betracht zieht.

Als Beispiel wollen wir nochmals kurz auf das Spiel "Signalisieren oder Verheimlichen" (vgl. die Abbildungen 5.9 und 4.18) eingehen, dessen Agentennormalform

$$G(T) = (S_1, S_2, S_3, S_4, U)$$

durch

$$S_1 = \{V_1 \mid \overline{A}, W_1 \mid \overline{A}\}$$
$$S_2 = \{V_1 \mid \underline{A}, W_1 \mid \underline{A}\}$$
$$S_3 = \{V_2 \mid V_1, W_2 \mid V_1\}$$
$$S_4 = \{V_2 \mid W_1, W_2 \mid W_1\}$$

und für alle $s = (s_1, ..., s_4)$ durch

$$
\begin{aligned}
U(s) &= (U_1(s), ..., U_4(s)) = \\
&= \left\{
\begin{array}{ll}
(4,4,4,4) & \text{für } s_0 = \overline{A}, s_1 = V_1 \mid \overline{A}, s_3 = V_2 \mid V_1 \\
(6,6,-1,-1) & \text{für } s_0 = \overline{A}, s_1 = V_1 \mid \overline{A}, s_3 = W_2 \mid V_1 \\
(-1,-1,6,6) & \text{für } s_0 = \overline{A}, s_1 = W_1 \mid \overline{A}, s_4 = V_2 \mid W_1 \\
(2,2,2,2) & \text{für } s_0 = \overline{A}, s_1 = W_1 \mid \overline{A}, s_4 = W_2 \mid W_1 \\
(1,1,1,1) & \text{für } s_0 = \underline{A}, s_2 = V_1 \mid \underline{A}, s_3 = V_2 \mid V_1 \\
(2,2,-2,-2) & \text{für } s_0 = \underline{A}, s_2 = V_1 \mid \underline{A}, s_3 = W_2 \mid V_1 \\
(-2,-2,2,2) & \text{für } s_0 = \underline{A}, s_2 = W_1 \mid \underline{A}, s_4 = V_2 \mid W_1 \\
(3,3,3,3) & \text{für } s_0 = \underline{A}, s_2 = W_1 \mid \underline{A}, s_4 = W_2 \mid W_1
\end{array}
\right.
\end{aligned}
$$

bestimmt ist.

Wir bestimmen zunächst das Ergebnis wiederholter Elimination dominierter bzw. inferiorer Strategien. Da die Strategie $V_1 \mid \overline{A}$ des Spielers 1 seine Strategie $W_1 \mid \overline{A}$ und die Strategie $V_2 \mid V_1$ des Spielers 3 seine Strategie $W_2 \mid V_1$ dominiert und da die Elimination dieser Strategien dazu führt, daß $W_2 \mid W_1$ von Spieler 4 seine Strategie $V_2 \mid W_1$ dominiert, was wiederum $W_1 \mid \underline{A}$ die Strategie $V_1 \mid \underline{A}$ des Spielers 2 dominieren läßt, führt wiederholte Elimination dominierter Strategien zum eindeutigen Ergebnis

$$
s^S = (s_1, s_2, s_3, s_4) = \left(V_1 \mid \overline{A}, W_1 \mid \underline{A}, V_2 \mid V_1, W_2 \mid W_1 \right),
$$

d.h. die Lösung signalisiert die Marktlage. Dieselbe Argumentation ist auch für jedes perturbierte Spiel (T, η) von T (mit $\overline{\eta}$ hinreichend klein) möglich.

Ferner zeigen wir, daß auch das pooling-Gleichgewicht

$$
s^P = \left(V_1 \mid \overline{A}, V_1 \mid \underline{A}, V_2 \mid V_1, V_2 \mid W_1 \right)
$$

perfekt ist. Hierfür müssen wir Perturbationen von $G(T)$ finden, die die Strategien der Spieler 2 und 4 zu optimalen Antworten in den perturbierten Spielen machen. Nun ist $s_2 = V_1 \mid \underline{A}$ besser als $s_2 = W_1 \mid \underline{A}$, sofern die Wahrscheinlichkeit für $s_4 = V_2 \mid W_1$ hinreichend groß ist (zum Beispiel größer als 0,4). Wählen die Spieler 1 und 2 ihre jeweilige Strategie $s_1 = V_1 \mid \overline{A}$ bzw. $s_2 = V_1 \mid \underline{A}$ mit derselben Wahrscheinlichkeit, so ist $s_4 = V_2 \mid W_1$ besser als $s_4 = W_2 \mid W_1$ für $w > 1/5$. Dies zeigt, daß das pooling-Gleichgewicht s^P ebenso perfektes Gleichgewicht des Agentennormalformspiels $G(T)$ ist wie das signaling-Gleichgewicht s^S. Das Beispiel verdeutlicht, daß Perfektheit dominierte Strategien ausschließt, nicht aber Strategien, die erst in späteren Schritten des Verfahrens ausgeschlossen werden.

Abschließend soll noch die uniforme Perfektheit des signaling- und pooling-Gleichgewichts geprüft werden. Da die dominanten Strategien $s_1 = V_1 \mid \overline{A}$ und $s_3 = V_2 \mid V_1$ mit der im uniform perturbierten Spiel maximalen Wahrscheinlichkeit $1 - \epsilon$ gewählt werden, ist die Bedingung dafür, daß $s_2 = V_1 \mid \underline{A}$

besser ist als $s_2 = W_1 \mid \underline{A}$, durch

$$p_4 > 2/5$$

gegeben. p_4 bezeichnet hierbei die Wahrscheinlichkeit für die Wahl von $s_4 = V_2 \mid W_1$. Analog ergibt sich die Bedingung, daß $s_4 = V_2 \mid W_1$ schlechter ist als $s_4 = W_2 \mid W_1$, als

$$4w\epsilon < (1-w)(1-p_2),$$

wobei p_2 die Wahrscheinlichkeit für $s_2 = V_1 \mid \underline{A}$ bezeichnet. Für $p_2 = \epsilon$ und ϵ hinreichend klein ist letztere Bedingung stets erfüllt. Für $p_2 = 1 - \epsilon$ ist sie nur erfüllt, falls $w < 1/5$.

Im folgenden sei ϵ positiv, aber hinreichend klein. Offenbar impliziert $p_2 = \epsilon$ die Optimalität von W_2 nach W_1 und damit $p_4 = \epsilon$. Wegen $p_4 < 2/5$ ist dann aber wiederum W_1 nach $\underline{A}$ optimal, d.h. $p_2 = \epsilon$. Damit ist gezeigt, daß die Wahl von

$$s^S = \left(V_1 \mid \overline{A}, W_1 \mid \underline{A}, V_2 \mid V_1, W_2 \mid W_1 \right)$$

mit jeweils maximaler Wahrscheinlichkeit $1 - \epsilon$ im ϵ-uniform perturbierten Spiel ein Gleichgewichtspunkt ist, d.h. s^S ist ein uniform perfektes Gleichgewicht des unperturbierten Spiels.

Für $w > 1/5$ ist auch das pooling-Gleichgewicht

$$s^P = \left(V_1 \mid \overline{A}, V_1 \mid \underline{A}, V_2 \mid V_1, V_2 \mid W_1 \right)$$

uniform perfekt, da für $w > 1/5$ und $p_2 = 1 - \epsilon$ der Zug V_2 nach W_1 optimal ist, d.h. $p_4 = 1 - \epsilon$ und damit $p_4 > 2/5$, wodurch die Ausgangsannahme $p_2 = 1 - \epsilon$ gerechtfertigt ist. Ob das signaling-Gleichgewicht s^S oder das pooling-Gleichgewicht s^P koexistieren, ergibt sich gemäß dem uniform perfekten Gleichgewichtsbegriff mithin aus der a priori-Wahrscheinlichkeit w für das Vorliegen der guten Marktlage $\overline{A}$: Ist die gute Marktlage $\overline{A}$ relativ unwahrscheinlich im Sinne von $w < 1/5$, so wird die Marktlage durch die Angebotsentscheidungen von Anbieter 1 offenbart. Ist $\overline{A}$ hingegen wahrscheinlich im Sinne von $w > 1/5$, so ist gemäß der uniformen Perfektheit sowohl die Marktlage signalisierendes als auch verheimlichendes Verhalten möglich.

(Bei)Spiel: Gebrauchtwagenkauf

Die im folgenden verbal skizzierte strategische Situation mit unvollständiger Information soll

a) als komplettierter Spielbaum dargestellt werden,

b) auf die Möglichkeit von signalisierenden und die Produktinformation verheimlichenden Gleichgewichten untersucht werden,

c) auf die Existenz von uniform perfekten signalisierenden und verheimlichenden Gleichgewichten geprüft werden.

Der Student V will sein Cabrio an K verkaufen. Allgemein ist bekannt, daß ein Anteil ω dieses Wagentyps Karosserieschäden aufweist, die für einen Laien nicht erkennbar sind. Eine "Zitrone", d.h. ein schlechter Gebrauchtwagen, hat den Wert 0, während ein Wagen ohne Schäden den Wert 1 für V und für den Cabriofan K den Wert 2 hat. V's Wagen hat keine Schäden, und er kennt auch den Zustand seines Wagens. Er weiß aber auch aus einer spieltheoretischen Vorlesung, daß er berücksichtigen muß, daß es den anderen Typ von ihm gibt, der eine "Zitrone" verkaufen will. Der Verkäufer entscheidet zunächst, ob er sein gutes Auto noch "polieren" (P) soll, was den Verkäufer des guten Cabrios nichts kostet, aber den Besitzer eines schlechten Wagens x kosten würde $(1 < x \leq 2)$; $\overline{P}$ bezeichnet den Zug nicht zu polieren. Danach legt er fest, ob er einen hohen Preis H mit $x < H < 2$ verlangen soll oder einen niedrigen Preis N mit $1 < N < x$. In Kenntnis des Wagenäußeren $\left(P \text{ oder } \overline{P}\right)$ und des Kaufpreises (H oder N) muß der Käufer dem Kauf zuzustimmen (z) oder abzulehnen (a). Für den Wahrscheinlichkeitswert ω soll die Bedingung $1 - \frac{H}{2} > \omega > 0$ gelten.

Wir werden nur knapp die Gründe für unsere Ergebnisse bezüglich a), b) und c) angeben, ohne dieselben ökonomisch zu interpretieren. Der Leser sollte dieses (Bei)Spiel als Übungsaufgabe betrachten, für dessen Lösung wir einige Anhaltspunkte geben.

a) Der komplettierte Spielbaum

Der komplettierte Spielbaum findet sich in der Abbildung 5.11. Es gibt mithin 6 Agenten des V und 4 des K. Wir definieren die Agenten und ihre Züge durch die Sequenz der vorherigen Züge, über die sie in ihrem Informationsbezirk Gewißheit haben. So bezeichnet zum Beispiel $H \mid (Z, P)$ die Entscheidung des Verkäufers, der eine Zitrone besitzt und sein Auto poliert hat, für den hohen Preis H.

b) Ein Signaling-Gleichgewicht:

$$s^S = \left(\begin{array}{c} P \mid \overline{Z}, N \mid (\overline{Z}, P), N \mid (\overline{Z}, \overline{P}), \overline{P} \mid Z, N \mid (Z, P), N \mid \\ (Z, \overline{P}), z \mid (N, P), \ a \mid \text{sonst} \end{array} \right)$$

Ein Pooling-Gleichgewicht:

$$s^P = \left(P \mid \overline{Z}, H \mid (\overline{Z}, P), H\left(\overline{Z}, \overline{P}\right), P \mid Z, H \mid (Z, P), H \mid (Z, \overline{P}), z \mid \text{immer} \right)$$

c) 1. Behauptung: Es gibt kein uniform perfektes signaling-Gleichgewicht in reinen Strategien.

Beweis: Wir bezeichnen mit $i \mid Z$ bzw. $i \mid \left(\widehat{Z}, \widetilde{Z}\right)$ den Agenten des Spielers i, der nach dem Zug Z bzw. der Zugfolge $\widehat{Z}, \widetilde{Z}$ zu entscheiden hat. Signaling impliziert, daß $1 \mid \overline{Z}$ den Zug P und $1 \mid Z$ den Zug $\overline{P}$ wählt. (Paradoxes signaling im Sinne von "$1 \mid \overline{Z}$ wählt $\overline{P}$ und $1 \mid Z$ wählt P" wäre nicht imitationssicher und damit ungleichgewichtig.) Damit aber der Zug $\overline{P}$ durch $1 \mid Z$ optimal ist, muß $1 \mid (\overline{Z}, P)$ den Zug N wählen, da sonst der $1 \mid Z$ durch die Wahl von P den $1 \mid \overline{Z}$ imitieren würde. Aus "N ist optimal für $1 \mid (\overline{Z}, P)$" folgt, daß a durch $2 \mid (H, P)$ mit maximaler Wahrscheinlichkeit $1 - \epsilon$ gewählt wird. Wenn aber daraufhin auch $1 \mid (Z, P)$ mit maximaler Wahrscheinlichkeit N verwendet, ist wegen

$$(2 - H)(1 - \omega)(1 - \epsilon)\epsilon - H\omega\epsilon^2 > 0 \text{ für } \epsilon \text{ hinreichend klein}$$

die Entscheidung für a durch den $2 \mid (H, P)$ nicht optimal, d.h. wir erhalten einen Widerspruch. $\square$

2. Behauptung: Das pooling-Gleichgewicht s^P ist uniform perfekt.

Beweis: Es bleibt nur zu zeigen, daß die Entscheidungen, die nicht eindeutig beste Antworten darstellen, auch im uniform gestörten Spiel mit maximaler Wahrscheinlichkeit gewählt werden können. Die Wahl von z durch $2 \mid (P, N)$ ist zum Beispiel rational, weil

$$(2 - N)(1 - \omega)(1 - \epsilon)\epsilon - N\omega(1 - \epsilon)\epsilon = (1 - \epsilon)\epsilon[2(1 - \omega) - N] > 0$$

für $2(1 - \omega) > N$ gilt und da $2(1 - \omega) > N$ aus $1 - \frac{H}{2} > \omega$ folgt. Die Optimalität von z in den sonstigen Fällen folgt analog wegen

$$1 - \frac{H}{2} > \omega.$$

$\square$

148

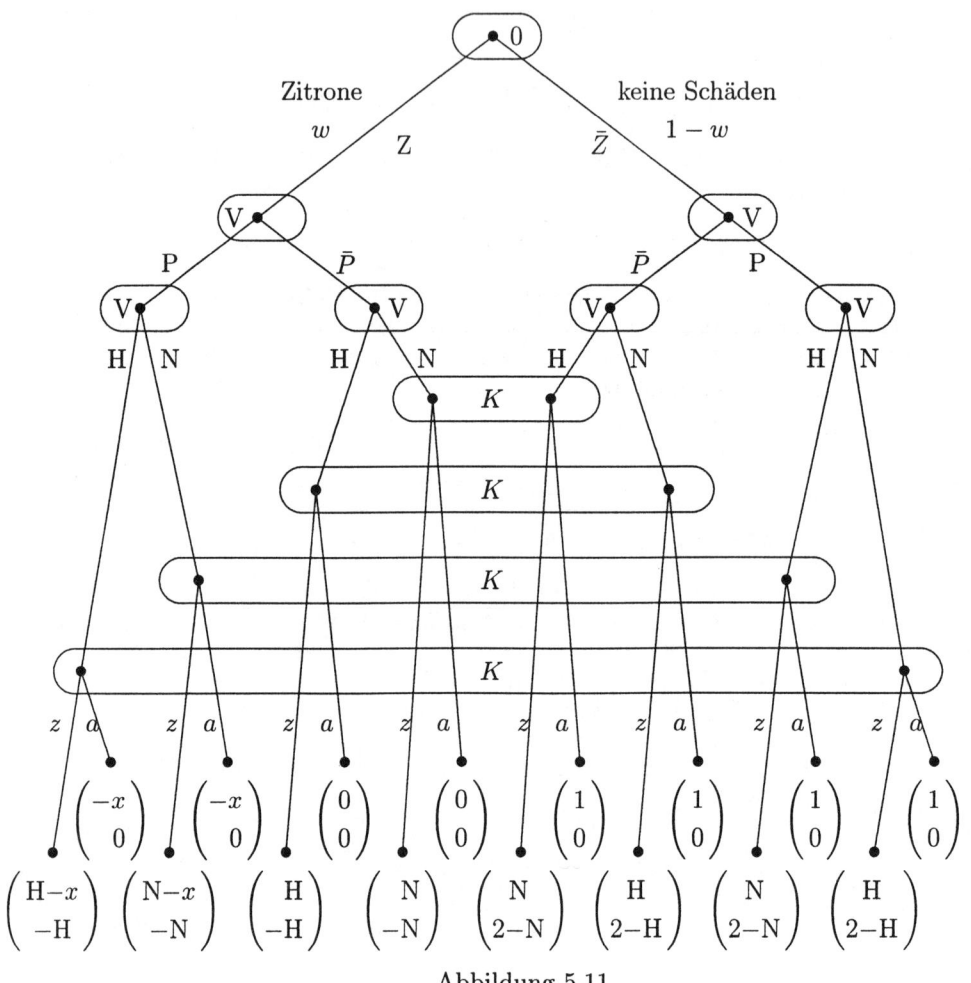

Abbildung 5.11

Kapitel 6

Spiele in Normalform

Während die Agentennormalform den Spieler durch die Gruppe seiner Agenten für die verschiedenen Informationsbezirke repräsentiert, basiert die Normalform auf dem zentralen Spielerbegriff. Gemäß der Normalform wählt der Spieler zwischen Strategien, d.h. vollständigen Verhaltensplänen, die für jeden Informationsbezirk dieses Spielers eine Entscheidung vorsehen. Für Spiele mit unvollständiger Information bzw. für ihre strategischen Äquivalente mit vollständiger Information impliziert dies natürlich konzeptionelle Probleme: Entweder man läßt den Spieler das Verhalten aller seiner Typen diktieren, d.h. geht vom zentralen Spielerbegriff aus, oder aber man unterstellt die Typen als Spieler. Im ersten Fall ist der Spieler ein rein spieltheoretisches Konstrukt, das real nicht existiert, im zweiten Fall ergibt sich die unerwünschte Konsequenz, daß der Spielerbegriff von der Interpretation des — typenbestimmenden — Zufallszuges abhängt.

6.1 Definition der Normalform

Formal wird ein n-Personen-Spiel G in Normalform durch den Vektor

$$G = (S_1, ..., S_n; (U_1, ..., U_n))$$

beschrieben, wobei für $i = 1, ..., n$ die Komponente S_i die Menge der reinen Strategien s_i des Spielers i und U_i die Auszahlungsfunktion ist, die jedem Vektor $s = (s_1, ..., s_n)$ reiner Strategien den kardinalen Nutzen $U_i(s)$ zuordnet, mit dem der i den durch s implizierten Spielausgang bewertet.

In der Regel beschränkt man die Entscheidungsmöglichkeiten der Spieler nicht auf die reinen Strategien, sondern läßt sie beliebige Wahrscheinlichkeitsverteilungen über der Menge reiner Strategien, also gemischte Strategien, wählen. Eine **gemischte Strategie** q_i ist hierbei eine Wahrscheinlichkeits-verteilung über S_i, d.h.

$$q_i : \quad S_i \to [0,1]$$
$$s_i \mapsto q_i\,(s_i)$$

mit

$$\sum_{s_i \in S_i} q_i\,(s_i) = 1.$$

Für einen gegebenen Vektor gemischter Strategien

$$q = (q_1, ..., q_n)$$

sind die Erwartungsauszahlungen $E_i\,(q)$ der Spieler $i = 1, ..., n$ wie folgt be-stimmt:

$$E_i\,(q) = \sum_{s \in S_1 \times ... \times S_n} \left(\prod_{j=1}^{n} q_j\,(s_j) \right) \cdot U_i\,(s) = \sum_{s \in S_1 \times ... \times S_n} q_1\,(s_1) \cdot ... \cdot q_n\,(s_n) \cdot U_i\,(s).$$

Wir bezeichnen mit Q_i die Menge der gemischten Strategien q_i des Spielers $i = 1, ..., n$.

Die sogenannte **gemischte Erweiterung**

$$QG = (Q_1, ..., Q_n; (E_1, ..., E_n))$$

des Spiels $G = (S_1, ..., S_n; (U_1, ..., U_n))$ in Normalform ist auch ein Spiel in Normalform, das aber in allen nicht trivialen Fällen über unendlich viele Stra-tegienvektoren q verfügt. Häufig wird in Fällen unendlich bzw. kontinuierlich vieler reiner Strategien das ursprüngliche Spiel G der Analyse zugrundege-legt. In Fällen endlicher Spiele G mit $\mid S_i \mid < \infty$ für $i = 1, ..., n$ ist die Existenz einer Lösung in der Regel nur für die gemischte Erweiterung QG gesichert (vgl. zum Beispiel NASH, 1950, und NIKAIDO und ISODA, 1955). Die ge-mischte Erweiterung QG von Spielen G mit unendlichen Strategienmengen erfordert Grundkenntnisse der Maßtheorie, sofern man nicht nur gemischte Strategien mit endlichen Trägern, d.h. $q_i(s_i) > 0$ für nur endliche viele reine Strategien s_i, zuläßt (vgl. ROSEN, 1965).

6.2 Das (Bei)Spiel: "Koalitionsbildung der Arbeitnehmer"

Hintergrund des folgenden einfachen Modells zur Bildung einer Gewerkschaft ist, daß Arbeitgeber und Gewerkschaft faktisch für alle Arbeitnehmer, ob ge-werkschaftlich organisiert oder nicht, die (Tarif)Löhne aushandeln. Wir wer-den sehen, daß diese Arbeitgeberpolitik (die gewerkschaftlich ausgehandelten

Tarifvereinbarungen auch auf nicht organisierte Arbeitnehmer zu übertragen) zu einem fundamentalen Existenzproblem der Gewerkschaft führen kann.

Das Spiel $G = (S_1, ..., S_n; (U_1, ..., U_n))$ sei wie folgt bestimmt:

$$S_i = \{0,1\} \text{ für } i = 1, ..., n \,(\geq 2)\,.$$

Hierbei bezeichnet $s_i = 1$ den Beitritt des i-ten Arbeitnehmers in die Gewerkschaft und $s_i = 0$, daß i der zu bildenden Gewerkschaft nicht beitritt. Für $s = (s_1, ..., s_n)$ ist dann

$$m(s) = \sum_{i=1}^{n} s_i$$

die Anzahl der Gewerkschaftsmitglieder. Für einen gegebenen Strategievektor s aller n Arbeitnehmer sei die Auszahlung $U_i(s)$ jedes Spielers $i = 1, ..., n$ wie folgt bestimmt:

$$U_i(s) = \begin{cases} T \cdot l^S + m(s) B\left(\frac{w}{2} - l^S\right), & \text{falls } s_i = 0 \\ T \cdot l^S + \left(m(s)\left(\frac{w}{2} - l^S\right) - 1\right) B, & \text{falls } s_i = 1, \end{cases}$$

wobei für die Auszahlungsparameter $T > 0$, $\frac{w}{2} > l^S > 0$ und $B > 0$ gelten soll.

Die Annahme über die Auszahlungen kann man dadurch rechtfertigen, daß Arbeitgeber und Gewerkschaft stets den Lohnsatz aushandeln, der den Überschuß der Verhandlungsgewinne über die sogenannten Konfliktgewinne auf beide Parteien gleich aufteilt. $T(> 0)$ ist die Länge der Tarifperiode gemessen in Arbeitsstunden, l^S mit $w/2 > l^S > 0$ ist der von der Arbeitgeberseite gebotene Lohnsatz, w die Produktivität je Arbeitsstunde. B ist der Mitgliedsbeitrag der Gewerkschaft gemessen in Streikstunden, für die Ausgleichszahlungen bereitgestellt werden können, d.h. bei einer Mitgliederzahl m kann $m \cdot B$ Arbeitsstunden gestreikt werden.

Falls es nicht zu einer Einigung über den auszuhandelnden Tariflohnsatz kommt, wird also nur $T - m \cdot B$ Stunden lang zum Lohnsatz l^S gearbeitet. Die Konfliktgewinne der Arbeitnehmer in Abhängigkeit von s sind damit

$$l^S (T - m(s)B)\,,$$

die der Arbeitgeber sind analog durch

$$(w - l^S)(T - m(s)B)$$

bestimmt. Kommt es hingegen zu einer Einigung in den kollektiven Lohnverhandlungen über einen Lohnsatz l, so erhalten die Arbeitnehmer $T \cdot l$ und die Arbeitgeber $(w - l) \cdot T$. Als Überschuß des Einigungs- über den Konfliktgewinn ergibt sich damit

$$\left(l - l^S\right)T + m(s)B \cdot l^S$$

für die Arbeitnehmerseite und

$$(w - l^S)m(s) \cdot B - (l - l^S) \cdot T$$

für die Arbeitgeberseite. Aus der Gleichsetzung beider Überschüsse bzw. Dividenden erhält man den Einigungslohnsatz

$$l^* = l^S + \frac{m\,(s)\,B}{T} \left(\frac{w}{2} - l^S\right)$$

und damit den Einigungsgewinn

$$T \cdot l^S + m\,(s)\,B \left(\frac{w}{2} - l^S\right)$$

für die Arbeitnehmerseite. Von diesem Einigungsgewinn muß im Falle von $s_i = 1$ noch der Beitrag B für die Gewerkschaft abgezogen werden, während ein nicht gewerkschaftlich organisierter Arbeitnehmer seinen Einigungsgewinn ungekürzt erhält.

Ein zusätzliches Gewerkschaftsmitglied erhöht mithin den Einigungsgewinn aller n Arbeitnehmer, da $\frac{w}{2} > l^S$ unterstellt wurde. Allerdings lohnt der Eintritt in die Gewerkschaft nur dann, wenn der marginale Effekt $\frac{w}{2} - l^S$ einer zusätzlichen Geldeinheit auf den Einigungsgewinn größer als 1 ist. Im Falle

$$\frac{w}{2} - l^S < 1$$

wird daher kein Arbeitnehmer der Gewerkschaft beitreten, d.h. der Strategienvektor $s^* = (s_1^*, ..., s_n^*)$ mit $s_i^* = 0$ für $i = 1, ..., n$ ist die offenbare Lösung des Spiels.

Im Fall $\frac{w}{2} - l^S < 1$ erhalten die Spieler also nur $T \cdot l^S$, obwohl bei hinreichender großer Anzahl n im Sinne von $n\left(\frac{w}{2} - l^S\right) > 1$ alle Arbeitnehmer mehr verdienen können, wenn sie geschlossen der Gewerkschaft beitreten. Wenn der marginale Effekt eines Gewerkschaftsbeitritts für den beitretenden Arbeitnehmer selbst nicht ausreicht, seinen Beitrag auszugleichen, ist die Gewerkschaft mithin fundamental in ihrer Existenz gefährdet, obwohl sie für alle Arbeitnehmer insgesamt eine sinnvolle Institution darstellt. Aufgrund dieses Modells müßten alle Arbeitnehmer den allgemeinen Organisationszwang (Pflichtgewerkschaft) begrüßen.

6.3   Matrixspiele

Für den Fall von nur zwei Spielern, $n = 2$, und endlichen Strategienmengen S_1 und S_2 bedient man sich häufig der **Bimatrixdarstellung** von Normalformspielen. Für

$$S_1 = \left\{s_1^1, ..., s_1^K\right\}$$

und

$$S_2 = \left\{ s_2^1, ..., s_2^L \right\}$$

wird $G = (S_1, S_2; (U_1, U_2))$ vollständig durch die folgende $K \times L$-Bimatrix beschrieben:

s_2 s_1	s_2^1	$\cdots$	s_2^L
s_1^1	$U_1\left(s_1^1, s_2^1\right)$ $\qquad U_2\left(s_1^1, s_2^1\right)$	$\cdots\cdots$	$U_1\left(s_1^1, s_2^L\right)$ $\qquad U_2\left(s_1^1, s_2^L\right)$
$\vdots$	$\vdots$	$\ddots$	$\vdots$
s_1^K	$U_1\left(s_1^K, s_2^1\right)$ $\qquad U_2\left(s_1^K, s_2^1\right)$	$\cdots\cdots$	$U_1\left(s_1^K, s_2^L\right)$ $\qquad U_2\left(s_1^K, s_2^L\right)$

Die Zeilen entsprechen den reinen Strategien s_1 von Spieler 1, die Spalten den reinen Strategien s_2 des Spielers 2. Jedes Matrixfeld ist also ein Strategienvektor $s = (s_1, s_2)$. Die Auszahlungsfunktionen U_1 und U_2 werden dadurch beschrieben, daß man in jedes Matrixfeld links oben den Nutzen $U_1(s)$ des 1 und rechts unten den Nutzen $U_2(s)$ des 2 einträgt. Damit sind alle Komponenten der Normalform $G = (S_1, S_2; (U_1, U_2))$ vollständig spezifiziert.

Wir stellen im folgenden bekannte Beispiele von Bimatrixspielen vor.

s_2 s_1	s_2^1	s_2^2
s_1^1	-1 $\qquad 1$	1 $\qquad -1$
s_1^2	1 $\qquad -1$	-1 $\qquad 1$

Abbildung 6.1: "(Bei)Spiel 'Knobeln' oder 'Matching g Pennies' "

Das Besondere am Spiel "Knobeln" (Abbildung 6.1) ist erstens, daß sich die Auszahlungen beider Spieler für alle Strategienvektoren stets zum gleichen Betrag aufaddieren. Man spricht aufgrund dieser Eigenschaft von **Nullsummen-** bzw. **Konstantsummenspielen**, die natürlich auch im n-Personen-Fall vorliegen können. Eine weitere Besonderheit dieses Spiels besteht darin, daß kein reiner Strategienvektor die Gleichgewichtsbedingung erfüllt. Dies

154

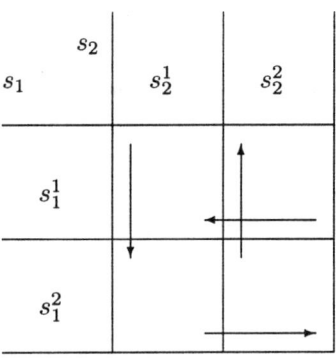

Abbildung 6.2

kann man leicht anhand des sogenannten Abweichungsdiagramms (Abbildung 6.2) verdeutlichen.

Der Abweichungspfeil deutet für jeden Spieler an, ob er von einem gegebenen Strategienvektor bzw. Matrixfeld $s = (s_1, s_2)$ abweichen (der Pfeil führt aus dem Matrixfeld heraus) oder lieber dort verharren möchte (die Spitze des Pfeils zeigt in das Matrixfeld hinein). Die waagerechten Pfeile beschreiben die Abweichungsanreize von Spieler 2, die senkrechten diejenigen von Spieler 1. Da aus jedem der vier Matrixfelder ein Abweichungspfeil herausführt, existiert kein Gleichgewichtspunkt in reinen Strategien. Die gemischte Erweiterung QG dieses Spiels hat den gemischten Gleichgewichtspunkt $q = (q_1, q_2)$, gemäß dem jeder Spieler jede seiner reinen Strategien mit der Wahrscheinlichkeit 1/2 realisiert und sich damit wirkungsvoll vor Entdeckung seiner Absichten schützt.

Das Gefangenendilemma – Spiel ist spieltheoretisch trivial, da beide Spieler i nur über eine einzige nicht-dominierte Strategie, nämlich s_i^2, verfügen, wie es aus dem Abweichungsdiagramm (Abbildung 6.4) deutlich wird. Der Gleichgewichtspunkt $s^2 = (s_1^2, s_2^2)$ ist damit die Lösung dieses Spiels.

Nun gilt für $s^1 = (s_1^1, s_2^1)$ aufgrund unserer Annahmen

$$U_i(s^1) = b_i > U_i(s^2) = c_i \quad \text{für } i = 1, 2,$$

d.h. der Gleichgewichtspunkt s^2 wird durch den Nicht-Gleichgewichtspunkt s^1 **auszahlungsdominiert**. Das Gefangenendilemma-Spiel ist vor allem deshalb so bekannt, weil es diesen Konflikt zwischen Gleichgewichtigkeit und Effizienz im Sinne von Auszahlungsdominanz zwischen Strategienvektoren so klar verdeutlicht.

Der Name dieses Spiels erklärt sich durch die Institution des Kronzeugen der Anklage. Spieler 1 und 2 seien wegen eines gemeinsam begangenen Delikts

s_2	s_2^1	s_2^2
s_1		
s_1^1	b_1 $\quad$ b_2	d_1 $\quad$ a_2
s_1^2	a_1 $\quad$ d_2	c_1 $\quad$ c_2

Abbildung 6.3: "Gefangenendilemma" oder "Prisoners' Dilemma"
mit $a_i > b_i > c_i > d_i$ für $i = 1, 2$

in Untersuchungshaft, aber noch nicht überführt. s_i^2 steht für Gestehen und Ausnutzen der Kronzeugenregelung, s_i^1 für Nichtgestehen. Das Verbrechen sei nachgewiesen, wenn mindestens einer der Delinquenten gesteht, ansonsten sei der Nachweis des Vergehens ausgeschlossen. Gestehen ist gemäß den Annahmen immer besser als Nichtgestehen und allgemeines Nichtgestehen auszahlungsdominiert allgemeines Gestehen. Einer besonderen Rechtfertigung bedarf die Annahme $a_i > c_i$: Ein Geständnis ist weniger vorteilhaft, wenn der andere auch gesteht. Offenbar soll hiermit ausgedrückt werden, daß ein Überangebot an potentiellen Kronzeugen die Vorteile (Strafverfolgungsfreiheit) des Kronzeugenstatus verringert.

Der Name des Spiels in Abbildung 6.5 verspricht mehr als er hält. Aus dem zugehörigen Abweichungsdiagramm der Abbildung 6.6 wird deutlich, daß das Spiel über zwei strikte Gleichgewichtspunkte, nämlich $s^1 = (s_1^1, s_2^1)$ und $s^2 = (s_1^2, s_2^2)$ verfügt. Während der 1 den Gleichgewichtspunkt s^1 vorzieht, ist dem 2 der Gleichgewichtspunkt s^2 lieber. Die Spieler sind also uneins darüber, welcher der beiden Gleichgewichtspunkte als Lösung auszuwählen ist oder ob gegebenenfalls der einzige vollständig gemischte Gleichgewichtspunkt $q = (q_1, q_2)$ mit

$$q_1(s_1^1) = \frac{c}{c+d} \quad \text{und} \quad q_2(s_2^1) = \frac{b}{a+b}$$

gespielt werden sollte. Gemäß dem gemischten Gleichgewichtspunkt wählen beide Spieler jeweils ihre reinen Strategien mit genau der Wahrscheinlichkeit, die den anderen zwischen der Wahl seiner beiden reinen Strategien indifferent werden läßt.

Wegen

$$E_1(q) = \frac{ab}{a+b} < b < a$$

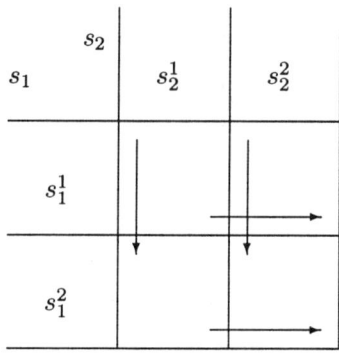

Abbildung 6.4

und

$$E_2\left(q\right)=\frac{cd}{c+d}<d<c$$

wird der gemischte Gleichgewichtpunkt durch beide strikten Gleichgewichtspunkte s^1 und s^2 auszahlungsdominiert. Allerdings wäre im Fall

$$a=c \text{ und } b=d$$

der gemischte Gleichgewichtspunkt dennoch nicht als Lösung auszuschließen, da man in diesem Spezialfall nur willkürlich zwischen s^1 und s^2 auswählen kann.

Der imposante Name dieses Spiels legt die Interpretation nahe, daß beide Spieler unterschiedlichen Geschlechts sind und daß beide eine Partnerschaft, d.h. die Wahl der gleichen Strategie, wünschen, aber in ihren Vorstellungen divergieren, ob die harmonische Strategienwahl s^1 oder s^2 wünschenswerter ist.

Unterstellt man abweichend vom Kampf der Geschlechter-Spiele, daß

$$a=d>0 \text{ und } b=c>0$$

für die Auszahlungsparameter gilt, so spricht man häufig von einem reinen **Koordinationsspiel**. Im Fall $a>b$ kann das Koordinationsproblem offenbar relativ einfach durch Auszahlungsdominanzüberlegungen gelöst werden. Gilt jedoch $a=b$, so kann der gemischte Gleichgewichtspunkt nicht ohne weiteres als Lösungskandidat ausgeschlossen werden.

Alle diese Beispiele (Kampf der Geschlechter, Koordinationsspiele) sind Sonderfälle sogenannter **Einstimmigkeitsspiele** oder unanimity games, gemäß denen es nur dann zu einer für alle Parteien vorteilhaften Einigung kommt,

s_1	s_2	s_2^1	s_2^2
s_1^1		a d	0 0
s_1^2		0 0	b c

Abbildung 6.5:

"Kampf der Geschlechter" oder "Battle of the Sexes" mit

a > b > 0 und c > d > 0

wenn alle Spieler denselben Vorschlag, d.h. dieselbe Strategie wählen. In allen anderen Fällen resultiert der Konflikt, hier der Nullgewinn, der die für alle Spieler schlechteste Auszahlung impliziert. Die Einstimmigkeitsspiele sind natürlich nicht auf zwei Spieler und zwei Kooperationsmöglichkeiten beschränkt.

Das Spiel der Abbildung 6.7 mit jeweils drei reinen Strategien beider Spieler verfügt über keinen Gleichgewichtspunkt in reinen Strategien, was man leicht mittels des Abweichungsdiagramms feststellt. Würde Spieler 2 nur s_2^1 und s_2^3 mit positiver Wahrscheinlichkeit realisieren, so sollte man offenbar die Strategie s_1^3 vermeiden. Wird aber s_1^3 mit Wahrscheinlichkeit 0 gewählt, so ist wiederum s_2^1 durch den Spieler 2 auszuschließen. Würde 2 nur s_2^1 und s_2^2 mit positiver Wahrscheinlichkeit verwenden, so ist offenbar s_1^1 unvorteilhaft und damit die Wahl von s_2^2 nicht zu rechtfertigen. Wird hingegen s_1^1 mit Wahrscheinlichkeit Null realisiert, so lohnt s_1^2 nicht, was wiederum der Wahl von s_2^3 mit positiver Wahrscheinlichkeit widerspricht. Damit ist gezeigt, daß Spieler 2 in einem gemischten Gleichgewichtspunkt alle drei reinen Strategien mit positiver Wahrscheinlichkeit verwenden muß. Aufgrund der Symmetrie des Spiels gilt dies natürlich auch für Spieler 1.

Da in einem vollständig gemischten Gleichgewichtspunkt (d.h. alle reinen Strategien werden mit positiver Wahrscheinlichkeit gewählt) alle reinen Strategien beste Antworten sein müssen, kann man den vollständig gemischten Gleichgewichtspunkt $q = (q_1, q_2)$ durch Gleichsetzen der Auszahlungserwartungen bestimmen. Für Spieler 1 sind die Auszahlungserwartungen wie folgt:

$$E_1\left(s_1^1, q_2\right) = 99\, q_2^1 + 99\, q_2^2 + 100\left(1 - q_2^1 - q_2^2\right)$$

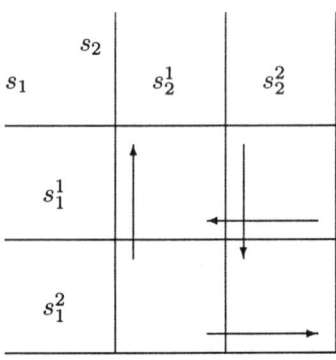

Abbildung 6.6

$$E_1\left(s_1^2, q_2\right) = 100\, q_2^1 + 99\left(1 - q_2^1 - q_2^2\right)$$
$$E_1\left(s_1^3, q_2\right) = 99\, q_2^1 + 100\, q_2^2 + 99\left(1 - q_2^1 - q_2^1\right),$$

wobei q_i^j die Wahrscheinlichkeit $q_i\left(s_i^j\right)$ bezeichnet. Gleichsetzen dieser Auszahlungserwartungen führt zu zwei Gleichungen. Die Lösung der beiden Gleichungen in den Unbekannten $q_2^1 = q_2(s_2^1)$ und $q_2^2 = q_2(s_2^2)$ ist durch

$$q_2^1 = \frac{100}{102} \text{ und } q_2^2 = \frac{1}{102}$$

gegeben. Analoges Vorgehen für vertauschte Spielerrollen führt zu denselben Gleichungen für die Unbekannten $q_1(s_1^1)$ und $q_1(s_1^2)$. Damit ist gezeigt, daß das Spiel über genau einen Gleichgewichtspunkt $q = (q_1, q_2)$ verfügt, der für $i = 1, 2$ durch

$$q_i\left(s_i^1\right) = \frac{100}{102} \text{ und } q_i\left(s_i^2\right) = q_i\left(s_i^3\right) = \frac{1}{102}$$

definiert ist und daher vollständig gemischt ist. Die Auszahlungserwartung $E_i\left(q\right)$ gemäß q ist für beide Spieler

$$E_i\left(q\right) = 99 + \frac{1}{102},$$

d.h. die Gleichgewichtsauszahlung ist kaum größer als der sichere Höchstgewinn von 99, den sich ein Spieler durch Wahl einer reinen Strategie sichern kann. Allgemein ist der sichere Höchstgewinn von Spieler i durch

$$\max_{q_i \in Q_i} \ \min_{q_{-i} \in Q_{-i}} \ E_i\left(q_i, q_{-i}\right)$$

definiert, wobei q_{-i} den Vektor

$$q_{-i} = (q_1, ..., q_{i-1}, q_{i+1}, ..., q_n)$$

s_1 \ s_2	s_2^1	s_2^2	s_2^3
s_1^1	99 / 99	99 / 100	100 / 99
s_1^2	100 / 99	0 / 0	99 / 100
s_1^3	99 / 100	100 / 99	99 / 99

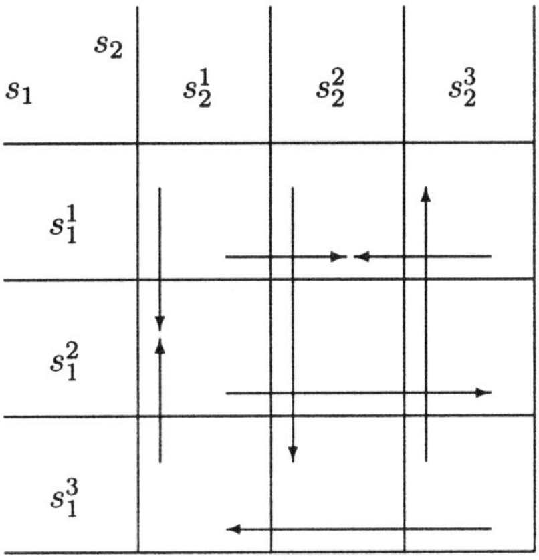

Abbildung 6.7

gemischter Strategien der Mitspieler des i und (q_i, q_{-i}) den gemischten Strategienvektor bezeichnet, der sich ergibt, wenn man q_{-i} durch q_i komplettiert. Der sichere Mindestgewinn basiert damit auf der extremen Annahme, daß die Mitspieler des i ungeachtet ihrer eigenen Auszahlung die Auszahlung des i minimieren wollen.

Das Bimatrixspiel der Abbildung 6.8 impliziert dasselbe Abweichungsdiagramm. Es verfügt damit ebenfalls nur über einen vollständig gemischten Gleichgewichtspunkt $q = (q_1, q_2)$, für den man analog

$$q_i^1 = \frac{100 \cdot 199 - 99 \cdot 101}{199^2 - 98 \cdot 101}$$

und

$$q_i^2 = \frac{99 \cdot 199 - 98 \cdot 100}{199^2 - 98 \cdot 101}$$

für $i = 1, 2$ sowie

$$E_i(q) = \frac{2 \cdot 99 \cdot 100 \cdot 199 - 101 \cdot 99^2 - 98 \cdot 100^2}{199^2 - 98 \cdot 101} \approx \frac{200}{3}$$

für $i = 1, 2$ erhält. Die Gleichgewichtsauszahlung ist nur wenig größer als die sichere Gewinnerwartung von 199/3, die ein Spieler sich dadurch sichern kann, daß er alle reinen Strategien mit derselben Wahrscheinlichkeit verwendet. Während man sich im Beispiel 6.7 die sichere Auszahlung von 99 durch Wahl von s_i^1 oder s_i^3 garantieren kann, existiert keine solche Möglichkeit im Beispiel 6.8. Hier kann nur die Höhe des erwarteten Gewinns gesichert werden. Im allgemeinen ist aber die Gleichgewichtsauszahlung erheblich größer als der sichere Höchstgewinn. Das erste der beiden Beispiele verdeutlicht

s_1 \ s_2	s_2^1	s_2^2	s_2^3
s_1^1	0 0	99 100	100 99
s_1^2	100 99	0 0	99 100
s_1^3	99 100	100 99	0 0

Abbildung 6.8

jedoch, daß Gleichgewichtsverhalten durchaus riskant sein kann: Bei Gleichgewichtsverhalten kann nicht ausgeschlossen werden, daß ein Spieler i leer ausgeht, obwohl er sich durch Wahl von s_i^1 oder s_i^3 den Gewinn von 99 sichern kann.

Im allgemeinen ist der höchste sichere Gewinn auch nur eine Erwartungsgröße. Im letzten Beispiel kann die Auszahlung von Null durch keinen der beiden Spieler mit Sicherheit vermieden werden. Da kardinale Nutzenfunktionen über Lotteriesituationen definiert sind, muß man sich davor hüten, den sicheren Höchstgewinn von 99 der Gleichgewichtsauszahlung $E_1(q) = 99 + \frac{1}{102}$ auf Grund der Varianz der möglichen Auszahlungen vorzuziehen. Wenn man die kardinale Nutzenkonzeption akzeptiert, dann ist die Erwartungsauszahlung von $99 + \frac{1}{102}$ eindeutig besser als die sichere Auszahlung von 99, auch wenn die höhere Erwartungsauszahlung nicht ausschließt, daß man weit weniger verdienen kann.

6.4   2-Personen-Nullsummen-Spiele

Ein 2-Personen-Spiel $G = (S_1, S_2; U = (U_1, U_2))$ in Normalform mit endlichen Strategienmengen ($|S_i| < \infty$ für $i = 1, 2$) heißt **Nullsummenspiel**, falls

$$U_1(s) + U_2(s) = 0 \text{ für alle } s = (s_1, s_2) \in S_1 \times S_2,$$

d.h. was Spieler 1 gewinnt oder verliert, verliert oder gewinnt notwendigerweise Spieler 2 und umgekehrt. Wegen $U_2(s) = -U_1(s)$ genügt es offenbar,

nur die Auszahlungsfunktion für Spieler 1 anzugeben, d.h. statt einer Bi-
matrix genügt eine Matrixdarstellung. 2-Personen-Nullsummen-Spiele werden daher häufig als **Matrixspiele** bezeichnet. Für die Klasse $\mathcal{G}$ dieser 2-
Personen-Nullsummen-Spiele G ist der Erkenntnisstand der Spieltheorie als
nahezu vollständig zu betrachten (vgl. das entsprechende Kapitel in RAU-
HUT, SCHMITZ und ZACHOW, 1979).

Gleichgewichtspunkte $s^* = (s_1^*, s_2^*)$ in 2-Personen-Nullsummen-Spielen haben
die sogenannte **Sattelpunkteigenschaft**

$$U_1(s^*) = \max_{s_1 \in S_1} U_1(s_1, s_2^*) = \min_{s_2 \in S_2} U_1(s_1^*, s_2).$$

$U_1(s^*)$ wird häufig auch als Wert des Spiels bezeichnet. Die Strategie s_1^* mit

$$\underline{U}_1(s_1^*) : = \max_{s_1 \in S_1} \min_{s_2 \in S_2} U_1(s_1, s_2)$$

heißt **Maximin-Strategie** des Spielers 1 und $\underline{U}_1(s_1^*)$ wird der **maximale**
sichere Gewinn des Spielers 1 genannt. Durch

$$\underline{U}_2(s_2^*) : = \min_{s_2 \in S_2} \max_{s_1 \in S_1} U_2(s_1, s_2)$$

ist analog die Maximin-Strategie s_2^* und der sichere Höchstgewinn $\underline{U}_2 (s_2^*)$
des Spielers 2 definiert. In 2-Personen-Nullsummenspielen ist ein Vektor von
Maximin-Strategien stets ein Gleichgewichtspunkt.

Gemäß dem Satz von NASH (1951) haben alle Spiele $G \in \mathcal{G}$ bzw. die gemischten Erweiterungen aller dieser endlichen 2-Personen-Nullsummen-Spiele
G einen Gleichgewichtspunkt q^* in gemischten Strategien. Verfügt ein derartiges Spiel G über mehrere Gleichgewichtspunkte in Maximin-Strategien,
so müssen sie alle dieselbe Auszahlung an Spieler 1 (und damit an Spieler 2)
implizieren. Ferner ergibt jede Komposition irgendeiner Maximin-Strategie
des Spielers 1 mit einer beliebigen Maximin-Strategie des 2 wiederum eine
Sattelpunktlösung. Es entfällt also das Koordinierungsproblem, sich über die
Auswahl der Gleichgewichtslösung einigen zu müssen.

Auch bezüglich der Berechnung von Sattelpunkten und Maximin-Strategien
ist der Entwicklungsstand weit gediehen, da sich diese durch Anwendung der
Methoden der linearen Optimierung berechnen lassen (vgl. hierzu die Hinweise in RAUHUT, SCHMITZ und ZACHOW, 1979). Die algorithmischen
Aspekte sollen jedoch hier nicht weiter vertieft werden.

6.5 Gleichgewichts- versus Maximin-Verhalten

In 2-Personen-Nullsummenspielen ist der Vektor der Maximin-Strategien
stets ein Gleichgewichtspunkt, da in diesen Spielen die für einen selbst

schlechtest mögliche Verhaltensweise des Gegenspielers definitionsgemäß die für diesen beste Aktion darstellt. In 2-Personen-Nullsummen-Spielen wird das Maximin-Verhalten mithin auch durch die Konsistenzbedingung des Gleichgewichtsverhaltens gestützt, die besagt, daß jeder Spieler optimal an das Verhalten seiner Mitspieler angepaßt sein soll. Bei Nicht-Konstantsummenspielen trifft dies im allgemeinen jedoch nicht zu, was wir anhand eines 2 × 2-Bimatrix-Spiels verdeutlichen wollen, das nur über einen Gleichgewichtspunkt verfügt, der darüberhinaus vollständig gemischt ist.

Offenbar hängen die vollständig gemischten Gleichgewichtsstrategien in derartigen Spielen nur von Auszahlungsparametern des jeweils anderen Spielers ab. Der Grund hierfür ist die spezifische Art der Selbststabilisierung gleichgewichtiger Verhaltenserwartungen. Selbststabilisierung verlangt, daß die Kenntnis der Wahrscheinlichkeiten, mit denen die Spieler ihre reinen Strategien realisieren, keinen Anreiz bieten darf, von den erwarteten Wahrscheinlichkeiten abzuweichen. Wenn man nun selbst diejenige gemischte Strategie wählt, die den anderen zwischen seinen reinen Strategien indifferent werden läßt, so ist die Selbststabilisierung der allgemeinen Verhaltenserwartung offenbar gewährleistet, auch wenn ein vollständig gemischter Gleichgewichtspunkt niemals strikt ist.

Jedes 2 × 2-Bimatrixspiel, das nur über einen einzigen Gleichgewichtspunkt verfügt, der ferner vollständig gemischt sein soll, kann durch Umnummerieren der Strategien und/oder Spieler in die Form der Abbildung 6.9

s_2	s_2^1	s_2^2
s_1		
s_1^1	a $\quad\beta$	d $\quad\alpha$
s_1^2	b $\quad\gamma$	c $\quad\delta$

Abbildung 6.9

mit $a > b$, $c > d$, $\alpha > \beta$ und $\gamma > \delta$ gebracht werden. Um die Notation zu vereinfachen, sei die gemischte Strategie q_i des Spielers $i = 1, 2$ gemäß $q_i = q_i\left(s_i^1\right)$ und $q_i\left(s_i^2\right) = 1 - q_i$ durch q_i mit $0 \leq q_i \leq 1$ definiert.

In den Abbildungen 6.10a und 6.10b haben wir graphisch veranschaulicht, wie die Auszahlungserwartung $U_i\left(s_i, q_j\right)$ des Spielers i für die eigene reine Strategie s_i von der gemischten Strategie q_j seines Gegenspielers j abhängt. Die Gleichungen für $U_i\left(s_i, q_j\right)$ sind die folgenden:

$$U_1\left(s_1^1, q_2\right) = aq_2 + d\left(1 - q_2\right) = (a - d)\,q_2 + d$$

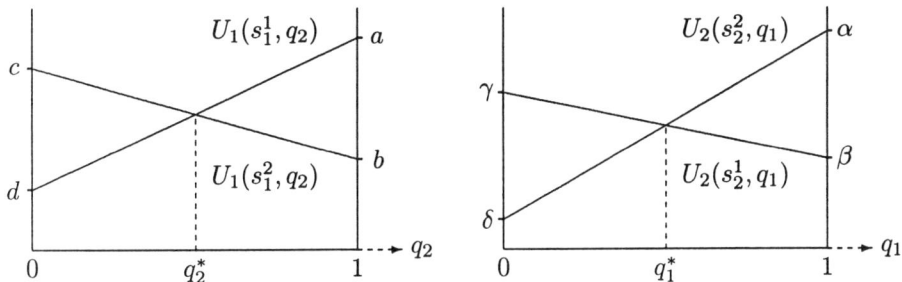

Abbildungen 6.10a und 6.10b

$$U_1\left(s_1^2, q_2\right) = bq_2 + c\left(1 - q_2\right) = (b - c)\,q_2 + c$$
$$U_2\left(s_2^1, q_1\right) = \beta q_1 + \gamma\left(1 - q_1\right) = (\beta - \gamma)\,q_1 + \gamma$$
$$U_2\left(s_2^2, q_1\right) = \alpha q_1 + \delta\left(1 - q_1\right) = (\alpha - \delta)\,q_1 + \delta$$

Nur bei der gemischten Strategie q_j^* des Gegenspielers j generieren beide reinen Strategien s_i für Spieler i dieselbe Auszahlungserwartung, während er für $q_j \neq q_j^*$ stets eindeutig eine seiner reinen Strategien s_i der anderen vorzieht.

Um Spieler 2 zwischen s_2^1 und s_2^2 indifferent werden zu lassen, muß $q_1\left(s_1^1\right)$ offenbar die Bedingung

$$\beta q_1(s_1^1) + \gamma\left(1 - q_1(s_1^1)\right) = \alpha q_1(s_1^1) + \delta\left(1 - q_1(s_1^1)\right)$$

erfüllen. Aus der Lösung dieser Gleichung ergibt sich die Gleichgewichtsstrategie q_1^* von Spieler 1 gemäß

$$(1 >) \quad q_1^* = q_1^*\left(s_1^1\right) = \frac{\gamma - \delta}{\alpha - \beta + \gamma - \delta} \quad (> 0).$$

Analog leitet man aus der Bedingung

$$aq_2\left(s_2^1\right) + d\left(1 - q_2\left(s_2^1\right)\right) = bq_2\left(s_2^1\right) + c\left(1 - q_2\left(s_2^1\right)\right)$$

die Gleichgewichtsstrategie q_2^* mit

$$(1 >) \quad q_2^* = q_2^*\left(s_2^1\right) = \frac{c - d}{a - b + c - d} \quad (> 0)$$

für Spieler 2 ab. Um auszuschließen, daß der andere Spieler überhaupt durch Verlagerung der Wahrscheinlichkeitsgewichte gewinnen kann, wählen also beide Spieler gemäß dem eindeutigen Gleichgewicht $q^* = (q_1^*, q_2^*)$ eine gemischte

Strategie, die nur von den Auszahlungsparametern des anderen Spielers bestimmt ist. Damit könnten beide Spieler dem Mitspieler ihre Gleichgewichtsstrategie bekanntgeben, ohne befürchten zu müssen, daß dies den Mitspieler zu einer Verhaltensänderung veranlaßt.

Um die Maximin-Strategien beider Spieler für das obige Beispiel mit dem einzigen Gleichgewicht q^* zu bestimmen, schreiben wir die Auszahlungserwartung $U_1(q)$ von Spieler 1 wie folgt:

$$U_1(q) = q_2(s_2^1)\left(q_1(s_1^1)(a - b + c - d) + b - c\right) + c - q_1(s_1^1)(c - d).$$

Gilt $b \geq c$, so erweist sich der Koeffizient von $q_2(s_2^1)$ in der Gleichung für $U_1(q)$ als positiv bzw. nicht-negativ, d. h. die für Spieler 1 schlechtest mögliche Strategie q_2 ist durch $q_2(s_2^1) = 0$ gegeben. Wegen $c > d$ wird damit $U_1(q)$ durch $q_1(s_1^1) = 0$ maximiert, sofern $q_2(s_2^1) = 0$. Die Maximin-Strategie von Spieler 1 ist daher die reine Strategie s_1^2, die den höchsten sicheren Gewinn von c für Spieler 1 impliziert.

Gilt $b < c$, so kann Spieler 1 die minimale Auszahlungserwartung dadurch maximieren, daß er $U_1(q)$ von $q_2(s_2^1)$ unabhängig macht, d.h. indem er den Koeffizienten von $q_2(s_2^1)$ in der Gleichung für $U_1(q)$ Null werden läßt. Aus

$$q_1(s_1^1)(a - b + c - d) = c - b$$

folgt

$$\widehat{q}_1(s_1^1) = \frac{c - b}{a - d + c - b},$$

sofern $a \geq d$. Im Fall $a < d$ ist es Spieler 1 offenbar nicht möglich, seine Auszahlungserwartung von $q_2(s_2^1)$ unabhängig zu machen. Da in diesem Fall für alle $q_1(s_1^1)$ der Koeffizient von $q_2(s_2^1)$ in der Gleichung für $U_1(q)$ negativ ist, muß man gemäß dem Maximin-Gedanken von $q_2(s_2^1) = 1$ ausgehen. Die sich daraus ergebende Auszahlungserwartung

$$U_1(q) = q_1(s_1^1)(a - b) + b$$

wird durch die reine Maximin-Strategie s_1^1 maximiert, die den maximalen sicheren Gewinn a impliziert, während die maximale sichere Gewinnerwartung für $a \geq d$ sich gemäß

$$U_1(\widehat{q}_1, \cdot) = \frac{ac - bd}{a - b + c - d} = U_1(q^*)$$

ergibt. Das Ergebnis insgesamt ist in Abbildung 6.11 mit den Achsen $b - c$ und $a - d$ graphisch veranschaulicht. Rechts der Ordinatenachse basiert die Maximin-Erwartung von Spieler 1 auf s^2, was für ihn den sicheren Höchstgewinn c impliziert. Links der Ordinatenachse erweist sich das Ergebnis als von $a - d$ abhängig. Gilt $a < d$, so basiert die Maximin-Erwartung des 1 auf s^1 und dem maximalen Mindestgewinn a. Für $a > d$ haben wir eine vollständige gemischte Maximin-Strategie $\widehat{q}_1$, die den maximalen sicheren Gewinn $U_1(q^*)$ impliziert, der genau dem Gleichgewichtsgewinn entspricht, obwohl generell $\widehat{q}_1 \neq q_1^*$ gilt. Während gemäß q_1^* Spieler 1 seine Strategiewahl so randomisiert, daß es für Spieler 2 keine Rolle spielt, welche Strategie q_2 er wählt, liegt der Maximin-Strategie $\widehat{q}_1$ die Absicht zugrunde, die eigene Auszahlung von q_2 unabhängig werden zu lassen. Dennoch implizieren beide Überlegungen denselben Gewinn. Hierbei ist natürlich zu berücksichtigen, daß im allgemeinen nur q^* auf konsistenten Verhaltenserwartungen beruht. Die der Strategie $\widehat{q}_1$ zugrundeliegende Verhaltenserwartung ist im allgemeinen nicht konsistent mit der Maximin-Strategie von Spieler 2 (die beiden Maximin-Strategien sind keine wechselseitig besten Antworten), die man auf analoge Weise ableitet und die in ähnlicher Weise von den Parameterdifferenzen $\alpha - \delta$ sowie $\gamma - \beta$ abhängt, wie es in Abbildung 6.11 für die Maximin-Strategie des 1 veranschaulicht wird. Lediglich in 2-Personen-Nullsummenspielen erfüllt Maximin-Verhalten stets die Konsistenzbedingung des Gleichgewichtspunkts.

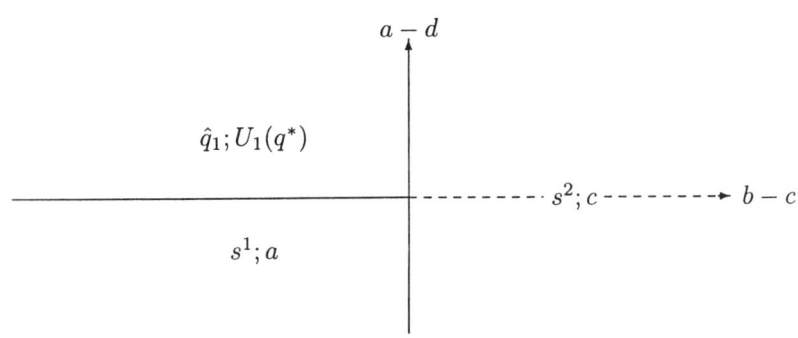

Abbildung 6.11

6.6 Lösungskonzepte für Spiele in Normalform

Auch auf Spiele in Normalform lassen sich die Gleichgewichtskonzepte ohne weiteres übertragen, wobei natürlich sequentielle Aspekte, wie sie den Konzepten der Teilspielperfektheit und der Sequentialität zugrundeliegen, nur durch weitergehende Anforderungen, wie z.B. Perfektheit, genügt werden kann.

Die Verfahren der wiederholten Elimination dominierter und inferiorer Strategien können unverändert übernommen werden. Allerdings ist es nicht un-

166

erheblich, ob die Verfahren auf die Agentennormalform oder die Normalform angewandt werden. Wir betrachten hierzu das folgende extensive Spiel T der Abbildung 6.12.

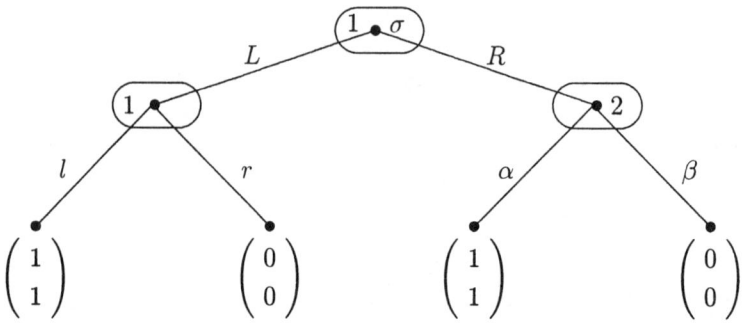

Abbildung 6.12

Die Agentennormalform $G(T) = (\{L, R\}, \{l, r\}, \{\alpha, \beta\}; U)$ mit

$$U(s) = \begin{cases} (1,1,1) & \text{für } (s_1 = L \text{ und } s_2 = l) \text{ oder } (s_1 = R \text{ und } s_3 = \alpha) \\ (0,0,0) & \text{sonst} \end{cases}$$

reduziert sich nach dem ersten Eliminationsschritt auf die triviale Spielsituation $G^1(T) = (\{L, R\}, U_1 = 1)$, die nicht weiter reduziert werden kann. Für die Normalform $G = (\{Ll, Lr, Rl, Rr\}, \{\alpha, \beta\}, U = (U_1, U_2))$ mit

$$U(s) = \begin{cases} (1,1) & \text{für } s_1 = (Ll) \text{ sowie} \\ & s_1 \in \{Rl, Rr\} \text{ und } s_2 = \alpha \\ (0,0) & \text{sonst} \end{cases}$$

ergibt sich unmittelbar, daß $s_1 = Ll$ alle übrigen Strategien $s_1 \in S_1$ und $s_2 = \alpha$ die Strategie $s_2 = \beta$ dominiert. Im reduzierten Spiel $G^1(T)$ nach dem ersten Eliminationsschritt verfügt damit keiner der beiden Spieler über mehr als eine Strategie.

Die verfeinerten Gleichgewichtsbegriffe lassen sich durch Einführung von perturbierten Normalformspielen (G, η) eines gegebenen Normalformspiels $G = S_1, ..., S_n; U = (U_1, ..., U_n)$ ohne weiteres auf Normalformspiele übertragen. Die Funktion η spezifiziert für alle Strategien $s_i \in S_i$ aller Spieler $i = 1, ..., n$ die positive Mindestwahrscheinlichkeit $\eta(s_i)$, mit der diese Strategie gewählt werden muß, wobei natürlich für $i = 1, ..., n$ die Bedingung

$$\sum_{s_i \in S_i} \eta(s_i) < 1$$

erfüllt sein muß. Mittels

$$\overline{\eta} = \max_{\substack{s_i \in S_i \\ i=1,...,n}} \eta\left(s_i\right)$$

kann der Grenzübergang $(G, \eta) \to G$ durch $\overline{\eta} \to 0$ beschrieben werden. Ein Gleichgewichtspunkt q von G ist **perfekt**, falls sich eine Sequenz perturbierter Spiele (G, η) mit $(G, \eta) \to G$ und Gleichgewichtspunkten q^η von (G, η) mit $q^\eta \to q$ für $\overline{\eta} \to 0$ finden läßt.

In uniform gestörten Spielen G^ϵ von G gilt analog

$$\eta\left(s_i\right) = \epsilon \left(> 0\right) \text{ für alle } s_i \in S_i, i = 1, ..., n.$$

Ein Gleichgewichtspunkt q von G ist **uniform perfekt**, falls es eine Sequenz uniform perturbierter Spiele G^ϵ von G mit $G^\epsilon \to G$ und Gleichgewichtspunkten q^ϵ von G^ϵ mit $q^\epsilon \to q$ für $\epsilon \to 0$ gibt. Als Beispiel sei das folgende Bimatrix-Spiel G (Abbildung 6.13) betrachtet.

s_1 \ s_2	s_2^1		s_2^2		s_2^3	
s_1^1	1		2		0	
		2		0		1
s_1^2	1		0		1	
		2		0		1

Abbildung 6.13: Das Bimatrixspiel G

Offenbar erfordert Gleichgewichtsverhalten, daß Spieler 2 seine (strikt) dominante Strategie s_2^1 wählt. Nun sind sowohl (s_1^1, s_2^1) als auch (s_1^2, s_2^1) perfekte Gleichgewichte. Im ersteren Fall unterstelle man, daß $2 \cdot \eta(s_2^2) > \eta(s_2^3)$ für alle perturbierten Spiele (G, η) mit $(G, \eta) \to G$ für $\overline{\eta} \to 0$ gilt, im zweiten Fall gehe man von $2 \cdot \eta(s_2^2) < \eta\left(s_2^3\right)$ aus. Falls s_2^1 realisiert wird, ist s_1^1 für Spieler 1 genauso gut wie s_1^2. Die Entscheidung zwischen s_1^1 und s_1^2 trifft Spieler 1 also nur gemäß den Gewinnen, die durch "Trembles" des 2 verursacht werden. Während für s_1^1 dieser Gewinn $2 \cdot \eta(s_2^2)$ beträgt, ist er für s_1^2 durch $\eta(s_2^3)$ gegeben. Da in uniform perturbierten Spielen stets $2 \cdot \eta(s_2^2) = 2 \cdot \epsilon > \eta(s_2^3) = \epsilon > 0$ gilt, ist nur der Gleichgewichtspunkt (s_1^1, s_2^1) uniform perfekt.

Die Normalformdarstellung geht davon aus, daß der Spieler selbst die einzige unabhängige Entscheidungsinstanz ist. Wir haben schon darauf hingewiesen, daß in Spielen mit unvollständiger Information dies zu erheblichen konzeptionellen Schwierigkeiten führt. Entweder man interpretiert die Typen als

Spieler und macht damit den Spielerbegriff von der Interpretation des fiktiven Zufallszugs abhängig, oder man unterstellt Spieler, die nur als Typenvielfalt darstellbar und damit real nicht existent sind. Aber selbst in normalen (d.h. ohne Zufallszüge) sequentiellen Spielen ist der zentralistische Spielerbegriff äußerst fragwürdig, was wir an folgendem Beispiel der Abbildung 6.14 verdeutlichen wollen.

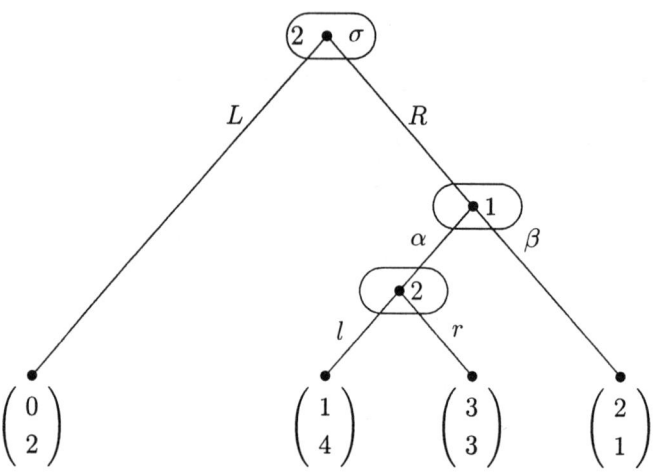

Abbildung 6.14

Der eindeutige teilspielperfekte Gleichgewichtspunkt dieses Spiels ist der Strategienvektor

$$s = (\beta, (L, l)),$$

der den Auszahlungsvektor $(0, 2)$ impliziert. Offenbar sind beide Spieler daran interessiert, daß sich Spieler 2 zu Beginn des Spiels auf die Wahl von $s_2 = (R, r)$ festlegt, um den Zug l auszuschließen. Die Wahl von $s_2 = (R, r)$ ist aber nicht glaubhaft, da der Spieler 2, der zu Anfang des Spiels seine Strategie s_2 aus

$$S_2 = \{(L, l), (L, r), (R, l), (R, r)\}$$

auswählt, und derselbe Spieler 2, der nach den Zügen R und α zwischen l und r entscheidet, völlig unterschiedliche Interessenlagen haben. Entweder kann ein Spieler zu Beginn alle seine künftigen Entscheidungen festlegen, dann stimmen Normalform und Agentennormalform überein, oder aber dies ist nicht der Fall, womit künftige Entscheidungen ausschließlich aus der künftigen Interessenlage des Spielers abzuleiten sind. Dann ist jedoch die

Normalform nicht die adäquate Darstellung einer strategischen Situation (vgl. hierzu auch GÜTH, 1991).

Ursprünglich (von NEUMANN und MORGENSTERN, 1944) war man der Überzeugung, daß mit der Normalform alle strategisch relevanten Aspekte erfaßt sind. Insbesondere die die sequentiellen Aspekte betonenden Gleichgewichtsverfeinerungen haben dann fundamentale Zweifel an dieser Ansicht aufgeworfen. Es muß daher überraschen, daß das moderne Stabilitätskonzept (KOHLBERG und MERTENS, 1986) wieder auf den alten Standpunkt zurückgreift, die Normalform repräsentiere die strategische Situation adäquat. Wir wollen im folgenden Abschnitt das Stabilitätskonzept als speziell für die Normalform entwickeltes Lösungskonzept darstellen und anhand von Beispielen erläutern.

6.7 Das Stabilitätskonzept für Normalformspiele

Es sei $G = (S_1, ..., S_n; U = U(U_1, ..., U_n))$ ein Spiel in Normalform mit der Eigenschaft, daß für alle Spieler $i = 1, ..., n$ und alle Paare unterschiedlicher Strategien s_i und s_i' des Spielers i ein Strategienvektor s_{-i} mit $U(s_i, s_{-i}) \neq U(s_i', s_{-i})$ existiert. Wäre für ein Paar unterschiedlicher Strategien s_i und s_i' diese Bedingung nicht erfüllt, so könnte man davon sprechen, daß die eine Strategie ein **Duplikat** der anderen darstellt. Man kann sich auf den Standpunkt stellen, daß ein vernünftiges Lösungskonzept nicht wesentlich auf Duplikation von Strategien reagieren sollte (vgl. hierzu das Reduktionsverfahren von HARSANYI und SELTEN, 1988).

Abweichend von den bisherigen Konzepten definiert das Stabilitätskonzept für Normalformspiele keine Eigenschaft eines Strategienvektors, sondern stellt Anforderungen an eine Menge von Gleichgewichtspunkten.

Eine Menge $\mathcal{S}$ heißt abgeschlossen, falls für alle in $\mathcal{S}$ enthaltenen Folgen auch der Grenzwert in $\mathcal{S}$ enthalten ist.

Eine abgeschlossene Menge $\mathcal{S}$ von Gleichgewichtspunkten q in G heißt **stabil**, falls für alle $\epsilon > 0$ ein $\delta > 0$ existiert, so daß alle perturbierten Spiele (G, η) von G mit $\overline{\eta} < \delta$ einen Gleichgewichtspunkt q^η aufweisen, für den

$$\max_i \ \max_{s_i \in S_i} \ |q_i(s_i) - q_i^\eta(s_i)| < \epsilon$$

für wenigstens ein Gleichgewicht q in $\mathcal{S}$ gilt, und falls die Menge $\mathcal{S}$ minimal bezüglich dieser Anforderung ist, d.h. wenn sie keine echte Teilmenge enthält, für die diese Eigenschaft auch erfüllt ist.

Grundidee der Stabilität ist mithin, daß zumindestens ein Element der stabilen Menge $\mathcal{S}$ noch annähernd Gleichgewichtsverhalten beschreibt, wenn das Spiel nur leicht perturbiert wird, aber alle beliebigen leichten Perturbationen zulässig sind.

Das Konzept der stabilen Menge beruht auf derselben Intuition wie der Begriff des strikt perfekten Gleichgewichts, daß sich nämlich die Lösung gegenüber allen kleinen Perturbationen als stabil erweisen sollte. Das Stabilitätskonzept vermeidet das Problem der nicht gesicherten Existenz strikt perfekter Gleichgewichtspunkte, indem es diese universale Perturbationsstabilität nicht einem einzelnen Gleichgewichtspunkt abverlangt, sondern auch abgeschlossene Mengen von Gleigewichtspunkten zuläßt.

Jede Menge $\mathcal{S}$, dessen einziges Element ein strikter Gleichgewichtspunkt von G ist, erfüllt offensichtlich die Stabilitätsbedingung. Das folgende Spiel entspricht nicht unserer Anforderung an G, daß kein Spieler über doppelte Strategien verfügen soll. In diesem Spiel, in dem Veränderungen der eigenen (gemischten) Strategie nur die Auszahlung des anderen verändert, sind alle gemischten Strategienvektoren $q = (q_1, q_2)$ Gleichgewichtspunkte. Jede (gemischte) Strategie ist unabhängig vom Verhalten des anderen beste Antwort.

	s_2	
s_1	s_2^1	s_2^2
s_1^1	1 0	0 0
s_1^2	1 1	0 1

Für jede Menge $\mathcal{S}$ gemischter Strategienvektoren q mit $\emptyset \neq \mathcal{S} \subset Q = Q_1 \times Q_2$ ist die erste Bedingung der Stabilität erfüllt, da ein gemischter Strategienvektor q auch Gleichgewicht von (G, η) ist, sofern er in (G, η) zulässig ist. Die stabilen Mengen sind also die Mengen $\{q\}$ für alle $q \in Q = Q_1 \times Q_2$. Das Konzept der Stabilität kann in diesem Beispiel also keinen der Gleichgewichtspunkte als Lösungskandidat ausschließen.

Im Spiel

s_1 \ s_2	s_2^1	s_2^2	s_2^3
s_1^1	1 1	0 0	x y
s_1^2	0 0	1 1	x y
s_1^3	x y	x y	x y

mit $\frac{1}{2} < x, y < 1$ und den drei uniform perfekten Gleichgewichtspunkten $s^1 = (s_1^1, s_2^1)$, $s^2 = (s_1^2, s_2^2)$ und $s^3 = (s_1^3, s_2^3)$ in reinen Strategien sind die Mengen $\{s^1\}$ und $\{s^2\}$ stabil, da die Gleichgewichtspunkte s^1 und s^2 strikt sind. Geht man von der Mindestwahrscheinlichkeit ϵ für s_2^1 und ϵ^2 für s_2^2 aus und unterstellt man, daß Spieler 2 die Strategie s_2^3 mit der im perturbierten Spiel maximalen Wahrscheinlichkeit realisiert, so erweist sich s_1^3 nur dann als beste Antwort, falls

$$x \geq \max \left\{ \epsilon + \left(1 - \epsilon - \epsilon^2\right) x, \epsilon^2 + \left(1 - \epsilon - \epsilon^2\right) x \right\}$$

bzw. $x \geq \frac{1}{1+\epsilon}$ gilt. Wegen

$$1 > x \geq \lim_{\epsilon \to 0} \frac{1}{1+\epsilon} = 1$$

ist die Bedingung für $\epsilon \to 0$ offenbar nicht erfüllbar, was beweist, daß die Menge $S = \{s^3\}$ nicht stabil ist. Mengen S mit $S \supsetneq \{s^3\}$ können sich nicht als stabil erweisen, da sie nicht minimal sind. Wir haben damit gezeigt, daß s^3 in keiner stabilen Menge des Spiels G mit $\frac{1}{2} < x, y < 1$ enthalten ist.

Für $0 < x, y < \frac{1}{2}$ ist der Gleichgewichtspunkt s^3 nicht mehr perfekt, da in keinem perturbierten Spiel die Wahl von s_i^3 beste Antwort ist (es ist in jedem perturbierten Spiel immer besser, diejenige der ersten beiden Strategien zu wählen, die auch vom Gegner mit größter Wahrscheinlichkeit verwandt wird). Damit haben die Spiele mit $0 < x, y < \frac{1}{2}$ die drei perfekten Gleichgewichtspunkte s^1, s^2 und $q = (q_1, q_2)$ mit $q_i(s_i^1) = q_i(s_i^2) = 1/2$ für $i = 1, 2$. In den perturbierten Spielen ist q zulässig und im Gleichgewicht, was zeigt, daß die Menge $\{q\}$ ebenfalls stabil ist.

Gilt $x > 1$ und $0 < y < 1/2$, so sind in keinem perturbierten Spiel die Strategien s_1^1, s_1^2 und s_2^3 beste Antworten. Ob aber s_2^1 oder s_2^2 die bessere

Entscheidung für Spieler 2 darstellt, hängt von den Minimumwahrscheinlichkeiten $\eta(s_1^1)$ und $\eta(s_1^2)$ ab: Gilt $\eta(s_1^1) > \eta(s_1^2)$, so ist (s_1^3, s_2^1) das einzige Gleichgewicht des perturbierten Spiels. Umgekehrt gilt dies für (s_1^3, s_2^2), falls $\eta(s_1^1) < \eta(s_1^2)$. Dies beweist, daß keine der Mengen $\mathcal{S}$, bestehend aus einem einzigen gemischten Gleichgewichtspunkt

$$q = (q_1, q_2) \text{ mit } q_1(s_1^3) = 1, q_2(s_2^1) + q_2(s_2^2) = 1,$$

stabil ist und daß jede stabile Menge die beiden extremen Gleichgewichte (s_1^3, s_2^1) und (s_1^3, s_2^2) enthalten muß. Da in jedem perturbierten Spiel das Wählen von einem der beiden extremen Gleichgewichte mit maximaler Wahrscheinlichkeit Gleichgewichtsverhalten darstellt, ist die Menge

$$\mathcal{S} = \left\{ (s_1^3, s_2^1), (s_1^3, s_2^2) \right\}$$

die einzige stabile Menge für $x > 1$ und $0 < y < 1/2$.

Für $x > 1$ und $1/2 < y < 1$ sind alle Gleichgewichtspunkte des ungestörten Spiels von der Form

$$q = (q_1, q_2) \text{ mit } q_1(s_1^3) = 1 \text{ und } q_2 \in Q_2.$$

In einem gestörten Spiel ist es optimal, s_2^1, s_2^2 bzw. s_2^3 mit maximaler Wahrscheinlichkeit zu realisieren, falls

$$\eta\left(s_1^1\right) > \frac{y}{1-y} \eta\left(s_1^2\right),$$

$$\eta\left(s_1^2\right) > \frac{y}{1-y} \eta\left(s_1^1\right),$$

bzw. falls

$$\frac{y}{1-y} > \max\left\{ \frac{\eta\left(s_1^1\right)}{\eta\left(s_1^2\right)}, \frac{\eta\left(s_1^2\right)}{\eta\left(s_1^1\right)} \right\}.$$

Damit ist gezeigt, daß jede stabile Menge alle drei extremen Gleichgewichte (s_1^3, s_2^1), (s_1^3, s_2^2) und (s_1^3, s_2^3) enthalten muß. Die einzige stabile Menge für $x > 1$ und $1/2 < y < 1$ ist damit

$$\mathcal{S} = \left\{ (s_1^3, s_2^1), (s_1^3, s_2^2), (s_1^3, s_2^3) \right\}.$$

Wichtige Eigenschaften des Stabilitätskonzepts (vgl. KOHLBERG und MERTENS, 1986, sowie VAN DAMME, 1987, Chapter 10) sind, daß eine stabile Menge stets nur perfekte Gleichgewichte des Normalformspiels enthält, daß stets eine stabile Menge existiert und daß stabile Mengen "erhalten bleiben", wenn man dominierte Strategien eliminiert oder Strategien, die nicht beste Antwort auf irgendein Element der stabilen Menge sind. Mit "erhalten bleiben" ist hierbei gemeint, daß die stabile Menge des ursprünglichen Spiels eine stabile Menge des reduzierten Spiels enthält, das durch Elimination solcher Strategien resultiert.

6.8 Die Theorie evolutionärer Spiele

Die (Spiel)Theorie der Evolution geht üblicherweise von symmetrischen Spielen mit zwei Spielern aus. In Normalform lassen sich derartige Spiele durch $G = (M, R)$ beschreiben. Die strategischen Möglichkeiten der beiden Spieler 1 und 2 sind durch die Menge M gegeben, die auch als Mutationsraum bezeichnet wird. Man fragt, wie in der Evolutionsbiologie, welche Mutationen $m \in M$ evolutionär stabil sind. $R(\cdot)$ ist die Erfolgsfunktion von Spieler 1, die wegen der Symmetrie von G auch den Erfolg von Spieler 2 festlegt. Durch $R(\cdot)$ wird jedem Paar $(m_1, m_2) \in M \times M$ der Erfolg des 1 zugeordnet. Hierbei besagt (m_1, m_2), daß ein 1 vom Typ m_1 auf einen 2 vom Typ m_2 trifft. In der Evolutionsbiologie wird unter "Typ" in der Regel ein Genotyp verstanden, der das Verhalten des Individuums (Phänotyp) steuert. In biologischen Anwendungen der Theorie evolutionärer Spiele sind daher die Gene bzw. die Genotypen die Strategien.

Das "Falke und Taube"-(Bei)Spiel soll die Frage verdeutlichen, ob aggressives Verhalten (Falke) oder friedfertiges (Taube, obwohl diese Charakterisierung von Tauben äußerst fragwürdig ist) sich langfristig durchsetzt. Auf Grund der Annahme $V > C > 0$ erweist sich im (Bei)Spiel "Falke und Taube" die Strategie/Mutante $m_1^* =$ Falke als besser, unabhängig davon, mit welchem Typ $m_2 \in M = \{$Taube, Falke$\}$ sie konfrontiert ist. $m^* =$ Falke ist daher die einzige evolutionär stabile Strategie.

Das (Bei)Spiel "Falke und Taube":

1 \ 2	$m_2 =$ Taube	$m_2 =$ Falke	
$m_1 =$ Taube	$V/2$	0	$V > C > 0$
$m_2 =$ Falke	V	$\frac{V-C}{2}$	

Eine Mutante $m^* \in M$ heißt **Evolutionär Stabile Strategie** (ESS), falls

(i) $R(m^*, m^*) \geq R(m, m^*)$ für alle $m \in M$

und

(ii) für alle $m \in M$ mit $R(m, m^*) = R(m^*, m^*)$ darüber hinaus die Bedingung

$$R(m^*, m) > R(m, m)$$

erfüllt ist (vgl. MAYNARD SMITH and PRICE, 1973).

Auf Grund von Bedingung (i) ist (m^*, m^*) ein symmetrisches Gleichgewicht des symmetrischen Spiels $G = (M, R)$: Eine evolutionär stabile Strategie $m^* \in M$ ist optimal an eine m^*-monomorphe Population angepaßt, wie es der Idee des "survival of the fittest" entspricht.

Die verschärfende Anforderung (ii) soll die Invasion einer m^*-monomorphen Population durch alternative beste Antworten auf eine derartige Population ausschließen. Würde sich nämlich (nur) eine alternative beste Antwort $m \in M$ mit $R(m, m^*) = R(m^*, m^*)$ ausbreiten, so würden sowohl m^* als auch m mit positiver Wahrscheinlichkeit auf m treffen. Da wegen $R(m^*, m) > R(m, m)$ der Typ m^* besser als m gegen m abschneidet, wäre der Erfolg von m geringer als der Erfolg von m^*, d.h. m würde aus der Population verdrängt.

Unterstellt man statt $V > C > 0$ die Bedingung $C > V > 0$ und betrachtet die gemischte Erweiterung des (Bei)Spiels von "Falke und Taube", so gibt es keine evolutionär stabile Strategie $m^* \in \{$Falke, Taube$\}$, aber eine evolutionär stabile gemischte Strategie q^*, gemäß der man sich zum Typ

$$
m = \left\{ \begin{array}{l} \text{Falke mit Wahrscheinlichkeit } q^* \,(\text{Falke}) = \frac{V}{C} \\ \text{Taube mit der Restwahrscheinlichkeit } q^* \,(\text{Taube}) = \frac{C-V}{C} \end{array} \right.
$$

entwickelt:

Beweis: Da q^* vollständig gemischt ist, erweist sich jede gemischte Strategie q mit $q \neq q^*$ als alternative beste Antwort auf q^*. Es sei daher $q \neq q^*$ beliebig. Es ist zu zeigen, daß

$$
R(q^*, q) > R(q, q).
$$

Wir identifizieren q bzw. q^* mit der Wahrscheinlichkeit q (Taube) bzw. q^* (Taube). Einsetzen in die obige Ungleichung ergibt dann

$$
q^* q \frac{V}{2} + (1 - q^*)\left[qV + (1-q)\frac{V-C}{2} \right] > q^2 \frac{V}{2} + (1-q)\left[qV + (1-q)\frac{V-C}{2} \right]
$$

bzw.

$$
(q^* - q)\left[\frac{q}{2} V - \left(qV + (1-q)\frac{V-C}{2} \right) \right] > 0
$$

bzw.

$$
\frac{1}{2}(q^* - q)\left[(1-q)(C-V) - qV \right] > 0
$$

bzw.

$$
\frac{C}{2}(q^* - q)\left[(1-q)q^* - q(1-q^*) \right] > 0
$$

bzw.

$$
\frac{C}{2}(q^* - q)^2 > 0
$$

wegen $q^* \neq q$, d.h. die Bedingung (ii) für evolutionäre Stabilität ist stets erfüllt. $\qquad$ $\square$

In völlig analoger Weise läßt sich für jedes Evolutionsspiel mit zwei Mutanten und unterschiedlichen Erfolgswerten $R(m_1, m_2)$ für alle vier Konstellationen (m_1, m_2) nachweisen, daß es mindestens eine evolutionär stabile Mutante/Strategie gibt, die jedoch die Form einer gemischten Strategie annehmen kann (vgl. Theorem 9.2.3 in VAN DAMME, 1991, das von einer etwas schwächeren Annahme ausgeht).

In der evolutionsbiologischen Interpretation läßt sich eine gemischte Strategie dadurch rechtfertigen, daß der Genotyp das Verhalten nicht notwendig deterministisch bestimmt, sondern nur eine Wahrscheinlichkeitsverteilung über den möglichen Verhaltensweisen definiert. Allerdings garantiert eine solche "gemischte Erweiterung" nicht immer die Existenz evolutionär stabiler Strategien m^* oder q^* (während NASH, 1951, schon nachweisen konnte, daß jedes endliche, symmetrische Spiel auch über ein symmetrisches Gleichgewicht verfügt).

Das Bei(Spiel) "Nichts ist evolutionär stabil":

1 \ 2	$m_2 = \widehat{m}$	$m_2 = \widetilde{m}$	$m_2 = \overline{m}$
$m_1 = \widehat{m}$	0	0	0
$m_1 = \widetilde{m}$	0	1	1
$m_1 = \overline{m}$	1	1	1

Im obigen (Bei)Spiel mit $M = \{\widehat{m}, \widetilde{m}, \overline{m}\}$ ist $\widehat{m}$ instabil, da $R(\overline{m}, \widehat{m}) > R(\widehat{m}, \widehat{m})$. Für $\widetilde{m}, \overline{m} \in M$ ist zwar die ESS-Bedingung (i) erfüllt, aber nicht die ESS-Bedingung (ii), da

$$R(\widetilde{m}, \overline{m}) = R(\overline{m}, \overline{m}) = 1$$

und

$$R(\overline{m}, \widetilde{m}) = R(\widetilde{m}, \widetilde{m}) = 1.$$

Damit sind alle $m \in M$ instabil.

Eine gemischte Mutante q^* mit $q^*(\widehat{m}) = 0$ ist instabil, da für alle Strategien q mit $q(\widehat{m}) = 0$ stets

$$R(q, q^*) = R(q^*, q^*) = 1$$

und

$$R(q, q) = R(q^*, q) = 1$$

gilt. Eine gemischte Mutante q^* mit $q^*(\widehat{m}) > 0$ ist instabil, da

$$R(\overline{m}, q^*) = 1 > R(q^*, q^*)$$

gilt. Dies beweist, daß das (Bei)Spiel "Nichts ist evolutionär stabil" über keine evolutionär stabilen Strategien m^* oder q^* verfügt.

Während in der traditionellen Spieltheorie die Aufgabe darin bestand, durch weitergehende Rationalitätserfordernisse unplausible Gleichgewichte auszuschließen, muß die Theorie evolutionärer Spiele das Konzept evolutionär stabiler Strategien abschwächen, um überhaupt die Existenz evolutionär stabiler Mutanten zu ermöglichen. Eine recht simple Vergröberung ist das Konzept neutral stabiler Strategien (MAYNARD SMITH, 1982), das in der ESS-Bedingung (ii) die strikte Ungleichheit ">" durch die schwache Ungleichheit "≥" ersetzt. Im (Bei)Spiel "Nichts ist evolutionär stabil" sind $m = \overline{m}$ und $m = \widetilde{m}$ sowie alle q^* mit $q^*(\widehat{m}) = 0$ neutral stabil.

SELTEN (1983 und 1988) hat vorgeschlagen, die Existenz von evolutionär stabilen Strategien durch geringfügige "Perturbationen" zu rechtfertigen, die nicht notwendig für alle $m \in M$ positive Mindestwahrscheinlichkeiten vorschreiben und die als real vorstellbar und daher nicht philosophisch begründet werden (um Robustheit gegen Irrationalitäten zu gewährleisten). Es sei A eine Teilmenge von M, die durchaus auch leer sein kann. Für alle $m \in A$ sei durch $\eta(m) > 0$ die positive Mindestwahrscheinlichkeit bezeichnet, während $\eta(m) = 0$ für alle $m \notin A$ gilt. Da A wie M endlich ist, gibt es für $A \neq \emptyset$ stets

$$\overline{\eta} = \max\{\eta(m) : m \in A\}.$$

Wir nennen G_η das η-**perturbierte Spiel** von $G = (M, R)$, in dem nur gemischte Strategien q mit $q(m) \geq \eta(m)$ für alle $m \in M$ möglich sind. m^* oder q^* heißt **Limes Evolutionär Stabile Strategie** (LESS), falls eine Menge $A \subset M$ existiert, so daß es für alle $\varepsilon > 0$ eine Perturbation η mit $\overline{\eta} < \varepsilon$ und m^* bzw. q^* als evolutionär stabile Strategie (ESS) in G_η gibt. Das LESS-Konzept schwächt damit nicht die ESS-Bedingungen ab, sondern "stabilisiert" sie durch beliebig kleine Störungen, d.h. durch beliebig kleine Abweichungen vom beabsichtigten Verhalten. Offensichtlich ist jede ESS auch eine LESS, da man $A = 0$ setzen kann. Daß das LESS-Konzept das ESS-Konzept vergröbert, beweist das (Bei)Spiel "Nichts ist evolutionär stabil", in dem sich nur $\overline{m}$ als LESS erweist (ist $\eta(\widehat{m})$ positiv, so erweist sich nur $\overline{m}$ als evolutionär stabil).

Ähnlich wie beim Stabilitätskonzept (KOHLBERG und MERTENS, 1986) kann man natürlich die Existenz evolutionär stabiler Lösungen dadurch garantieren, daß man nicht länger stabile Lösungen im Sinne von evolutionär stabilen Strategien, sondern von Mengen solcher Strategien postuliert (vgl. zum Beispiel WEIBULL, 1995).

Kapitel 7

Gleichgewichtsauswahltheorie

Letztliche Aufgabe der Spieltheorie ist es, für jedes sinnvoll definierte Spiel eindeutige Verhaltensempfehlungen an alle Spieler zu geben. Im folgenden sollen zunächst einige Kriterien für die Auswahl zwischen Gleichgewichten diskutiert und verglichen werden. Im Anschluß daran werden wir zeigen, wie sich mittels derartiger Kriterien eine allgemeine Auswahltheorie formulieren läßt. Mit "Auswahltheorie" bzw. "Gleichgewichtsauswahltheorie" meinen wir dabei stets ein Lösungskonzept, das für jedes wohldefinierte strategische Spiel genau einen Gleichgewichtspunkt als Lösung bestimmt.

7.1 Kriterien zur Auswahl von Gleichgewichten

Um auswählen zu können, muß man zunächst über eine nicht-leere **Kandidatenmenge** verfügen. Ausgangspunkt für eine Auswahltheorie ist häufig die Anforderung, nur bestimmte Gleichgewichtspunkte als Lösungskandidaten zu betrachten. Hierfür ist prinzipiell jedes Verfeinerungskonzept geeignet, das die Existenz von Lösungen für alle wohldefinierten strategischen Spiele garantiert. Das Konzept der strategischen Stabilität müßte jedoch in ein Punktkonzept transformiert werden. So könnte man einen Gleichgewichtspunkt s als stabil definieren, wenn es eine stabile Menge S gibt, die s enthält.

Aber auch Verfeinerungskonzepte, die nicht allgemein die Existenz von Lösungen gewährleisten, lassen sich zur Kandidatendefinition verwenden.

So könnte man zunächst nur strikte Gleichgewichtspunkte als Kandidaten betrachten und nur dann weitere Gleichgewichtspunkte als Kandidaten in Erwägung ziehen, falls kein striktes Gleichgewicht existiert bzw. falls, wie bei völliger Symmetrie, nur willkürlich zwischen den strikten Gleichgewichten unterschieden werden kann. Wir wollen dies am folgenden Beispiel mit $x > 0$ verdeutlichen:

s_1 \ s_2	s_2^1		s_2^2	
s_1^1	2		0	
		1		0
s_1^2	0		1	
		0		x

Abbildung 7.1

Das Spiel hat zwei strikte Gleichgewichte $s^1 = (s_1^1, s_2^1)$ und $s^2 = (s_1^2, s_2^2)$ sowie den gemischten Gleichgewichtspunkt $q = (q_1, q_2)$ mit

$$q_1(s_1^1) = \frac{x}{1+x} \text{ und } q_2(s_2^1) = 1/3.$$

In den Fällen $0 < x < 2$ würde man intuitiv s^1 gegenüber s^2 als Lösung vorziehen, da Spieler 1 mehr Grund hat, an s^1 festzuhalten, als Spieler 2 an s^2. Analog sollte man s^2 im Bereich $x > 2$ als Lösung auswählen. Gilt jedoch $x = 2$, so kann man offenbar nur willkürlich einen der beiden strikten Gleichgewichtspunkte als Lösung auswählen. In diesem Fall sollte auch der gemischte Lösungskandidat q in Erwägung gezogen werden.

Am folgenden Beispiel (Abbildung 7.2) wollen wir illustrieren, daß die Entscheidung für die Kandidatendefinition weitreichende Konsequenzen hat.

s_1 \ s_2	s_2^1		s_2^2	
s_1^1	2		0	
		2		2
s_1^2	2		1	
		0		1

Abbildung 7.2

Das Spiel hat einen einzigen perfekten Gleichgewichtspunkt, nämlich $s^2 = (s_1^2, s_2^2)$, und verfügt ferner über den imperfekten Gleichgewichtspunkt $s^1 = (s_1^1, s_2^1)$. Stellt man an die Lösungskandidaten die Bedingung der Perfektheit, so ist die Lösung offenbar das eindeutige perfekte Gleichgewicht s^2. Würde man hingegen nur Gleichgewichte als Lösungskandidaten akzeptieren, die nicht durch andere Gleichgewichte **auszahlungsdominiert** werden, so wäre das einzige derartige Gleichgewicht s^1 die Lösung. Hierbei wird ein Strategienvektor s durch den Strategienvektor $\hat{s}$ auszahlungsdominiert, falls für alle Spieler $i = 1, ..., n$ die Bedingung

$$U_i(\hat{s}) > U_i(s)$$

erfüllt ist. Das Beispiel verdeutlicht, daß die Kandidatendefinition häufig eine Entscheidung über die Priorität von Auswahlkriterien beinhaltet. Läßt man nämlich im obigen Spiel nur s^2 als Lösungskandidaten zu und wählt man im Spiel der Abbildung 7.3

s_2	s_2^1	s_2^2
s_1^1	2 2	0 1
s_1^2	1 0	1 1

Abbildung 7.3

wegen der Auszahlungsdominanz von s^1 über s^2 das strikte Gleichgewicht s^1 als Lösung aus, so impliziert dies, daß man der Perfektheit Priorität gegenüber der Auszahlungsdominanz von Gleichgewichten einräumt.

Im Bimatrixspiel der Abbildung 7.1 haben wir s^1 für alle x mit $0 < x < 2$ als intuitive Lösung betrachtet. Im Bereich $0 < x < 1$ könnte man dies durch die Auszahlungsdominanz von s^1 über s^2 begründen. Da dieses Kriterium im Bereich $1 < x < 2$ nicht anwendbar ist, kann dies aber nicht im gesamten Bereich $0 < x < 2$ die intuitive Auswahl von s^1 erklären.

Im q_1, q_2-Diagramm der Abbildung 7.4 repräsentiert das Einheitsquadrat die Menge aller gemischten Strategienvektoren $q = (q_1, q_2)$ für das Spiel der Abbildung 7.1.

Der **Stabilitätsbereich** eines Strategienvektors s ist definiert als die Menge aller gemischten Strategienvektoren q, auf die sich s als beste Antwort erweist im Sinne von

$$E_i(s_i, q_{-i}) \geq E_i(\hat{s}_i, q_{-i})$$

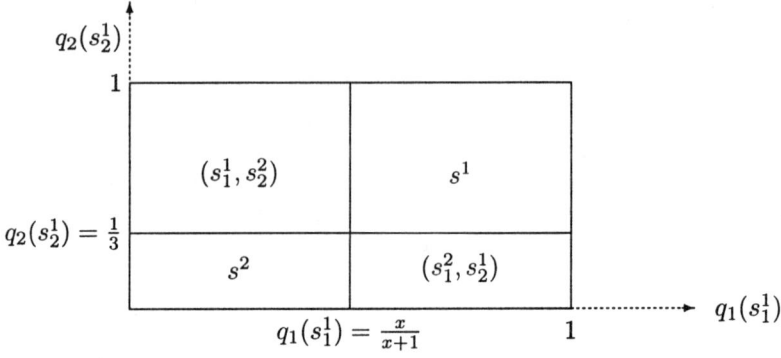

Abbildung 7.4

für alle Strategien $\hat{s}_i \in S_i$ aller Spieler $i = 1, ..., n$.

Für das Beispiel der Abbildung 7.1 sind die Stabilitätsbereiche der vier reinen Strategienvektoren die durch die Grenzen $q_1(s_1^1) = \frac{x}{1+x}$ und $q_2(s_2^1) = 1/3$ gebildeten vier Rechtecke im q_1, q_2-Diagramm. Offenbar ist für alle $0 < x < 2$ die Fläche des Stabilitätsbereichs von s^1 größer als die von s^2.

Die intuitive Auswahl von s^1 im Bereich $0 < x < 2$ sowie von s^2 im Bereich $x > 2$ könnte also dadurch begründet werden, daß man dasjenige Gleichgewicht vorzieht, das über einen größeren Stabilitätsbereich verfügt.

Das Spiel

s_1 \ s_2	s_2^1	s_2^2
s_1^1	2 2	0 $2-x$
s_1^2	$2-x$ 0	1 1

mit der Parameterbedingung $1 > x > 0$ hat den gemischten Gleichgewichtspunkt $q = (q_1, q_2)$ mit

$$q_1(s_1^1) = q_2(s_2^1) = \frac{1}{1+x}.$$

Ist der positive Parameterwert x sehr klein, so sehen die Stabilitätsbereiche wie in Abbildung 7.5 aus. Obwohl der Stabilitätsbereich von s^1 verglichen mit dem von s^2 sehr klein ist, erscheint es hier weniger klar, ob man s^1 oder s^2 als Lösung auswählen sollte. Zwar ist die Strategie s_i^2 für beide Spieler

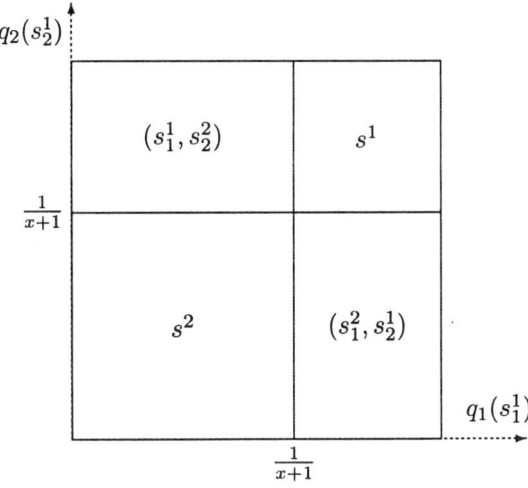

$$q_2(s_2^1)$$

$$(s_1^1, s_2^2)$$

$$s^1$$

$$\frac{1}{x+1}$$

$$s^2$$

$$(s_1^2, s_2^1)$$

$$q_1(s_1^1)$$

$$\frac{1}{x+1}$$

Abbildung 7.5

weniger riskant, da sie für $x < 1$ wenigstens 1 einbringt; das in dieser Weise verläßlichere strikte Gleichgewicht s^2 wird jedoch vom strikten Gleichgewicht s^1 auszahlungsdominiert. Der Stabilitätsaspekt, der auf dem Größenvergleich der Stabilitätsbereiche beruht, konkurriert daher mit dem Kriterium der Auszahlungsdominanz.

Hier haben wir uns auf einige einfache und offensichtliche Kriterien für die Auswahl von Gleichgewichten konzentriert, die wir anhand von speziellen 2-Personen-Normalformspielen illustriert haben. Weitere Gesichtspunkte sind denkbar und notwendig, insbesondere wenn man allgemeinere Klassen von Spielen betrachtet (vgl. die Diskussion von HARSANYI und SELTEN, 1988, Chapter 3).

7.2 Auswahl zwischen strikten Gleichgewichten für 2×2 — Bimatrix-Spiele

Im folgenden wollen wir davon ausgehen, daß die Menge der Lösungskandidaten eines Spiels aus der Menge seiner strikten Gleichgewichtspunkte besteht. Da es Spiele ohne strikte Gleichgewichte gibt, werden wir in einem weiteren Abschnitt diskutieren, wie man den Begriff eines strikten Gleichgewichtspunktes verallgemeinern kann.

Um ein möglichst konsistentes Auswahlkonzept zu erhalten, werden wir das

Kriterium der Auszahlungsdominanz völlig vernachlässigen (dies gilt auch für die in GÜTH, 1978, dargestellte frühere Version der Gleichgewichtsauswahltheorie von HARSANYI und SELTEN, 1988, für GÜTH, 1992 , sowie für die spezielle Auswahlkonzeption von CARLSSON und VAN DAMME, 1993, für die Klasse der 2 × 2-Bimatrix-Spiele). Man kann dies dadurch rechtfertigen, daß die Vereinbarung, ein allgemein bevorzugtes Gleichgewicht zu spielen, im Grunde eine kooperative Absprache darstellt, die im Rahmen einer vollständigen strategischen Analyse auf entsprechende Züge der Spieler zurückzuführen wäre. Anhand eines so vervollständigten Modells könnte man dann prüfen, ob und wann es zur Realisation eines nicht auszahlungsdominierten Gleichgewichts kommt. Mit anderen Worten: Auszahlungsdominanz kann dann auf Grund allgemeiner Rationalitätskriterien bestätigt oder verworfen werden.

Wir werden zunächst für eine Teilklasse $\mathcal{G}$ der 2 × 2-Bimatrix-Spiele (d.h. jeder der beiden Spieler hat genau zwei reine Strategien) ein rein axiomatisch begründetes Auswahlkonzept ableiten, das auf HARSANYI und SELTEN (1988) zurückgeht. Für ein 2 × 2-Bimatrix-Spiel sind nur die folgenden drei Fälle möglich: Es verfügt über kein striktes Gleichgewicht, dann können wir es in diesem Abschnitt nicht behandeln; oder es hat genau einen strikten Gleichgewichtspunkt, dann brauchen wir es nicht zu behandeln, da der einzige strikte Gleichgewichtspunkt die Lösung ist; oder es hat zwei strikte Gleichgewichtspunkte. Wir können uns daher auf 2 × 2-Bimatrix-Spiele mit genau zwei strikten Gleichgewichtspunkten beschränken. Nach geeigneter Umnumerierung der Strategien lassen sich alle derartigen Spiele in der Bimatrixform

s_1 \ s_2	s_2^1	s_2^2
s_1^1	a_{11} $\quad$ b_{11}	a_{12} $\quad$ b_{12}
s_1^2	a_{21} $\quad$ b_{21}	a_{22} $\quad$ b_{22}

Abbildung 7.6: "Ausgangsspiel"

darstellen, wobei die Bedingungen

$$a_{11} > a_{21}, a_{22} > a_{12}, b_{11} > b_{12}, b_{22} > b_{21}$$

gelten sollen. Wir wollen dieses Spiel im folgenden als **Ausgangsspiel** bezeichnen. Die beiden strikten Gleichgewichtspunkte sind die Strategienvektoren $s^1 = (s_1^1, s_2^1)$ und $s^2 = (s_1^2, s_2^2)$.

Unter der **besten Antwortstruktur** versteht man die Abbildung, die jedem reinen Strategienvektor s die Menge der gemischten Strategienvektoren q zuordnet, auf die sich s als beste Antwort erweist. Wir nennen diese Menge

$SB(s) = \{q \in Q :$ Für alle Spieler i gilt: $U_i(s_i, q_{-i}) \geq U_i(\hat{s}_i, q_{-i})$ für alle $\hat{s}_i \in S_i\}$

den **Stabilitätsbereich** des Strategienvektors $s \in S$ im Spiel $G = (S_1, ..., S_n;$ $U = (U_1, ..., U_n))$ in Normalform. Unser erstes Auswahlkriterium besagt, daß die Auswahl eines strikten Gleichgewichtspunktes nur von der besten Antwortstruktur des Spiels bestimmt sein soll. Mit anderen Worten: Unterscheiden sich zwei Spiele nicht bezüglich ihrer besten Antwortstruktur, so soll in beiden Spielen dieselbe Lösung ausgewählt werden.

Axiom 1: "Invarianz bezüglich der besten Antwortstruktur":

Die Lösung eines Spiels in der Klasse $\mathcal{G}$ hängt lediglich von den Stabilitätsbereichen der reinen Strategienvektoren ab.

Wir werden Axiom 1 anwenden, indem wir alle Bimatrix-Spiele der oben dargestellten Form in einer Weise transformieren, die die Stabilitätsbereiche nicht tangiert. In der folgenden Abbildung sind die Stabilitätsbereiche aller vier reinen Strategienvektoren für ein beliebiges Spiel der von uns betrachteten Klasse graphisch dargestellt: Die Stabilitätsbereiche der vier reinen

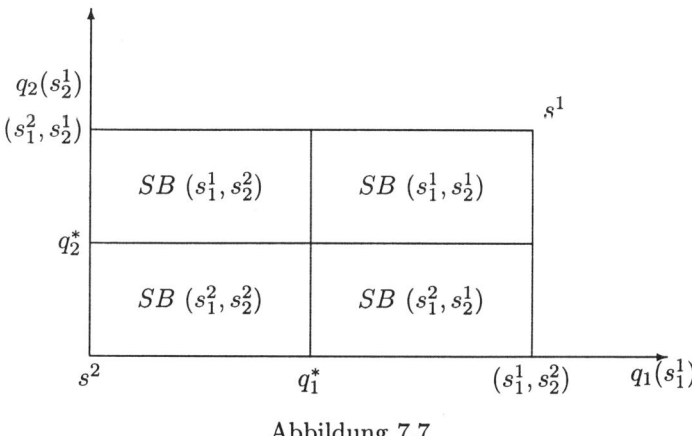

Abbildung 7.7

Strategienvektoren in Abbildung 7.7 für das Ausgangsspiel sind durch die gemischten Gleichgewichtsstrategien mit

$$q_1^* = \frac{b_{22} - b_{21}}{b_{11} - b_{12} + b_{22} - b_{21}}$$

und

$$q_2^* = \frac{a_{22} - a_{12}}{a_{11} - a_{21} + a_{22} - a_{12}}$$

bestimmt.

In einem 2×2-Bimatrix-Spiel ist s_1^1 beste Antwort auf eine gemischte Strategie q_2 des Spielers 2, falls

$$a_{11}q_2(s_2^1) + a_{12}(1 - q_2(s_2^1)) \geq a_{21}q_2(s_2^1) + a_{22}(1 - q_2(s_2^1))$$

bzw.

$$q_2(s_2^1) \geq \frac{a_{22} - a_{12}}{a_{11} - a_{21} + a_{22} - a_{12}}.$$

Wird das Ungleichheitszeichen umgekehrt, so ist die reine Strategie s_1^2 die beste Antwort auf q_2. Damit ist bewiesen, daß alle Vektoren $q = (q_1, q_2)$ gemischter Strategien, die im Stabilitätsbereich der reinen Strategie s_1^1 bzw. s_1^2 liegen, sich oberhalb bzw. unterhalb der Waagerechten q_2^* in der obigen Abbildung befinden. Hierbei wird eine gemischte Strategie durch die Wahrscheinlichkeit beschrieben, mit der die erste Strategie gewählt wird.

Eine analoge Überlegung für Spieler 2 zeigt, daß der Stabilitätsbereich von s_2^1 bzw. s_2^2 rechts bzw. links der Senkrechten q_1^* in der Abbildung 7.7 liegt. Die Stabilitätsbereiche der vier reinen Strategienvektoren sind damit genau die oben angegebenen Teilrechtecke des Einheitsquadrats. Die Grenzen jeweils zweier Stabilitätsbereiche gehören zu beiden angrenzenden Stabilitätsbereichen. Die gemeinsame Grenze aller vier Stabilitätsbereiche ist der vollständig gemischte Gleichgewichtspunkt $q^* = (q_1^*, q_2^*)$ mit

$$q_1^*(s_1^1) = \frac{b_{22} - b_{21}}{b_{11} - b_{12} + b_{22} - b_{21}}$$

und

$$q_2^*(s_2^1) = \frac{a_{22} - a_{12}}{a_{11} - a_{21} + a_{22} - a_{12}}.$$

Die beiden reinen Strategien sind beste Antworten für jeden Spieler, wenn der Gegner seine gemischte Gleichgewichtsstrategie spielt, d.h. sich genau auf der Grenze der Stabilitätsbereiche bewegt.

Eine wichtige Folgerung aus Axiom 1 ist damit, daß die Auswahl der Lösung in der von uns betrachteten Klasse von Spielen allein von der Lage des gemischten Gleichgewichtspunktes q^* abhängt. Ferner erkennt man anhand der obigen Gleichungen, daß für die Lage von q^* nur die Nutzendifferenzen

$$a_{11} - a_{21} \text{ und } a_{22} - a_{12} \text{ des Spielers 1}$$

sowie

$$b_{11} - b_{12} \text{ und } b_{22} - b_{21} \text{ des Spielers 2}$$

maßgeblich sind. Jede Transformation des Spiels, die diese Nutzendifferenzen nicht tangiert, darf damit die Lösung des Spiels nicht verändern. Durch genau eine solche Transformation unterscheidet sich das Spiel

s_2 / s_1	s_2^1		s_2^2	
s_1^1	$a_{11} - a_{21}$		0	
		$b_{11} - b_{12}$		0
s_1^2	0		$a_{22} - a_{12}$	
		0		$b_{22} - b_{21}$

von unserem Ausgangsspiel, das wir als das nach Axiom 1 transformierte Ausgangsspiel bezeichnen wollen. Das Ausgangsspiel und das nach Axiom 1 transformierte Ausgangsspiel verfügen über denselben gemischten Gleichgewichtspunkt q^* und daher über dieselbe beste Antwortstruktur. Axiom 1 verlangt mithin, daß die beiden Spiele in derselben Weise gelöst werden.

Eine weitere natürliche Rationalitätsforderung ist

Axiom 2: "Invarianz bezüglich isomorpher Transformationen":

Die Lösung eines Spiels wird nicht beeinflußt durch positiv lineare Transformationen der Spielernutzen sowie durch Umbenennungen der Spieler und/oder der Strategien.

Da kardinale Nutzenfunktionen nur bis auf positiv affine Transformationen eindeutig bestimmt sind und die Abhängigkeit der Lösung von Spieler- und Strategienbenennung eine willkürliche und mit Rationalitätskriterien nicht zu vereinbarende Lösung eines Spiels beinhalten würde, ist Axiom 2 ein kaum anzuzweifelndes Erfordernis für individuell rationales Entscheidungsverhalten. Aufgrund der Bedingung $a_{22} > a_{12}$ und $b_{11} > b_{12}$, können wir gemäß Axiom 2 das nach Axiom 1 transformierte Ausgangsspiel in das Spiel

s_2 / s_1	s_2^1		s_2^2	
s_1^1	X		0	
		1		0
s_1^2	0		1	
		0		Y

überführen, ohne die Lösung zu verändern. Die beiden Auszahlungsparameter X und Y sind durch

$$X = \frac{a_{11} - a_{21}}{a_{22} - a_{12}}$$

und

$$Y = \frac{b_{22} - b_{21}}{b_{11} - b_{12}}$$

definiert. Axiome 1 und 2 zusammen bedingen, daß die Lösung des Ausgangsspiels allein von den Nutzendifferenzenrelationen X und Y abhängt.

Im Fall $X = Y$ könnte nur willkürlich s^1 oder s^2 als Lösung ausgewählt werden, da eine Umbenennung der Strategien beider Spieler oder der Spieler selbst das Spiel nicht verändert. Axiom 2 verlangt daher, daß im Fall $X = Y$ weder s^1 noch s^2 als Lösung ausgewählt werden kann. Die Lösung des Spiels ist damit für $X = Y$ notwendigerweise der gemischte Gleichgewichtspunkt $q^* = (q_1^*, q_2^*)$ mit

$$q_1^*(s_1^1)/\ q_1^*(s_1^2) = Y$$

und

$$q_2^*(s_2^1)/\ q_2^*(s_2^2) = X^{-1}.$$

Betrachten wir nunmehr den Fall $X > Y$: Offenbar hat Spieler 1 mehr Grund, an s^1 als Lösung festzuhalten, als dies für Spieler 2 bezüglich s^2 der Fall ist. Wenn man also von einer Situation mit $X = Y$ zu einer mit $X > Y$ übergeht, sollte daher die Lösung von q^* auf s^1 springen. Wir wollen hierfür ein allgemeines Rationalitätspostulat einführen. Betrachtet sei ein beliebiges Spiel G mit einem strikten Gleichgewichtspunkt s^*. Erhöht man für einen Spieler i die Auszahlung $U_i(s^*)$, so erhält man ein Spiel $\hat{G}$ mit demselben strikten Gleichgewichtspunkt s^*. Wir werden sagen, daß $\hat{G}$ durch **Verstärkung des strikten Gleichgewichts** s^* aus G resultiert.

Axiom 3: "Monotonie der Lösung":

Resultiert $\hat{G}$ aus G durch Verstärkung des strikten Gleichgewichts s^* von G und ist kein anderes striktes Gleichgewicht als s^* die Lösung von G, so ist s^* die Lösung von $\hat{G}$.

In G ist offenbar kein anderes striktes Gleichgewicht dem strikten Gleichgewicht s^* vorzuziehen (die Lösung von G ist also s^* oder überhaupt keines der strikten Gleichgewichte von G). In $\hat{G}$ wird der Anreiz, s^* zu spielen, im Vergleich zu G noch verstärkt. Die Monotonie der Lösung verlangt, daß dieser stärkere Anreiz, s^* zu spielen, dann zum eindeutigen Ergebnis s^* führt.

Da im Fall $X = Y$ der gemischte Gleichgewichtspunkt q^* als Lösung ausgewählt wird und jeder Fall $X > Y$ durch Verstärkung von s^1 im Sinne von Axiom 3 darstellbar ist, muß gemäß den Axiomen 1,2 und 3 in allen Fällen $X > Y$ das strikte Gleichgewicht s^1 als Lösung ausgewählt werden.

Theorem (HARSANYI und SELTEN, 1988): Gemäß den Axiomen 1,2 und 3 ist die Lösung eines 2×2-Bimatrix-Spiels eindeutig durch s^1 für $X > Y$, durch q^* für $X = Y$ und durch s^2 für $X < Y$ festgelegt. Insgesamt ist damit durch die Axiome 1,2 und 3 für jedes 2×2-Bimatrix-Spiel eindeutig eine Lösung festgelegt, sofern das Spiel über wenigstens ein striktes Gleichgewicht verfügt.

Der Beweis des Theorems ist darüberhinaus konstruktiv, da man die Lösung genau, wie hier gezeigt, durch die beiden Matrixtransformationen für das Ausgangsspiel bestimmen kann.

Bei **Einstimmigkeitsverhandlungen** können die Beteiligten einstimmig eine von mehreren Vertragsmöglichkeiten realisieren, die für alle Vertragsparteien positive Auszahlungen implizieren. Im Fall fehlender Einstimmigkeit kommt kein Vertrag zustande, ein Zustand, den alle Spieler mit Null bewerten sollen. Gibt es nur zwei Verhandlungsparteien und stehen nur zwei Verträge A und B mit Vertragsgewinnvektoren (a_1, a_2) und (b_1, b_2) zur Auswahl, so ist die Bimatrixform der Verhandlungen wie folgt:

s_1 \ s_2	s_2^1		s_2^2	
s_1^1	a_1		0	
		a_2		0
s_1^2	0		b_1	
		0		b_2

Gemäß den Axiomen 1, 2 und 3 ist die Lösung der Vertrag A, d.h. der Strategienvektor s^1, falls $a_1 a_2 > b_1 b_2$.

Das Produkt $a_1 \cdot a_2$ bzw. $b_1 \cdot b_2$ der Vertragsgewinne wird häufig als das **Dividendenprodukt** bezeichnet. Als **Dividende** bezeichnet man hierbei die Differenz von Vertragsgewinn und Gewinn in der Situation, in der kein Vertrag abgeschlossen wird. Gemäß den drei Axiomen wird damit der Vertrag ausgewählt, dessen Dividendenprodukt maximal ist. Wir werden auf die Maximierung des Dividendenprodukts nochmals bei der Behandlung der kooperativen Nash-Lösung im Abschnitt 8 zurückkommen.

7.3 Allgemeine Spiele in Normalform

Wir wollen nunmehr generell für alle Spiele $G = (S_1, ..., S_n ; U = (U_1, ..., U_n))$ mit strikten Gleichgewichten eindeutig eine Lösung auswählen (hierbei orien-

tieren wir uns an GÜTH, 1992, der eine allgemeine Gleichgewichtsauswahltheorie anstrebt, die die im Abschnitt 7.2 beschriebene und auf den Axiomen 1, 2 und 3 basierende Harsanyi-Selten-Lösung verallgemeinert). Für das
Spiel G sei $C(G)$ die Menge der strikten Gleichgewichtspunkte s von G. Ein
Auswahlproblem besteht wiederum nur dann, wenn $C(G)$ mindestens zwei
verschiedene Elemente enthält.

7.3.1 Vergleichsspiele

Für s' und s'' aus $C(G)$ sei M die Menge der Spieler mit unterschiedlichem
Verhalten in s' und s'', d.h.

$$M = \{i \in N | s_i' \neq s_i''\}.$$

Wir wollen eine Dominanzbeziehung zwischen zwei strikten Gleichgewichten
definieren, die nur durch die Spieler i in M entschieden wird, da für alle
übrigen Spieler kein Entscheidungsproblem besteht, wenn nur s' und s'' zur
Auswahl anstehen.

Um bei dem Vergleich der zwei Gleichgewichte s' und s'' auf den Ergebnissen
des vorherigen Abschnitts aufbauen zu können, führen wir diesen Vergleich
auf eine Vielfalt von Vergleichen für 2×2-Bimatrix-Spiele zurück. Für zwei
verschiedene Spieler i und j aus M ist das Spiel für den Vergleich von s' und
s'' wie folgt definiert:

$$G^{ij}(s', s'') = (S_i, S_j; (U_i, U_j))$$

mit

$$S_k = \{s_k', s_k''\} \text{ für } k = i, j$$

und

$$U_k(s_k, s_l) = \begin{cases} U_k(s') & \text{für } s_k = s_k' \ , \ s_l = s_l' \\ U_k(s_k', s_{-k}'') & \text{für } s_k = s_k' \ , \ s_l = s_l'' \\ U_k(s_k'', s_{-k}') & \text{für } s_k = s_k'' \ , \ s_l = s_l' \\ U_k(s'') & \text{für } s_k = s_k'' \ , \ s_l = s_l'' \end{cases}$$

für $k, l \in \{i, j\}$ mit $k \neq l$. Hierbei bezeichnet s_{-k} den $(n-1)$-dimensionalen
Strategievektor, der aus s durch Weglassen der k - ten Komponente s_k
entsteht. Wir nennen $G^{ij}(s', s'')$ das **Vergleichsspiel der Spieler i und j**
für s' und s''.

Gemäß dem Vergleichsspiel $G^{ij}(s', s'')$ geht jeder Spieler davon aus, daß alle
übrigen Spieler wissen, ob die Lösung durch s' oder s'' gegeben ist. Dies
erklärt, warum Spieler k glaubt, daß alle anderen Spieler sich in derselben
Weise wie sein Mitspieler l im Vergleichsspiel $G^{ij}(s', s'')$ entscheiden.

Eine andere Interpretation der Vergleichsspiele $G^{ij}(s', s'')$ ist die, daß man lediglich die Risiken einseitiger Abweichungen von Lösungskandidaten zu erfassen sucht (vgl. hierzu auch GÜTH, 1992). Gemäß der Definition von $G^{ij}(s', s'')$ sind die Auszahlungen des Spiels entweder die Auszahlungen für die Lösungskandidaten s' und s'' selbst oder die Auszahlungen für Strategienvektoren, die resultieren, wenn entweder nur der i oder aber nur der j einseitig von einem dieser Lösungskandidaten abweicht. Mittels der Vergleichsspiele $G^{ij}(s', s'')$ werden also nur die Auszahlungseffekte einseitiger Abweichungen von Lösungskandidaten berücksichtigt. Dies kann man dadurch rechtfertigen, daß im Rahmen einer streng auf individuelle Entscheidungen ausgerichteten strategischen Analyse kollektive Abweichungen als Ergebnis von Koordinierungsmaßnahmen anzusehen sind, über die wiederum streng individuell zu entscheiden wäre. Risiken kollektiver Abweichungen wären daher durch entsprechend erweiterte Spielmodelle zu erfassen, deren Spielregeln individuelle Maßnahmen zulassen, die auf eine Koordinierung des Verhaltens mehrerer Spieler abzielen.

7.3.2 Relative Stärke

Wegen der Striktheit der Gleichgewichte s' und s'' in G gilt, daß (s'_i, s'_j) und (s''_i, s''_j) strikte Gleichgewichtspunkte in $G^{ij}(s', s'')$ sind. Wie in Abbbildung 7.7 graphisch verdeutlicht, sind damit die Stabilitätsbereiche $SB(s'_i, s'_j)$ und $SB(s''_i, s''_j)$ in $G^{ij}(s', s'')$ nicht-degenerierte Rechtecke, deren Flächeninhalt wir mit $F^{ij}(s')$ bzw. $F^{ij}(s'')$ bezeichnen. Aufgrund der Ergebnisse des vorigen Abschnitts können wir für das Vergleichsspiel $G^{ij}(s', s'')$ die **relative Stabilität**

$$R^{ij}(s', s'') = \frac{F^{ij}(s')}{F^{ij}(s'')}$$

von s' gegenüber s'' ableiten, die stets wohldefiniert und positiv ist.

Wir nennen einen Spieler i in M einen **aktiven Spieler** beim Vergleich von s' und s''. Jeder aktive Spieler i ist mit einer Reihe von Vergleichsspielen

$$\{G^{ij}(s', s'') : j \in M, j \neq i\}$$

konfrontiert, in denen er jeweils mit einem der anderen aktiven Spieler interagiert.

Wir vergleichen allgemein s' und s'' im Spiel G, indem wir alle relativen Stabilitäten $R^{ij}(s', s'')$ für alle möglichen paarweisen Vergleiche zweier aktiver Spieler zu einer **Gesamt-** oder **Durchschnittsstabilität** $R(s', s'')$ aggregieren.

Einfache **Aggregationsregeln** sind zum Beispiel die **Multiplikationsregel**

$$R_*(s', s'') = \prod_{\substack{i > j \\ i,j \in M}} R^{ij}(s', s'')$$

oder die **Additionsregel**

$$R_+(s', s'') = \sum_{\substack{i > j \\ i,j \in M}} R^{ij}(s', s'').$$

Wegen der Striktheit der Gleichgewichte (s_i', s_j') und (s_i'', s_j'') in $G^{ij}(s', s'')$ sind $R_*(s', s'')$ und $R_+(s', s'')$ stets wohldefiniert und positiv. Ferner sind diese Werte nur von der besten Antwortstruktur abhängig, invariant bezüglich isomorpher Transformationen sowie monoton im Sinne von Axiom 3. Mit anderen Worten: Die Dominanzregel, gemäß der s'' durch s' dominiert wird, falls

$$R_*(s', s'') > R_*(s'', s') \text{ bzw. } R_+(s', s'') > R_+(s'', s')$$

gilt, erfüllt die Axiome 1,2 und 3 und verallgemeinert damit die Dominanz-relation für 2×2-Bimatrix-Spiele des vorherigen Abschnitts.

$R_*(\cdot, \cdot)$ und $R_+(\cdot, \cdot)$ sind natürlich nicht die einzig möglichen Aggregations-regeln (vgl. GÜTH, 1992). Wir wollen uns hier jedoch auf diese beiden Ag-gregationsregeln beschränken, die sich wegen ihrer einfachen mathematischen Form unmittelbar anbieten und die, wie wir im folgenden zeigen wollen, auch axiomatisch charakterisierbar sind. Welche der beiden Aggregationsformen vorzuziehen ist, wollen wir nicht abstrakt, sondern mittels der durch die beiden Aggregationsformen implizierten Lösungen für Einstimmigkeitsspiele entscheiden.

7.3.3 Axiome für Aggregationsregeln

Wir wollen im folgenden zeigen, daß die beiden Aggregationsregeln R_* und R_+ auf allgemeine Aggregationsprinzipien zurückgeführt werden können. Hierfür sei

$$x = (x_1, ..., x_m)$$

ein Vektor positiver Zahlen. Eine ein-eindeutige (bijektive) Funktion

$$\prod : \quad \{1, ..., m\} \longrightarrow \{1, ..., m\}$$
$$i \longmapsto \prod(i)$$

heißt Permutation. Für die Permutation $\prod$ definieren wir den Vektor $\prod x$ durch

$$\prod x = (x_{\prod(1)}, ..., x_{\prod(m)}),$$

d.h. der Vektor $\prod x$ entsteht aus x durch Vertauschen der Komponenten von x gemäß $\prod$. Eine Funktion $f(x)$ heißt **anonym**, falls für alle Vektoren x und alle Permuationen $\prod$ gilt:

$$f(\prod x) = f(x).$$

Anonymität besagt offenbar, daß die Funktion f nur auf den Wert der Komponenten von x reagiert und nicht auf den Index der Komponente. Anonymität der Aggregationsregel wird offenbar durch Isomorphieinvarianz (Axiom 2) impliziert.

Die Funktion $f(x)$ heißt **monoton**, falls jede Erhöhung einer Komponente von x den Wert von $f(x)$ steigert. Die Monotonie einer Aggregationsregel kann aus dem Monotonieerfordernis (Axiom 3) des vorherigen Abschnitts abgeleitet werden.

Offensichtlich sind die beiden Aggregationsregeln R_* und R_+ anonym und monoton und damit auch in dieser Hinsicht konsistent mit den Axiomen 1,2 und 3. Im folgenden werden wir jeweils für R_* und R_+ weitere Anforderungen aufstellen, die die jeweilige Regel eindeutig charakterisieren.

Die $R_*(\cdot, \cdot)$-Aggregationsaxiome:

Axiom 4*: "Multilinearität"

$$f(x_1, ..., x_m) = x_1 f(1, x_2, ..., x_m)$$

Zusammen mit Anonymität und Monotonie impliziert Multilinearität offenbar, daß

$$f(x_1, ..., x_m) = f(1, ..., 1) \prod_{i=1}^{m} x_i \text{ mit } f(1, ..., 1) > 0$$

Fordert man darüberhinaus

Axiom 5*: "Normierung der Neutralität"

$$f(1, ..., 1) = 1$$

so verbleibt nur die Funktion

$$f(x) = \prod_{i=1}^{m} x_i,$$

die mit der Aggregationsregel R_* identisch ist, die die Gesamt- oder Durchschnittstabilität durch das Produkt aller Einzelstabilitäten definiert. Die

Axiome 1, 2, 3, 4* und 5* charakterisieren damit eindeutig die Aggregations-regel R_*.

Die $R_+(\cdot, \cdot)$-Aggregationsaxiome:

Axiom 4+: "Additive Separierbarkeit"

$$f(x_1, x_2, ..., x_m) = x_1 f(1, 0, ..., 0) + f(0, x_2, ..., x_m)$$

Zusammen mit Anonymität und Monotonie impliziert Axiom 4+, daß

$$f(x_1, ..., x_m) = f(1, 0, ..., 0) \sum_{i=1}^{m} x_i \text{ mit } f(1, 0, ..., 0) > 0.$$

Aus

Axiom 5+: "Normierung der Neutralität"

$$f(1, 0, ..., 0) = 1 \text{ oder } f(1, ..., 1) = m$$

und den Axiomen 1, 2, 3 und 4+ folgt daher die additive Aggregationsregel R_+, die die totale relative Stabilität durch Addition der Einzelstabilitäten bestimmt. Die Axiome 1, 2, 3, 4+ und 5+ charakterisieren damit die Aggregationsregel R_+.

Wir wollen hier keine grundsätzliche Diskussion darüber führen, welche der beiden Aggregationsregeln die vernünftigere ist. Man kann verschiedene Wege beschreiten, um eine Auswahltheorie zu definieren und auch axiomatisch zu beschreiben. Eine tiefergehende Diskussion verschiedener Möglichkeiten, eine Gleichgewichtstheorie zu entwickeln findet sich in den speziellen Publikationen von HARSANYI und SELTEN (1988) sowie GÜTH und KALKOFEN (1989). Allerdings werden wir sehen, daß die beiden Aggregationsmethoden unterschiedliche Lösungen für Einstimmigkeitsspiele implizieren. Dies wird für uns entscheiden, welche der beiden Aggregationsmethoden vorzuziehen ist.

7.4 Nicht-strikte Lösungskandidaten

Strikte Gleichgewichtspunkte zeichnen sich durch große Selbststabilisierungstendenzen aus, da eine einseitige Abweichung eines Spielers vom Gleichgewichtsverhalten diesen selbst straft. Für nicht-strikte Gleichgewichtspunkte gilt hingegen im allgemeinen nur, daß einseitige Abweichungen eines Spielers diesem nicht nutzen. Wir werden deshalb nur strikte Gleichgewichtspunkte als Lösungskandidaten betrachten, sofern solche vorhanden sind.

Leider ist die Nichtexistenz strikter Gleichgewichtspunkte kein Degeneriert-
heitsphänomen, sondern ein mit positiver Wahrscheinlichkeit (bei unverzerr-
ter und zufälliger Auswahl der Auszahlungsparameter eines Spiels vorgegebener Größe, d.h. mit gegebener Spielerzahl und vorgegebenen Anzahlen reiner
Strategien) zu erwartender Tatbestand, wie folgende Klasse von Spielen beweist, für die die Parameterbeschränkungen

$$a_{11} > a_{21}, b_{12} > b_{11}, a_{22} > a_{12}, b_{21} > b_{22}$$

gelten.

s_2	s_2^1	s_2^2
s_1^1	a_{11} b_{11}	a_{12} b_{12}
s_1^2	a_{21} b_{21}	a_{22} b_{22}

Alle Spiele dieser Klasse verfügen nur über vollständig gemischte Gleichgewichtspunkte, die stets nicht strikt sind.

Insbesondere für extensive Spiele und damit für ihre Agentennormalform
ist das Fehlen strikter Gleichgewichtspunkte ein typisches Phänomen, da
es häufig von der Gleichgewichtspartie unerreichte Informationsbezirke gibt,
in denen das Verhalten in einem gewissen Bereich beliebig gestaltet werden
kann, ohne die Gleichgewichtsbedingungen zu verletzen. Typische Beispiele
hierfür sind die signaling-Spiele mit ihrer Vielfalt an nicht-strikten Gleichgewichten.

Es ist daher sehr bedeutsam, daß man die Auswahlüberlegungen des vorigen
Abschnitts auf Lösungskandidaten verallgemeinert, die nicht notwendigerweise die Striktheitsanforderung erfüllen. Wir wollen im folgenden skizzieren,
wie dies möglich ist.

Es seien

$$G = (S_1, ..., S_n; (U_1, ..., U_n))$$

ein Spiel in Normalform und

$$F_1, ..., F_n \text{ mit } \oslash \neq F_i \subseteq S_i \text{ für } i = 1, ..., n$$

nicht-leere Teilmengen der Strategienmengen S_i. Beschränkt man die Auszahlungsfunktion U auf Strategienvektoren s mit $s_i \in F_i$ für $i = 1, ..., n$, so
erhält man die Restriktion U^F von U mit $F = F_1 \times ... \times F_n$. Das Spiel
$G^F = (F_1, ..., F_n ; (U_1^F, ..., U_n^F))$ in Normalform heißt **Formation von** G,
falls G^F abgeschlossen bezüglich bester Antworten in G ist, d.h. falls alle

besten reinen Antworten im Spiel G auf gemischte Strategienvektoren q in G^F in der Menge F reiner Strategienvektoren s enthalten sind.

Ist $s^* = (s_1^*, ..., s_n^*)$ ein strikter Gleichgewichtspunkt von G, so ist

$$G^F = (\{s_1^*\}, ..., \{s_n^*\}; (U_1(s^*), ..., U_n(s^*)))$$

eine Formation von G. Dies zeigt, daß der Formationsbegriff das Konzept strikter Gleichgewichtspunkte verallgemeinert. Jedes Spiel G verfügt über Formationen, da G^F mit $F = S = S_1 \times ... \times S_n$ trivialerweise eine Formation von G ist. Sind F' und F'' zwei Formationen von G mit $F' \cap F'' \neq \emptyset$, so ist auch $F' \cap F''$ eine Formation von G. Eine Formation F heißt **elementar**, wenn sie keine echte Formation enthält. Es gibt damit für jedes Spiel G in Normalform eine eindeutige Menge elementarer Formationen. Ferner entspricht jedem strikten Gleichgewichtspunkt s^* von G genau eine dieser elementaren Formationen, nämlich diejenige mit $F = \{s^*\}$. Aufgrund der allgemeinen Existenzsätze für endliche Spiele in Normalform verfügt jedes Spiel G^F mit $F \neq \emptyset$ wenigstens über einen Gleichgewichtspunkt, der wegen der Definition der Formation natürlich auch ein Gleichgewichtspunkt in G ist.

Wir wollen hier von Problemen absehen, die entstehen, wenn elementare Formationen von G mehrere Gleichgewichte enthalten, was für Anwendungen höchst untypisch ist. Unserer Kenntnis nach gibt es keine Anwendung der Gleichgewichtsauswahltheorie, für die sich das Problem von elementaren Formationen mit mehreren Gleichgewichten ergeben hat. Wir verweisen auf spezielle Abhandlungen zur Gleichgewichtsauswahltheorie (vgl. die bahnbrechende Veröffentlichung von HARSANYI und SELTEN, 1988, und den Beitrag von GÜTH und KALKOFEN, 1989), die Verfahren diskutieren, wie man elementare Formationen mit mehreren Gleichgewichten löst.

Es seien $F_1, ..., F_m$ die elementaren Formationen des Spiels $G = (S_1, ..., S_n; U = (U_1, ..., U_n))$, die alle über genau einen Gleichgewichtspunkt verfügen. Mit q^l für $l = 1, ..., m$ sei der Gleichgewichtspunkt der Formation G^{F_l} bezeichnet. Wir wollen zeigen, daß der Vergleich zweier Gleichgewichtspunkte q^k und q^l aus unterschiedlichen Formationen von G aus Sicht der Gleichgewichtsauswahltheorie ebenso unproblematisch ist wie der Vergleich zweier strikter Gleichgewichtspunkte von G. Da strikte Gleichgewichtspunkte elementaren Formationen entsprechen, kann man damit behaupten, daß der Vergleich von Gleichgewichtspunkten aus unterschiedlichen elementaren Formationen den Vergleich von strikten Gleichgewichtspunkten verallgemeinert.

Es seien q' und q'' zwei Gleichgewichtspunkte von G, die in Formationen F' bzw. F'' mit $F' \cap F'' = \emptyset$ liegen. Wir werden zeigen, daß alle Definitionen, die wir in Abschnitt 7.3 für den Vergleich strikter Gleichgewichtspunkte eingeführt haben, ohne Schwierigkeiten auch für den Vergleich von q' und q'' angewandt werden können. Die einzige Schwierigkeit, die für nicht-strikte

Gleichgewichtspunkte auftreten könnte, ist offenbar, daß der Flächeninhalt des Stabilitätsbereichs einer der beiden Gleichgewichte in den Vergleichsspielen Null ist. Wir wollen zeigen, daß dies nicht der Fall sein kann, wenn q' und q'' in unterschiedlichen elementaren Formationen F' und F'' mit $F' \cap F'' = \varnothing$ liegen.

Es seien i und j zwei aktive Spieler beim Vergleich von q' und q'', d.h. es gilt $s_i' \neq s_i''$ für alle s_i' mit $q_i'(s_i') > 0$ und alle s_i'' mit $q_i''(s_i'') > 0$ und $s_j' \neq s_j''$ für alle s_j' mit $q_j'(s_j') > 0$ und alle s_j'' mit $q_j''(s_j'') > 0$. Wir definieren das Vergleichsspiel $G^{ij}(q', q'')$ wie folgt: Für jeden Spieler $k \in \{i, j\}$ kann die Menge gemischter Strategienvektoren w_k durch das Intervall $[0, 1]$ beschrieben werden. Hierbei entspricht einer konkreten gemischten Strategie w_k die gemischte Strategie

$$w_k q_k' + (1 - w_k) q_k''$$

in G, gemäß der die gemischte Strategie q_k' mit Wahrscheinlichkeit w_k und die gemischte Strategie q_k'' mit der Restwahrscheinlichkeit $1 - w_k$ verwendet wird. Damit können im Spiel $G^{ij}(q', q'')$ nur Strategien s_i bzw. s_j realisiert werden, die durch q_j' und q_j'' nicht ausgeschlossen werden (weder q' noch q'' schreiben für ausgeschlossene Strategien s_i bzw. s_j positive Wahrscheinlichkeiten vor). Für einen gemischten Strategienvektor (w_i, w_j) ist die Auszahlung an Spieler $k \in \{i, j\}$ durch

$$U_k(w_k, w_l) = \left\{ \begin{array}{l} w_k w_l U_k(q') + w_k(1 - w_l) U_k(q_k', q_{-k}'') + \\ +(1 - w_k) w_l U_k(q_k'', q_{-k}') + (1 - w_k)(1 - w_l) U_k(q'') \end{array} \right.$$

gegeben, wobei l den jeweils anderen Spieler $l \in \{i, j\}$, $l \neq k$, im Spiel $G^{ij}(q', q'')$ bezeichnet. Da q' und q'' in schnittfremden Formationen liegen, sind die Strategienvektoren $(w_i, w_j) = (0, 0)$ und $(w_j, w_j) = (1, 1)$, die den Strategienvektoren (q_i'', q_j'') bzw. (q_i', q_j') entsprechen, strikte Gleichgewichtspunkte des Spiels $G^{ij}(q', q'')$. Dies gilt, da aus $q_i'(s_i) > 0$ die Bedingung $q_i''(s_i) = 0$ und umgekehrt folgt und da jede Strategie s_i mit $q_i''(s_i) > 0$ wegen der Definition der Formation F' und wegen $F' \cap F'' = \varnothing$ keine beste Antwort auf q' sein kann.

Die Spiele $G^{ij}(q', q'')$ mit den aktiven Spielern i und j sind also wohldefiniert. Ferner gilt, daß (q_i', q_j') und (q_i'', q_j'') strikte Gleichgewichte in $G^{ij}(q', q'')$ sind und daß damit die Flächeninhalte ihrer Stabilitätsbereiche positiv sind. Es können somit alle Definitionen des Abschnitts 7.3 auf den Vergleich von nicht strikten Gleichgewichten übertragen werden, sofern diese in unterschiedlichen elementaren Formationen von G liegen.

Für allgemeine Spiele $G = (S_1, ..., S_n; (U_1, ..., U_n))$ in Normalform läßt sich nun die Menge $\mathcal{C}(G)$ der Lösungskandidaten für G definieren, für die man in obiger Weise den paarweisen Vergleich zweier Gleichgewichte durchführen kann. Vorausgesetzt ist dabei wiederum, daß alle elementaren Formationen von G nur einen einzigen Gleichgewichtspunkt enthalten. Es seien $F^1, ..., F^m$

die elementaren Formationen von G und $q^1, ..., q^m$ die zugehörigen Gleichgewichtspunkte. Die Kandidatenmenge $C(G)$ ist gegeben durch

$$C(G) = \{q^1, ..., q^m\},$$

d.h. durch die Gleichgewichtslösungen der elementaren Formationen von G.

7.5 Paarweiser Vergleich von Gleichgewichtspunkten und Auswahlprinzip

Die Lösungsauswahl ist allein durch den paarweisen Vergleich determiniert, falls es maximal zwei nicht-symmetrische Lösungskandidaten gibt. Das folgende Bimatrix-Spiel

	s_2^1		s_2^2		s_2^3	
s_1^1	1		0		0	
		1		−4		0
s_1^2	−4		4		1	
		0		4		0
s_1^3	0		0		2	
		0		1		2

zeigt, daß die durch den paarweisen Vergleich definierte Dominanzrelation gemäß den Axiomen 1,2 und 3 (HARSANYI und SELTEN, 1988) im allgemeinen intransitiv ist. Es gilt nämlich:

(i) s^1 dominiert s^2, da $\frac{5}{4} > \frac{4}{5}$,

(ii) s^2 dominiert s^3, da $\frac{4}{1} > \frac{1}{4}$,

(iii) s^3 dominiert s^1, da $\frac{2}{1} > \frac{1}{2}$.

Die Dominanzrelation ist also wenig hilfreich, um allgemein zwischen mehr als zwei Lösungskandidaten auswählen zu können. Dies wäre nur dann möglich, wenn die Dominanzrelation transitiv wäre.

Im folgenden wollen wir einen Weg aufzeigen, wie man ausgehend vom paarweisen Vergleich von Gleichgewichtspunkten zu einer transitiven Dominanzrelation und damit zu einem Auswahlprinzip für mehr als zwei Lösungskandidaten gelangen kann. Es sei

$$C(G) = \{q^1, ..., q^m\} \text{ mit } m \in \mathbf{N}, m \geq 2,$$

die Menge der Lösungskandidaten des Spiels G. Wie in Abschnitt 7.3 gezeigt, kann man für jeden paarweisen Vergleich zweier Lösungskandidaten q' und q'' eine Gesamt- oder Durchschnittsstabilität $R(q', q'')$ bestimmen. Für jeden Lösungskandidaten q^i sei der $(m-1)$-Vektor

$$R(q^i) = [(R(q^{i_1}, q^i), ..., R(q^{i_{m-1}}, q^i)]$$

durch die paarweisen Durchschnittsstabilitäten $R(q^j, q^i)$ mit $j \neq i$ in der Form gegeben, daß die Komponenten von $R(q^i)$ nicht steigend angeordnet sind, d.h.

$$i_e > i_k \Longleftrightarrow R(q^{i_e}, q^i) \leq R(q^{i_k}, q^i).$$

Mit anderen Worten: Die erste Komponente von $R(q^i)$ gibt die größte Durchschnittsstabilität von einem der übrigen Lösungskandidaten gegenüber q^i an, die zweite Komponente die zweithöchste Durchschnittsstabilität usw.

Mit Hilfe der Vektoren $R(q^i)$ für alle $q^i \in \mathcal{C}(G)$ kann eine transitive Dominanzrelation zwischen den Elementen von $\mathcal{C}(G)$ in folgender Weise definiert werden:

q^i **dominiert** q^j, falls der Vektor $R(q^i)$ lexikographisch kleiner ist als $R(q^j)$, d.h. falls die erste Komponente von $R(q^i)$ geringer ist als die erste Komponente von $R(q^j)$ bzw. im Falle der Gleichheit der ersten Komponenten, falls die nächste Komponente von $R(q^i)$ niedriger ist als diejenige von $R(q^j)$ usw.

Die Transitivität dieser Dominanzrelation folgt aus der Transitivität der lexikographischen Ordnung. Wir bezeichnen mit $\mathcal{C}^*(G)$ die Menge der nicht durch andere Lösungskandidaten dominierten Elemente von $\mathcal{C}(G)$. Es ist klar, daß $\mathcal{C}^*(G)$ nicht leer sein kann, wenn $\mathcal{C}(G)$ nicht leer ist. In speziellen Fällen, zum Beispiel typischerweise in symmetrischen Spielen mit strikten, aber symmetrischen Gleichgewichten, ist die Menge $\mathcal{C}^*(G)$ der undominierten Lösungskandidaten nicht einelementig. In allen generischen, d.h. essentiell asymmetrischen Spielen gibt es jedoch nur einen Lösungskandidaten, der nicht durch andere dominiert wird und daher als eindeutige Lösung des Spiels ausgewählt wird.

Wie man im Fall mehrerer undominierter Lösungskandidaten verfahren kann, um eindeutig eine Lösung auszuwählen, soll hier nicht weiter diskutiert werden (vgl. die speziellen Abhandlungen von HARSANYI und SELTEN, 1988, und GÜTH und KALKOFEN, 1989). Wir wollen hier vor allem demonstrieren, daß man anhand sinnvoller Rationalitätskriterien sowohl zwischen strikten als auch zwischen nicht strikten Lösungskandidaten auszuwählen vermag. Das hier entwickelte Konzept zeichnet sich vor allem durch große Einfachheit und eine klare axiomatische Fundierung aus. Es ist allerdings zweifelhaft, ob ein so einfaches Konzept die vielfältigen strategischen Aspekte von Spielen adäquat widerspiegelt. Für das Bimatrix-Spiel, das wir zu Beginn dieses Abschnitts 7.5 vorgestellt haben, ergibt sich zum Beispiel die Lösung

$s^2 = \left(s_1^2, s_2^2\right)$ unabhängig von der Aggregationsregel. Statt dies in allgemeiner Form weiter zu diskutieren, wollen wir lieber einige konkrete (Bei)Spiele betrachten.

7.6 Markteintrittsspiele

Wir betrachten die Klasse von Markteintrittsspielen, die SELTEN und GÜTH (1982) mit Hilfe der Harsanyi und Selten-Theorie erstmalig analysiert haben (vgl. auch GÜTH und KALKOFEN, 1989, Teil III, Abschnitt 3.4). Die Bedeutung dieser Spiele beruht darauf, daß in diesen Spielen eine natürliche Lösung existiert. Jedes vernünftige Auswahlkonzept sollte diesen natürlichen Lösungskandidaten auswählen. Die Markteintrittsspiele stellen daher einen Testfall für die Sinnhaftigkeit eines Auswahlkonzepts dar.

Jeder der $n(\geq 2)$ Spieler $i = 1, ..., n$ verfügt üüber zwei reine Strategien, nämlich $s_i = 0$ (kein Markteintritt) und $s_i = 1$ (Markteintritt), d.h.

$S_i = \{0, 1\}$ für $i = 1, ..., n$.

Die Gewinne bestimmen sich teils durch die Marktgewinne A_m, die mit der Zahl

$$m = \sum_{i=1}^{n} s_i$$

der in den Markt eingetretenen potentiellen Anbieter abnehmen sollen, d.h.

$$A_1 > A_2 > ... > A_n,$$

und teils durch die Markteintrittskosten C_i. Es wird unterstellt, daß die Markteintrittskosten zweier unterschiedlicher potentieller Anbieter voneinander verschieden sind. Nach geeigneter Umnumerierung der Anbieter erhält man daher

$$0 < C_1 < C_2 < ... < C_n.$$

Für jeden Strategienvektor s mit m in den Markt eingetretenen Anbietern sind die Auszahlungen damit wie folgt definiert:

$$U_i(s) = \left\{ \begin{array}{l} 0 \text{ , falls } s_i = 0 \\ A_m - C_i, \text{ falls } s_i = 1. \end{array} \right.$$

Wir beschränken unsere Analyse auf den Fall

$$A_1 > C_n \text{ und } C_1 > A_n,$$

in dem selbst der Anbieter mit den höchsten Eintrittskosten als Monopolist noch positive Nettogewinne erzielen kann und der Anbieter mit den niedrigsten Eintrittskosten vor dem Markteintritt zurückschreckt, falls alle anderen

Anbieter eintreten. Ferner abstrahieren wir von nicht generischen Spielen, in denen $A_m = C_i$ möglich ist. SELTEN und GÜTH (1982) haben folgende Aussage bewiesen:

Theorem: Der reine Strategienvektor $s = (s_1, ..., s_n)$ ist ein Gleichgewichtspunkt genau dann, wenn folgende Bedingungen erfüllt sind:

(i) $m = \bar{m}$ mit $C_{\bar{m}} < A_{\bar{m}}$ und $C_{\bar{m}+1} > A_{\bar{m}+1}$

(ii) $C_i < A_{\bar{m}}$ für alle i mit $s_i = 1$ und $C_i > A_{\bar{m}+1}$ für alle i mit $s_i = 0$

Beweis: Da A_m mit m abnimmt und C_m mit m zunimmt, ist $A_m - C_m$ strikt fallend in m. Wegen $A_1 - C_1 > A_1 - C_n > 0$ und $A_n - C_n < A_n - C_1 < 0$ gibt es daher eine eindeutige Zahl $\bar{m}$ an Anbietern, für die $A_{\bar{m}} - C_{\bar{m}} > 0 > A_{\bar{m}+1} - C_{\bar{m}+1}$ gilt, da wir den Fall $A_m = C_m$ ausgeschlossen haben. Sicherlich wird daher jeder Spieler verlieren, wenn er von einer Strategienkombination s, wie in (i) und (ii) beschrieben, abweicht.

Betrachtet man umgekehrt einen Gleichgewichtspunkt s in reinen Strategien mit m in den Markt eintretenden Anbietern, so muß offenbar $m = \bar{m}$ gelten, da im Fall $m < \bar{m}$ noch wenigstens ein Anbieter lohnend in den Markt eintreten kann und im Fall $m > \bar{m}$ wenigstens ein Anbieter mit $s_i = 1$ davon profitiert, wenn er nicht eintritt. Da s ein Gleichgewichtspunkt ist, folgt daher auch die Bedingung (ii). Dies beweist die Aussage des Theorems. $\square$

Offenbar gilt $F^{ij}(s') > F^{ij}(s'')$ stets dann (vgl. Abschnitt 7.3.2), wenn in s'' derjenige der beiden Anbieter i und j in den Markt eintritt, der die relativ höheren Markteintrittskosten aufweist (vgl. den detaillierten Beweis in GÜTH, 1992). Für die intuitiv zu erwartende Lösung s^* mit

$$s_i^* = \left\{ \begin{array}{ll} 1 & \text{für } i = 1, ..., \bar{m} \\ 0 & \text{für } i = \bar{m}+1, ..., n \end{array} \right.$$

gilt daher stets

$$F^{ij}(s^*) > F^{ij}(s')$$

für alle anderen strikten Gleichgewichtspunkte s' des Markteintrittsspiels und für alle Spielerpaare i und j mit $s_i^* \neq s_i'$ sowie $s_j^* \neq s_j'$. Damit ist $R(s^*)$ lexikographisch minimal, wobei dieses Resultat nicht davon abhängt, ob wir die multiplikative oder die additive Aggregationsregel $R_*(\cdot, \cdot)$ bzw. $R_+(\cdot, \cdot)$ verwenden. Der Gleichgewichtspunkt s^*, gemäß dem genau die $\bar{m}$ kostengünstigsten potentiellen Anbieter in den Markt eintreten, ist damit die Lösung des Markteintrittsspiels.

Theorem: Die Lösung eines Markteintrittsspiels ist der Gleichgewichtspunkt, gemäß dem gerade die $\bar{m}$ kostengünstigsten potentiellen Anbieter in den Markt eintreten.

Da s^* die intuitiv zu erwartende Lösung eines Markteintrittsspiels ist, kann dieses Ergebnis als eine Bestätigung unserer Auswahlkonzeption angesehen werden. Die Auswahl von s^* ist unserer Meinung nach eine Mindestanforderung für jede vernünftige Auswahlkonzeption. Dies illustriert, daß man Auswahlkonzeptionen nicht nur allein auf Grund ihrer Eigenschaften, sondern auch anhand ihrer Ergebnisse für gewisse Standardbeispiele beurteilen kann.

7.7 Der Einfluß von Verhandlungskosten auf das Verhandlungsergebnis

Um zu analysieren, wie Verhandlungskosten das Ergebnis von Verhandlungen beeinflussen können, sei das folgende Bimatrix-Spiel betrachtet (vgl. die Analyse ähnlicher Situationen durch LEOPOLD-WILDBURGER, 1982 und 1985):

Spieler 1 \ Spieler 2	X_2		Y_2		W_2	
X_1	x		0		0	
		$1-x$		0		d
Y_1	0		y		0	
		0		$1-y$		d
W_1	c		c		c	
		0		0		d

Wir setzen

$$1 > x > y > c > 0 \text{ und } 1 - x > d > 0$$

voraus, so daß das Spiel über genau drei strikte Gleichgewichtspunkte verfügt, nämlich

$$X = (X_1, X_2), Y = (Y_1, Y_2) \text{ und } W = (W_1, W_2).$$

Die Parameter c und d sollen als die Verhandlungskosten der Partei 1 bzw. 2 bezeichnet werden. Die Verhandlungskosten entstehen unabhängig vom Ausgang der Verhandlungen, sind also Kosten des Verhandelns und keine Vertragsabschlußkosten. Man kann c und d als die Opportunitätskosten des Verhandelns interpretieren. Dieser Begriff ist allgemeiner, da Opportunitätskosten auch den Verzicht auf andere lohnende Aktivitäten beinhalten können.

Für den Vergleich von X und Y gilt offenbar, daß

$$R(X, Y) = \frac{x(1-x)}{y(1-y)}.$$

Vergleicht man hingegen X mit W, so erhält man

$$R(X,W) = \frac{(x-c)(1-x-d)}{cd};$$

analog erhält man

$$R(Y,W) = \frac{(y-c)(1-y-d)}{cd}.$$

Hieraus ergibt sich die Lösung mit

X, falls $x(1-x) > y(1-y)$ und $(x-c)(1-x-d) > cd$,

Y, falls $x(1-x) < y(1-y)$ und $(y-c)(1-y-d) > cd$

und

W, falls $cd > \max \{(x-c)(1-x-d), (y-c)(1-y-d)\}$.

Der strikte Gleichgewichtspunkt W wird daher dann ausgewählt, wenn die Dividenden $x-c$ und $1-x-d$ bzw. $y-c$ und $1-y-d$ der Verhandlungslösungen X und Y relativ gering zu den Verhandlungskosten c und d ausfallen. Da sowohl X als auch Y den Gleichgewichtspunkt W auszahlungsdominieren, zeigt das Beispiel auch, daß unsere Auswahlkonzeption nicht dem Erfordernis der Auszahlungsdominanz genügt.

Betrachtet man hingegen die Situation, in der positive Verhandlungskosten für nur eine der beiden Parteien — zum Beispiel Spieler 2 — bestehen, so hat das Bimatrix-Spiel

Spieler 1 \ Spieler 2	X_2		Y_2		W_2	
X_1	x		0		0	
		$1-x$		0		d
Y_1	0		y		0	
		0		$1-y$		d

mit den analogen Parameterbeschränkungen

$$1 > x > y > 0 \text{ und } 1-x > d > 0$$

nur $X = (X_1, X_2)$ und $Y = (Y_1, Y_2)$ als strikte Gleichgewichtspunkte.

Gleichgewichtspunkte $q = (q_1, q_2)$ mit $q_2(W_2) > 0$ existieren nur, falls

$$\frac{d}{1-x} \geq \frac{1-y-d}{1-y},$$

so daß Werte

$$q_1(X_1) \in \left[\frac{1-y-d}{1-y}, \frac{d}{1-x} \right]$$

möglich sind. Derartige Gleichgewichtspunkte sind aber keine Lösungen einer elementaren Formation, da die einzige Formation F, die ein solches Gleichgewicht enthält, durch das Spiel selbst gegeben ist und damit nicht elementar ist. Damit ist gezeigt, daß X und Y die einzigen Lösungskandidaten sind, selbst wenn weitere Gleichgewichtspunkte existieren, die nicht vollständig gemischt sind. Die Lösung des Spiels ist mithin X, falls $x(1-x) > y(1-y)$ und Y für die umgekehrte Ungleichung.

Das Beispiel verdeutlicht einen fundamentalen Mangel unserer Auswahlkonzeption, denn für $x(1-x) > y(1-y)$ wird X als Lösung ausgewählt, selbst wenn man d nur geringfügig kleiner als $1-x$ festlegt. In einem solchen Fall ist die Verhandlungslösung X für Spieler 2 nur marginal besser als die Wahl von W_2, die ihm den Gewinn d ohne jedes Risiko zubilligt. Der grundlegende Mangel unserer Auswahlkonzeption beruht darauf, daß beim Vergleich von X und Y die Möglichkeit des 2, nicht zu verhandeln, d.h. W_2 zu wählen, völlig unberücksichtigt bleibt.

Eine naheliegende Idee, diesen grundlegenden Mangel unserer einfachen Auswahlkonzeption zu vermeiden, besteht darin, daß man das Vergleichsspiel $G^{ij}(s', s'')$ für den Vergleich zweier strikter Gleichgewichte s' und s'' nicht einfach durch Beschränkung auf die Gleichgewichtsstrategien s_i' und s_i'' definiert, sondern mittels der kleinsten Formation, die für alle Spieler i die Strategien s_i' und s_i'' enthält (vgl. HARSANYI und SELTEN, 1988). In unserem Beispiel ist die kleinste Formation F, die X und Y enthält, das Bimatrix-Spiel ohne die W_2-Spalte, falls

$$\frac{d}{1-x} < \frac{1-y-d}{1-y}.$$

Gilt jedoch

$$\frac{d}{1-x} \geq \frac{1-y-d}{1-y},$$

so ist W_2 beste Antwort des 2 auf alle gemischten Strategien q_1 mit

$$\frac{d}{1-x} \geq q_1(X_1) \geq \frac{1-y-d}{1-y}.$$

Die kleinste Formation, die X und Y enthält, ist dann das ursprüngliche 2×3-Bimatrix-Spiel. In dem Vergleichsspiel $G^{12}(X,Y)$ würde der Spieler 2 damit über alle drei reinen Strategien X_2, Y_2 und W_2 statt nur über X_2 und Y_2 verfügen, was zweifellos Auswirkungen auf den Flächeninhalt der Stabilitätsbereiche $F^{12}(X)$ und $F^{12}(Y)$ der strikten Gleichgewichtspunkte X und Y hat. Die Verhandlungslösung wäre damit nicht länger unabhängig vom Parameter d.

Eine Besonderheit des Beispiels beruht darauf, daß Spieler 1 keinerlei Anreiz hat, eine bestimmte gemischte Strategie zu wählen, wenn Spieler 2 die Strategie W_2 mit Wahrscheinlichkeit 1 verwendet. Eine naheliegende Idee, dies zu vermeiden, besteht darin, das Spiel nicht direkt, sondern durch Grenzübergang $\epsilon \to 0$ mittels seiner ϵ-uniform perturbierten Spiele zu lösen. Die Auswahlkonzeption ist damit lediglich auf Spiele anzuwenden, in denen die Wahl einer reinen Strategie mit Wahrscheinlichkeit 1 ausgeschlossen ist.

Man kann natürlich auch statt der Strategiewahl die Auszahlungsfunktion stören. Ersetzt man die ursprünglichen Auszahlungen $H_i(s)$ durch

$$H_i^\delta(s) = H_i(s) + \delta \sum_{s_i \in S_i} \ln q_i(s_i)$$

mit $\delta > 0$, so erhält man statt der Vielfalt nicht-strikter Gleichgewichte $q = (q_1, q_2)$ mit

$$\frac{d}{1-x} \geq q_1(X_1) \geq \frac{1-y-d}{1-y} \text{ und } q_2(W_2) = 1$$

ein einziges Gleichgewicht $q^\delta = (q_1^\delta, q_2^\delta)$ mit

$$q_1^\delta(X_1) \to \frac{1}{2} \text{ und } q_2^\delta(W_2) \to 1 \text{ für } \delta \to 0,$$

das für $\delta > 0$ strikt ist. In den auszahlungsgestörten Spielen lassen sich die Auswahlüberlegungen auch auf Lösungskandidaten anwenden, die im ursprünglichen Spiel weder strikt, noch Lösung einer elementaren Formation sind.

Wir wollen hier nicht weiter diskutieren, welche Perspektiven diese Hilfsmittel für verfeinerte Auswahlkonzepte eröffnen. Sowohl die Gleichgewichtsauswahltheorie von HARSANYI und SELTEN (1988) als auch die damit sehr verwandte Konzeption von GÜTH und KALKHOFEN (1989) benutzen diese beiden Perturbationsmöglichkeiten.

7.8 Einstimmigkeitsverhandlungen

Mittels des letzten Beispiels wollen wir demonstrieren, daß es gute Gründe dafür gibt, sich für eine der beiden Aggregationsmethoden, die Addition $R_+(\cdot, \cdot)$ oder die Multiplikation $R_*(\cdot, \cdot)$ der $R^{ij}(\cdot, \cdot)$-Werte, zu entscheiden. In den sogenannten Einstimmigkeitsverhandlungen hat jeder der $n(\geq 2)$ Spieler das Vetorecht, d.h. eine Einigung kann nur erzielt werden, wenn ihr alle Spieler zustimmen.

Formal kann ein **Einstimmigkeitsspiel** wie folgt beschrieben werden: Mit

$$I = \{i_1, ..., i_K\}, K \geq 2,$$

bezeichnen wir eine Indexmenge mit mindestens zwei verschiedenen Indizes. Jedem Index $i \in I$ entspricht eine mögliche Vereinbarung. Durch I ist für alle Spieler $k = 1, ..., n$ die Menge reiner Strategien gegeben. Die Auszahlung an Spieler $k = 1, ..., n$ beträgt

$$H_k(s) = \begin{cases} u_k^i \text{ , falls } s_{k'} = i \text{ für } k' = 1, ..., n \text{ ,} \\ 0 \text{ sonst} \end{cases}$$

wobei für $k = 1, ..., n$ und alle $i \in I$ die Einigungsnutzen u_k^i als positiv unterstellt werden. Eine Auszahlungsverbesserung gegenüber dem Konflikt-fall mit den Auszahlungen von Null für alle Spieler ist nur möglich, wenn alle Spieler denselben Einigungsvorschlag $i \in I$ unterbreiten. Jeder Vektor $s = (i, ..., i)$ ist daher ein striktes Gleichgewicht und Element der Menge $C(G)$ der Lösungskandidaten für das Einstimmigkeitsspiel G. Formal läßt sich ein Einstimmigkeitsspiel G durch

$$G = \big(I, U = (u^i)_{i \in I}\big) \text{ mit } u^i = (u_1^i, ..., u_n^i) \text{ für alle } i \in I$$

beschreiben, d.h. durch die Indexmenge der möglichen Vereinbarungen, die die Menge reiner Strategien für jeden Spieler repräsentiert, und die Auszahlungsvektoren u^i, die die möglichen Vereinbarungen implizieren. Wir beschränken uns auf Einstimmigkeitsspiele G, die nicht-degeneriert im Sinne von

$$\prod_{k=1}^{n} u_k^i \neq \prod_{k=1}^{n} u_k^j \text{ für alle } i, j \in I \text{ mit } i \neq j$$

sind. Aufgrund dieser Annahme ist die (kooperative) Nash-Lösung (vgl. Abschnitt 8.3.7) eindeutig definiert, nämlich durch den Strategienvektor

$$s^* = (s_1^*, ..., s_n^*) = (i^*, ..., i^*)$$

mit

$$\prod_{k=1}^{n} u_k^{i^*} = \max \left\{ \prod_{k=1}^{n} u_k^j : j \in I \right\}.$$

Falls eine der durch die beiden Aggregationsmethoden implizierten Lösungskonzeptionen den strikten Gleichgewichtspunkt s^* als Lösung des Einstimmigkeitsspiels G auswählt, sagen wir, daß diese Lösungskonzeption die **Nash-Eigenschaft** erfüllt. Wir wollen im folgenden zeigen, daß nur eine der im Abschnitt 7.3.2 vorgestellten Aggregationsformen eine Lösungskonzeption mit der Nash-Eigenschaft beinhaltet, die wir darum auch als die überzeugendere Aggregationsform ansehen (vgl. hierzu auch GÜTH, 1992).

Im Einstimmigkeitsspiel G sind alle Spieler i aktive Spieler im Sinne von $s_i' \neq s_i''$, wenn man zwei unterschiedliche strikte Gleichgewichte s' und s'' vergleicht. Wegen

$$R^{kl}(s^*, s^j) = \frac{u_k^{i^*} u_l^{i^*}}{u_k^j u_l^j}$$

folgt für die multiplikative Aggregationsform

$$R_*(s^*, s^j) = \frac{\prod\limits_{k=1}^{n} u_k^{i^*}}{\prod\limits_{k=1}^{n} u_k^{j}} > 1 > R_*(s^j, s^*) = \frac{\prod\limits_{k=1}^{n} u_k^{j}}{\prod\limits_{k=1}^{n} u_k^{i^*}} \text{ für } s^j \in \mathcal{C}(G), s^j \neq s^*,$$

und damit, daß der Vektor $R(s^*)$ für alle

$$s^j = (j, ..., j) \text{ mit } j \in I, j \neq i^*,$$

lexikographisch kleiner ist als der Vektor $R(s^j)$. Die multiplikative Aggregationsform impliziert folglich eine Lösungskonzeption, die die Nash-Eigenschaft besitzt.

Anhand des Spiels $G = (I, U)$ mit $n = 3$, $I = \{1, 2\}$ und

$$u^1 = (1, 1, 1) \text{ sowie } u^2 = (\frac{1}{10}, 3, 3),$$

dessen eindeutige kooperative Nash-Lösung der strikte Gleichgewichtspunkt $s^1 = (1, 1, 1)$ ist, wollen wir demonstrieren, daß die additive Aggregationsform eine Verletzung der Nash-Eigenschaft beinhaltet. Da

$$R_+(s^1, s^2) = \frac{1}{0.3} + \frac{1}{0.3} + \frac{1}{9} = \frac{61}{9}$$

und

$$R_+(s^2, s^1) = \frac{3}{10} + \frac{3}{10} + 9 = \frac{96}{10}$$

gilt $R_+(s^2, s^1) > R_+(s^1, s^2)$, d.h. $R(s^1) = (R_+(s^2, s^1))$ ist lexikographisch größer als $R(s^2) = (R_+(s^1, s^2))$. Die additive Aggregationsform beinhaltet damit eine Lösungskonzeption, für die die Nash-Eigenschaft nicht zutrifft. Wir haben damit die folgende Aussage bewiesen.

Theorem: Die durch die multiplikative Aggregationsform implizierte Lösungskonzeption wählt in allen nicht-degenerierten Einstimmigkeitsspielen G die kooperative Nash-Lösung $s^* = (i^*, ..., i^*)$ mit

$$\prod_{k=1}^{n} u_k^{i^*} > \prod_{k=1}^{n} u_k^{j}$$

für alle $j \in I$ mit $j \neq i^*$ aus, während dies für die additive Aggregationsform bzw. für die durch sie implizierte Lösungskonzeption nicht gilt. $\square$

Da nur die multiplikative Aggregationsform die Nash-Eigenschaft beinhaltet, ziehen wir diese Aggregationsform der additiven Aggregationsform vor. Der Grund hierfür sind die überzeugenden axiomatischen Fundierungen der kooperativen Nash-Lösung sowie die zusätzliche Begründung dieser Lösung

208

mittels einer ad hoc-Auswahltheorie durch NASH (1953) selbst. Allerdings sei darauf hingewiesen, daß es noch weitere Aggregationsformen gibt, die die Nash-Eigenschaft implizieren (vgl. GÜTH, 1992). Hier soll nicht weiter darauf eingegangen werden, da wir nur demonstrieren wollten, wie man durch weitere Rationalitätskriterien zwischen den möglichen Aggregationsformen differenzieren kann, um letztlich eindeutig eine Aggregationsform und damit eine Lösungskonzeption festzulegen.

7.9 Das "intuitive Kriterium" für Signalisierspiele

Allgemein sind Signalisierspiele sequentielle Spiele, in denen informierte Spieler vor uninformierten entscheiden, denen dann auf Grund des beobachteten Verhaltens der Informierten unter Umständen Rückschlüsse auf die dem Verhalten zugrundeliegenden Informationen möglich sind. In der einfachsten Form mit zwei Spielern und zwei Zügen soll

-zunächst der Zufall den Typ $t \in T$, gemäß der a priori-Verteilung $w(t)$ über T auswählen, wobei das Ergebnis t nur dem Spieler 1 bekannt gegeben wird,

-dann Spieler 1 in Kenntnis von $t \in T$ seine Strategie $s_1(t)$ auswählen, die dem Spieler 2 bekanntgegeben wird, und

-anschließend Spieler 2 seine Reaktion $s_2(s_1)$ auf s_1 festlegen.

Verfügt jeder Spieler stets nur über zwei Aktionen, so kann dies einfach graphisch veranschaulicht werden. In Abbildung 7.8

sind $t = \mathcal{L}$ und $t = \mathcal{R}$ die Typen von Spieler 1 (d.h. $T = \{\mathcal{L}, \mathcal{R}\}$) die jeweils zwischen L_t und R_t auswählen können. Spieler 2 beobachtet nur, ob $s_1 = L$ oder $s_1 = R$ von Spieler 1 gewählt wurde, und kann darauf mit $L_2(s_1)$ oder $R_2(s_1)$ reagieren.

Wenn Spieler 2 für $s_1 = L$ oder $s_2 = R$ zwischen $L_2(s_1)$ oder $R_2(s_1)$ auswählen muß, hängt seine Entscheidung davon ab, mit welcher posteriori-Wahrscheinlichkeit $W(\mathcal{L}|s_1)$ er nach Beobachtung von s_1 den Typ $t = \mathcal{L}$ von Spieler 1 erwartet. Das sogenannte intuitive Kriterium ist ein ad hoc-Konzept, um die Menge der möglichen posteriori-Erwartungen $W(\cdot|s_1)$ und damit die Menge der Gleichgewichte in derartigen Spielen zu beschränken. "Intuitiv" sind Gleichgewichte dann, wenn sie sich auf plausible posteriori-Erwartungen stützen. Allgemeine Auswahltheorien versuchen, plausible posteriori-Erwartungen generell dadurch zu garantieren, daß Spiele nicht direkt, sondern mittels Grenzbetrachtung von (uniform) perturbierten Spielern gelöst werden, in denen unplausible posteriori-Erwartungen ausgeschlossen sind.

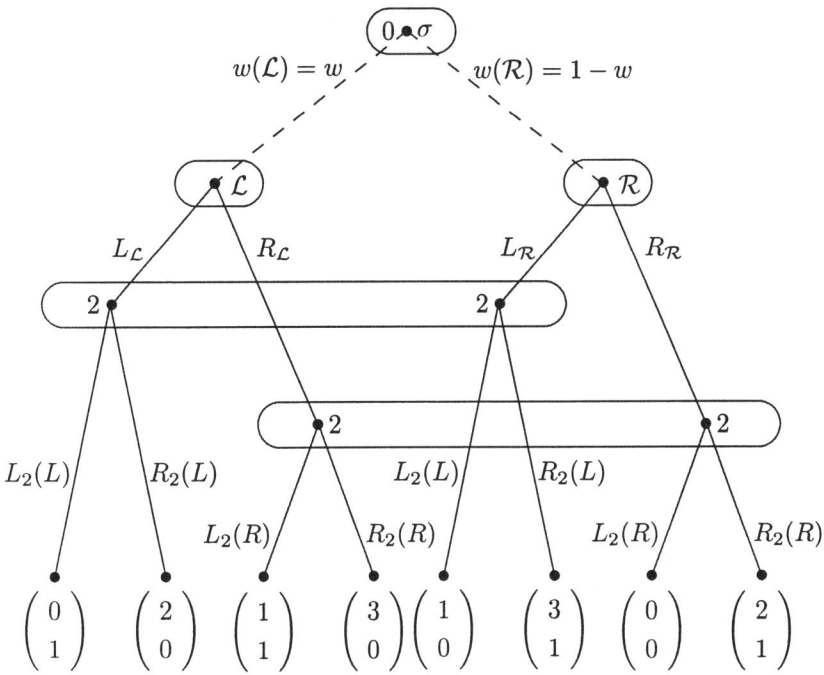

Abbildung 7.8

Natürlich kann man ad hoc nur die posteriori-Erwartungen $W\left(\cdot|s_1\right)$ beschränken, die durch das zugrundegelegte Gleichgewicht $s^* = \left(s_1^*\left(\right), s_2^*\left(\right)\right)$ nicht eindeutig bestimmt sind. Dies sind genau die posteriori-Erwartungen $W\left(\cdot|s_1\right)$ mit $s_1^*\left(t\right) \neq s_1$ für alle $t \in \mathcal{T}$. Würde in Abbildung 7.8 $s_1^*\left(\mathcal{L}\right) = L_{\mathcal{L}}$ und $s_1^*\left(\mathcal{R}\right) = L_{\mathcal{R}}$ gelten, so wären zum Beispiel die posteriori-Erwartungen $W\left(\cdot|R\right)$ unbestimmt und könnten unter Umständen intuitiven Beschränkungen unterworfen werden.

Ähnlich wie die Nash-Eigenschaft für Einstimmigkeitsspiele können sich ad hoc-Konzepte zur Beschränkung derartiger posteriori-Erwartungen als wichtiger Testfall für eine allgemeine Auswahltheorie erweisen. Wäre ein ad hoc-Kriterium wirklich intuitiv und würde die Auswahltheorie ein Gleichgewicht, das auf unintuitiven Erwartungen basiert, auswählen, so würde dies die Auswahltheorie als sehr fragwürdig erscheinen lassen (ein derartiger Test der Harsanyi-Selten-Auswahltheorie ist zum Beispiel die Analyse der Einstellungsverhandlungen (SPENCE, 1973) durch GÜTH und VAN DAMME (1991), vgl. auch die vereinfachende Analyse in GÜTH, 1994). Hier soll nur kurz darauf eingegangen werden, wie man unter Umständen die posteriori-Erwartungen intuitiv beschränken könnte.

Ist $s^* = (s_1^*(\cdot), s_2^*(\cdot))$ ein Gleichgewicht eines einfachen Signalisierspiels wie in Abbildung 7.8, so bezeichne $u_1^*(s^*, t)$ für alle $t \in \mathcal{T}$ die dadurch implizierte Auszahlungserwartung von Typ t des Spielers 1. Gilt

$$u_1(s^*, t) > \max_{s_2} \{u_1(s_1, s_2, t)\} \text{ für } s_1 + s_1^*(t),$$

d.h. würde Typ t von Spieler 1 stets verlieren, falls er von $s_1^*(t)$ nach $s_1 \neq s_1^*(t)$ abweicht, dann sollte –so wird "intuitiv" argumentiert (vgl. CHO und KREPS, 1987)– Spieler 2, wenn er die Strategie s_1 beobachtet hat, von $W(t|s_1) = 0$ ausgehen.

Dieses Kriterium basiert offenbar auf der Idee, daß Spieler 2, wenn er mit einer unerwarteten Strategie s_1 von Spieler 1, d.h. $s_1 \neq s_1^*(t)$ für $t \in \mathcal{T}$ konfrontiert wird, sich fragt, welcher Typ $t \in \mathcal{T}$ von Spieler 1 von einer Abweichung von $s_1^*(t)$ nach s_1 profitieren könnte (in dem Sinne, daß es eine Strategie $s_2 \in S_2$ gibt, für die eine solche Abweichung lohnen würde). Es handelt sich damit –ähnlich wie beim proper equilibrium (MYERSON, 1978)– um einen konzeptionell nicht unbedingt überzeugenden Versuch, "rationale Fehler" (im Sinne von Abweichungen von s^*) zu unterstellen.

Ein anderes Kriterium läßt nicht alle Strategien $s_2 \in S_2$ zu, sondern nur solche Strategien $s_2 \in S_2$, die sich als beste Reaktion auf die möglichen posteriori-Erwartungen $W(\cdot|s_1)$ erweisen, d.h.

$$u_1(s^*, t) > \max \left\{ \begin{array}{c} u_1(s_1, s_2, t) \, | s_2 \in S_2 \text{ ist } u_2\text{-optimal für} \\ \text{wenigstens eine Verteilung } W(\cdot|s_1) \end{array} \right\}. \qquad (*)$$

Auch hier soll natürlich $W(t|s_1) = 0$ aus $(*)$ folgen. Bezeichnet $T(s_1|s^*)$ die Teilmenge der Typen $t \in \mathcal{T}$, für die die Ungleichung $(*)$ erfüllt ist, d.h. die Wahrscheinlichkeit $W(T(s_1|s^*)|s_1)$ für die Typen $t \in \mathcal{T}(s_1|s^*)$ nach Beobachtung von s_1 ist gleich Null, so verlangt das **Intuitive Kriterium** (CHO und KREPS, 1987), daß es neben der Gleichgewichtsstrategie s_1^* keine Strategie $s_1 \in S_1$ und keinen Typ $t \in \mathcal{T}$ geben darf, für die die folgende Bedingung $(+)$ erfüllt ist:

$$u_1(s^*, t) < \min \left\{ \begin{array}{c} u_1(s_1, s_2, t) \, | s_2 \in S_2 \text{ ist } u_2\text{-optimal für} \\ \text{wenigstens eine Verteilung} \\ W(\cdot|s_1) \text{ mit } W(T(s_1|s^*)|s_1) = 0 \end{array} \right\}. \qquad (+)$$

Die Bedingung $(*)$ basiert darauf, daß Spieler 1 nur mit Strategien $s_2 \in S_2$ rechnen sollte, die sich aus Sicht von Spieler 2, der s_1 beobachtet hat, für diesen als rational erweisen können. Mit Ausschluß der Bedingung $(+)$ werden dann alle posteriori-Erwartungen $W(\cdot|s_1)$ ausgeschlossen, die Typen $t \in \mathcal{T}$, die der Bedingung $(*)$ genügen, positive Wahrscheinlichkeiten zuweisen. Würde Ungleichung $(+)$ gelten, so könnte der Typ t sich eindeutig verbessern, falls er nach s_1 abweicht und nur mit besten Antworten $s_2 \in S_2$

des 2 auf derartige posteriori-Erwartungen $W\left(\cdot|s_1\right)$ mit $W\left(T\left(s_1|s^*\right)|s_1\right)=0$ rechnet.

Wir wollen das intuitive Kriterium auf das Spiel der Abbildung 7.8 anwenden. Für die beste Antwort $s_2^*\left(s_1\right)$ des 2 auf s_1 in Abbildung 7.8 gilt

$$s_2^*\left(s_1\right)=\left\{\begin{array}{ll} L_2\left(s_1\right) & \text{für } W\left(\mathcal{L}|s_1\right)\geq\frac{1}{2} \\ R_2\left(s_1\right) & \text{für } W\left(\mathcal{L}|s_1\right)\leq\frac{1}{2} \end{array}\right.$$

für $s_1=L$ und $s_1=R$. Das **pooling-Gleichgewicht**

$$s^P=\left(\left(R_{\mathcal{L}},R_{\mathcal{R}}\right),\left(R_2\left(R\right),b_2^*\left(\cdot|L\right)\right)\right)$$

verlangt mithin für die gemischte Verhaltensstrategie $b_2^*\left(\cdot|L\right)$ von Spieler 2 nach $s_1=L$, daß $w\leq\frac{1}{2}$ sowie

$$2\geq b_2^*\left(L_2|L\right)+3\left(1-b_2^*\left(L_2|L\right)\right)bzw.b_2^*\left(L_2|L\right)\geq\frac{1}{2}.$$

Es soll gezeigt werden, daß s^P durch das intuitive Kriterium als Lösung ausgeschlossen wird: Da der Typ $t=\mathcal{L}$ mit 3 seine höchste Auszahlung duch s^P erhält, sollte Spieler 2, wenn er im Widerspruch zu s^P den Zug $s_1=L$ beobachtet, den Typ $\mathcal{L}$ nur mit der bedingten Wahrscheinlichkeit $W\left(\mathcal{L}|L\right)=0$ erwarten. Gegeben diese Erwartung, erweist sich aber $R_2\left(L\right)$ als eindeutig beste Reaktion, was der Annahme $b_2^*\left(L_2|L\right)\geq\frac{1}{2}$ widerspricht.

Formal ist die in der Bedingung (∗) definierte Menge $T\left(s_1=L|s^P\right)$ durch die Menge $\{\mathcal{L}\}$ bestimmt. Damit können in der Bedingung (+) nur posteriori-Verteilungen $W\left(\cdot|L\right)$ mit $W\left(\mathcal{L}|L\right)=0$ zugrunde gelegt werden. Da aber für $W\left(\mathcal{L}|L\right)=0$ der Zug $R_2\left(L\right)$ eindeutig besser, d.h. u_2-optimal ist, wird wegen

$$u_1\left(s^P,\mathcal{R}\right)=2<3=u_1\left(L,R_2\left(L\right),\mathcal{R}\right)$$

die Bedingung (+) des intuitiven Kriteriums erfüllt und damit das intuitive Kriterium selbst verletzt.

Nun könnte man auch vom pooling-Verhalten $L_{\mathcal{L}}$ und $L_{\mathcal{R}}$ ausgehen. Spieler 2, der zwischen $L_2\left(L\right)$ und $R_2\left(L\right)$ wählt, würde dann von der posteriori-Wahrscheinlichkeit

$$\frac{w\cdot 1}{w\cdot 1+\left(1-w\right)\cdot 1}=w$$

für den Typen $\mathcal{L}$ des Spielers 1 angesehen und daher $R_2\left(L\right)$ für $w<\frac{1}{2}$ und $L_2\left(L\right)$ für $w>\frac{1}{2}$ der jeweils anderen Alternative vorziehen. Für Spieler 2, der zwischen $L_2\left(R\right)$ und $R_2\left(R\right)$ auswählt, ist hingegen die analoge posteriori-Wahrscheinlichkeit nicht definiert, da die Typen des 1 den Zug $R_{\mathcal{L}}$ bzw. $R_{\mathcal{R}}$ mit Wahrscheinlichkeit 0 verwenden.

Um diese Uneindeutigkeit aufzulösen, seien - im Sinne des intuitiven Kriteriums - die Anreize der Typen $t=\mathcal{L}$ und $t=\mathcal{R}$ für ihren jeweiligen Zug $R_{\mathcal{L}}$

bzw. $R_\mathcal{R}$ betrachtet. Da der Typ $t = \mathcal{L}$ durch die Wahl von $R_\mathcal{L}$ den Betrag 3 und $t = \mathcal{R}$ durch die Wahl von $R_\mathcal{R}$ nur 1 verdienen kann, während die Wahl von $L_\mathcal{L}$ nur 2 für den Typ $t = \mathcal{L}$ und die Wahl von $L_\mathcal{R}$ für den Typ $t = \mathcal{R}$ hingegen 3 impliziert, wird Spieler 2, der zwischen $L_2(R)$ und $R_2(R)$ auswählt, gemäß dem intuitiven Kriterium von einer posteriori-Wahrscheinlichkeit von 1 für den Typ $t = \mathcal{L}$ ausgehen und damit $L_2(R)$ wählen. Die Lösung des Spiels der Abbildung 7.8 mit $w < \frac{1}{2}$ sollte mithin gemäß dem intuitiven Kriterium das pooling-Gleichgewicht mit $(L_\mathcal{R}, L_\mathcal{L}), (R_2(L), L_2(R))$ sein, wenn man von einer Lösung in reinen Strategien ausgeht.

Wir wollen das Spiel mit $w < \frac{1}{2}$ auch anhand des allgemeinen Konzepts **uniform perfekter Gleichgewichte** (vgl. Abschnitt 4.6.5) überprüfen. Gemäß diesem Konzept ist die posteriori-Wahrscheinlichkeit des Spielers 2 für den Typ $t = \mathcal{L}$ stets durch die a priori-Wahrscheinlichkeit w für $t = \mathcal{L}$ bestimmt, sofern man von pooling-Verhalten (gleiche Entscheidungen beider Typen) ausgeht: Für den wirklich gewählten Zug ist diese posteriori-Wahrscheinlichkeit $\frac{w \cdot 1}{(w \cdot 1 + (1-w)1)} = w$ nach dem wirklich gewählten Zug beider Typen und $\frac{w \cdot \varepsilon}{(w \cdot \varepsilon + (1-w)\varepsilon)} = w$ für den Zug, den beide Typen mit einer Fehlerwahrscheinlichkeit ε realisieren.

Pooling-Verhalten für $w < \frac{1}{2}$ impliziert damit die Entscheidungen $R_2(L)$ und $R_2(R)$, was der Annahme des pooling-Verhaltens widerspricht ($t = \mathcal{L}$ würde $R_\mathcal{L}$ und $t = \mathcal{R}$ den Zug $L_\mathcal{R}$ wählen). Es existiert mithin kein uniform perfektes pooling-Gleichgewicht (in reinen Strategien) für $w < \frac{1}{2}$. Nun existieren im Spiel der Abbildung 7.8 offensichtlich auch keine **signaling-Gleichgewichte** (in reinen Strategien): Aus $(L_\mathcal{L}, R_\mathcal{R})$ folgt $L_2(L)$ und $R_2(R)$, so daß weder $L_\mathcal{L}$ noch $R_\mathcal{R}$ optimal ist. Aus $(R_\mathcal{L}, L_\mathcal{R})$ folgt $R_2(L)$ und $L_2(R)$, so daß $L_\mathcal{L}$ sich besser als $R_\mathcal{L}$ erweist.

Man mag daher fragen, welches Lösungsverhalten durch das allgemeine Konzept uniform perfekter Gleichgewichte, das wir in Abschnitt 4.5.5 eingeführt haben, in signaling-Spielen impliziert wird. Wir zeigen zunächst, daß es unmöglich ist, daß beide Typen $t = \mathcal{L}$ und $t = \mathcal{R}$ von Spieler 1 echt gemischte Strategien wählen. Bezeichnet u die Wahrscheinlichkeitt für $L_2(L)$ und v diejenige für $L_2(R)$, so erfordert die Indifferenz zwischen $L_\mathcal{L}$ und $R_\mathcal{L}$ die Bedingung

$$0 \cdot u + 2(1 - u) = v + 3(1 - v) \quad \text{bzw. } 2(v - u) = 1$$

und die Indifferenz zwischen $L_\mathcal{R}$ und $R_\mathcal{R}$ die Bedingung

$$u + 3(1 - u) = 0 \cdot v + 2(1 - v) \quad \text{bzw. } 2(v - u) = -1$$

Indifferenz beider Typen ist also unmöglich.

Gleichgewichtsverhalten mit Indifferenz nur eines Typen t zwischen seinen Zügen ist abhängig vom Wert w: Falls $w > \frac{1}{2}$ kann nur der Typ $t = \mathcal{L}$ im Gleichgewicht indifferent sein; falls $w < \frac{1}{2}$ ist dies nur für den Typ $t = \mathcal{R}$ möglich.

Beweis: Es sei x die Wahrscheinlichkeit für $L_\mathcal{L}$ und y diejenige für $L_\mathcal{R}$. Wie bislang sollen ferner u und v die Wahrscheinlichkeiten für $L_2(L)$ und $L_2(R)$ bezeichnen. Wir untersuchen im folgenden alle möglichen Fälle für die Indifferenz nur eines Typen t.

(1) $0 < x < 1$: Aus der Annahme $y = 0$ würde der Zug $L_2(L)$ folgen, d.h. $R_\mathcal{L}$ wäre besser als $L_\mathcal{L}$ im Widerspruch zu $0 < x < 1$. Aus der Annahme $y = 1$ folgt umgekehrt $L_2(R)$. Indifferenz zwischen $L_\mathcal{L}$ und $R_\mathcal{L}$ verlangt dann $u \cdot 0 + 2(1-u) = 1$ bzw. $u = \frac{1}{2}$. Nun erfordert $u = \frac{1}{2}$ die Indifferenz des Spielers 2 zwischen $L_2(L)$ und $L_2(R)$, d.h.

$$\frac{wx}{wx + 1 - w} = \frac{1}{2} \text{ bzw. } x = \frac{1-w}{w}$$

Offenbar kann dieser Wert x nur für $w > \frac{1}{2}$ die Ausgangsbedingung $0 < x < 1$ erfüllen. **Fazit:** Für $w > \frac{1}{2}$ ist das einzige sogenannte Hybrid-Gleichgewicht durch $\left(\left(x = \frac{1-w}{w}, L_\mathcal{R}\right), \left(u = \frac{1}{2}, L_2(R)\right)\right)$ gegeben.

(2) $0 < y < 1$: Aus der Annahme $x = 0$ folgt $R_2(L)$. Damit wäre $L_\mathcal{R}$ besser als $R_\mathcal{R}$ im Widerspruch zu $0 < y < 1$. Aus $x = 1$ folgt umgekehrt $R_2(R)$. Indifferenz zwischen $L_\mathcal{R}$ und $R_\mathcal{R}$ verlangt dann $u + 3(1-u) = 2$ bzw. $u = \frac{1}{2}$. Nun erfordert $u = \frac{1}{2}$ die Indifferenz des Spielers 2 zwischen $L_2(L)$ und $R_2(L)$, d.h.

$$\frac{w \cdot 1}{w \cdot 1 + (1 - w)(1 - y)} = \frac{1}{2} \text{ bzw. } y = \frac{w}{1 - w}$$

Offenbar kann dieser Wert y nur für $w < \frac{1}{2}$ die Ausgangsbedingung $0 < y < 1$ erfüllen. **Fazit:** Für $w < \frac{1}{2}$ ist das einzige Hybrid-Gleichgewicht durch $\left(\left(L_\mathcal{L}, y = \frac{w}{1-w}\right), \left(u = \frac{1}{2}, R_2(R)\right)\right)$ gegeben.

$\square$

Auch **Hybrid-Gleichgewichte,** d.h. Gleichgewichte in teilweise echt gemischten Strategien, sind in der Regel (Typen-)signalisierend. So erwartet Spieler 2, wenn er zwischen $L_2(L)$ und $R_2(L)$ entscheidet, gemäß beiden oben abgeleiteten Hybrid-Gleichgewichten beide Typen $t = \mathcal{L}$ und $t = \mathcal{R}$ mit der Wahrscheinlichkeit $\frac{1}{2}$. Hingegen beträgt die posteriori-Wahrscheinlichkeit des Spielers 2 für den Typ $t = \mathcal{L}$, wenn er zwischen $L_2(R)$ und $R_2(R)$ wählt, genau 1 für das Hybrid-Gleichgewicht im Fall $w > \frac{1}{2}$ und 0 für dasjenige im Fall $w < \frac{1}{2}$. Für Spieler 2 hängt die Veränderung seiner beliefs über den Typ von Spieler 1 mithin durchaus vom Spielverlauf ab.

Nun ist die Bayes-Regel für Hybrid-Gleichgewichte stets anwendbar - da die Lösungspartie beide Informationsbezirke von Spieler 2 mit positiver Wahrscheinlichkeit erreicht, sind die posteriori-beliefs von Spieler 2 in beiden Informationsbezirken eindeutig definiert. Die Hybrid-Gleichgewichte genügen daher trivialerweise dem intuitiven Kriterium und sind darüberhinaus uniform perfekt.

Kapitel 8

Theorie kooperativer Spiele

Kooperation von Spielern wird nicht ausschließlich in der Theorie kooperativer Spiele behandelt. Will man die Kooperation auf individuelles Entscheidungsverhalten der einzelnen Spieler zurückführen, so muß man sich der Methodik nichtkooperativer Spiele bedienen. Die Besonderheit der kooperativen Spiele ist damit nicht das Phänomen der Kooperation, sondern die Annahme der Kooperation, die auf unbeschränkter Selbstbindungskraft aller Spieler basiert und dadurch beliebig ausgestaltet werden kann.

Kooperative Spiele können als extrem verkürzte Darstellungen strategischer Konflikte angesehen werden, die nur die Gewinnmöglichkeiten der verschiedenen Spielergruppen (Koalitionen) wiedergeben. Dies hat den Vorteil, daß ihre Ergebnisse auf eine Vielzahl institutionell verschiedener Situationen übertragen werden können, und den Nachteil, daß ihre Ergebnisse völlig unzulänglich sind, wenn die nicht adäquat erfaßten institutionellen Voraussetzungen von strategischer Bedeutung sind. Eines der wichtigsten Konzepte der kooperativen Spieltheorie ist der Kern, der bei der Analyse von Marktwirtschaften von erheblicher Bedeutung ist (vgl. HILDENBRAND und KIRMAN, 1988, sowie GÜTH, 1996).

8.1 Zum Begriff der charakteristischen Funktion

Die **charakteristische Funktion** eines kooperativen Spiels gibt für jede nicht-leere Teilmenge C der Spielermenge $N = \{1, ..., n\}$ die erreichbaren Gewinne der Koalitionsmitglieder in C an. Im Falle einer **Tauschökonomie** mit den Agenten/Spielern $i = 1, ..., n(\geq 2)$ sind die erreichbaren Gewinne einer Koalition C nichts anderes als die Nutzenvektoren

$$u^C = (u_i)_{i \in C},$$

die sich die Mitglieder durch Tausch innerhalb der Koalition C sichern können. Bezeichnet

$$e^i = (e_1^i, ..., e_L^i) \in \mathbb{R}_+^L$$

den Erstausstattungsvektor und $u_i(\cdot)$ die Nutzenfunktion des Spielers i, so ist die Menge $v(C)$ der erreichbaren Gewinnvektoren u^C durch folgende Eigenschaft definiert: Es gibt einen Vektor $x^C = (x^i)_{i \in C}$ von Konsumvektoren $x^i \in \mathbb{R}_+^L$ der Mitglieder von C, für den

$$u^C = (u_i(x^i))_{i \in C} \tag{i}$$

und

$$\sum_{i \in C}(x^i - e^i) \leq 0 \tag{ii}$$

gilt.

Die Bedingung (ii) verlangt, daß die Konsumvektoren x^i allein durch Tausch innerhalb der Koalition C realisiert werden können. Gemäß (i) impliziert der Vektor x^C genau den Gewinnvektor $u^C \in v(C)$.

Im allgemeinen ist die Definition der Menge $v(C)$ erreichbarer Gewinnvektoren u^C für eine Koalition C mit $\emptyset \neq C \subset N$ schwieriger. Dies liegt daran, daß es von dem Verhalten der Spieler $i \notin C$ abhängt, welche Gewinnvektoren u^C für die Koalition C erreichbar sind und welche nicht. Wir wollen dies anhand des folgenden Spiels in Normalform verdeutlichen:

$$G = (S_1, ..., S_n; U = (U_1, ..., U_n))$$

mit

$$S_i = [0, C_i] \text{ mit } \frac{1}{n+1} \leq C_i \leq \frac{1}{n}$$

$$U_i(s) = (1 - \sum_{j=1}^{n} s_j)s_i$$

für $i = 1, ..., n(\geq 2)$. Dieses Spiel beschreibt einen (durch Renormierung parameterfreien) **homogenen Oligopolmarkt** mit linearer Nachfrage und konstanten sowie identischen Grenzkosten aller Anbieter $i = 1, ..., n$, d.h. s_i ist die vom Anbieter i verkaufte Menge und $U_i(s)$ der Gewinn beim Angebotsmengenvektor s. Für jede Koalition $C \subset N = \{1, ..., n\}$ sei X_{-C} die Gesamtverkaufsmenge der Anbieter $j \notin C$. Für gegebene Menge X_{-C} ist die den Gesamtgewinn der Anbieter $i \in C$ maximierende Gesamtverkaufsmenge des Kartells C durch

$$X_C^* = (1 - X_{-C})/2$$

gegeben. Der dadurch implizierte Kartellgewinn

$$G_C^* = (1 - X_{-C})^2/4$$

kann durch entsprechende Aufteilung von X_C^* auf die Kartellmitglieder beliebig innerhalb des Kartells verteilt werden.

Das Beispiel verdeutlicht, daß ohne eine Vorstellung darüber, welche Mengen die Nichtkartellmitglieder verkaufen werden, weder die Verkaufspolitik noch die Gewinnmöglichkeiten des Kartells C in sinnvoller Weise festgelegt werden können. In unserem Beispiel ist sowohl X_C^* als auch G_C^* von X_{-C} abhängig, d.h. die optimale Kartellpolitik wird vom Verhalten der Nichtkartellmitglieder beeinflußt.

Eine wenig sinnvolle, aber in der kooperativen Spieltheorie übliche Annahme ist die, daß die Nichtkoalitionsmitglieder stets versuchen werden, das für C Schlechteste zu tun. Hiergegen gibt es viele Einwendungen: Erstens ist es oft nicht klar, was es bedeutet, einer Koalition mit mehreren Mitgliedern einen möglichst großen Schaden zuzufügen. Unter Umständen können die Spieler $j \notin C$ nur einem der Mitglieder von C in einer besonderen Weise schaden. Welches Mitglied von C soll dann geschädigt werden oder sollen alle Mitglieder von C davon ausgehen, daß sie in dieser besonderen Weise geschädigt werden, obwohl dies unmöglich ist?

Wichtiger noch ist der Einwand, daß "Haß ohne Rücksicht auf eigene Verluste" wohl kaum mit der Annahme individuell rationalen Entscheidungsverhaltens vereinbart werden kann. Man beachte auch die dadurch implizierte Inkonsistenz der Verhaltensannahmen: Aus der Sicht von C sollen die Spieler $j \notin C$ das für C Schlechteste tun, aus der Sicht der Gegenkoalition $\{j \in N : j \notin C\}$ sind dieselben Spieler jedoch bestrebt, das für sie selbst Beste zu erreichen. Mehr in Einklang mit intuitiven Vorstellungen über rationales Entscheidungsverhalten wäre die Annahme, daß das Verhalten der Koalitionsmitglieder von C und das der Nichtkoalitionsmitglieder wechselseitig optimal angepaßt sein sollte. Hierbei wäre natürlich zu unterscheiden, ob die Nichtmitglieder von C individuell unabhängig reagieren oder ob sie sich zu der Gegenkoalition

$$\bar{C} := \{j \in N : j \notin C\}$$

von C zusammenschließen, um gemeinsam ihr Verhalten zu verabreden. In jedem Fall würde man dann von Gleichgewichtskonzepten im Sinne des Gleichgewichtspunkts der nichtkooperativen Theorie und nicht von der Annahme der schlechtest möglichen Reaktionsweise von $\bar{C}$ ausgehen.

Ein weiteres Problem, das durch die Annahme der schlechtest möglichen Reaktionsweise von $\bar{C}$ impliziert wird, soll an folgendem Bimatrix-Spiel verdeutlicht werden:

1 \ 2	s_2^1	s_2^2	s_2^3
s_1^1	α \ \ 3	β \ \ 2	γ \ \ 1
s_1^2	a \ \ 1	b \ \ 2	c \ \ 4

Abbildung 8.1

Geht Spieler 2 davon aus, daß er auf die Strategie s_1 des Spielers 1 reagieren kann, so wird 2 offenbar mit s_2^1 auf s_1^1 und mit s_2^3 auf s_1^2 antworten. Die für den 2 schlechtest mögliche reine Strategie des 1 ist damit die Strategie s_1^1. Kann hingegen Spieler 1 auf die Strategie s_2 des Spielers 2 reagieren, so wird — wegen der Erwartung der schlechtesten Entscheidung seitens des 1 — Spieler 2 seine Strategie s_2^2 vorziehen, die ihm den Gewinn von 2 garantiert. Das Beispiel verdeutlicht, daß die Definition der schlechtest möglichen Erwartung einer Koalition C bezüglich des Verhaltens der Gegenkoalition $\bar{C}$ entscheidend davon abhängt, ob C auf das Verhalten von $\bar{C}$ reagieren kann oder umgekehrt.

Es zeigt sich damit, daß die Basisannahmen der kooperativen Spieltheorie in vielen Fällen weder eindeutige Darstellungen der strategischen Situation implizieren, noch in aller Regel auf plausiblen und konsistenten Verhaltensannahmen basieren. Allerdings gibt es bedeutsame Klassen von Spielen, in denen diese Probleme weniger gravierend oder überhaupt nicht vorhanden sind. Typischerweise sind dies Spiele, in denen "Nichtkooperation von C und $\bar{C}$" in nur einer einzigen Form möglich ist, wie zum Beispiel durch Nichttausch der Mitglieder von C und $\bar{C}$ im Fall einer Tauschökonomie, oder durch Konflikt, d.h. keinen Vertragsabschluß bei multilateralen Verhandlungen. In derartigen Fällen lassen sich wichtige Aussagen auf sehr viel einfachere und abstraktere Weise ableiten, als dies durch Anwendung der nichtkooperativen Theorie möglich wäre.

Formal wird ein kooperatives Spiel durch seine sogenannte **charakteristische Funktion**

$$v: \quad \begin{aligned} \wp(N) &\longrightarrow \mathbb{R}^n \\ C &\longmapsto v(C) \end{aligned}$$

beschrieben. $\wp(N)$ ist die Potenzmenge von N ohne die leere Menge, d.h. die Menge aller nichtleeren Teilmengen von N, und $v(C)$ die Menge der möglichen Auszahlungsvektoren $u = (u_1, ..., u_n)$ für die Koalition C. Üblicherweise gilt die folgende Konvention:

Aus $u \in v(C)$ folgt:

$u' \in v(C)$ für alle u' mit $u'_i \leq u_i$ und $i \in C$ sowie u'_i beliebig für $i \notin C$.

Gilt für alle $C \in \wp(N)$, daß

$$v(C) = \left\{ u \in \mathbb{R}^n : \sum_{i \in C} u_i \leq V(C) \right\}$$

mit $V(C) \in \mathbb{R}$, so spricht man von einem kooperativen Spiel bzw. einer charakteristischen Funktion mit **Seitenzahlungen**. Die Idee ist hier, daß die Mitglieder einer Koalition C innerhalb der Koalition die Auszahlungen beliebig umverteilen können. Da die charakteristische Funktion $v(\cdot)$ durch $V(\cdot)$ vollständig definiert ist, kann ein kooperatives Spiel mit Seitenzahlungen sowohl mittels $v(\cdot)$ als auch mittels $V(\cdot)$ beschrieben werden. Für die Auszahlungsfunktion $u_j(\cdot)$ bedingt dies, daß sie von der prinzipiellen Form

$$u_j(\cdot) = \widetilde{u}_j(\cdot) + t_j$$

für alle $j \in N$ sind, d.h. sie müssen eine additive Komponente t_j enthalten, die beliebig umverteilt werden kann. In der Regel wird t_j als Geldmenge definiert, was die Bezeichnung "Seitenzahlungen" für die Umverteilung der Auszahlungskomponenten t_j erklärt. Wie aber das Beispiel des **homogenen Oligopolmarkts** zeigt, setzen Seitenzahlungen nicht notwendig Geldtransfers voraus. In dem Anbieterkartell kann die Gewinnverteilung beliebig durch eine entsprechende Festlegung der Kartellquoten gestaltet werden.

Bevor wir für einige Beispielsituationen die charakteristische Funktion ableiten, sei noch darauf hingewiesen, daß die Existenz unvollständiger Information für die Theorie kooperativer Spiele zu fundamentalen Problemen führt. Unseres Wissens gibt es keine nennenswerte kooperative Spieltheorie bei unvollständiger Information. Die konzeptionellen Probleme einer solchen Theorie liegen auf der Hand: Wie will man einen Vertrag mit einem bestimmten Typ des Gegenspielers abschließen, wenn man weder zu Spielbeginn noch zu Spielende weiß, ob dieser Typ tatsächlich vorliegt? Was besagt es überhaupt, wenn ein Spielertyp einen Vertrag abschließt, den ein anderer ablehnt? Diese Fragen deuten an, daß bei unvollständiger Information Kooperation allenfalls die Zusammenarbeit von Typen verschiedener Spieler beinhalten kann, aber nicht mehrere Typen desselben Spielers einbeziehen darf.

8.2 Beispiele kooperativer Spiele

Wir wollen für einige der bekanntesten Beispielsituationen die charakteristische Funktion ableiten, um dieses Konzept zu illustrieren, mit dem eine soziale Konfliktsituation in überaus abstrakter Form repräsentiert wird.

8.2.1 Tauschökonomien

Für alle $C \in \wp(N)$ sei

$$E^C = \sum_{i \in C} e^i$$

die Summe der Erstausstattungsvektoren $e^i \in \mathbb{R}^L_+$ mit $L \geq 2$. Da die schlechtest mögliche Drohung der Gegenkoalition $\bar{C}$ von C darin besteht, jegliche Tauschbeziehung mit C abzubrechen, ist $v(C)$ die Menge der Nutzenvektoren $u^C = (u^C_i)_{i \in C}$, die durch Umverteilung von E^C innerhalb von C erreichbar sind:

$$v(C) = \left\{ u = (u_1, ..., u_n) \in \mathbb{R}^n \;\middle|\; \begin{array}{c} \text{Es gibt } \left((x^i)_{i \in C}\right) \text{ mit } \sum_{i \in C} x^i = E^C, \\ \text{so daß für alle } i \in C \text{ gilt:} \\ u_i \leq u_i\left(x^i\right) \text{ und } x^i \in \mathbb{R}^L_+ \end{array} \right\}$$

Hierbei verwenden wir das Symbol u_i sowohl für die Auszahlung als auch für die Nutzenfunktion $u_i(\cdot)$ des Spielers i, die jedem Konsumvektor x^i einen Nutzenwert zuordnet. Die Funktion $v(C)$ ist in der Regel eine charakteristische Funktion ohne Seitenzahlungen.

8.2.2 Homogene Oligopolmärkte

Wir betrachten wieder den Spezialfall homogener Oligopolmärkte mit linearer Nachfrage sowie konstanten und identischen Grenzkosten aller Anbieter, die den Kapazitätsschranken $C_i = \frac{1}{n}(i = 1, ..., n)$ unterliegen. Wir können damit von der normierten Gewinnfunktion

$$u_i = (1 - X)x_i$$

für $i = 1, ..., n$ ausgehen, wobei x_i mit $0 \leq x_i \leq C_i = \frac{1}{n}$ die Verkaufsmenge des Anbieters i und X die Gesamtverkaufsmenge aller n Anbieter/Spieler bezeichnet.

Für alle Koalitionen $C \in \wp(N)$ ist die schlechtest mögliche Reaktion der Gegenkoalition $\bar{C}$, daß alle Anbieter $j \in \bar{C}$ ihre Kapazitätsmenge $\frac{1}{n}$ verkaufen.

Bezeichnet man mit $|C|$ die Anzahl der Mitglieder von C, dann ergibt sich $v(C)$ als

$$v(C) = \left\{ u = (u_1, ..., u_n) \in \mathbb{R}^n : \sum_{i \in C} u_i \leq \frac{|C|^2}{4n^2} \right\},$$

d.h. die Anbieter in C können den Monopolgewinn $\frac{|C|^2}{4n^2}$ bezüglich der Restnachfragefunktion $X^C = 1 - \frac{|\bar{C}|}{n} - p = \frac{|C|}{n} - p$ durch Quotierung der optimalen Produktionsmenge $|C|/2n$ beliebig aufteilen. Die charakteristische Funktion $v(C)$ ist mithin eine charakteristische Funktion mit Seitenzahlungen.

8.2.3 Demokratische Mehrheitsentscheidungen

Die n Spieler $i = 1, ..., n$ mit $n \geq 3$ und n ungerade seien die Wähler in einer demokratisch organisierten Gemeinschaft, zum Beispiel in einer demokratischen Gebietskörperschaft, einem Club oder einer Aktiengesellschaft. Jeder Spieler habe dasselbe Stimmrecht und es soll dann eine Koalition $C \in \wp(N)$ die Gemeinschaft kontrollieren können, wenn sie über die absolute Mehrheit verfügt, d.h. falls

$$|C| > n/2.$$

Der Gewinn, den eine Mehrheitskoalition C mit $|C| > n/2$ aus ihrer Macht über die Gemeinschaft aller Wähler ableiten kann, sei für alle Mehrheitskoalitionen gleich, zum Beispiel gleich 1, und auch beliebig innerhalb von C umverteilbar. Die charakteristische Funktion mit Seitenzahlungen ergibt sich damit aus

$$v(C) = \left\{ u = (u_1, ..., u_n) \in \mathbb{R}^n : \sum_{i \in C} u_i \leq \left\{ \begin{array}{l} 0 \text{ für } |C| < n/2 \\ 1 \text{ für } |C| > n/2 \end{array} \right\} \right\}.$$

Der Fall der Gleichheit von $|C|$ und $\frac{n}{2}$ wurde durch die Annahme, daß n ungerade ist, ausgeklammert.

8.2.4 Monopolkapitalismus

Spieler 1 sei der Inhaber einer Produktionsstätte, Spieler $2, ..., n$ die potentiellen Arbeiter in dieser Produktionsstätte. Die Produktionsmenge $y(m)$ sei von der Anzahl m eingesetzter Arbeitskräfte abhängig, wobei wir von folgenden Annahmen ausgehen:

$$y(1) < y(2) < ... < y(n-3) < y(n-1) < y(n-2),$$

d.h. die Produktionsmenge erhöht sich mit zunehmender Arbeiterzahl nur bis zu $n-2$ eingesetzten Arbeitskräften. Bei Einsatz aller $n-1$ Arbeitnehmer ist die Produktion geringer als bei $n-2$ eingesetzten Arbeitskräften.

Die Produktionsmenge $y(m)$ sei beliebig umverteilbar und alle Auszahlungen seien positiv lineare Funktionen der zugeteilten Produktionsmenge. Die charakteristische Funktion mit Seitenzahlungen ergibt sich damit als

$$v(C) = \begin{cases} 0 \,, & \text{falls } |C| = 1 \text{ oder } 1 \notin C \\ y(|C| - 1) \,, & \text{falls } 1 \in C \text{ und } 2 \leq |C| \leq n - 1 \\ y(n - 2) \,, & \text{falls } |C| = n \end{cases} \,.$$

Eine Koalition kann gemäß dieser Definition nur produzieren, wenn sie den Monopolkapitalisten (Spieler 1) enthält. In diesem Fall ist ihr Produktionsergebnis durch ihre Anzahl an Arbeitnehmern bestimmt, es sei denn sie umfaßt alle Arbeitnehmer. Im Fall von $n - 1$ Arbeitnehmern wird die Koalition C einen Arbeitnehmer nicht in der Produktion einsetzen, da der letzte Arbeitnehmer das Produktionsergebnis verringert.

8.2.5 Das Apex-Spiel

Apex-Spiele kann man als besondere Abstimmungssituationen mit ungleichen Stimmrechten beschreiben. Spieler 1 (der Apex-Spieler) soll die Mehrheit erlangen, falls er wenigstens einen anderen Spieler an sich binden kann. Für die übrigen Spieler soll dies nur möglich sein, wenn sie alle zusammenarbeiten. Der Wert der Mehrheit sei wiederum für alle Koalitionen gleich, zum Beispiel gleich 1, und beliebig innerhalb der Koalition umverteilbar. Die charakteristische Funktion mit Seitenzahlungen ist dann wie folgt:

$$V(C) = \begin{cases} 0, \text{ falls } \ C = \{1\} \text{ oder falls } \ (1 \notin C \text{ und } |C| < n - 1) \\ 1 \text{ sonst} \end{cases}$$

Der Apex-Spieler 1 gewinnt nur dann nicht, wenn er einziges Mitglied der Koalition C ist. Damit eine Koalition C ohne den Apex-Spieler 1 gewinnt, muß sie alle übrigen $n - 1$ Spieler enthalten. Für $n = 3$ stimmen Apex-Spiel und demokratische Mehrheitsentscheidungen überein (alle Spieler sind dann gleich stark).

8.3 Lösungskonzepte für kooperative Spiele

Im folgenden sollen die bekanntesten Lösungskonzepte für kooperative Spiele vorgestellt werden und anhand der obigen Beispielsituationen verdeutlicht werden. Die Lösungskonzeptionen für kooperative Spiele definieren typischerweise Rationalitäts- bzw. Stabilitätseigenschaften für Auszahlungsvektoren $u \in \mathbb{R}^n$ bzw. für Mengen solcher Auszahlungsvektoren. Falls die Lösungskonzeption im allgemeinen nur eine Menge möglicher Auszahlungsvektoren $u \in \mathbb{R}^n$ definiert, sprechen wir von einem **Bereichskonzept**, andernfalls von einem **Wertkonzept**.

8.3.1 Die Imputationsmenge

Das Bereichskonzept der Imputationsmenge ist eigentlich kein originäres Konzept, sondern eher eine Vorbedingung für weitergehende Lösungskonzepte. Die Imputationsmenge beruht auf der Annahme **individueller Rationalität**, d.h. jeder erhält mindestens so viel, wie er sich selbst garantieren kann bzw.

$$u_i \geq v(\{i\}) \text{ für alle } i = 1, ..., n,$$

sowie auf dem Effizienzerfordernis: Ein Auszahlungsvektor $u = (u_1, ..., u_n) \in v(N)$ mit $N = \{1, ..., n\}$ ist **effizient**, falls es keinen anderen Auszahlungsvektor $\hat{u} = (\hat{u}_1, ..., \hat{u}_n) \in v(N)$ mit $\hat{u}_i > u_i$ für alle $i \in N$ gibt. Wir wollen mit $v^*(N)$ die Menge der effizienten Auszahlungsvektoren $u \in v(N)$ bezeichnen. Die Imputationsmenge $I(v)$ des kooperativen Spiels v kann wie folgt beschrieben werden:

$$I(v) = \{u \in \mathbb{R}^n : u \in v^*(N) \text{ und für alle } i \in N \text{ gilt} : u_i \geq v(\{i\})\}$$

Im Fall der **Tauschökonomie** besagt individuelle Rationalität, daß der Nutzen des Konsumvektors x^i eines Spielers i nicht den Nutzen $u_i(e^i)$ seiner Erstausstattung unterschreiten darf. $I(v)$ ist damit die Menge der effizienten Allokationen, die diese Bedingung erfüllen.

Auf dem **homogenen Oligopolmarkt** gilt

$$\max_{x_i} \left\{ \left(1 - \frac{n-1}{n} - x_i\right) x_i \right\} = \frac{1}{4n^2} \text{ und damit}$$

$$v(\{i\}) = \frac{1}{4n^2}$$

für alle $i = 1, ..., n$. Effizienz impliziert hier, das der maximale Gesamtgewinn von 1/4 unter den n Anbietern verteilt wird. Wir erhalten daher

$$I(v) = \{u \in \mathbb{R}^n : \sum_{i \in N} u_i = \frac{1}{4} \text{ und für alle } i \in N \text{ gilt } u_i \geq \frac{1}{4n^2}\}.$$

Bei **demokratischen Mehrheitsentscheidungen** gilt wegen $n \geq 3$ stets $v(\{i\}) = 0$ und damit

$$I(v) = \left\{ u \in \mathbb{R}_+^n : \sum_{i \in N} u_i = 1 \right\}.$$

Beim **Monopolkapitalismus** folgt analog

$$I(v) = \left\{ u \in \mathbb{R}_+^n : \sum_{i \in N} u_i = y(n-2) \right\};$$

und für das **Apex-Spiel**

$$I(v) = \left\{ u \in \mathbb{R}^n_+ : \sum_{i \in N} u_i = 1 \right\}.$$

8.3.2 Der Kern

Zusätzlich zu den Erfordernissen der Imputationsmenge verlangt das Bereichskonzept des Kerns die sogenannte **Gruppenrationalität**, d.h. für alle $C \in \wp(N)$ wird verlangt, daß ein Lösungsauszahlungsvektor u nicht durch C verwerfbar ist. Hierbei kann C den Auszahlungsvektor u **verwerfen**, falls es einen anderen Auszahlungsvektor $\hat{u} \in v(C)$ mit $\hat{u}_i > u_i$ für alle $i \in C$ gibt, d.h. falls die Mitglieder von C sich selbst ein besseres Ergebnis sichern können, als u ihnen zuweist. Insgesamt ist damit der Kern $\mathcal{C}(v)$ des Spiels v wie folgt definiert:

$$\mathcal{C}(v) = \left\{ u \in \mathbb{R}^n : \begin{array}{l} \text{Für alle } C \in \wp(N) \text{ ist} \\ u \text{ durch } C \text{ nicht verwerfbar} \end{array} \right\}$$

Man beachte, daß Effizienz, d.h. $u \in v^*(N)$, identisch ist mit der Aussage, daß u nicht durch N verwerfbar ist. Analog ist die individuelle Rationalität durch die Nichtverwerfbarkeit seitens der trivialen Koalitionen $\{i\}$ impliziert. Der Kern ist damit stets Teilmenge der Imputationsmenge.

Die wohl bedeutendste Anwendung des Kerns ist die Analyse des Zusammenhangs von Kern- und Konkurrenzallokationen in **(Tausch)Ökonomien**, die auf EDGEWORTH, 1881, zurückgeht (vgl. hierzu HILDENBRAND, 1974, und HILDENBRAND und KIRMAN, 1988, die die wesentlichen Ergebnisse beschreiben). Es läßt sich allgemein zeigen, daß Konkurrenzallokationen im Kern liegen und daß der Kern auf die Menge der Konkurrenzallokationen zusammenschrumpft, wenn die Ökonomie groß wird. Die Grundidee dieser Konvergenz läßt sich anhand einfacher Situationen sehr leicht veranschaulichen, zum Beispiel mittels sogenannter Replika-Ökonomien, in denen die verschiedenen Tauschpartner doppelt, dreifach, ... auftreten, um die Ökonomie zu vergrößern (vgl. HILDENBRAND und KIRMAN, 1988, sowie GÜTH, 1996).

Auf dem **homogenen Oligopolmarkt** gilt

$$\mathcal{C}(v) = \left\{ u \in \mathbb{R}^n : \sum_{i \in N} u_i = \frac{1}{4}, \sum_{i \in C} u_i \geq \frac{|C|^2}{4n^2} \text{ für } C \in \wp(N) \right\}$$

Im Falle $n = 2$ läßt sich $C(v)$ graphisch wie in Abbildung 8.2 veranschaulichen.

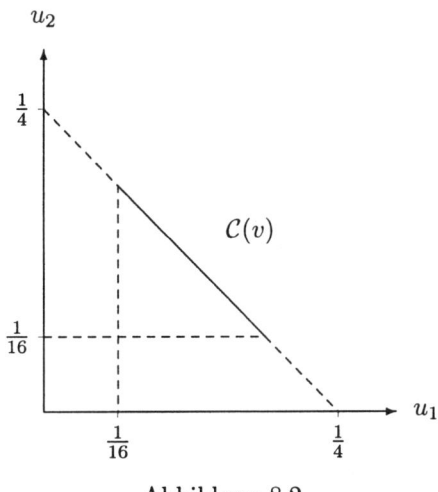

Abbildung 8.2

Jede Aufteilung des maximalen Gesamtgewinns von 1/4, die jedem der beiden Anbieter mindestens den Gewinn von 1/16 zuordnet, liegt im Kern, der wegen $n = 2$ natürlich mit der Imputationsmenge $I(v)$ übereinstimmt. Für $n = 3$ ergibt sich der Kern aus der Imputationsmenge $I(v)$, indem man die zusätzlichen Restriktionen $x_i + x_j \geq 1/9$ für alle Paare von Anbietern i und j mit $i \neq j$ hinzufügt.

Anhand der **demokratischen Mehrheitsentscheidungen** soll verdeutlicht werden, daß der Kern $\mathcal{C}(v)$ leer sein kann. Im Fall $n = 3$ folgt auf Grund der Gruppenrationalität, daß

$$
\begin{array}{ccccccc}
x_1 & + & x_2 & & & \geq & 1 \\
x_1 & + & & & x_3 & \geq & 1 \\
& & x_2 & + & x_3 & \geq & 1
\end{array}
$$

und damit

$$x_1 + x_2 + x_3 \geq 3/2,$$

was offensichtlich der Bedingung $x_1 + x_2 + x_3 \leq 1$ widerspricht. Das Lösungskonzept des Kerns ist damit für demokratische Mehrheitsentscheidungen typischerweise nicht anwendbar.

Im Fall des **Monopolkapitalismus** besteht der Kern $\mathcal{C}(v)$ nur aus einem einzigen Auszahlungsvektor, nämlich demjenigen, der die gesamte Auszahlung $y(n - 2)$ dem Kapitalisten (Spieler 1) zuweist, d.h.

$$\mathcal{C}(v) = \{(y(n - 2), 0, ..., 0)\}.$$

Würde ein Arbeitnehmer, zum Beispiel Spieler n, eine positive Auszahlung erhalten, so kann der zugrundeliegende Auszahlungsvektor u offenbar durch die Koalition $C = N \setminus \{n\}$ verworfen werden, die dieselbe Menge produziert wie N, indem man u_n gleichmäßig unter die Mitglieder von C und zusätzlich zu den Auszahlungen u_i für alle $i \in C$ aufteilt. Umgekehrt kann keine Koalition C den Auszahlungsvektor $u = (y(n-2), 0, ..., 0)$ verwerfen, da sie der Mithilfe des 1 bedarf und der 1 sich über $u_1 = y(n-2)$ hinaus nicht verbessern kann. Auch die Konkurrenzallokation erfordert die extreme Auszahlungsaufteilung $(y(n-2), 0, ..., 0)$, da der Kern die Konkurrenzallokationen enthält.

Im **Apex-Spiel** müssen alle Spieler $i = 2, ..., n$ im Kern $\mathcal{C}(v)$ stets die gleiche Auszahlung erhalten, da sonst eine Koalition $C = \{1, j\}$ mit einem Spieler j, der am wenigsten von allen Spielen $2, ..., n$ verdient, den Auszahlungsvektor verwerfen kann. Wegen $u_2 + ... + u_n \geq 1$ folgt damit

$$u_i \geq \frac{1}{n-1} \text{ für } i = 2, ..., n$$

Wegen $\sum_{i \in N} u_i = 1$ dürfte dann aber der 1 nur den Gewinn von Null erhalten. Ein Auszahlungsvektor u, der dem 1 nur den Gewinn Null und allen übrigen Spielern gleich hohe Gewinne zuweist, kann jedoch durch jede Koalition $C = \{1, j\}$ mit $j = 2, ..., n$ verworfen werden. Der Kern des Apex-Spiels ist damit stets leer, sofern $n \geq 3$. Für $n = 3$ stimmt das Apex-Spiel mit den demokratischen Mehrheitsentscheidungen für den Fall $n = 3$ überein, für die wir schon nachgewiesen haben, daß der Kern leer ist.

8.3.3 Die intern und extern stabilen Mengen

Dieses Bereichskonzept, das von VON NEUMANN und MORGEN-STERN (1944) vorgeschlagen wurde und daher häufig als **von-Neumann-Morgenstern-Lösung** bezeichnet wird, basiert auf den folgenden zwei Stabilitätserfordernissen:

(i) Eine Menge S von Auszahlungsvektoren $u \in I(v)$ heißt **intern stabil**, falls für alle $u \in S$ kein $\hat{u} \in S$ und keine Koalition $C \in \wp(N)$ existiert mit $\hat{u}_i > u_i$ (für alle $i \in C$) und $\hat{u} \in v(C)$.

(ii) Eine Menge S von Auszahlungsvektoren $u \in I(v)$ heißt **extern stabil**, falls für alle $\tilde{u} \in I(v)$, $\tilde{u} \notin S$, ein Element $\hat{u} \in S$ und eine Koalition $C \in \wp(N)$ existiert mit $\hat{u}_i > \tilde{u}_i$ (für alle $i \in C$) und $\hat{u} \in v(C)$.

Die intern und extern stabilen Mengen sind Mengen von Auszahlungsvektoren u, die die Stabilitätserfordernisse (i) und (ii) erfüllen. Offenbar muß jede solche Menge den Kern, wenn er nicht leer ist, enthalten, da sonst (ii) nicht erfüllt werden kann. Die Interpretation einer intern und extern stabilen Menge $S(v)$ des Spiels v ist, daß kein Lösungsvorschlag durch einen anderen

Lösungsvorschlag verworfen werden kann (Erfordernis (i)) und daß jeder nicht enthaltene Vorschlag durch einen Vorschlag innerhalb der Lösungsmenge verwerfbar ist (Erfordernis (ii)). Obwohl intern und extern stabile Mengen in der Regel auch dann existieren, wenn der Kern leer ist, sind solche Mengen nicht generell gegeben (LUCAS, 1968).

Da jede intern und extern stabile Menge stets den nicht-leeren Kern enthält, ist die Anwendung der intern und extern stabilen Mengen auf **Tauschökonomien** und den **homogenen Oligopolmarkt** nicht sehr interessant, da schon der Kern in diesen Beispielsituationen einen sehr weiten Lösungsbereich aufweist. **Demokratische Mehrheitsentscheidungen** für $n = 3$ haben einen leeren Kern, aber es gibt die intern und extern stabile Menge

$$S(v) = \left\{ \left(\frac{1}{2}, \frac{1}{2}, 0\right), \left(\frac{1}{2}, 0, \frac{1}{2}\right), \left(0, \frac{1}{2}, \frac{1}{2}\right) \right\}.$$

Die interne Stabilität gilt, da durch einen Wechsel von $u \in S(v)$ zu jedem beliebigen $\hat{u} \in S(v)$ sich stets nur ein Spieler verbessert, nämlich von 0 auf 1/2, und da mindestens zwei Spieler im Fall $n = 3$ für eine Mehrheit benötigt werden. Gilt $\tilde{u} \in I(v)$ und $\tilde{u} \notin S(v)$, so muß es mindestens zwei Spieler geben, die gemäß $\tilde{u}$ weniger als 1/2 erhalten. Die Koalition dieser beiden Spieler kann dann $\tilde{u}$ mittels des Auszahlungsvektors $\hat{u} \in S(v)$ verwerfen, der ihnen beiden 1/2 zubilligt.

Im **Monopolkapitalismus** muß jede intern und extern stabile Menge $S(v)$ den Kern

$$\mathcal{C}(v) = \{(y(n-2), 0, ..., 0)\}$$

des Spiels v enthalten, der trivialerweise intern stabil ist. Allerdings ist der Kern $\mathcal{C}(v)$ als solcher nicht extern stabil, da die Imputation

$$u = \left(\frac{y(n-2)}{n}, ..., \frac{y(n-2)}{n}\right)$$

nicht in $\mathcal{C}(v)$ liegt und auch nicht durch $(y(n-2), 0, ..., 0)$ verworfen werden kann. Die Menge

$$S = \left\{ (y(n-2), 0, ..., 0), \left(\frac{y(n-2)}{n}, ..., \frac{y(n-2)}{n}\right) \right\}$$

ist intern stabil, da die einzige Kern-Allokation $(y(n-2), 0, ..., 0)$ definitionsgemäß nicht verworfen werden kann. Aber auch S ist nicht extern stabil, da zum Beispiel die Imputation

$$\hat{u} = \left(0, \frac{y(n-2)}{n-1}, ..., \frac{y(n-2)}{n-1}\right)$$

nicht in S enthalten ist, aber weder durch $(y(n-2), 0, ..., 0)$, noch durch $\left(\frac{y(n-2)}{n}, ..., \frac{y(n-2)}{n}\right)$ verworfen werden kann. Nun kann u nicht durch $\hat{u}$ verworfen werden, da Spieler 1 sich durch den Übergang von u nach $\hat{u}$ verschlechtert und $v(C) = 0$ gilt, falls $1 \notin C$. Daraus folgt, daß die Menge

$$S' = \left\{ (y(n-2), 0, ..., 0), \left(\frac{y(n-2)}{n}, ..., \frac{y(n-2)}{n}\right), \right.$$
$$\left. \left(0, \frac{y(n-2)}{n-1}, ..., \frac{y(n-2)}{n-1}\right)\right\}$$

intern stabil ist. Aber auch diese Menge S' ist nicht extern stabil, da zum Beispiel $\tilde{u} = \left(\frac{n-2}{n-1} y(n-2), \frac{1}{n-1} y(n-2), 0, ..., 0\right)$ nicht durch ein Element von S' dominiert wird.

Das Beispiel verdeutlicht, daß man für Spiele v mit nicht-leerem Kern $\mathcal{C}(v)$ die intern und extern stabilen Mengen dadurch bestimmt, daß man den Kern so zu ergänzen sucht, daß die externe Stabilität erreicht wird, ohne die interne Stabilität in Frage zu stellen. In Spielen ohne intern und extern stabile Mengen (vgl. LUCAS, 1968) ist dies typischerweise nicht möglich, d.h. der nicht-leere Kern kann nicht derart ergänzt werden, daß externe Stabilität gewährleistet wird, ohne die interne Stabilität aufzugeben.

Im **Apex-Spiel** ist die Menge der sogenannten **Quotenlösungen** eine intern und extern stabile Menge. Die Quoten berechnen sich aus den Gleichungen für die Aufteilung des Gewinns durch die minimalen Gewinnkoalitionen $C = \{1, i\}$ mit $i \in \{2, ..., n\}$ und $C = \{2, ..., n\}$, d.h.

$$u_1 + u_i = 1$$

für $i = 2, ..., n$ sowie

$$u_2 + ... + u_n = 1.$$

Wegen $u_i = 1 - u_1$ für alle $i = 2, ..., n$ folgt

$$u_1^* = \frac{n-2}{n-1} \quad \text{und} \quad u_i^* = \frac{1}{n-1} \quad \text{für } i = 2, ..., n$$

für den Quotenvektor $u^* = (u_1^*, ..., u_n^*)$. Die Menge der Quotenlösungen ist dann

$$S(v) = \left\{ u \in \mathbb{R}_+^n : \begin{array}{l} u_1 = \frac{n-2}{n-1} \text{ und } u_j = \frac{1}{n-1} \text{ für genau ein } j \text{ mit } j \geq 2 \\ \text{oder } u = \left(0, \frac{1}{n-1}, ..., \frac{1}{n-1}\right) \end{array} \right\}.$$

Interne Stabilität ist gewährleistet, da gemäß $S(v)$ ein Spieler sich von Null nur auf genau einen positiven Wert, nämlich seine Quote, in $S(v)$ verbessern kann und da dieses nicht für alle Mitglieder einer minimalen Gewinnkoalition gleichzeitig möglich ist. Jeder Auszahlungsvektor $\hat{u} \notin S(v)$ mit $\hat{u} \in I(v)$, der entweder Spieler 1 mehr als $(n-2)/(n-1)$ oder aber einem Spieler i mit $i \geq 2$ mehr als $1/(n-1)$ zubilligt, kann verworfen werden: Im Fall $\hat{u}_1 > (n-2)/(n-1)$ gilt notwendigerweise $\hat{u}_i < 1/(n-1)$ für den Koalitionspartner des 1, so daß $\hat{u}$ durch $u = (0, 1/(n-1), ..., 1/(n-1)) \in S(v)$ verworfen wird. Analog wird $\hat{u}$ mit $\hat{u}_i > 1/(n-1)$ durch $u \in S(v)$ mit $u_1 = \frac{n-2}{n-1}$ und $u_j = 1/(n-1)$ für $j \neq i$ verworfen. Ein Auszahlungsvektor u, der Spieler 1 weniger als $(n-2)/(n-1)$ und einem Spieler $i \geq 2$ weniger als $1/(n-1)$ einbringt, wird offenbar durch den Vektor $u \in S(v)$ verworfen, der diesen beiden Spielern ihre Quoten zuweist. Die Menge der Quotenlösungen ist also eine intern und extern stabile Menge.

8.3.4 Die Verhandlungsmenge

Wesentliche Idee des Bereichskonzepts "Verhandlungsmenge" (vgl. AUMANN und MASCHLER, 1964) ist es, nicht alle Verwerfungen von Auszahlungsvektoren zu akzeptieren, wie dies für das Konzept des Kerns zutrifft, sondern nur solche Verwerfungen, die ihrerseits nicht verworfen werden können. Es sei daran erinnert, daß u den Auszahlungsvektor $\hat{u}$ mittels der Koalition $C \in \wp(N)$ verwirft, falls $u_i > \hat{u}_i$ für alle $i \in C$ und $u \in v(C)$. AUMANN und MASCHLER (1964) haben verschiedene Versionen der Verhandlungsmenge definiert, von denen wir nur eine vorstellen wollen.

Wir versetzen uns in die Situation, daß zwei Spieler i und j darüber streiten, ob eine bestimmte Imputation $u \in I(v)$ einen akzeptablen Vorschlag darstellt. Mit $P_{i,-j}(N)$ bezeichnen wir die Menge

$$P_{i,-j}(N) = \{C \subset N : i \in C, j \notin C\},$$

d.h. die Menge der Koalitionen, die den i, aber nicht den j enthalten. Ein **Einwand** des i gegen den Vorschlag u seitens des j ist eine Koalition $\hat{C} \in P_{i,-j}(N)$ und ein alternativer Vorschlag $\hat{u} \in I(v)$ mit $\hat{u}_l > u_l$ für alle $l \in \hat{C}$ und $\hat{u} \in v(\hat{C})$, d.h. der i hat gegenüber dem j einen Einwand gegen u, falls eine Koalition $\hat{C} \in P_{i,-j}(N)$ existiert, mittels der der Vorschlag u verworfen werden kann. Allerdings kann ein solcher Einwand durch einen **Gegeneinwand** entkräftet werden. Ein Gegeneinwand zum Einwand $(\hat{C}, \hat{u})$ des i gegen den Vorschlag u seitens des j ist ein Paar $(\tilde{C}, \tilde{u})$ mit $\tilde{C} \in P_{j,-i}(N)$, $\tilde{u} \in v(\tilde{C})$, $\tilde{u}_k > \hat{u}_k$ für alle $k \in \tilde{C} \cap \hat{C}$ und $\tilde{u}_k \geq u_k$ für alle $k \in \tilde{C}$ mit $k \notin \hat{C}$, d.h. gegen den Einwand des i gegen den j besteht ein Gegeneinwand des j gegen den i, falls der Einwand mittels einer Koalition $\tilde{C} \in P_{j,-i}(N)$ verworfen werden kann. Die Verhandlungsmenge $B(v)$ des kooperativen Spiels v ist die Menge der Imputationen u, für die jeder Einwand $(\hat{C}, \hat{u})$ jedes Spielers $i \in N$ gegen jeden anderen Spieler $j \in N$ durch einen Gegeneinwand $(\tilde{C}, \tilde{u})$

entkräftet werden kann, d.h.

$$B\left(v\right) = \left\{ u \in I\left(v\right) : \begin{array}{l} \text{Für alle } i, j \in N \text{ mit } i \neq j \text{ kann jeder} \\ \text{Einwand } (\hat{C}, \hat{u}) \text{ des } i \text{ gegen den Vorschlag } u \\ \text{des } j \text{ durch einen Gegeneinwand } (\tilde{C}, \tilde{u}) \text{ des } j \\ \text{gegen den } i \text{ entkräftet werden.} \end{array} \right\}$$

Da die Elemente des Kerns nicht verworfen werden können, ist der Kern in der Verhandlungsmenge enthalten, d.h.

$$\mathcal{C}(v) \subset B(v).$$

Ferner ist die Verhandlungsmenge $B(v)$ für alle kooperativen Spiele v nicht-leer (vgl. DAVIS und MASCHLER, 1963, sowie PELEG, 1963 und 1967).

Gegen das Konzept der Verhandlungsmenge kann man einwenden, daß zwar der Einwand entkräftet werden kann, aber nicht der Gegeneinwand durch einen Gegengegeneinwand verworfen werden kann. Im Prinzip eröffnet sich hier eine unendliche Vielfalt an Lösungskonzepten, die sich durch die Länge der zulässigen Verwerfungsketten unterscheiden. Startpunkt ist der Kern, der jede Verwerfung akzeptiert. Im Vergleich dazu beschreibt die Verhandlungsmenge einen größeren Lösungsbereich, da diese nicht alle Verwerfungen akzeptiert, sondern nur solche, die selber unverwerflich im Sinne eines Gegeneinwands sind. Das Bereichskonzept, daß nur solche Verwerfungen von Verwerfungen akzeptiert, die ihrerseits unverwerflich sind, würde wiederum im Vergleich zu $B(v)$ einen kleineren Lösungsbereich abstecken, da sie bestimmte Gegeneinwände auf Einwände nicht zuläßt. Aus dieser Vielfalt von Lösungskonzepten sind natürlich die interessantesten der Kern, die Verhandlungsmenge sowie das andere Extrem, das beliebig oft die Verwerfung von Verwerfungen zuläßt, d.h. auf jeden Gegen...einwand ist immer ein Gegengegen...einwand möglich.

Die Verhandlungsmenge soll nur für den Fall $n = 3$ der demokratischen Mehrheitsentscheidungen sowie das Apex-Spiel untersucht werden, die einen leeren Kern aufweisen. Bei **demokratischen Mehrheitsentscheidungen** und genau drei Wählern gilt

$$B(v) = \left\{ \left(\frac{1}{3}, \frac{1}{3}, \frac{1}{3} \right) \right\}.$$

Der Vektor $\left(\frac{1}{3}, \frac{1}{3}, \frac{1}{3} \right)$ kann zwar verworfen werden, zum Beispiel durch $\left(\frac{1}{2}, \frac{1}{2}, 0 \right)$, aber dieser Gegeneinwand ist seinerseits verwerfbar, zum Beispiel durch $\left(\frac{3}{5}, 0, \frac{2}{5} \right)$. Um zu zeigen, daß nur gegen $\left(\frac{1}{3}, \frac{1}{3}, \frac{1}{3} \right)$ alle Einwendungen verworfen werden können, gehen wir allgemein von einem Auszahlungsvektor

$$u = (a, b, 1 - a - b) \text{ mit } a \geq 0, b \geq 0 \text{ und } a + b \leq 1$$

aus. Droht Spieler 2 gegenüber Spieler 1 mit

$$\hat{u} = (0, b + \epsilon, 1 - b - \epsilon) \text{ mit } a > \epsilon > 0,$$

so kann Spieler 1 versuchen, diesen Einwand mittels $\left(\tilde{C} = \{1,3\}, \tilde{u}\right)$ mit

$$\tilde{u} = (a, 0, 1 - a)$$

zu entkräften. Hierfür ist erforderlich, daß

$$1 - a > 1 - b - \epsilon.$$

Will man diese Bedingung für alle ϵ mit $a > \epsilon > 0$ erfüllen, so muß gelten, daß

$$1 - a \geq 1 - b \text{ oder } b \geq a.$$

Aus Symmetriegründen kann man in derselben Weise auch $a \geq b$ nachweisen, so daß nur Auszahlungsvektoren der Form

$$u = (a, a, 1 - 2a) \text{ mit } 1 \geq 2a \geq 0$$

für die Verhandlungsmenge in Frage kommen.

Wegen der Symmetrie aller drei Spieler müssen dann aber alle Auszahlungen gleich sein. Damit gilt $a = 1/3$, so daß $u = \left(\frac{1}{3}, \frac{1}{3}, \frac{1}{3}\right)$ der einzige Auszahlungsvektor ist, für den jeder Einwand durch einen Gegeneinwand entkräftet werden kann. Wir haben damit gezeigt, daß die Verhandlungsmenge $B(v)$ für den Fall demokratischer Mehrheitsentscheidungen mit drei Wählern nur den Vektor $u = \left(\frac{1}{3}, \frac{1}{3}, \frac{1}{3}\right)$ enthält.

Im **Apex-Spiel** sind alle Auszahlungsvektoren u, die dem Quotenkonzept entsprechen, d.h. $u \in S(v)$, nur "verwerflich verwerfbar", d.h. jeder Einwand kann durch einen Gegeneinwand entkräftet werden. Alle übrigen Auszahlungsvektoren sind hingegen "unverwerflich verwerfbar". So kann u mit $1 \geq u_1 > \frac{n-2}{n-1}$ und $u_i = 1 - u_1$ durch $\hat{C} = \{2, ..., n\}$ und $\hat{u} = \left(0, \frac{1}{n-1}, ..., \frac{1}{n-1}\right)$ verworfen werden. Da für jede Koalition $\tilde{C} = \{1, j\}$ gelten muß, daß $\tilde{u}_1 \geq u_1 > \frac{n-2}{n-1}$ und $\tilde{u}_j > \hat{u}_j = \frac{1}{n-1}$, kann diese Verwerfung nicht ihrerseits verworfen werden. Analog zeigt man für alle Auszahlungsvektoren u, die nicht dem Quotenkonzept entsprechen, daß sie unverwerflich verworfen werden können, d.h. es gibt Einwände ohne Gegeneinwände. Wir erhalten daher die Verhandlungsmenge

$$B(v) = \left\{ u \in \mathbb{R}_+^n : \begin{array}{l} u_1 = \frac{n-2}{n-1} \text{ und } u_i = \frac{1}{n-1} \text{ für genau ein } i \text{ mit } i \geq 2 \\ \text{oder } u_1 = 0, u_2 = ... = u_n = 1/(n-1) \end{array} \right\}$$

für das Apex-Spiel.

8.3.5 Der Kernel

Der Kernel ist ein Lösungskonzept für charakteristische Funktionen v mit Seitenzahlungen, für die er das Bereichskonzept der Verhandlungsmenge verfeinert, d.h. das Bereichskonzept Kernel $K(v)$ ist stets Teilmenge der Verhandlungsmenge $B(v)$ für derartige Spiele. Es sei daran erinnert, daß die Menge $v(C)$, also die durch C erreichbaren Auszahlungsvektoren im Spiel v mit Seitenzahlungen, durch den maximalen Betrag $V(C)$ definiert ist, den die Koalition C auf ihre Mitglieder verteilen kann, d.h.

$$v(C) = \left\{ u \in \mathbb{R}^n : \sum_{i \in C} u_i \leq V(C) \right\}.$$

Für alle $u \in \mathbb{R}^n$ und $C \in \wp(N)$ definieren wir den **Überschuß** von C über u durch

$$e(C, u) = V(C) - \sum_{i \in C} u_i.$$

Wir betrachten wiederum die Situation, daß zwei Spieler i und j darüber streiten, ob $u \in I(v)$ Lösung sein soll oder nicht. Die beste Drohung von Spieler i ist es offenbar, die beste alternative Koalition $C \in P_{i,-j}(N)$ zu bilden, die den j nicht enthält. Dabei muß i den anderen Mitgliedern von C natürlich mindestens das zubilligen, was sie gemäß u erhalten. Das Drohpotential von i gegen j kann daher durch

$$s_{ij}(u) := \max \left\{ e(C, u) : C \in P_{i,-j}(N) \right\}$$

gemessen werden. Wir nennen $s_{ij}(u)$ das **maximale Einwandspotential** des i gegen den j gemäß u, das natürlich auch negativ sein kann.

Die Grundidee des Kernels $K(v)$ besteht darin, daß $u_i > V(\{i\})$ nur dann möglich sein soll, falls für alle anderen Spieler j die Bedingung

$$s_{ji}(u) \leq s_{ij}(u)$$

gilt. Anders ausgedrückt: Ist das maximale Einwandspotential $s_{ji}(u)$ größer als $s_{ij}(u)$, so muß der i sein Gewinniveau so lange absenken, bis entweder $\hat{u}_i = V(\{i\})$ oder $s_{ji}(\hat{u}) \leq s_{ij}(\hat{u})$ für den neuen Auszahlungsvektor $\hat{u}$ gilt. Für $\hat{u}$ gilt dann

$$(s_{ji}(\hat{u}) - s_{ij}(\hat{u}))(\hat{u}_i - V(\{i\})) \leq 0.$$

Da diese Forderung für alle Spielerpaare erfüllt sein muß, ist der Kernel wie folgt definiert:

$$K(v) := \left\{ u \in I(v) : \begin{array}{c} \text{Für alle } i, j \in N \text{ mit } i \neq j \text{ gilt} \\ (s_{ji}(u) - s_{ij}(u))(u_i - V(\{i\})) \leq 0 \end{array} \right\}.$$

Wie zu Beginn schon angedeutet, ist der Kernel stets Teilmenge der Verhandlungsmenge, d.h. $K(v) \subset B(v)$. Ferner ist der Kernel stets nicht-leer (vgl. DAVIS und MASCHLER, 1963). Wegen der Symmetrie der Kerneldefinition muß offensichtlich jedes symmetrische Spiel v einen symmetrischen Auszahlungsvektor u im Kernel enthalten.

Für den **homogenen Oligopolmarkt** erfüllt die Gleichaufteilung von $V(C) = 1/4$ auf alle n Anbieter die Anforderungen des Kernels, d.h.

$$u^* = \left(\frac{1}{4n}, ..., \frac{1}{4n} \right) \in K(v).$$

Für jeden anderen Auszahlungsvektor $u \in I(v)$ existiert ein Spielerpaar $i, j \in N$ mit $u_i > u_j$ und damit $u_i > V(\{i\})$. Da $u_i > u_j$ folgt auf Grund der Symmetrie

$$s_{ij}(u) < s_{ji}(u).$$

Wäre u ein Element des Kernels $K(v)$, so würde dies

$$u_i = V(\{i\})$$

implizieren, was aber der Ausgangsannahme widerspricht. Damit ist u^* der einzige Kernel-stabile Auszahlungsvektor in $I(v)$, d.h.

$$K(v) = \{u^*\}.$$

In ähnlicher Weise zeigt man für **demokratische Mehrheitsentscheidungen**, daß

$$K(v) = \left\{ \left(\frac{1}{n}, ..., \frac{1}{n} \right) \right\}$$

wegen der Symmetrie des Spiels folgt.

Ist $u \in I(v)$ ein Auszahlungsvektor für das Spiel **"Monopolkapitalismus"**, so ist für alle $i, j \in N$ mit $i, j \geq 2$ die Bedingung

$$s_{ij}(u) > s_{ji}(u)$$

äquivalent zu $u_i < u_j$, d.h. $u \in K(v)$ impliziert $u_i = u_j$. Für den Auszahlungsvektor $u = (c, d, ..., d)$ gilt es dann noch, die Beziehung von $s_{12}(u)$ und $s_{21}(u)$ zu untersuchen. Wegen

$$s_{12}(u) = y(m^*) - m^*d - c = \max\{y(m) - md : 1 \leq m \leq n - 2\} - c$$

und

$$s_{21}(u) = 0 - d$$

impliziert $s_{12}(u) = s_{21}(u)$ die Bedingung

$$c = y(m^*) - (m^* - 1)d.$$

Mithin gilt entweder $d = 0 = V(\{i\})$ für $i = 2, ..., n$ und damit $c = y(n - 2)$ oder wegen $y(n - 2) = c + (n - 1)d$ die Bedingung

$$d = \frac{y(n - 2) - y(m^*)}{n - m^*},$$

wobei dieser Ausdruck wegen $m^* \leq n - 2$ stets wohldefiniert ist. Ist die letzte Gleichung für $m^* < n - 2$ und damit $d > 0$ erfüllbar, so erhält der Spieler 1 offenbar

$$c = \frac{(n - 1)y(m^*) - (m^* - 1)y(n - 2)}{n - m^*},$$

sofern dieser Betrag positiv ist. Der genaue Wert für m^* ergibt sich aus der Maximierung von

$$y(m) - m\frac{y(n - 2) - y(m)}{n - m} = \frac{n \cdot y(m) - m \cdot y(n - 2)}{n - m}$$

über alle m mit $1 \leq m \leq n - 2$.

Damit ergibt sich

$$K(v) = \begin{cases} \left\{\left(0, \frac{y(n-2)}{n-1}, ..., \frac{y(n-2)}{n-1}\right)\right\} \text{ für } (n-1)y(m^*) \leq (m^*-1)y(n-2) \\ \left\{\left(\frac{(n-1)y(m^*)-(m^*-1)y(n-2)}{n-m^*}, \frac{y(n-2)-y(m^*)}{n-m^*}, ..., \frac{y(n-2)-y(m^*)}{n-m^*}\right)\right\} \\ \quad \text{ für } (n-1)y(m^*) > (m^*-1)y(n-2) \text{ und } m^* < n - 2 \\ \{(y(n-2), 0, ..., 0)\} \text{ für } m^* = n - 2 \end{cases}$$

für den Monopolkapitalismus.

Für das **Apex-Spiel** folgt analog zum Monopolkapitalismus

$$u_i = u_j \text{ für alle } i, j = 2, ..., n.$$

Für den Auszahlungsvektor $u = (c, d, ..., d)$ ergibt sich

$$s_{12}(u) = 1 - c - d$$

und

$$s_{21}(u) = 1 - (n - 1)d.$$

Aus $s_{12}(u) = s_{21}(u)$ folgt

$$c = (n - 2)d$$

und wegen $c + (n-1)d = 1$

$$c = \frac{n-2}{2n-3} \text{ und } d = \frac{1}{2n-3}.$$

Der Kernel des Apex-Spiels mit $n = 3$ ist daher

$$K(v) = \left\{ \left(\frac{1}{3}, \frac{1}{3}, \frac{1}{3} \right) \right\}.$$

Das Apex-Spiel entspricht dann den demokratischen Mehrheitsentscheidungen mit $n = 3$ Wählern. Für $n > 3$ liegt der Anteil c von Spieler 1 wegen

$$\frac{n-2}{2n-3} < \frac{1}{2}$$

zwar stets unterhalb von $1/2$, konvergiert aber mit $n \to \infty$ gegen $1/2$.

Man beachte, daß der Kernel nicht stets zu eindeutigen Lösungen führt. Die Eindeutigkeit für die hier betrachteten Spiele beruht auf der Symmetrieeigenschaft des Kernels und unseren vielfach, aus Gründen der Vereinfachung, symmetrisch spezifizierten Beispielsituationen.

8.3.6 Der Nucleolus

Ein generell eindeutiges Lösungskonzept ist der Nucleolus, der stets im Kernel enthalten ist. Die konstruktive Idee, die dem Konzept des Nucleolus zugrundeliegt, ist sehr einfach. Für jeden Auszahlungsvektor $u \in \mathbb{R}^n$ ist $L(u)$ der Vektor der ÜÜberschüsse $e(C, u)$ mit $C \in \wp(N)$, die in nicht ansteigender Weise angeordnet sind, d.h.

$$L(u) = \left(e\left(C^1, u\right), e\left(C^2, u\right), ..., e\left(C^{2^n-1}, u\right) \right)$$

mit

$$e\left(C^k, u\right) \geq e\left(C^l, u\right)$$

für alle $k, l \in \{1, 2, ..., 2^n - 1\}$ mit $k < l$. Der Nucleolus $N(v)$ ist dann der Auszahlungsvektor $u \in I(v)$, für den dieser Überschußvektor $L(u)$ lexikographisch minimal ist (vgl. SCHMEIDLER, 1969). Für $N(v)$ ist damit der maximale Überschuß $e\left(C^1, N(v)\right)$ minimal; unter all den $u \in I(v)$, für die der maximale Überschuß minimal ist, erweist sich wiederum $e\left(C^2, N(v)\right)$ als minimal usw.

Im allgemeinen ist ein Vektor $L(u)$ lexikographisch kleiner als $L(\hat{u})$, falls es einen Index $k \in \{1, ..., 2^n - 1\}$ gibt mit

$$e\left(C^i, u\right) = e\left(C^i, \hat{u}\right) \text{ für alle } 1 \leq i \leq k-1 \tag{i}$$

und

$$e\left(C^k, u\right) < e\left(C^k, \hat{u}\right).$$ (ii)

Hierbei ist natürlich zu berücksichtigen, daß für zwei unterschiedliche Auszahlungsvektoren u und $\hat{u}$ in der Regel auch die Koalitionen C^k gemäß $L(u)$ und $L(\hat{u})$ divergieren. Der Nucleolus $N(v)$ ist minimal in $I(v)$, wenn es kein $u \in I(v)$ gibt, dessen Vektor $L(u)$ lexikographisch kleiner ist als $N(v)$.

Man kann auf elementare Weise zeigen (vgl. SCHMEIDLER, 1969), daß die Menge der lexikographisch minimalen $L(u)$ Elemente für alle $u \in I(v)$ nichtleer und eindeutig ist. Ferner gilt die oben schon erwähnte Eigenschaft

$$N(v) \in K(v),$$

womit das Ergebnis für die Beispielsituationen 8.2.2 bis 8.2.5 vorliegt, da der Kernel in diesen Spielen aus genau einem Element besteht.

8.3.7 Die kooperative Nash-Lösung

Die kooperative Nash-Lösung (vgl. NASH, 1950 und 1953) hat sich für verschiedene Richtungen der Spieltheorie als wichtig(st)er Meilenstein erwiesen, da sie

- die axiomatische Methode in der kooperativen Spieltheorie etabliert hat, gemäß der die Lösung durch elementare Rationalitätserfordernisse definiert wird, eine Methodik, die auch durch ihre mathematische Eleganz besticht,

- das erste Lösungskonzept für kooperative Spiele ohne Seitenzahlungen ist, an dem sich vielfältige Verallgemeinerungen (zum Beispiel HARSANYI und SELTEN, 1972) bzw. abweichende Lösungsvorschläge (zum Beispiel KALAI und SMORODINSKY, 1975) orientiert haben,

- als erster wesentlicher Beitrag zur Gleichgewichtsauswahltheorie gesehen werden kann, da NASH (1953) seine Lösung nicht nur axiomatisch, sondern für die Klasse der Einstimmigkeitsspiele auch durch Auswahl eines perfekten Gleichgewichtspunkts mittels einer ad hoc-Auswahltheorie begründet hat. Es sei daran erinnert, daß die multiplikative Aggregationsregel des Abschnitts 5.2 für Einstimmigkeitsspiele die kooperative Nash-Lösung determiniert. Die Auswahltheorie basierend auf der multiplikativen Aggregationsregel kann also als einfache Verallgemeinerung der ad hoc-Gleichgewichtsauswahltheorie von Nash betrachtet werden.

Wir wollen hier nur die axiomatische Begründung der kooperativen Nash-Lösung vorstellen. Die charakteristische Funktion eines **n-Personen-Einstimmigkeitsspiels ohne Seitenzahlungen** ist wie folgt bestimmt:

$$v\left(C\right) = \left\{ \begin{array}{l} u \in \mathbb{R}^n : u_i \leq v\left(\{i\}\right) \text{ für alle } i \in C, \text{ falls } C \in \wp\left(N\right), C \neq N, \\ v\left(N\right), \text{ falls } C = N \end{array} \right\},$$

wobei die Menge $v\left(N\right) \subset \mathbb{R}^n$ nicht-leer, kompakt und streng konvex sein soll, wie es in der folgenden Darstellung (Abb. 8.3) für $n = 2$ graphisch verdeutlicht wird.

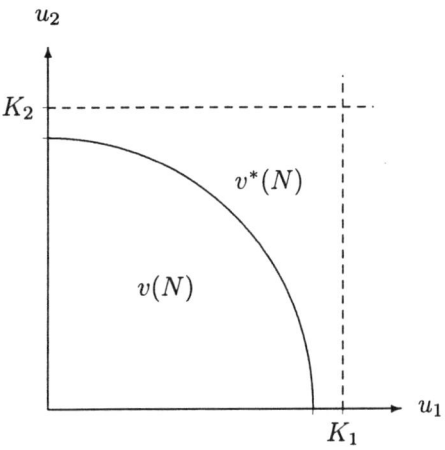

Abbildung 8.3

Kompaktheit besagt, daß es Zahlen $K_i \in \mathbb{R}\left(i \in N\right)$ gibt, so daß

$$v\left(N\right) \subset \underset{i \in N}{\times}\left(-\infty, K_i\right]$$

gilt, d.h. die Menge $v\left(N\right)$ ist von oben beschränkt, und daß $v\left(N\right)$ abgeschlossen ist, d.h. für alle konvergenten Folgen $\{u^k\}_{k \in \mathbb{N}}$ mit $u^k \in v\left(N\right)\left(k \in \mathbb{N}\right)$ und $\lim_{k \to \infty} u^k = u$ gilt $u \in v\left(N\right)$. Ferner ist $v\left(N\right)$ streng konvex, falls für alle λ mit $0 < \lambda < 1$ und alle $u, \hat{u} \in v\left(N\right)$ mit $u \neq \hat{u}$ der Auszahlungs-vektor $\lambda u + \left(1 - \lambda\right)\hat{u}$ innerer Punkt von $v\left(N\right)$ ist. In der graphischen Dar-stellung besagt die Kompaktheit, daß $v\left(N\right)$ seine obere Begrenzungsfläche $v^*\left(N\right)$ enthält und daß – wie es für $n = 2$ angedeutet wird – der Bereich $\left(-\infty, K_1\right) \times \left(-\infty, K_2\right)$ die Menge $v\left(N\right)$ enthält.

Die obere Begrenzungsfläche $v^*\left(N\right)$ ist die Menge der für N effizienten (Pareto-optimalen) Auszahlungsvektoren u, die nicht mittels N verworfen werden können, d.h. es gibt kein $\hat{u} \in v\left(N\right)$ mit $\hat{u}_i > u_i$ für alle $i \in N$. Wir betrachten nur nicht-triviale charakteristische Funktionen v mit der Eigenschaft, daß $v(N)$ Auszahlungsvektoren u enthält, die allen Spielern i gleichzeitig mehr als $v(\{i\})$ zubilligen, d.h. es gibt $u \in v(N)$ mit $u_i > v(\{i\})$ für alle $i \in N$.

Die Lösungsanforderungen, die die kooperative Nash-Lösung $\mu(v) \in v(N)$ charakterisieren, sind:

Effizienz: $\quad \mu(v) \in v^*(N)$

Unabhängigkeit von positiv affinen Nutzentransformationen:

Ist v' ein Spiel, das aus v durch die positiv affinen Nutzentransformationen

$$u_i' = c_i + d_i u_i \text{ mit } d_i > 0$$

für alle $i \in N, u \in v(C)$ und $C \in \wp(N)$ entsteht, so gilt

$$\mu_i(v') = c_i + d_i \mu_i(v)$$

für alle $i \in N$, d.h. die Lösung $\mu(v')$ ergibt sich durch die entsprechende Transformation der Lösung $\mu(v)$ des ursprünglichen Spiels v.

Symmetrie:

Ist v symmetrisch, d.h. gilt $v(\{i\}) = v(\{j\})$ für zwei Spieler $i, j \in N$, und ist $v(N)$ bezüglich i und j symmetrisch, so ist auch die Lösung $\mu(v)$ symmetrisch, d.h. $\mu_i(v) = \mu_j(v)$. Symmetrie von $v(N)$ bezüglich der Spieler i und j besagt hierbei, daß durch Vertauschen von u_i und u_j in allen Vektoren $u \in v(N)$ die Menge $v(N)$ nicht verändert wird.

Individuelle Rationalität:

Es gilt $\mu_i(v) > v(\{i\})$ für alle $i \in N$, d.h. jeder Spieler muß dafür belohnt werden, daß er zur Realisation von $\mu(v)$ beiträgt.

Unabhängigkeit von irrelevanten Alternativen:

Gilt für v und v', daß

$$v(\{i\}) = v'(\{i\}) \text{ für alle } i \in N$$

sowie

$$\mu(v') \in v(N) \subset v'(N),$$

so folgt

$$\mu(v') = \mu(v);$$

d.h. in Spielen v und v', die sich lediglich bezüglich $v(N)$ bzw. $v'(N)$ unterscheiden, und in denen $v(N)$ die Lösung $\mu(v')$ enthält, obwohl $v(N)$ kleiner ist als $v'(N)$, muß auch im "kleineren Spiel" v die Lösung $\mu(v')$ des "größeren

Spiels" v' realisiert werden. Durch Hinzufügen irrelevanter Auszahlungsalternativen $u \in v'(N)$ mit $u \notin v(N)$ und $u \neq \mu(v')$ zur Menge $v(N)$ wird mithin die Lösung $\mu(v)$ des Spiels v nicht verändert.

Theorem (Nash, 1950 und 1953):

Es gibt genau eine Lösung $\mu(v)$, die für alle Einstimmigkeitsspiele v mit den oben beschriebenen Eigenschaften die Axiome der Effizienz, Unabhängigkeit von positiv affinen Nutzentransformationen, Symmetrie, individueller Rationalität und der Unabhängigkeit von irrelevanten Alternativen erfüllt, nämlich den Auszahlungsvektor $\mu(v) \in v^*(N)$ mit

$$\prod_{i \in N} (\mu_i(v) - v(\{i\})) = \max \left\{ \begin{array}{l} \prod_{i \in N} (u_i - v(\{i\})) : u \in v(N) \text{ und} \\ u > v(\{i\}) \text{ für alle} i \in N \end{array} \right\}$$

$\square$

Man beachte, daß die Menge aller Auszahlungsvektoren $u \in \mathbb{R}^n$ mit

$$\prod_{i \in N} (u_i - v(\{i\})) = K > 0$$

eine K-Hyperbel im Diagramm mit den Achsen $u_i - v(\{i\})$ definiert. Die kooperative Nash-Lösung kann also graphisch durch den Tangentialpunkt von mit $v^*(N)$ der K^*-Hyperbel bestimmt werden, wobei K^* das maximale K ist über alle K-Hyperbeln, deren Schnitt mit $v^*(N)$ nicht-leer ist. Für $n = 2$ ergibt sich damit das Bild der Abbildung 8.4.

In unseren Beispielsituationen 8.2.1. bis 8.2.5. ist die Anwendung der kooperativen Nash-Lösung trivial (zum Beispiel gilt $\mu(v) = \left(\frac{1}{8}, \frac{1}{8}\right)$ für den homogenen Oligopolmarkt mit $n = 2$ Anbietern wegen der Symmetrieeigenschaft) oder unmöglich, da keine Einstimmigkeitsentscheidungen vorliegen. Im folgenden wollen wir daher lediglich das Beispiel einer Tauschökonomie mit zwei Tauschpartnern analysieren, wobei wir aus Gründen der rechnerischen Vereinfachung für beide Spieler identische und darüber hinaus sehr spezielle Nutzenfunktionen

$$u^i(x^i) = \prod_{j=1}^{L} x_j^i$$

für $i = 1, 2$ unterstellen. Offenbar gilt

$$v(\{i\}) = u^i(e^i) = \prod_{j=1}^{L} e_j^i$$

240

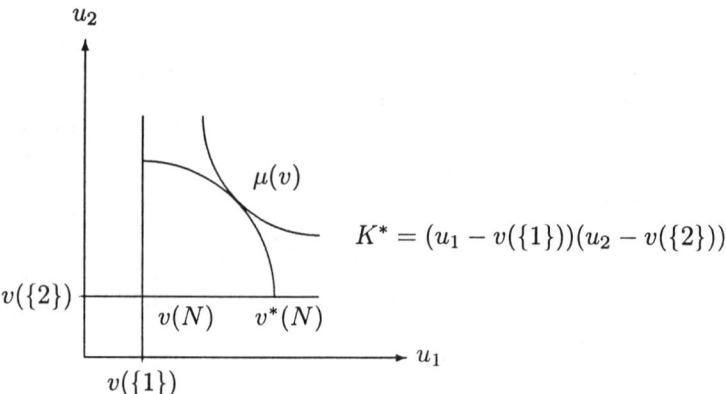

Abbildung 8.4

für $i = 1, 2$, d.h. $v(\{i\})$ ist der Nutzen des Erstausstattungsvektors $e^i = \left(e^i_1, ..., e^i_L\right) \in \mathbb{R}^L_+$. Die kooperative Nash-Lösung $\mu(v)$ kann durch Maximierung von

$$K\left(x^1\right) = \left(\prod_{j=1}^{L} x^1_j - \prod_{j=1}^{L} e^1_j\right)\left(\prod_{j=1}^{L}\left(e^1_j + e^2_j - x^1_j\right) - \prod_{j=1}^{L} e^2_j\right)$$

über alle $x^1 = \left(x^1_1, ..., x^1_L\right)$ mit $x^1 \in \mathbb{R}^L_+$ sowie

$$\prod_{j=1}^{L} x^i_j > \prod_{j=1}^{L} e^1_j \text{ und } \prod_{j=1}^{L}\left(e^1_j + e^2_j - x^1_j\right) > \prod_{j=1}^{L} e^2_j$$

berechnet werden. Wegen

$$\frac{\delta K\left(x^1\right)}{\delta x^1_k} = -\left(\prod_{j=1}^{L} x^1_j - \prod_{j=1}^{L} e^1_j\right)\left(\prod_{j\neq k}^{L}\left(e^1_j + e^2_j - x^1_j\right)\right) +$$

$$\left(\prod_{j\neq k}^{L} x^1_j\right)\left(\prod_{j=1}^{L}\left(e^1_j + e^2_j - x^1_j\right) - \prod_{j=1}^{L} e^2_j\right)$$

$$= 0$$

für $k = 1, ..., L$ folgt

$$\frac{x^1_l}{x^1_k} = \frac{e^1_l + e^2_l - x^1_l}{e^1_k + e^2_k - x^1_k}$$

für alle $k, l = 1, ...L$, d.h. beide Tauschpartner müssen dieselben Verhältnisse von Konsumgütermengen realisieren. Für alle $j = 1, ..., L$ ist damit x_j^i durch

$$x_j^1 = \frac{e_j^1 + e_j^2}{e_1^1 + e_1^2} x_1^1$$

bestimmt. Man erhält damit die folgende Bestimmungsgleichung für x_1^1 :

$$\left(\prod_{j \neq k} \frac{e_j^1 + e_j^2}{e_1^1 + e_1^2} x_1^1 \right) \left(\prod_j \left(e_j^1 + e_j^2 - \frac{e_j^1 + e_j^2}{e_1^1 + e_1^2} x_1^1 \right) - \prod_j e_j^2 \right)$$

$$= \left(\prod_j \frac{e_j^1 + e_j^2}{e_1^1 + e_1^2} x_1^1 - \prod_j e_j^1 \right) \left(\prod_{j \neq k} e_j^1 + e_j^2 - \frac{e_j^1 + e_j^2}{e_1^1 + e_1^2} x_1^1 \right),$$

deren Lösung zusammen mit den obigen Gleichungen die kooperative Nash-Lösung für die Tauschökonomie mit zwei Tauschpartnern determiniert. Die explizite Berechnung von x_1^1 und $\mu(v)$ erfordert die Auflösung eines Polynoms, was im allgemeinen nur durch Anwendung numerischer Approximationsverfahren möglich ist. Im Fall $e_1^1 \cdot e_1^2 = e_2^1 \cdot e_2^2$ ist die kooperative Nash-Lösung natürlich symmetrisch und ergibt sich als

$$\mu(v) = (u_1^*, u_2^*) \text{ mit } u_i^* = \frac{1}{4} \left(e_1^1 + e_1^2 \right) \left(e_2^1 + e_2^2 \right) \qquad i = 1, 2.$$

8.3.8 Der Shapley-Wert

Der Shapley-Wert ist ein eindeutiges Lösungskonzept für allgemeine Spiele in charakteristischer Funktionsform, das die kooperative Nash-Lösung verallgemeinert und ebenfalls axiomatisch charakterisiert werden kann. SHAPLEY (1953) hat dieses Lösungskonzept zunächst nur für Spiele v mit Seitenzahlungen entwickelt. Die Verallgemeinerung auf Spiele v ohne Seitenzahlungen erfolgte durch AUMANN (1985). Wir wollen hier nur den Shapley-Wert für Spiele mit Seitenzahlungen einführen.

Der Shapley-Wert $\varphi(v) = (\varphi_1(v), ..., \varphi_n(v))$ des kooperativen Spiels v mit Seitenzahlungen und der Spielermenge $N = \{1, ..., n\}$ ist definiert durch

$$\varphi_i(v) = \sum_{\substack{C \in \wp(N) \\ i \in C}} \frac{(|C| - 1)! (n - |C|)!}{n!} (V(C) - V(C \backslash \{i\})),$$

wobei wir von der Konvention $V(\emptyset) = 0$ ausgehen und mit $|C|$ die Anzahl der Mitglieder der Koalition C bezeichnen. Die Differenz

$$V(C) - V(C \backslash \{i\})$$

für alle Koalitionen C mit $i \in C \in \wp(N)$ wollen wir die **Wertsteigerung** von C durch den Beitritt des i nennen. $n!$ ist die Anzahl der möglichen Reihenfolgen, die Gesamtkoalition N sukzessive durch Hinzufügen je eines Spielers zu bilden. Für $n = 3$ gibt es genau $3! = 6$ mögliche Reihenfolgen, nämlich:

erstes	zweites	drittes Mitglied der Koalition N
1	2	3
1	3	2
2	1	3
2	3	1
3	1	2
3	2	1

Analog ist $(|C| - 1)!$ bzw. $(n - |C|)!$ die Anzahl der möglichen Reihenfolgen, die Koalition $C\backslash\{i\}$ bzw. $N\backslash C$ sukzessive durch Aufnahme je eines Mitglieds aufzubauen. Der Faktor

$$\frac{(|C| - 1)! \, (n - |C|)!}{n!}$$

ist also nichts anderes als die Wahrscheinlichkeit dafür, daß der i genau als letzter in die Koalition C aufgenommen wird, wenn alle $n!$ möglichen Reihenfolgen der Bildung von N als gleich wahrscheinlich unterstellt werden.

Die Berechnung von $\varphi(v)$ kann also derart erfolgen, daß man alle $n!$ Reihenfolgen der Bildung von N betrachtet und dafür die Wertsteigerung des i für die Koalition der (einschließlich i) bisher aufgenommenen Mitglieder bestimmt, was kurz am Beispiel des homogenen Oligopolmarkts mit $n = 3$ Anbietern verdeutlicht werden soll:

Reihenfolge	$v(C) - v(C\backslash\{i\})$		
	$i = 1$	$i = 2$	$i = 3$
123	1/36	3/36	5/36
132	1/36	5/36	3/36
213	3/36	1/36	5/36
231	5/36	1/36	3/36
312	3/36	5/36	1/36
321	5/36	3/36	1/36
$\sum /n!$	1/12	1/12	1/12

Teilt man die Summe aller Wertsteigerungen, die der i gemäß der vorgegebenen Reihenfolge für die schrittweise Bildung von N bewirkt, durch die Anzahl $n! = 6$ der möglichen Reihenfolgen, so erhält man den Shapley-Wert $\varphi(v) = (1/12, 1/12, 1/12)$, gemäß dem der Wert $V(N) = 1/4$ gleichmäßig auf alle drei Spieler aufgeteilt wird.

Der Shapley-Wert $\varphi(v)$ wird durch folgende Axiome charakterisiert:

Effizienz: $\sum\limits_{i \in N} \varphi_i(v) = V(N)$

Symmetrie: Für alle Permutationen $\prod$ von N (Umbenennungen von Spielern) gilt

$$\varphi_{\prod(i)}(\prod v) = \varphi_i(v) \text{ für alle } i \in N,$$

wobei $\prod(i)$ die neue Spielernummer des i gemäß der Permutation

$$\prod : N \longrightarrow N$$
$$i \longmapsto \prod(i)$$

ist und das Spiel $\prod v$ gemäß

$$\prod v\left(\{\prod(i) \in N : i \in C\}\right) = v(C)$$

durch $\prod$ definiert wird. Im Fall symmetrischer Spiele verändert eine Umbenennung der Spieler das Spiel nicht. Die Lösung bleibt daher erhalten.

Invarianz bezüglich positiv affiner Nutzentransformationen:

$$\varphi(c + d \cdot v) = c + d\varphi(v),$$

wobei das Spiel $c + d \cdot v$ durch Anwendung der Nutzentransformation $u'_i = c_i + d_i u_i$ mit $d_i > 0$ für alle $i \in N$ definiert ist :

$$c + dv(C) = \left\{ u' \in \mathbb{R}^n : \begin{array}{l} \text{Es gibt } u \in v(C) \text{ mit} \\ u'_i = c_i + d_i u_i \text{ für alle } i \in N \end{array} \right\}$$

Keine Belohnung der Unergiebigkeit:

$$\varphi_i(v) = V(\{i\}), \text{ falls } V(C) - V(C - \{i\}) = V(\{i\})$$

für alle C mit $i \in C \in \wp(N)$; ein unergiebiger Spieler i bewirkt stets nur Wertsteigerungen in Höhe seines Gewinns $V(\{i\})$ bei Isolation und soll damit auch nur $V(\{i\})$ erhalten.

Additivität:

Für zwei Spiele v und $\hat{v}$ mit der gleichen Spielermenge N soll gelten, daß

$$\varphi(v + \hat{v}) = \varphi(v) + \varphi(\hat{v}).$$

Das Spiel $v + \hat{v}$ ist dabei als Summe der Spiele v und $\hat{v}$ gemäß

$$\left(V + \hat{V}\right)(C) = V(C) + \hat{V}(C)$$

für alle $C \in P(N)$ definiert. Kann ein Spiel $\tilde{v}$ in zwei Spiele v und $\hat{v}$ additiv zerlegt werden, so kann die Lösungsbestimmung für $\tilde{v}$ einfach auf die Lösungen $\varphi(v)$ und $\varphi(\hat{v})$ zurückgeführt werden, indem man diese addiert.

Theorem (SHAPLEY, 1953):

Der Shapley – Wert $\varphi(v)$ ist die einzige Lösung, die für alle Spiele v mit Seitenzahlungen die Axiome der Effizienz, Symmetrie, Invarianz bezüglich positiv affiner Nutzentransformationen, keine Belohnung der Unergiebigkeit sowie die Additivität erfüllt.

Ein Nachteil des Shapley-Wertes beruht auf der Tatsache, daß $\varphi(v) \notin C(v)$ gelten kann, auch wenn der Kern $C(v)$ nicht-leer ist. Wir wollen dies am Beispiel des **Monopolkapitalismus** verdeutlichen, für den

$$C(v) = \{(y(n-2), 0, ..., 0)\}$$

gilt. Wegen der Symmetrie des Shapley-Wertes gilt offenbar

$$\varphi_i(v) = \varphi_j(v) \text{ für alle } i, j = 2, ..., n.$$

Die durchschnittliche Wahrscheinlichkeit dafür, daß Spieler 1 (der Monopolkapitalist) als erster, zweiter, ..., n-ter Spieler der Koalition N beitritt, ist jeweils $1/n$. Für alle Koalitionen $C \in P(N)$ mit $1 \in C$ gilt

$$V(C) - V(C \backslash \{1\}) = y(|C| - 1)$$

für $|C| < n$ und

$$V(C) - V(C \backslash \{1\}) = y(n-2)$$

für $C = N$. Damit ergibt sich

$$\varphi_1(v) = \frac{1}{n} \left[y(n-2) + \sum_{m=1}^{n-2} y(m) \right]$$

und

$$\varphi_i(v) = \frac{y(n-2) - \varphi_1(v)}{n-1}$$

für alle $i = 2, ..., n$.

Für $n = 102$ und $y(m) = m$ für alle m mit $0 \le m \le 100 = n - 2$ erhält man zum Beispiel

$$\varphi_1(v) = \frac{25 \cdot 103}{51}$$

und

$$\varphi_i(v) = \frac{25}{51}$$

für $i = 2, ..., 102$, obwohl gemäß dem Kern $\mathcal{C}(v)$ alle Spieler $i = 2, ..., 102$ nur Null erhalten dürfen, d.h.

$$\varphi(v) \notin \mathcal{C}(v) = \{(100, 0, ..., 0)\}.$$

Für die **demokratischen Mehrheitsentscheidungen** gilt natürlich

$$\varphi(v) = \left(\frac{1}{n}, ..., \frac{1}{n}\right)$$

auf Grund des Symmetrieaxioms.

Im **Apex-Spiel** ist die Wertsteigerung durch Spieler 1 für alle Koalitionen C mit $1 \in C$ wie folgt bestimmt:

$$V(C) - V(C \backslash \{1\}) = \left\{ \begin{array}{c} 1 \text{ falls } n > |C| > 1 \\ 0 \text{ sonst} \end{array} \right.$$

Da die Wahrscheinlichkeit, daß Spieler 1 an erster, zweiter, ..., n-ter Stelle der Koalition N beitritt, für alle Positionen gleich $1/n$ ist, ergibt sich

$$\varphi_1(v) = \frac{n-2}{n}$$

sowie

$$\varphi_i(v) = \frac{2}{n(n-1)}$$

für $i = 2, ..., n$. Ausgehend von der Gleichverteilung für $n = 3$ steigt also der Shapley-Wert $\varphi_1(v)$ des Spielers 1 mit zunehmender Spielerzahl n an, während der Wert der Spieler 2, ..., n mit zunehmendem n abnimmt. Allerdings erhält Spieler 1 (der Apex) den gesamten Kuchen erst im Grenzfall $n = \infty$.

8.4 Das Konsistenzaxiom in der kooperativen Theorie

Wie das zentrale Gleichgewichtskonzept der nichtkooperativen Theorie verfügen auch die Lösungskonzepte der kooperativen Spieltheorie über gewisse Konsistenzeigenschaften, die eine axiomatische Charakterisierung erlauben. Wir wollen dies in beispielhafter Form für den Kern eines kooperativen Spiels mit Seitenzahlungen demonstrieren, der zunächst nur durch seine Immunität gegenüber Einwendungen von Koalitionen begründet wurde.

Im Gegensatz zur Definition reduzierter Spiele, auf der die Konsistenzeigenschaft strategischer Spiele basiert, ist jedoch die analoge Definition für das

Kern-Konzept sehr viel willkürlicher und damit die Konsistenzeigenschaft des Kerns weit weniger überzeugend. Für ein kooperatives Spiel v mit Seitenzahlungen und der Spielermenge $N = \{1, ..., n\}$ ist für alle $u^* = (u_1^*, ..., u_n^*)$ mit $\sum_{i=1}^{n} u_i^* \leq v(N)$ und S mit $\emptyset \neq S < N$ das u^*, S-**reduzierte Spiel** $v^{u^*, S}$ mit Seitenzahlungen durch

$$v^{u^*, S}(T) = \begin{cases} v(N) - \sum_{j \notin S} u_j^* & \text{für } S = T \\ \max\{v(T \cup Q) - \sum_{j \in Q} u_j^* \mid Q \subset N\backslash S\} & \text{für } \emptyset \neq T \subset S \end{cases}$$

bestimmt. Die Grundidee dieser Definition besteht darin, daß die in $v^{u^*, S}$ nicht-aktiven-Spieler $j \notin S$ ihre Auszahlung u_j^* schon erhalten haben, so daß für die Koalition S insgesamt nur noch $v(N) - \sum_{j \notin S} u_j^*$ zur Verfügung steht. Bei der Berechnung von $v^{u^*, S}(T)$ gehen die Mitglieder der Koalition T mit $\emptyset \neq T \subset S$ davon aus, daß sie beliebig über die nicht-aktiven Spieler $j \notin S$ verfügen können, solange sie ihnen ihre Auszahlungen u_j^* garantieren.

Die Schwäche dieser Definition beruht darauf, daß unterschiedliche Koalitionen T^1, T^2 mit $\emptyset \neq T^1, T^2 \subset S$ Erwartungen über das Verhalten von Koalitionen Q^1, Q^2 mit $\emptyset \neq Q^1, Q^2 \subset N\backslash S$ hegen können, die nicht miteinander vereinbar sind: Gilt nämlich $Q^1 \cap Q^2 \neq \emptyset$, so basiert $v(T^1 \cup Q^1)$ auf der Annahme, daß die Spieler $j \in Q^1 \cap Q^2$ mit T^1 kooperieren, während $v(T^2 \cup Q^2)$ unterstellt, daß sie mit T^2 zusammenarbeiten. Die Definition reduzierter Spiele im Rahmen der nichtkooperativen Theorie vermeidet derartige inkonsistente Erwartungen dadurch, daß die Spieler in $N\backslash S$ stets ihre zugrundegelegte Strategie verwenden.

Eine Klasse V von Spielern (N, v) heißt **abgeschlossen**, falls V für alle $(N, v) \in V$ und alle u^*, S mit $u^* \in v(N)$ und $\emptyset \neq S \subset N$ auch die Spiele $(S, v^{u^*, S})$ enthält. Eine Lösungsfunktion φ für V ist **konsistent**, falls $u^* \in \varphi(N, v)$ stets $(u_i^*)_{i \in S} \in \varphi(v^{u^*, S})$ impliziert. Mit anderen Worten: Falls man die Ansprüche u_j^* der Spieler $j \notin S$ akzeptiert hat und nur noch die Ansprüche u_i^* der Spieler $i \in S$ diskutiert, so erweisen sich die Ansprüche u_i^* auch im verkleinerten Diskussionskreis immer noch als $\varphi(\cdot)$ −akzeptabel.

Bezeichnet V_c die abgeschlossene Klasse der Spiele mit nichtleerem Kern, so kann durch die Konsistenzeigenschaft das Kern-Konzept wie folgt charakterisiert werden:

Theorem (vgl. zum Beispiel PELEG, 1992): Der Kern ist die einzige Lösungsfunktion φ für V_c, die folgende Eigenschaften aufweist:

(i)	φ ist konsistent,
(ii)	$\varphi(N, v) \neq \emptyset$ für alle $(N, v) \in V_c$,
(iii)	$u_i^* \geq v(\{i\})$ für alle $u^* \in \varphi(N, v)$ und $i \in N$,
(iv)	φ ist superadditiv.

Hierbei besagt die letzte Eigenschaft, daß eine Koalition in einem aus zwei Spielen zusammengesetzten Spiel nicht mehr blockieren kann als in den Einzelspielen, d.h. die Lösungsmenge des zusammengesetzten Spiels kann nur größer als die Summe der Lösungen der Einzelspiele sein. Formal wird das aus den Einzelspielen (N, v^1) und (N, v^2) zusammengesetzte Spiel $(N, v^1 + v^2)$ durch

$$(v^1 + v^2)(S) = v^1(S) + v^2(S)$$

für alle Koalitionen S mit $\emptyset \neq S \subset N$ definiert. Eine Koalition S kann also genau das verteilen, worüber sie insgesamt in beiden Spielen verfügt. Die Summe der Einzellösungen $\varphi(N, v^1)$ und $\varphi(N, v^2)$ ist durch

$$\varphi(N, v^1) + \varphi(N, v^2) = \{u = u^1 + u^2 \in \mathbb{R}^n : u^1 \in \varphi(N, v^1), u^2 \in \varphi(N, v^2)\}$$

beschrieben. Die Lösungsfunktion φ ist mithin **superadditiv,** falls für alle Spiele $\varphi(N, v^1)$ und $\varphi(N, v^2)$ stets

$$\varphi(N, v^1) + \varphi(N, v^2) \subset \varphi(N, v^1 + v^2)$$

gilt.

Insgesamt krankt die axiomatische Beschreibung des Kerns durch dieses Theorem an der wenig überzeugenden Konsistenzeigenschaft, die auf reduzierten Spielen mit inkonsistenten Kooperationserwartungen basiert. Ein Vorteil der axiomatischen Methode ist natürlich, daß man diese Schwäche des Kerns eindeutig diagnostizieren und diskutieren kann.

8.5 Zum Stand der kooperativen Spieltheorie

Trotz der Fortschritte auf dem Gebiet der kooperativen Spieltheorie bleibt der wesentliche Nachteil, daß eine Vielfalt (wir haben hier nur eine Auswahl der konkurrierenden Konzepte vorgestellt) an Lösungstheorien existiert, deren Auswahl im Falle einer konkreten Anwendung relativ willkürlich erfolgen muß. Darüber hinaus sind in vielen Anwendungsfällen einige Lösungen nicht sehr informativ, da sie entweder einen zu großen oder aber einen leeren Lösungsbereich abstecken. Dieser mißliche Zustand hat dazu geführt, daß man Koalitionsbildung und Verhandeln über die Aufteilung der Koalitionsgewinne analysiert, indem man die Koalitionsbildungs- und Verhandlungsprozesse in extensiver Form abbildet und das Gleichgewichtsverhalten in diesen Spielen analysiert. Leider hat sich für diese äußerst fruchtbare Entwicklung (vgl. BESTER, 1989, OSBORNE und RUBINSTEIN, 1990) der verwirrende Terminus "Nichtkooperative Theorie der Kooperation bzw. des Verhandelns" etabliert. Gemeint ist hiermit lediglich, daß Phänomene wie Koalitionsbildung und Verhandlungen explizit als strategische - und nicht vereinfachend als kooperative - Spiele modelliert und analysiert werden. Viele unserer Anwendungsbeispiele für die Theorie strategischer Spiele basieren auf Verhandlungssituationen und sollten die nichtkooperative Theorie des Verhandelns hinreichend verdeutlicht haben. Pionierbeiträge dieser Forschungsentwicklung sind NASH, 1953, HARSANYI, 1956, STAHL, 1972, KRELLE, 1975, RUBINSTEIN, 1982 und 1985.

Das Vorgehen, Kooperation einfach zu unterstellen, statt explizit das Zustandekommen von Kooperation zu modellieren und zu analysieren, kann man nicht dadurch rechtfertigen, daß die Spieler dasselbe Spiel wiederholt spielen. Gemäß dem Folk Theorem (vgl. Abschnitt 4.5.2) kann zwar in unendlich oft wiederholten Spielen jeder individuell rationale Auszahlungsvektor u im Basisspiel durch Gleichgewichtsverhalten im unendlich oft wiederholten Basisspiel, dem Superspiel, gestützt werden. Die konzeptionelle Schwäche des Folk-Theorems liegt jedoch in seinem Widerspruch zu anderen Konsistenzerfordernissen (SELTEN und GÜTH, 1982, sowie HARSANYI und SELTEN, 1988). So sollten strategisch äquivalente Spiele identisch gelöst werden. Wir haben im Abschnitt 4.5.2 gezeigt, daß die Aussage des Folk-Theorems hinfällig wird, wenn man dieses Konsistenzerfordernis der nichtkooperativen Theorie als unabdingbare Bedingung für individuell rationales Verhalten ansieht (vgl. GÜTH, LEININGER und STEPHAN, 1991).

Eine wichtige und äußerst begrüßenswerte Weiterentwicklung der kooperativen Spieltheorie ist natürlich die Verallgemeinerung der Lösungskonzepte für Spiele mit Seitenzahlungen auf Spiele ohne Seitenzahlungen, die sogenannten NTU (**N**on **T**ransferable **U**tility)-Spiele. Naturgemäß erweist sich hier die kooperative Nash-Lösung, die nicht nur für Spiele mit Seitenzahlungen definiert ist, als wegweisende und wichtige Vorarbeit. Insbesondere das von NASH eingeführte Axiom der Unabhängigkeit von irrelevanten Alternativen hat sich als überaus fruchtbar erwiesen (vgl. AUMANN, 1985).

Falls die kooperative Theorie genaue Ergebnisse vorhersagt, so sind diese im allgemeinen robuster als ähnlich genaue Vorhersagen der nichtkooperativen Spieltheorie. Der Grund hierfür liegt in der Unabhängigkeit davon, wie strategische Details spezifiziert werden, z.B. nach welchen Regeln eine Diskussion mehrerer Spieler zu erfolgen hat. Es kann daher sehr hilfreich sein, die kooperativen Lösungen zu kennen, auch wenn sie nicht immer Rückschlüsse auf das lösungsgeeignete individuelle Verhalten zulassen (für eine grundlegende Diskussion der Vor- und Nachteile der (nicht)kooperativen Spieltheorie vgl. AUMANN, 1996).

Kapitel 9

Abschließende Bemerkungen

Abgesehen vom ersten Kapitel, das der Theorie kardinaler Nutzenfunktionen gewidmet ist, haben wir uns ausschließlich mit der Darstellung und Lösung strategischer Konflikte befaßt. Ausgangspunkt war die Form der Stufenspiele und die extensive Form, die sich hervorragend dazu eignen, ökonomische Institutionen mitsamt ihren sequentiellen Entscheidungsprozessen und Informationsbedingungen adäquat abzubilden. Allerdings erzwingt die extensive Form, daß man bei unabhängigen Zügen künstlich eine sequentielle Abfolge dieser Züge festschreibt. Es hat sich allerdings gezeigt, daß gemäß den hier vorgestellten Konzepten die Lösungen nicht auf derartige willkürliche Festlegungen reagieren.

Bei der statischen Agentennormalform wird jeder Zug autonom durch einen Agenten entschieden, der zwar dieselbe Auszahlung erhält wie der Spieler, dessen Zug er wählt, der aber ausschließlich lokale Interessen verfolgt, die aus der Tatsache resultieren, daß er am Zuge ist. Es spricht manches dafür, alle extensiven Spiele mit derselben Agentennormalform als äquivalent anzusehen. Dies trifft zumindest für alle in diesem Buch detailliert dargestellten Lösungskonzepte zu, einschließlich unserer einfachen Theorie zur Gleichgewichtsauswahl. Allerdings sehen andere Auswahltheorien, zum Beispiel diejenigen von HARSANYI und SELTEN (1988), nicht alle Spiele mit derselben Agentennormalform als äquivalent an.

Im Unterschied zur Agentennormalform basiert die Normalform auf zentralen Entscheidungen der Spieler, d.h. ein Spieler legt zu Beginn des Spiels alle seine möglichen Züge fest. Es hat sich gezeigt, daß manche Mängel dieser Darstellungsform dadurch behoben werden können, daß man die

250

Lösungsanforderungen verschärft. So kann man trotz der Vernachlässigung der sequentiellen Entscheidungsstruktur dem Erfordernis des teilspielperfekten Gleichgewichtspunkts dadurch entsprechen, daß man nur perfekte Gleichgewichtspunkte als Lösungskandidaten ansieht. Es verbleibt jedoch der grundlegende Mangel, daß eine lokale Entscheidung nicht ausschließlich gemäß der lokalen Interessenlage getroffen wird, die vorherrscht, wenn diese Entscheidung wirklich ansteht.

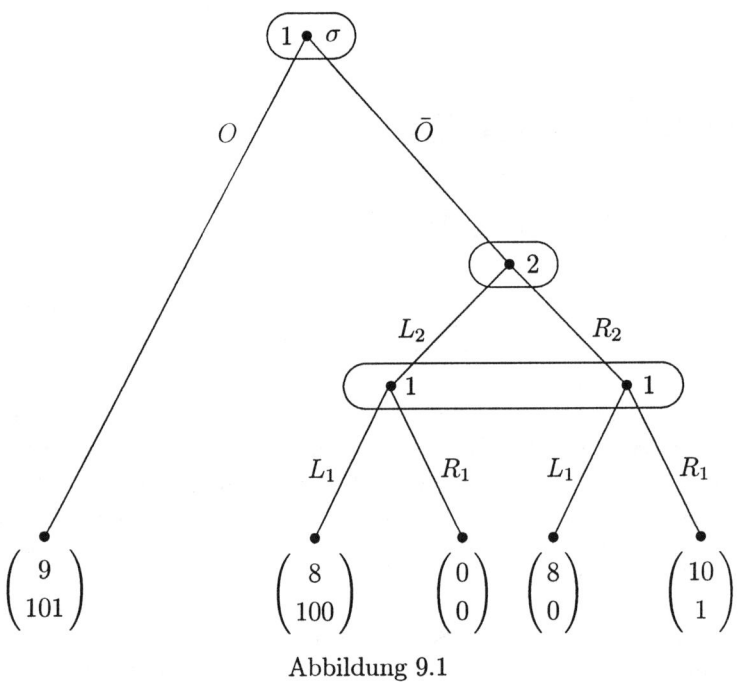

Abbildung 9.1

Das Spiel der Abbildung 9.1 verdeutlicht nochmals die Problematik allumfassender Strategienwahl. Für den zentralen Spieler 1 ist die Strategie $s_1 = \left(\overline{O}, L_1\right)$ dominiert, während dies für $s_1 = \left(\overline{O}, R_1\right)$ nicht zutrifft. Für den Agenten des 1 nach $\overline{O}$ ist jedoch die Entscheidung für L_1 überaus realistisch. Tatsächlich würde in dem Teilspiel nach $\overline{0}$ unsere (und jede andere vernünftige) Auswahltheorie (vgl. Kapitel 7) von den beiden strikten Gleichgewichten (L_1, L_2) und (R_1, R_2) das erstere auswählen. Dies zeigt, daß von den beiden Strategien $s_1 = \left(\overline{O}, L_1\right)$ und $s_1 = \left(\overline{O}, R_1\right)$ die erste Verhaltensstrategie eher überzeugt. Da der Zug O im Teilspiel nach $\overline{O}$ nicht mehr realisierbar ist, sollte er auch nicht das optimale Verhalten im Teilspiel nach $\overline{O}$ tangieren. Dieser Anforderung wird durch die Normalform nicht Rechnung getragen. So würde konkret das Stabilitätskonzept (vgl. Abschnitt 6.7) die (forward induction-) Lösung $\left(\left(\overline{O}, R_1\right), R_2\right)$ auswählen, während die

Anwendung der Gleichgewichtsauswahltheorie auf das Teilspiel nach $\overline{O}$ die (backward induction-) Lösung $\left(\left(\overline{O}, L_1\right), L_2\right)$ impliziert.

Spiele in charakteristischer Funktionsform erfassen nur die Gewinnmöglichkeiten von Koalitionen, deren Mitglieder ihr künftiges Verhalten bindend festlegen können. Es ist daher nicht erforderlich, daß die Vehaltensabsprachen keine Abweichungsanreize implizieren, wie es der Gleichgewichtsbegriff (der nichtkooperativen Spieltheorie) erfordert. Allerdings lassen sich die Gewinnmöglichkeiten einer Koalition in aller Regel nur dann eindeutig spezifizieren, wenn das Verhalten der Spieler vorhersehbar ist, die dieser Koalition nicht angehören. Es besteht hier das fundamentale Problem, daß man zunächst das Verhalten kennen muß, um die Gewinnmöglichkeiten zu präzisieren, gemäß denen man dann - zumindest implizit - das Verhalten festlegen will. Allerdings gibt es spezielle Klassen von Spielen, in denen dieses Problem nicht auftaucht, da es nur eine Form der Interaktion gibt, wenn es nicht zu einer Absprache der betreffenden Spieler kommt.

Es kann sinnvoll sein, eine grobere Darstellung strategischer Konflikte zu wählen, wenn man nicht genügend über die Details informiert ist, die für eine genauere Darstellungsform erforderlich sind. 'Spiele' mit freier Kommunikation und Selbstbindungskraft aller Spieler werden häufig deshalb durch ihre charakteristische Funktion beschrieben, weil wir die Regeln zwischenmenschlicher Kommunikation noch nicht ausreichend verstehen, um festlegen zu können, wer was wann sagen darf. Wir warnen jedoch davor, Darstellungsformen und Lösungskonzeptionen völlig ad hoc auszuwählen. Wenn man von einer bestimmten Darstellungsform als der einzig adäquaten und einem konkreten Lösungsbegriff als dem einzig vernünftigen überzeugt ist, so sollte man strategische Konflikte auch dementsprechend abbilden und lösen. Allenfalls wenn die Anhaltspunkte hierfür nicht vorliegen, ist es gerechtfertigt, Kompromisse einzugehen, um überhaupt Aussagen generieren zu können.

In dieser Einführung haben wir uns vorwiegend auf mikroökonomische Anwendungen beschränkt. Dennoch sei hier nochmals betont, daß die Spieltheorie wesentlicher Bestandteil der normativen Sozialwissenschaft ist und daß es vielfältige nichtökonomische Anwendungen der Spieltheorie gibt. Ich hoffe, daß die Beschränkungen auf mikroökonomische (Bei)Spiele diese Einführung für Ökonomen interessanter macht, aber andere Sozialwissenschaftler nicht allzusehr abschreckt. Die Tatsache, daß sich die Spieltheorie in den verschiedenen sozialwissenschaftlichen Disziplinen so fruchtbar anwenden läßt, sollte den Reiz erhöhen, sich mit ihr auseinanderzusetzen.

Appendix A
Beweis des
Repräsentationstheorems

Wir werden das Theorem beweisen, indem wir zunächst einige zusätzliche Folgerungen aus den Axiomen ableiten, die dann in Zusammenhang mit den Axiomen (A.1) bis (A.6) den Beweis des Repräsentationstheorems im Abschnitt 1.5) ermöglichen.

Wir betrachten zunächst w, $\widetilde{w} \in W$ mit $w \succ \widetilde{w}$ und λ, $\mu \in [0,1]$ mit $\lambda > \mu$. Die Aussage

$$w \succ \mu w + (1 - \mu)\, \widetilde{w}$$

folgt für $\mu = 0$ wegen (A.1) und (A.2) und für $\lambda > \mu > 0$, da

$$
\begin{array}{ll}
w = \mu w + (1 - \mu)w & \text{wegen (F.1)} \\
\mu w + (1 - \mu)w = (1 - \mu)w + \mu w & \text{wegen (A.2)} \\
\mu w + (1 - \mu)\widetilde{w} = (1 - \mu)\widetilde{w} + \mu w & \text{wegen (A.2)}
\end{array}
$$

und damit

$$(1 - \mu)w + \mu w \succ (1 - \mu)\widetilde{w} + \mu w \quad \text{wegen (A.5)}$$

für $\mu < 1$ gilt. Im Fall $\lambda = 1$ gilt

$$\lambda w + (1 - \lambda)\widetilde{w} = w \succ \mu w + (1 - \mu)\widetilde{w} \quad \text{wegen (A.1) und (A.5)},$$

was für den Fall $\lambda = 1$ die folgende Folgerung (F.3) beweist:

(F.3) Für beliebige w, $\widetilde{w} \in W$ mit $w \succ \widetilde{w}$ und λ, $\mu \in [0,1]$ mit $\lambda > \mu$ gilt

$$\lambda w + (1 - \lambda)\widetilde{w} \succ \mu w + (1 - \mu)\widetilde{w}.$$

Für den Fall $\lambda < 1$ zeigt man (F.3) wie folgt:

$$
\begin{aligned}
&\lambda w + (1-\lambda)\tilde{w} \\
&= (1-\lambda)\tilde{w} + \lambda w &&\text{wegen (A.2)} \\
&= \tfrac{1-\lambda}{1-\mu}\left((1-\mu)\,\tilde{w} + \mu w\right) + \left(1 - \tfrac{1-\lambda}{1-\mu}\right)w &&\text{wegen (A.3)} \\
&= \tfrac{1-\lambda}{1-\mu}\left(\mu w + (1-\mu)\,\tilde{w}\right) + \left(1 - \tfrac{1-\lambda}{1-\mu}\right)w &&\text{wegen (A.2)} \\
&= \tfrac{\lambda-\mu}{1-\mu}w + \left(1 - \tfrac{\lambda-\mu}{1-\mu}\right)\left(\mu w + (1-\mu)\,\tilde{w}\right) &&\text{wegen (A.2)} \\
&\succ \tfrac{\lambda-\mu}{1-\mu}\left(\mu w + (1-\mu)\,\tilde{w}\right) + \left(1 - \tfrac{\lambda-\mu}{1-\mu}\right)\left(\mu w + (1-\mu)\,\tilde{w}\right) \\
& &&\text{wegen (A.5)} \\
&= \mu w + (1-\mu)\,\tilde{w} &&\text{wegen (F.1)}
\end{aligned}
$$

Als nächste Folgerung beweisen wir

(F.4) Für beliebige $w, \tilde{w}, \hat{w} \in W$ mit $w \succ \hat{w}$ und $w \succsim \tilde{w} \succsim \hat{w}$ gibt es eine eindeutige Zahl $\lambda \in [0,1]$ mit

$$
\tilde{w} \sim \lambda w + (1-\lambda)\hat{w}.
$$

Die Notation $w \succsim w'$ besagt, daß entweder $w \succ w'$ oder $w \sim w'$ vorliegt. $\succsim$ wird als **schwache Präferenz(relation)** bezeichnet. Verbal umschreiben wir $w \succsim w'$ durch "w ist nicht schlechter als w' " oder "w' ist nicht besser als w".

Für $w \sim \tilde{w} \succ \hat{w}$ gilt

$$
\tilde{w} \sim w = 1\,w + 0\hat{w}
$$

wegen (A.1) und

$$
1w + 0\hat{w} \succ \mu w + (1-\mu)\hat{w}
$$

wegen (F.3) für alle $\mu \in [0,1]$, so daß nur $\lambda = 1$ die Bedingung in (F.4) erfüllt. Im anderen Spezialfall $\tilde{w} \sim w$ zeigt man analog, daß $\lambda = 0$ gelten muß. Im übrig gebliebenen Fall $w \succ \tilde{w} \succ \hat{w}$ geht man von Lotterien $\alpha w + (1-\alpha)\hat{w}$ und $\beta w + (1-\beta)\hat{w}$ aus, die die Bedingungen

$$
\alpha w + (1-\alpha)\hat{w} \succ \tilde{w} \succ \beta w + (1-\beta)\hat{w}
$$

bzw. wegen (A.4) auch die Bedingung

$$
\alpha w + (1-\alpha)\hat{w} \succ \beta w + (1-\beta)\hat{w}
$$

erfüllen. Axiom (A.6) impliziert, daß es Zahlen $\alpha \in (0,1]$ und $\beta \in [0,1)$ gibt, die diese Anforderung erfüllen. Aus der Folgerung (F.3) kann man schließen, daß die Bedingung

$$\alpha w + (1-\alpha)\hat{w} \succ \beta w + (1-\beta)\hat{w}$$

für $\alpha > \beta$ stets erfüllt ist. Es gibt daher nur eine einzige Zahl $\lambda \in (0,1)$ mit der Eigenschaft, daß diese für alle α und β mit $1 \geq \alpha > \lambda > \beta \geq 0$ die Bedingung

$$\alpha w + (1-\alpha)\hat{w} \succ \tilde{w} \succ \beta w + (1-\beta)\hat{w}$$

impliziert. Für diese Zahl $\lambda \in (0,1)$ muß

$$\tilde{w} \sim \lambda w + (1-\lambda)\hat{w}$$

gelten, da $\tilde{w} \prec \lambda w + (1-\lambda)\hat{w}$ — und analog $\tilde{w} \succ \lambda w + (1-\lambda)w$ — einen Widerspruch impliziert, was man wie folgt beweist: Da

$$\lambda w + (1-\lambda)\hat{w} \succ \tilde{w} \succ \hat{w} \quad \text{gemäß Annahme}$$

und

$$\lambda\mu w + (1-\lambda\mu)\hat{w} = \mu(\lambda w + (1-\lambda)\hat{w}) + (1-\mu)\hat{w} \quad \text{gemäß (A.3)},$$

impliziert Axiom (A.6) die Existenz von Zahlen $\mu \in (0,1)$ mit

$$\mu(\lambda w + (1-\lambda)\hat{w}) + (1-\mu)\hat{w} \succ \tilde{w}.$$

Dies widerspricht aber der Bedingung

$$\tilde{w} \succ \lambda\mu w + (1-\lambda\mu)\hat{w},$$

die sich ergibt, wenn man $\beta = \lambda$ setzt und sich vergegenwärtigt, daß wegen $\mu \in (0,1)$ die Bedingung $\beta - \lambda\mu < \lambda$ erfüllt ist. Damit ist die Folgerung (F.4) bewiesen. $\qquad\square$

(F.5) Für beliebige $w, \tilde{w}, \hat{w}, w' \in W$ mit $w \succ \tilde{w}$ und $\hat{w} \succ w'$ folgt

$$\lambda w + (1-\lambda)\hat{w} \succ \lambda\tilde{w} + (1-\lambda)w'.$$

$\qquad\square$

Für die Extremwerte $\lambda = 1$ und $\lambda = 0$ folgt das Ergebnis direkt aus den Annahmen $w \succ \tilde{w}$ bzw. $\hat{w} \succ w'$. Für $\lambda \in (0,1)$ zeigt man

$$
\begin{aligned}
\lambda w + (1-\lambda)\,\hat{w} &\succ \lambda\tilde{w} + (1-\lambda)\,\hat{w} && \text{wegen (A.5)}\\
&= (1-\lambda)\,\hat{w} + \lambda\tilde{w} && \text{wegen (A.2)}\\
&\succ (1-\lambda)w' + \lambda\tilde{w} && \text{wegen (A.5)}\\
&= \lambda\tilde{w} + (1-\lambda)w' && \text{wegen (A.2)}\ ,
\end{aligned}
$$

womit die Folgerung (F.5) nachgewiesen ist. $\qquad\square$

(F.6) Für beliebige w, $\widetilde{w} \in W$ mit $w \sim \widetilde{w}$ folgt

$$w \sim \lambda w + (1 - \lambda)\widetilde{w} \qquad \text{für alle} \qquad \lambda \in [0, 1].$$

□

Man kann (F.6) nachweisen, indem man zeigt, daß die Annahme

$$w \sim \widetilde{w} \succ \lambda\, w + (1 - \lambda)\widetilde{w} \tag{$*$}$$

— und analog die entgegengesetzte Präferenz — einen Widerspruch impliziert. Die Bedingung ($*$) und (F.5) implizieren nämlich

$$\lambda w + (1 - \lambda)\widetilde{w} \;\succ\; \lambda\left(\lambda w + (1 - \lambda)\widetilde{w}\right) + (1 - \lambda)\left(\lambda w + (1 - \lambda)\widetilde{w}\right)$$
$$= \lambda w + (1 - \lambda)\widetilde{w} \quad \text{wegen (F.1)},$$

d.h. die Bedingung ($*$) ist falsch.

□

(F.7) Für beliebige w, $\widetilde{w}$, $\widehat{w} \in W$ mit $w \sim \widetilde{w}$ gilt

$$\lambda w + (1 - \lambda)\widehat{w} \sim \lambda\widetilde{w} + (1 - \lambda)\widehat{w} \qquad \text{für alle} \qquad \lambda \in [0, 1].$$

□

Für die Extremwerte $\lambda = 1$ und $\lambda = 0$ folgt dieses Ergebnis wegen $w \sim \widetilde{w}$ bzw. $0w + 1\widehat{w} \sim 0\widetilde{w} + 1\widehat{w}$. Für $\widehat{w} \sim w \sim \widetilde{w}$ gilt

$$\begin{aligned}
\lambda w + (1 - \lambda)\,\widehat{w} &\sim w && \text{wegen (F.6)} \\
&\sim \widetilde{w} && \text{gemäß Annahme} \\
&= \lambda\widetilde{w} + (1 - \lambda)\widetilde{w} && \text{wegen (F.1)} \\
&\sim \lambda\widetilde{w} + (1 - \lambda)\widehat{w} && \text{wegen (F.6)}.
\end{aligned}$$

Es verbleiben mithin die Fälle $\lambda \in (0, 1)$ und $w \sim \widetilde{w} \succ \widehat{w}$ sowie $\widehat{w} \succ w \sim \widetilde{w}$. Da die beiden Fälle analog bewiesen werden können, beschränken wir uns auf den Fall $\lambda \in (0, 1)$ und $w \sim \widetilde{w} \succ \widehat{w}$. Es gilt dann

$$\begin{aligned}
\lambda w + (1 - \lambda)\,\widehat{w} &\succ \lambda\widehat{w} + (1 - \lambda)\,\widehat{w} && \text{wegen (A.5)} \\
&= \widehat{w} && \text{wegen (F.1)}.
\end{aligned}$$

Wir beweisen nun, daß die Annahme

$$\lambda\widetilde{w} + (1 - \lambda)\widehat{w} \;\succ\; \lambda w + (1 - \lambda)\widehat{w} \tag{$**$}$$

zum Widerspruch führt — der Beweis für die entgegengesetzte Präferenz kann wiederum analog geführt werden —. Die Bedingung ($**$) sowie der Beweis von (F.4) für den Fall $w \succ \widetilde{w} \succ \widehat{w}$ (hier anzuwenden auf $\lambda\widetilde{w} + (1 - \lambda)\widehat{w} \succ \lambda w + (1 - \lambda)\widehat{w} \succ \widehat{w}$) implizieren

$$\lambda w + (1 - \lambda)\,\widehat{w} \sim \alpha\,(\lambda\widetilde{w} + (1 - \lambda)\widehat{w}) + (1 - \alpha)\,\widehat{w}$$

für eine eindeutige Zahl $\alpha \in (0,1)$ und damit

$$\lambda w + (1 - \lambda)\,\widehat{w} \sim \alpha\lambda\widetilde{w} + (1 - \alpha\lambda)\widehat{w} \qquad (***)$$

gemäß (A.3). Wegen $\widetilde{w} \succ \widehat{w}$ gilt ferner

$$
\begin{array}{lll}
\widetilde{w} &= (1 - \alpha)\,\widetilde{w} + \alpha\widetilde{w} & \text{wegen (F.1)} \\
&\succ (1 - \alpha)\,\widehat{w} + \alpha\widetilde{w} & \text{wegen (A.5) und } \alpha \in (0,1) \\
&= \alpha\widetilde{w} + (1 - \alpha)\,\widehat{w} & \text{wegen (A.2)}
\end{array}
$$

und damit auch

$$w \succ \alpha\widetilde{w} + (1 - \alpha)\,\widehat{w},$$

was wiederum

$$\lambda w + (1 - \lambda)\,\widehat{w} \succ \lambda\,(\alpha\widetilde{w} + (1 - \alpha)\,\widehat{w}) + (1 - \lambda)\,\widehat{w}$$

wegen (A.5) und $\lambda \in (0,1)$ und wegen (A.3)

$$\lambda w + (1 - \lambda)\,\widehat{w} \succ \lambda\alpha\widetilde{w} + (1 - \lambda\alpha)\,\widehat{w}$$

impliziert. Dies widerspricht aber der Bedingung $(***)$. Dies beweist die Folgerung (F.7) für den Fall $\lambda \in (0,1)$ und $w \sim \widetilde{w} \succ \widehat{w}$. Den einzig verbleibenden Fall $\lambda \in (0,1)$ und $\widehat{w} \succ w \sim \widetilde{w}$ beweist man analog zum Fall $\lambda \in (0,1)$ und $w \sim \widetilde{w} \succ \widehat{w}$, so daß der Beweis von (F.7) hiermit abgeschlossen ist. $\qquad \square$

Gilt für alle Paare $w,\ \widetilde{w} \in W$ stets $w \sim \widetilde{w}$, so muß der Nutzen $u(\cdot)$ auf W und damit auf Ω konstant sein, d.h.

$$
\begin{array}{lll}
u(\omega) &= c & \text{für alle} \quad \omega \in \Omega \\
u(w) &= c & \text{für alle} \quad w \in W,
\end{array}
$$

wobei $c \in \mathbb{R}$ den auf W konstanten Nutzen beziffert. Da

$$u(w) = c = \sum_{\omega \in \Omega} w\,(\omega)\,c \qquad \text{für alle} \quad w \in W$$

wegen

$$\sum_{\omega \in \Omega} w\,(\omega) = 1,$$

ist die repräsentierende Nutzenfunktion $u(\cdot) = c$ linear. Mit $u(\cdot) = c$ repräsentiert natürlich jede andere konstante Nutzenfunktion $v(\cdot) = k$ mit $k \in \mathbb{R}$ die Präferenzrelation, die durch die positive affine Transformation

$$u(w) = v(w) - k + c \qquad \text{für alle} \quad w \in W$$

in $u(\cdot) = c$ überführt werden kann.

Gilt nicht für alle Paare w, $\widetilde{w} \in W$ die Bedingung $w \sim \widetilde{w}$, so existieren mindestens zwei Lotterien w, $\widetilde{w} \in W$ mit $w \succ \widetilde{w}$. Wir gehen zunächst davon aus, daß es eine beste Lotterie $\overline{w} \in W$ mit

$$\overline{w} \succsim w \qquad \text{für alle} \qquad w \in W$$

und eine schlechteste Lotterie $\underline{w} \in W$ mit

$$w \succsim \underline{w} \qquad \text{für alle} \qquad w \in W$$

gibt, für die $\overline{w} \succ \underline{w}$ gilt. Aufgrund der Definition von $\overline{w}$ und $\underline{w}$ gilt

$$\overline{w} \succsim w \succsim \underline{w} \qquad \text{für alle} \qquad w \in W.$$

Wegen der Folgerung (F.4) gibt es daher für alle $w \in W$ eine eindeutige Zahl $u(w) \in [0,1]$ mit

$$w \sim u(w)\,\overline{w} + (1 - u(w))\,\underline{w}$$

und

$$u(\overline{w}) = 1 \qquad \text{sowie} \qquad u(\underline{w}) = 0.$$

Für zwei beliebige Lotterien w, $\widetilde{w} \in W$ mit $u(w) > u(\widetilde{w})$ impliziert (F.3) die Bedingung

$$w \sim u(w)\overline{w} + (1 - u(w))\underline{w} \succ u(\widetilde{w})\overline{w} + (1 - u(\widetilde{w}))\underline{w} \sim \widetilde{w}$$

und damit $w \succ \widetilde{w}$ aufgrund der Transitivitätspostulate in (A.4). Gilt $u(w) = u(\widetilde{w})$, so folgt

$$w \sim u(w)\overline{w} + (1 - u(w))\underline{w} = u(\widetilde{w})\overline{w} + (1 - u(\widehat{w}))\underline{w} \sim \widetilde{w}$$

und damit $w \sim \widetilde{w}$ wegen (A.4). Die Funktion $u(\cdot)$ auf W erfüllt damit die Repräsentationseigenschaft

$$
\begin{aligned}
u(w) \;&>\; u(\widetilde{w}) &&\text{für alle} &&w, \widetilde{w} \in W &&\text{mit} &&w \succ \widetilde{w} \\
u(w) \;&=\; u(\widetilde{w}) &&\text{für alle} &&w, \widetilde{w} \in W &&\text{mit} &&w \sim \widetilde{w}.
\end{aligned}
$$

Mit w, $\widetilde{w} \in W$ sind natürlich alle Lotterien über Lotterien $\lambda w + (1 - \lambda)\widetilde{w}$ mit $\lambda \in [0,1]$ in der Form

$$\lambda w + (1 - \lambda)\widetilde{w} \sim u(\lambda w + (1 - \lambda)\widetilde{w})\overline{w} + (1 - u(\lambda w + (1 - \lambda)\widetilde{w}))\underline{w}$$

darstellbar: Für $\lambda = 1$ und $\lambda = 0$ folgt dies unmittelbar wegen $w \in W$ bzw. $\widetilde{w} \in W$ und (A.1) bzw. (A.1) und (A.2). Für $0 < \lambda < 1$ folgt gemäß

$$
\begin{aligned}
\overline{w} &= \lambda \overline{w} + (1 - \lambda)\,\overline{w} && \text{wegen (F.1)} \\
&= (1 - \lambda)\,\overline{w} + \lambda \overline{w} && \text{wegen (A.2)} \\
&\succsim (1 - \lambda)\,\widetilde{w} + \lambda \overline{w} && \text{wegen (A.5)} \\
&= \lambda \overline{w} + (1 - \lambda)\,\widetilde{w} && \text{wegen (A.2)} \\
&\succsim \lambda w + (1 - \lambda)\,\widetilde{w} && \text{wegen (A.5)} \\
&= (1 - \lambda)\,\widetilde{w} + \lambda w && \text{wegen (A.2)} \\
&\succsim (1 - \lambda)\,\underline{w} + \lambda w && \text{wegen (A.5)} \\
&= \lambda w + (1 - \lambda)\,\underline{w} && \text{wegen (A.2)} \\
&\succsim \lambda \underline{w} + (1 - \lambda)\,w && \text{wegen (A.5)} \\
&= \underline{w} && \text{wegen (F.1)}
\end{aligned}
$$

und (A.4) die Bedingung

$$
\overline{w} \succsim \lambda w + (1 - \lambda)\,\widetilde{w} \succsim \underline{w}
$$

und damit Existenz und Eindeutigkeit der Zahl

$$
u\left(\lambda w + (1 - \lambda)\,\widetilde{w}\right) \in [0,1]
$$

auch für Lotterien über Lotterien. Da

$$
\begin{aligned}
\lambda w &+ (1 - \lambda)\,\widetilde{w} \\
&\sim \lambda\left(u\left(w\right)\overline{w} + (1 - u\left(w\right))\,\underline{w}\right) + (1 - \lambda)\,\widetilde{w} && \text{wegen (F.7)} \\
&= (1 - \lambda)\,\widetilde{w} + \lambda\left(u\left(w\right)\overline{w} + (1 - u\left(w\right))\,\underline{w}\right) && \text{wegen (A.2)} \\
&\sim (1 - \lambda)\left(u\left(\widetilde{w}\right)\overline{w} + (1 - u\left(\widetilde{w}\right))\,\underline{w}\right) + \lambda\left(u\left(w\right)\overline{w} + (1 - u\left(w\right))\,\underline{w}\right) \\
& && \text{wegen (F.7)} \\
&= \lambda\left(u\left(w\right)\overline{w} + (1 - u\left(w\right))\,\underline{w}\right) + (1 - \lambda)\left(u\left(\widetilde{w}\right)\overline{w} + (1 - u\left(\widetilde{w}\right))\,\underline{w}\right) \\
& && \text{wegen (A.2)} \quad,
\end{aligned}
$$

implizieren (A.4) und (F.2) die Bedingung

$$
\lambda w + (1 - \lambda)\,\widetilde{w} \sim \left(\lambda u\left(w\right) + (1 - \lambda)\,u\left(\widetilde{w}\right)\right)\overline{w} + \left(1 - \lambda u\left(w\right) - (1 - \lambda)\,u\left(\widetilde{w}\right)\right)\underline{w}
$$

und wegen (A.4) auch

$$
\begin{aligned}
&u\left(\lambda w + (1 - \lambda)\,\widetilde{w}\right)\overline{w} + \left(1 - u\left(\lambda w + (1 - \lambda)\,\widetilde{w}\right)\right)\underline{w} \\
\sim\ &\left(\lambda u\left(w\right) + (1 - \lambda)\,u\left(\widetilde{w}\right)\right)\overline{w} + \left(1 - \lambda u\left(w\right) - (1 - \lambda)\,u\left(\widetilde{w}\right)\right)\underline{w}.
\end{aligned}
$$

Gemäß (F.3) muß dann aber gelten

$$
u\left(\lambda w + (1 - \lambda)\,\widetilde{w}\right) = \lambda u\left(w\right) + (1 - \lambda)\,u\left(\widetilde{w}\right),
$$

womit die Linearität der repräsentierenden Funktion $u(\cdot)$ auf W bewiesen ist.

Gibt es kein bestes Element $\overline{w}$ und kein schlechtestes Element $\underline{w}$ in $\underline{W}$, so betrachte man irgendein Paar $\overline{w},\ \underline{w} \in W$ mit $\overline{w} \succ \underline{w}$. Da gemäß unserem

Verfahren allen Lotterien $w \in W$ mit $\overline{w} \succsim w \succsim \underline{w}$ eine Nutzenzahl zugewiesen wurde, betrachten wir Lotterien $\widehat{\overline{w}}, \widetilde{w} \in W$ mit $\widehat{\overline{w}} \succsim \overline{w}$ und $\underline{w} \succsim \widetilde{w}$. Es seien $\widehat{\overline{w}}', \widetilde{w}'$ und $\widehat{\overline{w}}'', \widetilde{w}''$ zwei beliebige derartige Paare und $u'(\cdot)$ bzw. $u''(\cdot)$ zwei beliebige, $\succ$-repräsentierende und lineare Funktionen auf

$$B' = \left\{ w \in W : \widehat{\overline{w}}' \succsim w \succsim \widetilde{w}' \right\}$$

bzw.

$$B'' = \left\{ w \in W : \widehat{\overline{w}}'' \succsim w \succsim \widetilde{w}'' \right\},$$

die die Bedingungen $u'(\overline{w}) = u''(\overline{w}) = 1$ und $u'(\underline{w}) = u''(\underline{w}) = 0$ erfüllen. Es soll gezeigt werden, daß dann

$$u'(w) = u''(w) \text{ für alle } w \in B' \cap B''$$

gilt. Da dies für $w = \overline{w}$ und $w = \underline{w}$ per Definition gilt, sind die folgenden drei Fälle zu unterscheiden, für die (F.4) die Existenz einer eindeutigen Zahl $\lambda \in (0,1)$ sichert, für die die jeweils mittlere Alternative gleichwertig ist zur Lotterie, die das Gewicht λ bzw. $1 - \lambda$ für die jeweils linke bzw. rechte Alternative vorschreibt:

$$\overline{w} \succ \underline{w} \succ w : \underline{w} \sim \alpha\overline{w} + (1-\alpha)\,w \qquad \text{für genau ein} \qquad \alpha \in (0,1)$$
$$\overline{w} \succ w \succ \underline{w} : w \sim \beta\overline{w} + (1-\beta)\,\underline{w} \qquad \text{für genau ein} \qquad \beta \in (0,1)$$
$$w \succ \overline{w} \succ \underline{w} : \overline{w} \sim \gamma w + (1-\gamma)\,\underline{w} \qquad \text{für genau ein} \qquad \gamma \in (0,1) \ .$$

Wegen $u'(\underline{w}) = u''(\underline{w}) = 0$ sowie der Repräsentationseigenschaft und Linearität von $u'(\cdot)$ und $u''(\cdot)$ gilt

$$0 = \alpha + (1-\alpha)u'(w) = \alpha + (1-\alpha)u''(w)$$

mit $\alpha \in (0,1)$. Analog erhält man

$$u'(w) = u''(w) = \beta$$

im zweiten und

$$1 = \gamma u'(w) = \gamma u''(w)$$

mit $\gamma \in (0,1)$ im dritten Bereich für $w \in B' \cap B''$, was die Übereinstimmung von $u'(\cdot)$ und $u''(\cdot)$ auf ganz $B' \cap B''$ beweist.

Für alle $w \in W$ sei $u(w)$ durch den für alle Paare $\widehat{\overline{w}}', \widetilde{w}' \in W$ gemeinsamen Wert $u'(w)$ definiert, die die Bedingung

$$\widehat{\overline{w}}' \succsim w \succsim \widetilde{w}'$$

erfüllen. Da für jedes beliebige Paar $w, \widetilde{w} \in W$ wenigstens ein Paar $\widehat{\overline{w}}', \widetilde{w}' \in W$ mit $w, \widetilde{w} \in B'$ existiert, haben wir gezeigt, daß $u(w)$ für alle

$w \in W$ eindeutig definiert ist, die Linearitätseigenschaft besitzt und die Präferenzrelation $\succ$ — sowie die Indifferenzrelation $\sim$ — auf W repräsentiert.

Um die Eindeutigkeit bis auf positiv affine Transformationen nachzuweisen, sei $u(\cdot)$ eine beliebige lineare Nutzenfunktion auf W, die $\succ$ repräsentiert, d.h.

$$u(w) > u(\widetilde{w}) \qquad \text{genau dann, wenn} \qquad w \succ \widetilde{w}.$$

Alle Nutzenfunktionen

$$v(w) = a + b\, u(w) \qquad \text{für alle} \qquad w \in W \qquad \text{und} \qquad b > 0$$

sind dann gleichfalls linear und $\succ$ —repräsentierend, was beweist, daß alle positiven affinen Transformationen ebenfalls $\succ$ —repräsentierende, lineare Nutzenfunktionen sind.

Geht man nun von einer beliebigen anderen linearen und $\succ$ repräsentierenden Nutzenfunktion $v(\cdot)$ auf W aus, so muß $v(\cdot)$ offenbar konstant auf W sein, wenn dies für $u(\cdot)$ zutrifft. Die beiden Nutzenfunktionen lassen sich dann durch Addition einer Konstanten $a \in \mathbb{R}$ ineinanderüberführen. Ist $u(\cdot)$ nicht konstant auf W, so gibt es $\overline{w}, \underline{w} \in W$ mit $\overline{w} \succ \underline{w}$, so daß die Ausdrücke

$$U(w) = \frac{u(w) - u(\underline{w})}{u(\overline{w}) - u(\underline{w})} \qquad \text{bzw.} \qquad V(w) = \frac{v(w) - v(\underline{w})}{v(\overline{w}) - v(\underline{w})}$$

wohldefiniert sind. Da die Funktion $U(\cdot)$ auf W eine positive affine Transformation von $u(\cdot)$ und die Funktion $V(\cdot)$ auf W analog eine solche von $v(\cdot)$ darstellt, sind beide Funktionen linear und repräsentieren die Präferenzrelation $\succ$ auf ganz W. Analog unserem obigen Vorgehen können wir die Identität von $U(\cdot)$ und $V(\cdot)$ auf W und damit die Eindeutigkeit der $\succ$ —repräsentierenden, linearen Nutzenfunktionen bis auf positive Transformationen nachweisen, indem wir folgende Fälle unterstellen: Es gilt

$$w = \overline{w} : U(\overline{w}) = 1 = V(\overline{w})$$
$$w = \underline{w} : U(\underline{w}) = 0 = V(\underline{w})$$
$$\overline{w} \succ \underline{w} \succ w : 0 = \alpha + (1-\alpha)U(w) = \alpha + (1-\alpha)V(w) \quad \text{für} \quad \alpha \in (0,1)$$
$$\overline{w} \succ w \succ \underline{w} : U(w) = \beta = V(w)$$
$$w \succ \overline{w} \succ \underline{w} : 1 = \gamma U(w) = \gamma V(w) \quad \text{für} \quad \gamma \in (0,1)$$

und damit die Identität von $U(\cdot)$ und $V(\cdot)$ auf ganz W genau wie die Identität von $u'(\cdot)$ und $u''(\cdot)$ auf $B' \cap B''$. Damit ist die Eindeutigkeit der linearen und $\succ$ repräsentierenden Nutzenfunktionen bis auf positive affine Transformationen und das Repräsentationstheorem vollständig bewiesen.

Appendix B
Wiederholte Elimination dominierter Strategien im Jobvermittlungsspiel

In diesem Spiel sind alle Strategien dominiert, die die Züge

$$l_i^j \qquad \text{für} \qquad i = 1, 2, 3$$

sowie

$$r_4^j \qquad \text{für} \qquad j = 2, 4, 5, 6 \qquad \text{und} \qquad R^2, R^3$$

vorsehen. Manchmal erkennt man dies an der Tatsache, daß die beste Auszahlung für die dominierte Verhaltensweise die schlechteste der dominierenden Verhaltensweise nicht übersteigt und daß die dominierende Strategie höhere Auszahlungen als die dominierte Strategie zuläßt. Im Fall der Elimination von R^2 muß auf die Erwartungsauszahlung abgestellt werden, da R^2 im Falle der Reihenfolge 2 3 1 die Auszahlung 1 nicht ausschließt. Da jedoch für die Reihenfolge 2 1 3 der Zug L^2 einen um mindestens 1 höheren Gewinn als R^2 impliziert, ist in der Erwartung des Spielers 4 der Zug R^2 niemals besser, aber in der Regel schlechter als der Zug L^2.

Im reduzierten Jobvermittlungsspiel T^1 der Abbildung 9.2 sind offenbar wiederum die Strategien dominiert, die die Züge r_4^1 und R^1 vorsehen. Nach dem zweiten Eliminationsschritt erhält man daher das triviale Jobvermittlungsspiel T der Abbildung 9.3, in dem keine strategischen Entscheidungen mehr zu treffen sind. Gemäß der Lösung, die die wiederholte Elimination dominierter Strategien impliziert, wird der Arbeitgeber (Spieler 4) stets den Kandidaten einstellen, der sich als erster vorstellt.

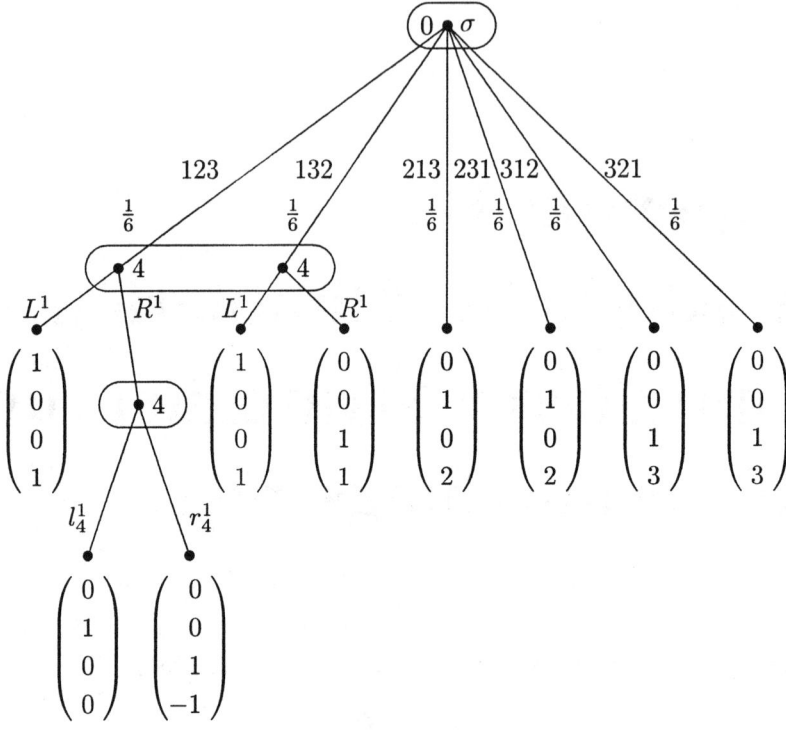

Abbildung 9.2

Dominierte Strategien sind fragwürdig, da sie ohne Grund falsche Entscheidungen riskieren, denn man verfügt über eine alternative Strategie, die wenigstens so viel einbringt wie die dominierte Strategie, die aber manchmal besser ist. Offenbar kann sich eine dominierte Strategie dennoch als beste Antwort auf einen Strategienvektor s_{-i} erweisen. Ebenso ist es möglich, daß die dominierende Strategie und damit die durch sie dominierte Strategie niemals beste Antworten sind. Wir wollen dies am Beispiel der Abbildung 9.4 illustrieren.

In diesem Spiel ist die Strategie s_i^3 für $i = 1, 2$ nicht durch s_i^1 oder s_i^2 dominiert. Dennoch kann s_i^3 niemals beste Antwort sein, da das Spielen von s_i^1 und s_i^2 jeweils mit der Wahrscheinlichkeit $1/2$ besser ist als die Strategie s_i^3 für $i = 1, 2$.

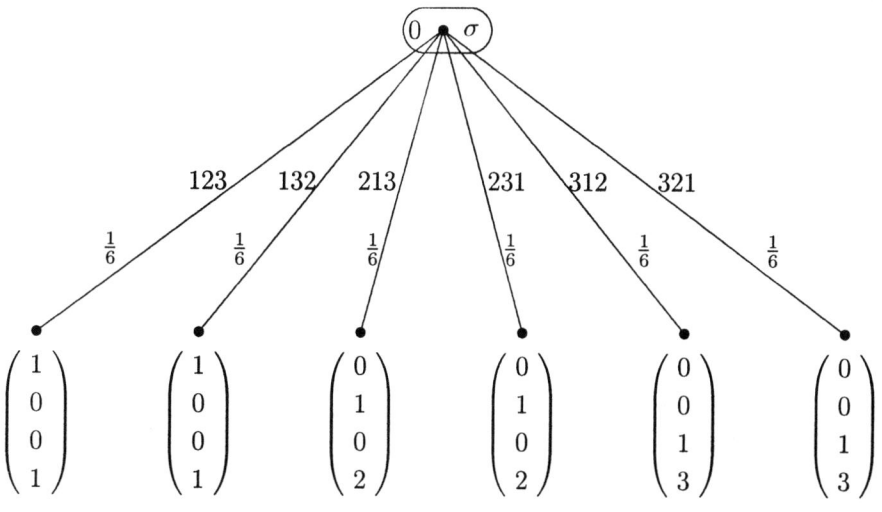

Abbildung 9.3

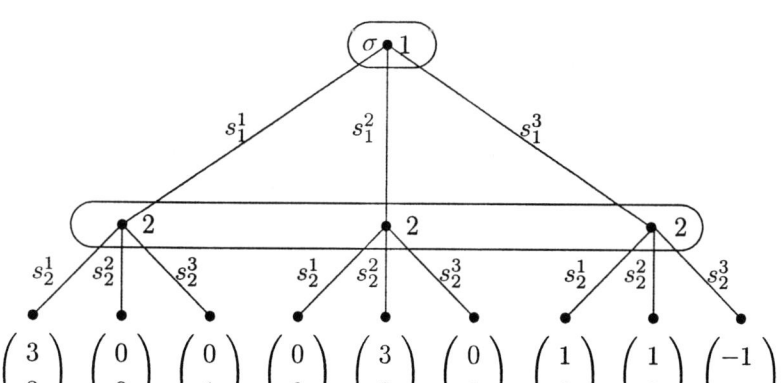

Abbildung 9.4

Literaturverzeichnis

[1] Allais, M. (1953): Fondements d'une Théorie Positive des Choix Comportant un Risque et Critique des Postulats et Axiomes de L'Ecole Americaine, in: *Econométrie*, 40, 257 - 332.

[2] Allen, B. und M. Hellwig (1986): Bertrand-Edgeworth oligopoly in large markets. in: *The Review of Economic Studies*, LIII, 311 - 323.

[3] Aumann, R. J. (1974): Subjectivity and Correlation in Randomized Strategies, in: *Journal of Mathematical Econoics*, 1, 67 - 96.

[4] Aumann, R. J. (1985): An axiomatization of the non-transferable utility value, in: *Econometrica*, 53, 599 - 612.

[5] Aumann, R. J. (1995): Backward Induction and Common Knowledge of Rationality, in: *Games and Economic Behavior*, 8(1), 6 - 19.

[6] Aumann, R. J. (1996): On the State of the Art in Game Theory: An Interview with Robert Aumann, in: *Understanding Strategic Interaction Essays in Honor of Reinhard Selten*, W. Albers, W. Güth, P. Hammerstein, B. Moldovanu und E. van Damme (Hrsg.), Springer-Verlag Berlin Heidelberg 1997, 8 - 34.

[7] Aumann, R. J., S. Hart und M. Perry (1997): The Absent-Minded Driver, in: *Games and Economic Behavior,* 20, 102 - 116.

[8] Aumann, R. J. und M. Maschler (1964): The bargaining set for cooperative games, in: *Advances in Game Theory* M. Dresher, L. S. Shapley und A. W. Tucker (Hrsg.), Princeton University Press, Princeton NJ.

[9] Bayes, T. (1763): An essay towards solving a problem in the doctrine of chances,in : *Philosophical Transactions*, 53, The Royal Society of London, 376 - 398.

[10] Bernoulli, D. (1730 - 31): Specimen theoriae novae de mensura sortis, in: *Transactions of the St. Petersburg Imperial Academy of Sciences*, 175 - 192.

[11] Bertrand, J. L. F. (1883): Théorie mathématique de la richesse sociale par Léon Walras: Recherches sur les principes mathématiques de la théorie des richesses par Augustin Cournot, in: *Journal des Savants*, September, 499 - 508.

[12] Bester, H. (1989): Non-cooperative bargaining and imperfect competition: A survey, in: *Zeitschrift für Wirtschafts- und Sozialwissenschaften (ZWS)*, 109, 265 - 286.

[13] Bewley, T. (1985): *Advances in economic theory*, Cambridge, Mass.

[14] Brouwer, L. E. J. (1910): Über eineindeutige, stetige Transformationen von Flächen in sich, in: *Mathematische Annalen*, 67, 176 - 180.

[15] Burger, E. (1959): *Einführung in die Theorie der Spiele*, Walter de Gruyter, Berlin.

[16] Carlsson, H. und E. van Damme (1993): Global Games and Equilibrium Selection, in: *Econometrica*, 61(5), 989 - 1018.

[17] Cho, I. und Kreps, D. M. (1987): Signaling Games and Stable Equilibria, in: *Quarterly Journal of Economics*, 102, 179 - 221.

[18] Cournot, A. A. (1838): *Recherches sur les Principes Mathématiques de la Théorie des Richesses*, Paris, Hachette.(Englische Übersetzung: *Researches into the Mathematical Principles of the Theory of Wealth*, New York: Macmillan, 1897. Deutsche Übersetzung: *Untersuchungen über die mathematischen Grundlagen des Reichtums*, von W. G. Waffenschmidt, Verlag Gustav Fischer, Jena).

[19] van Damme, E. (1991): *Stability and perfection of Nash Equilibria*, Springer-Verlag, Berlin.

[20] Davis, M. und M. Maschler (1963): Existence of stable payoff configurations for cooperative games, in: *Bulletin of the American Mathematical Society*, 69, 106 - 108.

[21] Davis, M. und M. Maschler (1965): The Kernel of a Cooperative Game, *Naval Research Logistics Quaterly*, 12, 223 - 259.

[22] Dierker, H. und B. Grodal (1982): Nonexistence of Cournot-Walras equilibrium in a general equilibrium model with two oligopolists, *Working Paper*, SFB 21 - Projektgruppe "Theoretische Modelle", Universität Bonn.

[23] Edgeworth, F. (1881): *Mathematical Psychics*, Kegan Paul, London.

[24] Faber, M., W. Güth, G. Stephan und E. L. von Thadden (1986): On the methodology of strategic interaction in time, in: Studies in Austrian Capital Theory, Investment and Time, M. Faber (Hrsg.), in: *Lecture Notes in Economics and Mathematical Systems*, 277, 210 - 228.

[25] Frank, B. (1996): The use of internal games: The case of addiction, in: *Journal of Economic Psychology*, 17(5), 651 - 660.

[26] Frey, B. S. (1990): *Ökonomie ist Sozialwissenschaft*, Vahlen, München.

[27] Fishburn, P. C. (1982): *The foundation of expected utility Theory*, Reidel, Dordrecht.

[28] Frey, B. S. und R. Eichenberger (1991): Anomalies in political economy, in: *Public Choice*, 68, 71 - 89.

[29] Geanakopolos, J. (1994): Common Knowledge, in : *Handbook of Game Theory*, Vol.2, R. J. Aumann und S. Hart (Hrsg.), Amsterdam, North Holland.

[30] Güth, W. (1978): *Zur Theorie kollektiver Lohnverhandlungen*, Nomos, Baden-Baden.

[31] Güth, W. (1991): Game theory's basic question: Who is a player? – Examples, concepts, and their behavioral relevance, in: *Journal of Theoretical Politics*, 3 (4), 403 - 435.

[32] Güth, W. (1992): Equilibrium selection by unilateral deviation stability, in: *Rational Interaction, Essays in Honor of John C. Harsanyi*, R. Selten (Hrsg.), Springer-Verlag, Heidelberg, 161 - 189.

[33] Güth, W. (1994): How to avoid intrapersonal strategic conficts in game theory, in: *Essays on Economic*, H. Brandstätter und W. Güth (Hrsg.), Springer-Verlag, Berlin, 251 - 279.

[34] Güth, W. (1996): *Theorie der Marktwirtschaft*, (2. verbesserte Auflage), Springer-Verlag, Berlin.

[35] Güth, W. und S. Güth (1998): Male fights of amadryas baboons - An evolutionary study of differences in strength and fighting intensity, in: *Journal of Theoretical Biology*, 190, 1 - 14.

[36] Güth, W. und M. Hellwig (1986a): Competition versus monopoly in the supply of public goods, in: *Efficiency, Institutions, and Economic Policy*, R. Pethig und U. Schlieper (Hrsg.), Springer-Verlag, Berlin etc.

[37] Güth, W. und M. Hellwig (1986b): The private supply of a public good, in: *Journal of Economics*, 5, 121 - 159.

[38] Güth, W. und B. Kalkofen (1989): *Unique solutions for strategic games*, Springer-Verlag, Berlin etc.

[39] Güth, W. und H. Kliemt (1995): Elementare spieltheoretische Modelle sozialer Kooperation, in: *Ökonomie und Gesellschaft, Jahrbuch 12: Soziale Kooperation*, P. Weise (Hrsg.), Frankfurt/Main, New York : Campus Verlag, 12 - 62.

[40] Güth, W. und H. Kliemt (1996): One person - many players? On Björn Frank's 'The use of internal games: The case of addiction', in: *Journal of Economic Psychology*, 17, 661 - 668.

[41] Güth, W., W. Leininger und G. Stephan (1991): On supergames and Folk Theorems – A conceptual discussion, in: *Game Equilibrium Models, Vol. II: Methods, Morals, and Markets*, R. Selten (Hrsg.), Springer-Verlag, Berlin etc.

[42] Güth, W. und B. Peleg (1997): When will the fittest survive? An indirect evolutionary analysis., *HUB Discussion Paper 96/1997*, Humboldt-Universität zu Berlin.

[43] Güth, W. und R. Selten (1991): Majority voting in the Condorcet Paradox as a problem of equilibrium selection, in: *Game Equilibrium Models*, R. Selten (Hrsg.), vol. IV: Social and Political Interaction, Springer-Verlag, Berlin, 7-40.

[44] Güth, W. und E. van Damme (1991): Equilibrium selection in the Spence-signaling game, in: *Game Equilibrium Models, Vol. II: Methods, Morals, and Markets*, R. Selten (Hrsg.), Springer-Verlag, Berlin etc.

[45] Hammerstein, P. und R. Selten (1994): Game Theory and Evolutionary Biology, in: *Handbook of Game Theory*, R. Aumann und S. Hart (Hrsg.), Amsterdam, North Holland.

[46] Hammerstein, P. und S. E. Riechert (1988): Payoffs and strategies in territorial contests: ESS analysis of two ecotypes of the spider Agelenopsis aperta, in: *Evolutionary Ecology*, 2, 115 - 138.

[47] Harsanyi, J. C. (1956): Approaches to the bargaining problem before and after the theory of games, in: *Econometrica*, 24, 144 - 156.

[48] Harsanyi, J. C. (1967/68): Games with incomplete information played by 'Bayesian' players, part I: The basic model, part II: Bayesian equilibrium points, part III: The basic probability distribution of the game, in: *Management Science*, 14, 159 - 182, 320 - 334, 486 - 502.

[49] Harsanyi, J. C. (1980): Analysis of a family of two-person bargaining games with incomplete information, in: *International Journal of Game Theory*, 9, 65 - 89.

[50] Harsanyi, J. C. (1982): Solutions for some bargaining games under the Harsanyi-Selten solution theory, part I: Theoretical preliminaries, part II: Analysis of sprecific bargaining games, in: *Mathematical Social Sciences*, 3, 179 - 191, 259 - 279.

[51] Harsanyi, J. C. und R. Selten (1972): A generalized Nash-solution for 2-person bargaining games with incomplete information, in: *Management Science*, 18, 80 - 106.

[52] Harsanyi, J. C. und R. Selten (1988): *A general theory of equilibrium selection in games*, M.I.T. Press, Cambridge, Mass.

[53] Hellwig, M., W. Leininger, P. Reny und A. Robson (1990): Subgame perfect equilibrium in continuous games of perfect information: An elementary approach to existence and approximation by discrete games, in: *Journal of Economic Theory*, 52, 406 - 422.

[54] Hildenbrand, W. (1974): *Core and equilibria of a large economy*, Princeton University Press, Princeton, N.J.

[55] Hildenbrand, W. und A. P. Kirman (1988): *Equilibrium Analysis*, North-Holland, Amsterdam.

[56] Kakutani, S. (1941): *A generalization of Brouwer's fixed point theorem*, Duke Math. Journal, 8, 457 - 459.

[57] Kalai, E. und M. Smorodinsky (1975): Other solutions to Nash's bargaining problem, in: *Econometrica*, 43 (3), 513 - 518.

[58] Kliemt, H. (1986): *Antagonistische Kooperation – Elementare spieltheoretische Modelle spontaner Ordnungsentstehung*, Verlag Karl Alber, Freiburg/München.

[59] Kohlberg, E. und J.-F. Mertens (1986): On the strategic stability of equilibria, in: *Econometrica*, 54, 1003 - 1037.

[60] Krelle, W. (1975): *A new theory of bargaining – Applied to the problem of wage determination and strikes*, Bonn.

[61] Kreps, D., P. Milgrom, J. Roberts und R. Wilson (1982): Rational cooperation in the finitely repeated prisoners' dilemma, in: *Journal of Economic Theory*, 27, 245 - 252.

[62] Kreps, D. und R. Wilson (1982): Sequential equilibria, in: *Econometrica*, 50, 863 - 894.

[63] Kreps, D. und R. Wilson (1982b): Reputation and imperfect information, in: *Journal of Economic Theory*, 27, 253 - 279.

[64] Kuhn, H. W. (1953): Extensive games and the problem of information, in: *Contributions to the theory of games II*, H. W. Kuhn und A. W. Tucker (Hrsg.), University Press, Princeton, 193 - 216.

[65] Lensberg, T. (1988): Stability and the Nash Solution, Norwegian School of Economics and Business administration, in: *Journal of Economic Theory*; 45 (2); 300 - 341.

[66] Leopold-Wildburger, U. (1982): *Gleichgewichtsauswahl in einem Verhandlungsspiel mit Opportunitätskosten*, Pfeffer, Bielefeld.

[67] Leopold-Wildburger, U. (1985): Equilibrium selection in a bargaining problem with transaction costs, in: *International Journal of Game Theory*, 14, 151 - 172.

[68] Lucas, W. (1968): A game with no solution, in: *Bulletin of the American Mathematical Society*, 74, 237 - 239.

[69] Machina, M. J. (1987): Choice under Uncertainty Problems Solved and Unsolved, in: *Journal of Economic Perspectives*, vol. 1 No 1, 121 - 154.

[70] Maynard Smith, J. (1982): Evolution and the Theory of Games, Cambridge University Press.

[71] Maynard Smith, J. und G. R. Price (1973): The logic of animal conflict, in: *Nature*, 246, 15-18.

[72] Myerson, R. B. (1978): Refinements of the Nash Eqilibrium Concept, in: *International Journal of Game Theory*, 9, 169 - 182.

[73] Nash, J. F. (1950): The bargaining problem, in: *Econometrica*, 18, 361 - 382.

[74] Nash, J. F. (1951): Non-cooperative games, in: *Annals of Mathematics*, 45, 286 - 295.

[75] Nash, J. F. (1953): Two-person cooperative games, in: *Econometrica*, 21, 128 - 140.

[76] von Neumann, J. und O. Morgenstern (1944): *Theory of games and economic behavior*, Princeton University Press, Princeton, NJ.

[77] Nikaido-Isoda (1955): Note on noncooperative convex games, in: *Pacific Journal of Mathematics*, 5, 807 - 815.

[78] Osborne, M. J. und A. Rubinstein (1990): *Bargaining and markets*, Academic Press, San Diego, California.

[79] Peleg, B. (1963): Existence theorem for the bargaining set $M_1^{(i)}$, in: *Bulletin Amer. Math. Soc*, 69, 109 - 110.

[80] Peleg, B. (1967): Existence theorem for the bargaining set $M_1^{(i)}$, in: *Essays in Mathematical Economics*, M. Shubik (Hrsg.), Princeton University Press, Princeton, NJ, 53 - 56.

[81] Peleg, B. (1986): On the reduced game property and its converse, in: *International Journal of Game Theory*, 15, 187 - 200.

[82] Peleg, B. (1992): Axiomatizations of the Core, in: *Handbook of game theory with economic applications*. vol. 1., R. Aumann; S. Hart (Hrsg.).

[83] Peleg, B. und Tijs, S. (1996): The Consistency Principal for Games in Strategic Form, in: *International Journal of Game Theory*, 25/1, 13 - 34.

[84] Piccione, M. und A. Rubinstein (1997): On the Interpretation of Decision Problems with Imperfect Recall, in: *Games and Economic Behavior*, 20, 3 - 24.

[85] Radner, R. (1980): Collusive behavior in oligopolies with long but finite lives, in: *Journal of Economic Theory*, 22, 136 - 156.

[86] Rauhut, B., N. Schmitz und E.-W. Zachow (1979): *Spieltheorie – Eine Einführung in die mathematische Theorie strategischer Spiele*, Teubner, Stuttgart.

[87] Rob, R. (1989): Pollution claim settlements under private information, in: *Journal of Economic Theory*, 47, 307 - 333.

[88] Rosen, J. (1965): Existence and uniqueness of equilibrium points for concave n-person games, in: *Econometrica*, 33, 520 - 534.

[89] Rubinstein, A. (1982): Perfect equilibrium in a bargaining model, in: *Econometrica*, 50, 97 - 109.

[90] Rubinstein, A. (1985): A bargaining model with incomplete information about time preferences, in: *Econometrica*, 53, 1151 - 1172.

[91] Schmeidler, D. (1969): The nucleolus of a characteristic function game, in: *SIAM Journal of Applied Mathematics*, 17, 1163 - 1170.

[92] Scholz, R. (1986): *Current issues in West German decision research*, Peter Lang, Frankfurt/M.

[93] Selten, R. (1965): Spieltheoretische Behandlung eines Oligopolmodells mit Nachfrageträgheit, Teil I: Bestimmung des dynamischen Preisgleichgewichts, Teil II: Eigenschaften des dynamischen Preisgleichgewichts, in: *JITE Zeitschrift für die gesamte Staatswissenschaft*, 121, 301 - 324, 667 - 689.

274

[94] Selten, R. (1973): A simple Model of imperfect competition where 4 are few and 6 are many, in: *International Journal of Game Theory*, 2, 141 - 261.

[95] Selten, R. (1975): Reexamination of the perfectness concept for equilibrium points in extensive games, in: *International Journal of Game Theory*, 4, 25 - 55.

[96] Selten, R. (1975b): Bargaining under incomplete information, a numerical example, in: *Dynamische Wirtschaftsanalyse*, O. Becker und R. Richter (Hrsg.), 203 - 232.

[97] Selten, R. (1978): The Chain Store Paradox, in: *Theory and Decision*, 9, 127 - 159.

[98] Selten, R. (1980): A note on evolutionarily stable strategies in asymmetric animal conflicts, in: *Journal of Theoretical Biology*, 84, 93 - 101.

[99] Selten, R. (1981): A non-cooperative model of characteristic function bargaining, in: *Essays in Game Theory and Mathematical Economics in Honor of Oskar Morgenstern*, V. Böhm und H. Nachtkamp (Hrsg.), in: *Gesellschaft, Recht, Wirtschaft*, 4, Bibliographisches Institut, Mannheim etc., 131 - 151.

[100] Selten, R. (1982): Einführung in die Theorie der Spiele mit unvollständiger Information, in: *Schriften des Vereins für Socialpolitik N. F.*, 126, 81 - 148.

[101] Selten, R. (1983): Evolutionary stability in extensive two-person games, in: *Mathematical Sozial Sciences*, 5, 269 - 363.

[102] Selten, R. (1988): Evolutionary stability in extensive two-person games: correction and further developement, in: *Mathematical Sozial Sciences*, 16, 223 - 266.

[103] Selten, R. (Hrsg.) (1991): *Game Equilibrium Models I, II, III, IV*, Springer-Verlag, Heidelberg, New York, Tokio.

[104] Selten, R. und W. Güth (1982): Equilibrium point selection in a class of market entry games, in: *Games, Economic Dynamics, and Time Series Analysis – A Symposium in Memoriam of Oskar Morgenstern*, M. Deistler, E. Fürst und G. Schwödiauer (Hrsg.), Physica-Verlag, Würzburg, Wien, 101 - 116.

[105] Selten, R. und R. Stöcker (1986): End behavior in finite prisoner's dilemma supergames, in: *Journal of Economic Behavior and Organization*, 7, 47 - 70.

[106] Shapley, L. S. (1953): A value for n-person games, in: *Contributions to the theory of games II*, H. W. Kuhn und A. W. Tucker (Hrsg.), Princeton University Press, Princeton, NJ, 307 - 317.

[107] Sinn, H.-W. (1980): *Ökonomische Entscheidungen bei Ungewißheit*, Mohr, Tübingen.

[108] Sobolev, A. I. (1975): A characterization of optimality principles in cooperative games by functional equations, in: *Mathematical Methods in the Social Sciences*, 6, 94 - 151 (russisch).

[109] Spence, A. M. (1973): Job market signalling, in: *Quarterly Journal of Economics*, 87, 355 - 374.

[110] Spence, A. M. (1974): *Market signalling – Informational transfer in hiring and related screening processes*, Harvard University Press, Cambridge, Mass.

[111] Stahl, I. (1972): *Bargaining theory*, The Economic Research Institute, Stockholm.

[112] Stöcker, R. (1978): Altruism and performance in Bertrand-duopoly-experiments, in: *Contributions to Experimental Economics*, Vol. 7: Bargaining Behavior, Tübingen, 41 - 59.

[113] Stöcker, R. (1980): *Experimentelle Untersuchung des Entscheidungsverhaltens im Bertrand-Oligopol*, Pfeffer, Bielefeld.

[114] Tirole, J. (1988): *The theory of industrial organization*, MIT Press, Cambridge, Mass.

[115] Vickrey, W. (1961): Counterspeculation, auctions and competitive sealed tenders, in: *Journal of Finance*, 16, 8 - 37.

[116] Weber, M. (1989): *Risikoentscheidungskalküle in der Finanzierungstheorie*, Poeschel Verlag, Stuttgart.

[117] Weibull, J. W. (1995): *Evolutionary Game Theory*, Cambridge and London: M.I.T. Press.

[118] Weissing, F. J. (1991): Evolutionary stability and dynamic stability in a class of evolutionary normal form games, in: *Game Equilibrium Models, Vol. I: Evolution and Game Dynamics*, R. Selten (Hrsg.), Springer-Verlag, Berlin etc.

[119] Wilson, R. (1984): A Note on Revelation of Information for Joint Production, in: *Social-Choice-and-Welfare*, 1(1), 69 - 73.

[120] Young, H. P. (1985): Monotonic solutions of cooperative games, in: *International Journal of Game Theory*, 14, 65 - 72.

Index

S. Wied-Nebbeling

Markt- und Preistheorie

3., verb. u. erw. Aufl. 1997. X, 301 S. 73 Abb. Brosch.
DM 39,80; öS 291,-; sFr 37,- ISBN 3-540-63626-9

Ziel dieser Arbeit ist es, mögliche Zusammenhänge zwischen Marktstruktur, -verhalten und -ergebnis aufzuzeigen, die empirische Relevanz der hergeleiteten Modelle kritisch zu hinterfragen und auf dynamische Aspekte hinzuweisen.

H. Lampert

Lehrbuch der Sozialpolitik

5., überarb. u. erw. Aufl. 1998. XXVIII, 494 S. 7 Abb.,
37 Tab. Brosch. **DM 58,-**; öS 424,-; sFr 53,-
ISBN 3-540-64789-9

Diese Einführung in Praxis und Theorie der Sozialpolitik sowie in die aktuellen Probleme des Sozialstaates gilt als Standardwerk. Durch zahlreiche Tabellen, Schaubilder, Übersichten, Literaturhinweise und ein ausführliches Sachregister trägt es ebenso wie durch seine allgemeinverständliche Darstellung didaktischen Erfordernissen Rechnung.

S. Wied-Nebbeling, H. Schott

Grundlagen der Mikroökonomik

1998. X, 344 S. 132 Abb., 3 Tab. Brosch. **DM 39,90**;
öS 292,-; sFr 37,- ISBN 3-540-64811-9

Dieses Lehrbuch behandelt die Haushalts- und die Unternehmenstheorie, die optimale Allokation bei vollständiger Konkurrenz und verschiedene Formen des unvollständigen Wettbewerbs.

G. Disterer

Studienarbeiten schreiben

Diplom-, Seminar- und Hausarbeiten in den Wirtschaftswissenschaften

1998. VIII, 170 S. 9 Abb. Brosch. **DM 29,80**; öS 218,-;
sFr 27,50 ISBN 3-540-64407-5

Dieses Buch hilft, Studienarbeiten erfolgreich zu schreiben. Es gibt detailliert Auskunft über die qualitativen und formalen Anforderungen, die an Diplom-, Seminar- und Hausarbeiten gestellt werden und erläutert die Gründe für strenge formale Regularien in Prüfungsordnungen und Zitierrichtlinien.

A. Jaros-Sturhahn, K. Schachtner

Business Computing

Arbeiten mit MS-Office und Internet

1998. XIV, 397 S. 276 Abb., WWW-Ergänzungen. Brosch.
DM 45,-; öS 329,-; sFr 41,50 ISBN 3-540-64184-X

Studenten und Praktiker finden hier eine kompakte Einführung in die Office-Programme, die Grundlagen der EDV und das Internet: Hardware, Software und Netze; Word, Access, Excel, Powerpoint und die Möglichkeiten der Internet-Nutzung. Weiterführende Informationen zum effektiven Umgang mit den Programmen runden dieses Lehrbuch ab.

H. Tomann

Stabilitätspolitik

Theorie, Strategie und europäische Perspektive

1997. XII, 317 S. 9 Abb., 7 Tab. Brosch. **DM 49,80**;
öS 364,-; sFr 44,50 ISBN 3-540-62957-2

Dieses Lehrbuch untersucht die Implikationen einer Dominanz der Geldwertstabilisierung für alle Bereiche der Stabilitätspolitik. In die Untersuchung werden auch die stabilitätspolitischen Strategien einer künftigen Europäischen Währungsunion einbezogen.

G. Illing

Theorie der Geldpolitik

Eine spieltheoretische Einführung

1997. XV, 383 S. 73 Abb., 8 Tab. Brosch. **DM 39,90**;
öS 292,-; sFr 36,- ISBN 3-540-62716-2

Welche Anreize für inflationäre Prozesse gehen von Stabilisierungspolitik und Staatsverschuldung aus? Welche Bedeutung kommt der Unabhängigkeit von Zentralbanken zu? Das Buch vermittelt die theoretischen Modelle in intuitiver Weise und vertieft sie anhand von aktuellen Beispielen.

■■■■■■■■■■■

Springer

Preisänderungen (auch bei Irrtümern) vorbehalten.

Springer-Verlag, Postfach 14 02 01, D-14302 Berlin, Fax 0 30 / 827 87 - 3 01/4 48 e-mail: orders@springer.de

d&p.BA.65211/1.SF

W. Lachmann

Volkswirtschaftslehre 1

Grundlagen

Unter Mitarbeit von **E.J. Jahn**
3., überarb. u. erw. Aufl. 1997. XII, 313 S. 87 Abb.,
11 Tab. Brosch. **DM 36,-**; öS 263,-; sFr 33,50
ISBN 3-540-61972-0

Volkswirtschaftslehre 2

Anwendungen

1995. XVII, 413 S. 33 Abb. Brosch. **DM 39,80**; öS 291,-;
sFr 37,- ISBN 3-540-58823-X

A. Heertje, H.-D. Wenzel

Grundlagen der Volkswirtschaftslehre

5., vollst. bearb. u. erw. Aufl. 1997. XVII, 682 S. 120 Abb.,
36 Tab. Brosch. **DM 45,-**; öS 329,-; sFr 41,50
ISBN 3-540-62952-1

G. Dieckheuer

Makroökonomik

Theorie und Politik

3., aktualisierte Aufl. 1998. XVI, 454 S. 123 Abb., 23 Tab.
Brosch. **DM 48,-**; öS 351,-; sFr 44,50
ISBN 3-540-63849-0

Dieses Buch eignet sich sowohl als Einführung in die
Makroökonomik für das wirtschaftswissenschaftliche
Grundstudium als auch zur Erweiterung und Vertiefung
der makroökonomischen Teilgebiete im Hauptstudi-
um. Umfassend werden die gesamtwirtschaftlichen
Zusammenhänge verdeutlicht, die wichtigsten ökonomischen Probleme moderner, international verflochte-
ner Volkswirtschaften analysiert und die Wirkungen
der staatlichen Beschäftigungs- und Konjunkturpolitik,
der Geldpolitik sowie der Lohnpolitik diskutiert.

P. Winker

Empirische Wirtschaftsforschung

1997. X, 269 S. 78 Abb., 12 Tab. Brosch. **DM 38,-**;
öS 278,-; sFr 35,- ISBN 3-540-62979-3

Dieses Lehrbuch vermittelt die Grundzüge der wichtigsten Instrumente der angewandten Wirtschaftsfor-
schung. Dazu gehören Datenbasis, Datenaufbereitung,
Wirtschaftsindikatoren und Input-Output-Analyse ebenso wie quantitative ökonometrische Verfahren, in die
an konkreten, aktuellen Beispielen eingeführt wird.

Preisänderungen (auch bei Irrtümern) vorbehalten.

H. Hanusch, T. Kuhn

Einführung in die Volkswirtschaftslehre

Unter Mitarbeit von A. Greiner, F. Kugler
4., überarb. Aufl. 1998. XVI, 472 S. 168 Abb. Brosch.
DM 45,-; öS 329,-; sFr 41,50 ISBN 3-540-64249-8

Ohne Vorkenntnisse vorauszusetzen, erläutert dieses Buch
Studierenden der Anfangssemester an Hochschulen und
Wirtschaftsakademien die Grundlagen der Nationalökono-
mie. Zu Beginn wird der Leser mit elementaren Begriffen
und Konzepten der Volkswirtschaftslehre vertraut gemacht.
Der weitere Aufbau des Buches folgt den traditionellen großen Teildisziplinen, Makroökonomie und Mikroökonomie.

P. Engelkamp, F.L. Sell

Einführung in die Volkswirtschaftslehre

1998. X, 335 S. 119 Abb., 4 Tab. Brosch. **DM 39,80**;
öS 291,-; sFr 37,- ISBN 3-540-64083-5

Das Buch wendet sich in erster Linie an Studierende der
Volkswirtschaftslehre, aber auch an Interessenten anderer
Fachrichtungen. Vermittelt wird ein Überblick über die Volkswirtschaftslehre mit dem Ziel, die wichtigsten Fragestellungen
dieser Disziplin aufzuzeigen und Methoden und Ansätze vorzustellen, mit denen man diese Fragen zu beantworten sucht.

H. Wagner

Europäische Wirtschaftspolitik

Perspektiven einer Europäischen Wirtschafts- und Währungsunion (EWWU)

2., überarb. u. erw. Aufl. 1998. XIII, 324 S. 17 Abb., 6 Tab.
Brosch. **DM 39,80**; öS 291,-; sFr 37,- ISBN 3-540-62964-5

Die makroökonomischen Auswirkungen und die wirt-
schaftspolitisch-institutionellen Vorkehrungen werden
behandelt und die Chancen und Risiken einer EWWU
aufgezeigt. Neuere Entwicklungen wurden berücksichtigt
und neue Abschnitte sowie ein Glossar für die Neuauflage
eingefügt.

■ ■ ■ ■ ■ ■ ■ ■ ■ ■ ■

Springer

Springer-Verlag, Postfach 14 02 01, D-14302 Berlin, Fax 0 30 / 827 87 - 3 01 / 4 48 e-mail: orders@springer.de

d&p.BA.65211/2.SF

Springer
und
Umwelt

Als internationaler wissenschaftlicher
Verlag sind wir uns unserer besonderen
Verpflichtung der Umwelt gegenüber
bewußt und beziehen umweltorientierte
Grundsätze in Unternehmens-
entscheidungen mit ein. Von unseren
Geschäftspartnern (Druckereien,
Papierfabriken, Verpackungsherstellern
usw.) verlangen wir, daß sie sowohl
beim Herstellungsprozess selbst als
auch beim Einsatz der zur Verwendung
kommenden Materialien ökologische
Gesichtspunkte berücksichtigen.
Das für dieses Buch verwendete Papier
ist aus chlorfrei bzw. chlorarm
hergestelltem Zellstoff gefertigt und im
pH-Wert neutral.

 Springer

Druck: betz-druck GmbH, D-64291 Darmstadt
Verarbeitung: Buchbinderei Schäffer, D-67269 Grünstadt